教育部哲学社会科学系列发展报告

中国政府发展研究报告
（2018）

Report on Government Development in China
2018

主　编　朱光磊

副主编　王雪丽　宋林霖

南开大学出版社

天　津

图书在版编目(CIP)数据

中国政府发展研究报告. 2018 / 朱光磊主编. —天
津：南开大学出版社，2019.10
　　（教育部哲学社会科学系列发展报告）
　　ISBN 978-7-310-05891-4

Ⅰ.①中… Ⅱ.①朱… Ⅲ.①国家行政机关－研究报
告－中国－2018 Ⅳ.①D630

中国版本图书馆 CIP 数据核字(2019)第 221792 号

中国政府发展研究报告(2018)
ZHONGGUO ZHENGFU FAZHAN YANJIU BAOGAO (2018)

南开大学出版社出版发行
出版人:陈　敬
地址:天津市南开区卫津路 94 号　　邮政编码:300071
营销部电话:(022)23508339　营销部传真:(022)23508542
http://www.nkup.com.cn

天津市蓟县宏图印务有限公司印刷　全国各地新华书店经销
2019 年 10 月第 1 版　　2019 年 10 月第 1 次印刷
230×170 毫米　16 开本　27 印张　2 插页　511 千字
定价:90.00 元

如遇图书印装质量问题,请与本社营销部联系调换,电话:(022)23508339

序　言

　　哲学社会科学的发展水平，体现着一个国家和民族的思维能力、精神状态和文明素质，反映了一个国家的综合国力和国际竞争力。在社会发展历史进程中，哲学社会科学往往是社会变革、制度创新的理论先导，特别是在社会发展的关键时期，哲学社会科学的地位和作用就更加突出。在我国从大国走向强国的过程中，繁荣发展哲学社会科学，不仅关系到我国经济、政治、文化、社会建设以及生态文明建设的全面协调发展，而且关系到社会主义核心价值体系的构建，关系到全民族的思想道德素质和科学文化素质的提高，关系到国家文化软实力的增强。

　　党的十六大以来，以胡锦涛同志为总书记的党中央高度重视哲学社会科学，从中国特色社会主义发展全局的战略高度，把繁荣发展哲学社会科学作为重大而紧迫的任务进行谋划部署。2004 年，中共中央下发《关于进一步繁荣发展哲学社会科学的意见》，明确了新世纪繁荣发展哲学社会科学的指导方针、总体目标和主要任务。党的十七大报告明确指出："繁荣发展哲学社会科学，推进学科体系、学术观点、科研方法创新，鼓励哲学社会科学界为党和人民事业发挥思想库作用，推动我国哲学社会科学优秀成果和优秀人才走向世界。" 2011 年，党的十七届六中全会审议通过的《中共中央关于深化文化体制改革推动社会主义文化大发展大繁荣若干重大问题的决定》，把繁荣发展哲学社会科学作为推动社会主义文化大发展大繁荣、建设社会主义文化强国的一项重要内容，深刻阐述了繁荣发展哲学社会科学一系列带有方向性、根本性、战略性的问题。这些重要思想和论断，集中体现了我们党对哲学社会科学工作的高度重视，为哲学社会科学繁荣发展指明了方向，提供了根本保证和强大动力。

　　为学习贯彻党的十七届六中全会精神，教育部于 2011 年 11 月 17 日在北京召开全国高等学校哲学社会科学工作会议。中共中央办公厅、国务院办公厅转发《教育部关于深入推进高等学校哲学社会科学繁荣发展的意见》，明确提出到 2020 年基本建成高校哲学社会科学创新体系的奋斗目标。教育部、财政部联合印发《高等学校哲学社会科学繁荣计划（2011—2020 年）》，教育部下发《关于进一步改进高等学校哲学社会科学研究评价的意见》《高等学校哲学社会科学"走出去"计划》《高等学校人文社会科学重点研究基地建设计划》等系列文件，启动了新一轮"高校哲学社会科学繁荣计划"。未来十年，高校哲学社会科学将着力构建九大体系，即学科和教材体系、创新平台体系、科研项目体系、社会服务体系、条件支撑体系、人才队伍体系、现代科研管理体系和学风建设工作体系，同时，大力实施高校哲学社会科学"走出去"计划，提升国际学术影响力和话语权。

当今世界正处在大发展大变革大调整时期，我国已进入全面建成小康社会的关键时期和深化改革开放、加快转变经济发展方式的攻坚时期。站在新的历史起点上，高校哲学社会科学面临着难得的发展机遇和有利的发展条件。高等学校作为我国哲学社会科学事业的主力军，必须充分发挥人才密集、力量雄厚、学科齐全等优势，坚持马克思主义立场观点方法，以重大理论和实际问题为主攻方向，立足中国特色社会主义伟大实践进行新的理论创造，形成中国方案和中国建议，为国家发展提供战略性、前瞻性、全局性的政策咨询、理论依据和精神动力。

自 2010 年始，教育部启动哲学社会科学研究发展报告资助项目。发展报告项目以服务国家战略、满足社会需求为导向，以数据库建设为支撑，以推进协同创新为手段，通过组建跨学科研究团队，与各级政府部门、企事业单位、校内外科研机构等建立学术战略联盟，围绕改革开放和社会主义现代化建设的重点领域和重大问题开展长期跟踪研究，努力推出一批具有重要咨询作用的对策性、前瞻性研究成果。发展报告必须扎根社会实践、立足实际问题，对所研究对象的发展状况、发展趋势等进行持续研究，强化数据采集分析，重视定量研究，力求有总结、有分析、有预测。发展报告按照"统一标识、统一封面、统一版式、统一标准"纳入"教育部哲学社会科学发展报告文库"集中出版。计划经过五年左右，最终稳定支持百余种发展报告，有力支撑"高校哲学社会科学社会服务体系"建设。

展望未来，夺取全面建成小康社会新胜利、谱写人民美好生活新篇章的宏伟目标和崇高使命，呼唤着每一位高校哲学社会科学工作者的热情和智慧。我们要不断增强使命感和责任感，立足新实践，适应新要求，以建设具有中国特色、中国风格、中国气派的哲学社会科学为根本任务，大力推进学科体系、学术观点、科研方法创新，加快建设高校哲学社会科学创新体系，更好地发挥哲学社会科学认识世界、传承文明、创新理论、咨政育人、服务社会的重要功能，为全面建成小康社会、推进社会主义现代化、实现中华民族伟大复兴作出新的更大的贡献。

教育部社会科学司

目 录

第一部分　政府职能转变与公共服务体系建设

第二部分 政府职责体系构建与府际关系

第三部分 政府能力建设与政府改革热点

第四部分　政府公共财政与政府绩效管理

第五部分　政府治理方式变革与城市治理

第六部分 地方政府发展能力指数研究报告

附 录 399

后 记 418

第一部分

政府职能转变与
公共服务体系建设

推进政府职能转变改革情况研究报告

张志红

政府职能转变是行政体制改革的核心内容，是全面深化改革、完善社会主义市场经济体制的重要组成部分，也是提高政府现代治理能力的关键举措。改革开放 40 年中，推进政府职能转变作为其核心，发挥着举足轻重的作用。深入推进政府职能转变，是推动经济社会持续健康发展的战略举措之一，是激发市场活力和社会创造力的重要推动力。在 2017 年政府职能转变的改革进程中，继续在简政放权、放管结合、优化服务方面深化改革仍是核心主题。政府职能的转变，更加注重履责方式的改革，精细化治理成为政府改革的主流；重视福利制度的建设，儿童、老人和健康中国成为中央政府关注的重点；中央对于地方的监督更加实效化，奖惩分明；以"放管服"带动结构转型成为本届政府的主要经济抓手。

目前，关于推进政府职能转变的研究，视角更加创新、多元和具体化。这为政府职能转变提供了理论基础，有利于政府全方位思考职能转变过程中出现的问题，找准政府职能转变的"难点"和"痛点"，采取针对性更强、可行性更强的政府职能转变举措。但是，在实证研究中，仍存在着理论与实践差距较大、具体实施借鉴性不强等问题，仍需进一步探讨。

一、2017 年推进政府职能转变的改革现状综述

（一）"放管服"改革继续深化，减并结合成为主流旋律

深化简政放权、放管结合、优化服务的改革，是推动经济社会持续健康发展的战略举措，也是提高政府治理能力现代化的关键举措，是政府自身的重要改革。从本届政府成立到现在，政府职能转变不断深入，从推进简政放权、放管结合到现在的"放管服"三管齐下，协同推进，中央和地方上下联动、合力攻坚。这一年里，在原来的基础之上，中央政府继续深挖改革潜力，取消民办学校招生简章和广告备案核准、棉花加工资质认定等 53 项行政许可，其中 14 项将提请全国人大常委会修

法取消；取消与法律职业资格认定、铁路运输基础设备生产企业审批等有关的 20 项中介服务事项；确定取消和下放一批工业产品生产许可，简化审批程序，促进制造业创新和提质；在全国 11 个自贸试验区全面推广"证照分离"改革试点、清理 116 项行政许可事项的做法；取消物业服务企业一级资质核定、对外承包工程项目投标核准等 52 项国务院部门行政许可事项，以及生产建设项目水土保持设施验收审批、在林区经营（含加工）木材审批等 22 项中央指定地方实施的行政许可事项，其中 23 项将提请全国人大常委会修法取消。这一系列改革，极大地激发了市场活力和社会创造力，推动了大众创业和万众创新。同时，坚持把深化"放管服"改革作为"先手棋"和"当头炮"，着力推进结构性改革，尤其是供给侧结构性改革，释放市场的潜力和活力。这对于促进我国经济平稳、社会和谐起了举足轻重的作用。

根据浙江省的数据显示，截至 2017 年底，浙江省的"最多跑一次"事项实现比例已经超过九成，市民、企业不再需要辗转于各个部门之间就能获得便民服务、商事登记和企业投资项目的审批。江西省经过两轮的梳理改革，省一级"最多跑一次"事项比例达 46.7%，市县两级共有 8822 项事项实现"一次不跑"。就便民服务方面来看，各省都采取线上线下的综合服务模式，为外商投资提供多样化服务。山东泰安的政务服务事项在申请材料、办理时限方面就压缩了 50% 以上；西安市地税局推行的纳税人办税"最多跑一次"改革使纳税人报送资料减少约 30%，办税环节压缩约 40%，办税时间明显缩短，办税成本大幅下降，纳税服务举报同比下降 84%。

"最多跑一次"的改革，是地方政府构建整体性政府建设的重要体现。这种在精简基础上的合并流程，实际上更多的是通过内部流程整合、信息共享和程序推进的方式来实现便民服务的。这种履责方式的变化，大大降低了群众接受公共管理和公共服务的成本，总体效率的提升，本身就是社会发展的进步。

（二）基层政府治理改革向纵深发展

2017 年是基层政府治理改革元年。一方面，中央政府全面启动经济发达镇行政管理体制改革；另一方面，中央要求加强和完善城乡社区治理，深化社会治理改革。多措并举的改革措施系统推出，将有效释放体制改革的制度红利，促进中国城市化进程的顺利推进。

为了更好地促进新型城镇化发展，解决传统管理体制对于经济发达镇的制度约束，彻底摆脱"小马拉大车"的管理和服务困境，中央政府在"长期试点多方改革"的基础上，提出了《关于深入推进经济发达镇行政管理体制改革的指导意见》，并发出通知，要求各地区、各部门结合实际认真贯彻落实。尽管这次改革依然是一个"试点"路上的改革，但改革的范围和广度已经大大拓展。这次改革，不仅仅增加了基层政府管理权责配置的弹性空间，同时从体制上提升了基层政府的管理能力、改变了服务方式，为促进当地经济社会发展提供了更加优化的体制机制保障。从府际关系的视角来看，中央政府在增强国家治理能力和建立健全社会治理体系的改革进程中，不仅仅止步于自上而下的中央与地方政府的职责划分，更为重要的是，同步采用自下而上的基层政府"破颈改革"，将"强镇扩权"与"扩权强镇"有机结合起来，提高了政府管理与社会发展之间的互适性，具有更加重要的政府发展意义。以江苏省、广东省和山东省为引领的典型性发展使经济发达镇的行政管理体制改革深入推进。

在社区治理层面，中央政府明确提出，坚持以基层党组织建设为关键、政府治理为主导、居民需求为导向、改革创新为动力，健全体系、整合资源、增强能力，完善城乡社区治理体制，努力把城乡社区建设成为和谐有序、绿色文明、创新包容、共建共享的幸福家园，为实现"两个一百年"奋斗目标和中华民族伟大复兴的中国梦提供可靠保证。改革特色主要表现在以下几个方面：

一是党领导下的社区建设，责任更加明确，服务对象更加准确。街道（乡镇）党（工）委应把工作重心转移到基层党组织建设上来，转移到做好公共服务、公共管理、公共安全工作上来，转移到为经济社会发展提供良好公共环境上来。加强社区服务型党组织建设，着力提升服务能力和水平，更好地服务改革、服务发展、服务民生、服务群众、服务党员。

二是明确划分社区管理机构的职责边界，这是政府职责体系建设的重要组成部分。中央要求各地提供三张清单：一张清单是区县职能部门、街道办事处（乡镇政府）在社区治理方面的权责清单；一张清单是依法厘清街道办事处（乡镇政府）和基层群众性自治组织权责边界，明确基层群众性自治组织承担的社区工作事项清单以及协助政府的社区工作事项清单；还有一张清单是除上述社区工作事项之外的其他事项，街道办事处（乡镇政府）可通过向基层群众性自治组织等购买服务的方式提供。通过清单建设，将社区打造为政府与社会共治的中间媒介。

三是将社区治理与现有的政府基层管理改革实践高度结合，发挥群众自治组织的作用。进一步加强基层群众性自治组织规范化建设，合理确定其管辖范围和规模，促进基层群众自治与网格化服务管理有效衔接。受发端于村务监督委员会的改革实践启发，中央要求建立健全居务监督委员会，推进居务公开和民主管理。充分发挥自治章程、村规民约、居民公约在城乡社区治理中的积极作用，弘扬公序良俗，促进法治、德治、自治有机融合。

四是明确提出基层社会组织发展的方向。中央政府要求，应大力发展在城乡社区开展纠纷调解、健康养老、教育培训、公益慈善、防灾减灾、文体娱乐、邻里互助、居民融入及农村生产技术服务等活动的社区社会组织和其他社会组织。推进社区、社会组织、社会工作"三社联动"，完善社区组织发现居民需求、统筹设计服务项目、支持社会组织承接、引导专业社会工作团队参与的工作体系。社区组织建设类别的明确，在实质上明确了社会组织参与社区建设的职责范围，同时，也在一定程度上理清了政府与社会的职责边界。

（三）以国资委资本管理为引领，促使政企分开改革向纵深发展

政企分开本身是中国社会主义市场经济建设的本质要求，但是如何更好地实现国有资产管理的增值保值，同样是中央政府必须承担的经济发展职责。如何处理好政府和市场的关系，使市场在资源配置中起决定性作用和更好地发挥政府作用，是推进供给侧结构性改革的重大原则。2017 年，习近平总书记在十八届中央政治局第三十八次集体学习时的讲话中提出，发挥政府作用，不是简单下达行政命令，要在尊重市场规律的基础上，用改革激发市场活力，用政策引导市场预期，用规划明确投资方向，用法治规范市场行为。这再一次显示了中央政府在处理政府与市场关系时具备了更加精准的改革战略。

2017 年 4 月，中央政府以《国务院国资委以管资本为主推进职能转变方案》（以下简称《方案》）的出台为标志，全面启动了国资监管机构改革的新进程。国资委的职能调整改革更加彰显了中央政府推进政企分开的决心，实现由管资产向管资本转变，是国企改革的重要一环。按照《方案》要求，国资监管机构的管理范围，需要由过去的全面介入、重点延伸，重点向管战略、规划和主业认定等方面转变，从中央到地方，国资管理机构经历了精简机构、强化监管的组织变革和职责调整的自我革命。此次《方案》取消和下放的都是属于企业在经营中的权力，意味着国资委不再直接监管企业经营行为，但这并不是说企业的经营行为不再受到监管，只是说这些监管权力转移到了企业的股东会、董事会、监事会等主体。国资监管部门将坚持准确定位、依法监管、搞活企业、提高效能、党的领导等五项基本原则，实现国家资本的高效监管。国资部门的改革从"权力归口集体上收的全面管理"到"有为有所不为"，在一定程度上体现了政府职能转变的精准定位。

被长期诟病的"企业办社会"的尾大不掉的国企改革难关在 2017 年再次启动。2017 年 6 月，国务院国资委、民政部、财政部、住房城乡建设部四个部门联合发文，提出了"关于国有企业办市政、社区管理等职能分离移交的指导意见"。该文明确提出，坚持政企分开，将国有企业配合承担的公共管理职能归位于相关政府部门和单位；实行专业化管理，将与主业发展方向不符的国有企业承担的公共服务职能移交地方政府实行集中统一管理；减轻企业负担，促进国有企业瘦身健体、提质增效。这个源于国企发展的改革，实际上有利于全面去"单位化"和去"特殊化"，实现社会管理的整体性和公平性，地方管理的属地性将大大增强。

（四）政府配置资源的管理方式发生重大变化

政府配置资源方式不仅直接关系政府角色定位，也直接影响市场机制功能的释放。2017 年 1 月，《关于创新政府配置资源方式的指导意见》（以下简称《意见》）

正式发布。中央政府明确提出，针对不同的公共资源，管理方式各不相同。在社会主义市场经济条件下，政府配置的资源主要包括三种公共资源：即政府代表国家和全民所拥有的自然资源、经济资源和社会事业资源。为解决当前政府配置资源中存在的市场价格扭曲、配置效率较低、公共服务供给不足等突出问题，需要从广度和深度上推进市场化改革，大幅度减少政府对资源的直接配置，创新配置方式，更多地引入市场机制和市场化手段，提高资源配置的效率和效益。

政府配置资源方式的创新，不仅仅要关注如何让市场能够在资源配置中起到关键的作用，更为重要的是要提高政府在创建优良的外部环境中起到重要的监管职责。《意见》提出，着眼于各类资源的整合管理和高效利用，依托国家公共资源交易服务平台，要加强清查核算和综合管理，创新服务方式，构建新型组织和服务体系。今后的工作重点将着眼于以下几个方面：一是建立公共资源目录清单，在系统清查现有政府配置公共资源的数量和范围、各项资源产权归属的基础上，建立完善的资源申报、登记、调整、公开和报告制度，资源清单根据资源变动进行动态调整、及时更新，以利于市场主体的选择与资本配置。二是构建规则统一、公开透明、服务高效的公共资源交易平台体系，通过全程电子化操作，实现政府配置资源的标准化和规范化。三是建立健全信息服务机制，通过现代信息技术提升公共资源信息管理的公开程度，以市场主体信用体系增强外部监督。四是监督过程多元化。通过信用监督、协同监督、在线监督和全过程监管，创新监管机制和监管方式，构建依法监管与信用激励约束、政府监管与社会监督相结合的新型监管格局。

（五）政府履责方式趋向精准化，丰富了中央政府的技术调控手段

2017年，中央政府通过多项政策，实现了对于地方政府管理的有效控制，政府履责的标准化和技术化的趋势更加明显，政府履责方式的革新同样是政府职能转变的重要方面。

中央针对地方政府网上政务服务内容不规范、服务不便捷，网上政务服务平台不互通、数据不共享，线上线下联通不畅，政务服务的标准化、规范化程度不够等问题，出台了《"互联网+政务服务"技术体系建设指南》，用更加详尽的标准化建设指南的方式，指导各地政府按照"坚持问题导向、加强顶层设计、推动资源整合、注重开放协同"的原则，以服务驱动和技术支撑为主线，围绕"互联网+政务服务"业务支撑体系、基础平台体系、关键保障技术、评价考核体系等方面，提出了优化政务服务供给的信息化解决路径和操作方法，为构建统一、规范、多级联动的"互联网+政务服务"技术和服务体系提供保障。中国的互联网政务服务从无到有，从有到精，这个建设过程实际上已经迈入了世界互联网政务服务高水平的国家行列。中央政府推行更加严格的规范化管理体系，有利于其对于网上政务服务的统一管理，同时有利于今后的政府绩效评估，最关键的在于可为基层民众提供高质量的更加便捷的网上公共服务。

"标准化"成为 2017 年政府提升管理、转变职能的核心关键词之一。浙江省成为中国第一个标准化综合改革试点省，中央政府要求浙江省认真落实国务院决策部署，积极实施标准化战略，加快提升浙江省标准化总体水平，为全面深化标准化工作改革提供可复制、可推广的经验。浙江省质监局主动设计，确定了 2017 年 10 项重点标准化试点项目，着力打造一批可复制、有影响的标准化成果。在政府管理方面，主要包括：政务"最多跑一次"服务标准化试点将通过总结提炼"最多跑一次"最新改革成果，将标准化管理理念引入政务服务领域，构建科学规范、全面覆盖、行之有效、要求统一的政务服务标准体系。基层社会治理标准化试点，要通过提炼、优化"网格化管理、组团式服务"和"四个平台"建设的工作经验和创新做法，构建层次分明、系统管理、与基层社会治理相适应的标准体系，实现多元治理、共建共享的新模式。城市管理标准化试点将依托杭州市城市管理探索实践，健全城市管理标准体系，推动城市管理的法治化、智慧化、标准化、精细化和人性化。农村可持续发展标准化试点，将结合特色农业开展新业态经济标准体系建设，紧扣政府民生实事，推进公共服务城乡统筹标准化，推动农村生活垃圾分类和资源化利用的标准化。虽然这个改革尚处于试点阶段，可以预期，此项改革立足地方创新的实践，假以时日成为具有普适性的地方管理标准，将在一段时间内迅速提升地方政府管理的水平，实现政策学习和地方创新的标准化。

2017 年 5 月，中央又部署了基层政务公开标准化、规范化试点工作。推进决策、执行、管理、服务、结果公开（以下统称"五公开"），是党的十八届四中全会部署的重要改革任务。开展基层政务公开标准化规范化试点，是推进"五公开"工作的具体举措，对于深化基层政务公开，提高行政效能，加快建设法治政府、服务型政府具有重要意义。中央不仅确定了试点地区，还明确了政务公开的范围，提出了《试点单位及试点内容表》，并且规定，试点单位在此范围内只能增加不能减少。该试点工作重点围绕城乡规划、重大建设项目、公共资源交易、财政预决算、安全生产、税收管理、征地补偿、拆迁安置、保障性住房、农村危房改造、环境保护、公共文化服务、公共法律服务、扶贫救灾、食品药品监管、城市综合执法、就业创业、社会保险、社会救助、养老服务、户籍管理、涉农补贴、义务教育、医疗卫生、市政服务等方面来开展。从公开范围来讲，这些都是涉及居民利益分配和公共服务供给的重要方面，在一定程度上反映了中央政府对于居民需求的高回应，同时，也体现了中央政府对于基层政府提升管理水平的期待。通过政务公开，加强基层社会监督，有利于形成有效制约，也有利于多元监督机制的形成。

二、2016—2017 年政府职能转变的研究现状综述

从 2016 年与 2017 年学界关于政府职能转变的研究来看，相关文献数量较往年有所减少，但是研究视角更为创新和具体化，特别是党的十九大的召开，拓宽了政府职能转变研究的新视角，将为政府职能转变的改革实践和学术研究深化提供更加坚实的学理基础。从 2016 年和 2017 年篇名中包含"政府职能"的文献比较来看，这两年相较前些年数量下降比较明显（见图 1）。在中国期刊网中，2016 年篇名中包含"政府职能"的文献有 647 篇，2017 年则为 514 篇，期刊和报纸文章占据绝大部分。不过，从具体研究内容上看，政府职能转变领域的研究更加细化、深化和具体化，这将是政府职能研究的必然趋势。

（篇）　　　　　　　　　　　　　　　　　　　■ 文献数量

图 1　2010—2017 年政府职能研究相关文献数量统计图

（一）国家治理现代化成为政府职能转变的新的时代背景

党的十八届三中全会以来，将推进国家治理体系和治理能力现代化作为全面深化改革的总目标，这对于中国的政治发展，乃至整个中国的社会主义现代化事业来说，具有重大而深远的理论意义和现实意义。2017 年召开的党的十九大，将国家治理现代化的目标更加具体化，面对新时代社会主义建设的新要求，政党和国家机构设置、职能配置、履职能力与有效治理国家和社会的要求相比，还存在不少问题。这些成为政府职能转变的新的时代背景。学界对此也给予了积极的回应。

朱光磊在《全面深化改革进程中的中国新治理观》中提出，新职能观是中国新治理观的重要组成部分之一。该文更是将政府职能与国家治理现代化高度结合在一

起，全面阐释了新职能观的时代发展需要。作者提出，新时代政府职能转变更加注重"实践"层面的需求，中央关于"加快转变政府职能"表述的重要变化，是党中央顺应时代发展需要，对科学认识政府职能问题的进一步深化，有利于对政府职能转变实践作可操作性研究。①例如，首次区分中央与地方政府两个层面的职责，第一次将公共服务列在地方政府职责的首位等等，充分体现了中国政府在实践层面对于政府发展理论的中国话语场景的创新。

2017年《中国政府职能论：基于现代化与社会主义国家治理的战略思考》的出版，给予政府职能转变更加宏观的理论架构。该书从政府职能的产生入手，围绕党的十八届三中全会的决定，着眼于"完善和发展中国特色社会主义制度，推进国家治理体系和治理能力现代化"的目标，将历史与现实高度结合，在纵贯中西方的比较研究过程中，高度关注当前中国政府职能转变存在的问题，在政府、市场和社会的辩证分界中，提出了中国政府职能转变存在的两难选择，一方面，政府职能转变需要倚重社会主义市场经济的发展，但是市场发展的不完善实质上限制了政府职能转变的选择；另一方面，作为后发展中国家对于高能政府高度依赖，但是政府失灵同时并存，这些都成为国家治理现代化过程中必须要面对的实践挑战。②因此，作者在对策方面，给予中国政府职能转变新的目标设定，将政府职能转变与国家治理现代化高度结合起来，刷新了政府职能转变研究的时代背景设置。

吕同舟在《政府职能转变的理论逻辑与过程逻辑：基于国家治理现代化的思考》中提出，政府职能转变与国家治理现代化高度相关。③一方面，政府治理能力的提升和治理方式的变革直接关乎国家治理现代化的全面推进，兼顾治理能力和治理方式的政府职能转变，成为国家治理现代化的重要"抓手"和关键突破口；另一方面，改革开放以来，政府职能转变遵循着"国家职能→政府职能→政府职责→职责体系"的过程逻辑。这两个方面在改革内容和发展脉络上具有内在关联，并统一于国家治理现代化的历史场域中。基于此，下一步改革应当聚焦治理方式变革和治理能力提升，重点把握三项原则：一是要在政府、市场、社会三者的动态均衡中调整职能边界；二是要将政府职能转变和治理工具的应用创新有机统一起来；三是要打破自发形成的职责结构模式，推动职责体系重塑。作者将国家治理现代化作为政府职能转变的历史背景限定，突出了新时代政府职能转变的崭新方向和历史选择。

包雅钧认为，在实现国家治理现代化的进程中，政府职能转变成为关键点。④作者在总结十八大以来政府职能转变改革进展与成效时，通过调研发现，尽管新一轮

① 朱光磊. 全面深化改革进程中的中国新治理观[J]. 中国社会科学，2017（04）：27-39.
② 刘熙瑞，马德普. 中国政府职能论：基于现代化与社会主义国家治理的战略思考[M]. 北京：学习出版社，2017.
③ 吕同舟. 政府职能转变的理论逻辑与过程逻辑——基于国家治理现代化的思考[J]. 国家行政学院学报，2017（05）：54-58，145.
④ 包雅钧. 十八大以来政府职能转变改革进展与成效评估[J]. 新视野，2017（01）：49-54.

政府职能转变改革取得了一些成绩，如政府取消和下放大量行政审批事项，注重规范审批，事中、事后监管开始成为政府履职的重心，在地方大部门制改革方面取得了重要进展，政府行政方式注重法治化、规范化、集约化、信息化、问责化，社会信用体系建设得到重视并初步发挥威力。在实践层面，仍存在取消和下放权力含金量不高、大量保留审批事项缺乏规范、信息共享困难等问题。这折射出改革决策尚不够科学民主、改革缺乏系统性和协同性、改革价值取向未达成共识以及政府部门利益难以破除等深层次问题。政府职能转变是国家治理现代化的必要条件之一，如何实现国家治理与政府职能之间的有效衔接，将是相关理论和实践工作者面临的重要时代课题。

（二）加强社会治理与购买公共服务成为政府职能转变研究的新型话题

社会治理作为国家治理体系的重要组成部分，长期以来是政府职能转变急需的社会基础建设。燕继荣在《社会变迁与社会治理：社会治理的理论解释》中明确指出，中国场域的社会治理的实现路径与其他国家不同，更多的是对中国实际问题解决的积极探索和回应。[①]中国社会变迁中，社会冲突和社会抗争不断升级，其集中表现就是形形色色的"群体性事件"不断爆发，为了维稳的需要，中国政府探索出了社会治理的内在驱动逻辑，即沿着执政党建设、政府建设、社会建设三条路线推进。这也是中国社会治理的"铁三角"，即通过执政党建设推动政府行政过程的改革，并在此基础上激活社会，通过"组织全覆盖"和有组织的社会参与，实现社会自我管理。显然，这与其他国家的社会治理的传统路径，即法治化与自治化高度结合的国家社会二元层面的结合有所不同，政党在中国社会治理过程中起着重要的领导和驱动作用。在此基础上，作者认为，未来中国的协同治理目标将是政党、政府、社会、企业和公民等不同的社会力量和要素得到有效整合，各司其职，共同承担社会管理和服务功能，实现有效的社会治理，这便是多元共治的格局。实际上，中国话语中的社会治理并不是简单的国家社会二元分割的产物，执政党自身建设的引领作用功不可没。"党建引领"不仅仅是中国道路的重要特征，也是值得其他发展中国家借鉴的重要社会建设经验之一。

政府购买服务是政府借助社会发展，革新履责方式的重要实践探索。如何化私为公，即将市场资源纳入公共服务体系建设中来，既可以提高资源配置的效率，又可以提升公共服务的水平，是世界各国实施政府购买服务的改革措施的共同初衷。张汝立认为，购买公共服务是中国倡导社会治理理念及推动政府职能转变的重要举措。[②]中国政府购买公共服务的实践促使公共服务供给中的"政社关系"发生了显著

---

① 燕继荣. 社会变迁与社会治理——社会治理的理论解释[J]. 北京大学学报(哲学社会科学版)，2017(05)：69-77，2.

② 张汝立，祝阳. 适度合作与中国政府购买公共服务中的政社关系——一个公众视角的分析[J]. 河南社会科学，2017(09)：113-118.

变化，政府不再是公共服务供给的"垄断者"，公众也不再是公共服务供给的"局外人"，以社会组织为主体的社会力量被吸纳到公共服务中，政府与社会力量的合作成为发展趋势。"政社适度合作"将成为中国政府购买公共服务制度实践中"政社关系"的发展方向。

在具体的实施过程中，政府购买公共服务存在很多的误区。石亚军在《政府职能转移与购买公共服务关系辨析》中认为，超越特定必要条件、将政府购买公共服务与政府职能转移简单等同等做法，偏离了简政放权改革的方向。[①]政府购买公共服务与政府职能转移之间固然有一定契合性，但存在着价值目标导向与价值义务之间的双重差别，混淆两者的差别，将推进政府职能转移仅仅视为推进政府购买公共服务，必将使政府职能转移落入含金量低且不具实效的窠臼。深化改革，需要理清两者的界限，在其契合性的范围内积极推进辅助性职能的政府购买，而对不属于这一范畴的政府其他职能通过实质性转移完整回归给市场和社会，实现政府在相关领域的完全退出。作者认为，政府职能本身具有复杂性，既有行政执法类、专业技术类、综合管理类的划分，也存在着辅助性职能与实质性职能之别，究竟如何找出一条兼具操作性与合理性的改革之路，核心在于正视政府购买公共服务与政府职能转移之间的区别，并对政府的职能进行科学分类，划清两者之间的界限，实现政府购买公共服务与职能转移的双赢局面。

（三）对当前政府职能转变实践的经验总结增多

2017 年，恰逢党的十九大的开局之年，对于之前五年间政府改革的经验总结和反思研究的增多自是题中之义。相关研究不仅视角多样化且更为具体，更重要的是增加了不少来自地方政府职能转变的具体个案研究。多元化的研究视角有助于我们更为全面地理解政府职能转变的应有之义，更为具体化的研究也为政府职能转变的实际操作提供坚实的理论支撑。

范柏乃等[②]借鉴组织变革领域经典的卡斯特（Fremont E. Kast）组织变革过程模型，从环境条件、规划设计、绩效评估和实践路径四个方面梳理相关的文献（见图 2）。作者提出政府职能转变的实现路径，主要包括两个方面：第一，通过组织变革架构钻石模型得出政府职能转变的基本路径在于内部优化，即涉及政府体制、职权、机构与人员；第二，基于"政府-市场-社会"的视角，提出政府职能转变的外部保障机制。即厘清政府与市场、政府与社会的关系，进一步优化行政资源配置并完善"政府-市场-社会"的多中心治理格局。

---

① 石亚军，高红. 政府职能转移与购买公共服务关系辨析[J]. 中国行政管理，2017(03)：11-14，156.
② 范柏乃，张电电，余钧. 政府职能转变：环境条件、规划设计、绩效评估与实现路径——基于 Kast 组织变革过程模型的分析[J]. 浙江大学学报（人文社会科学版），2016(03)：180-200.

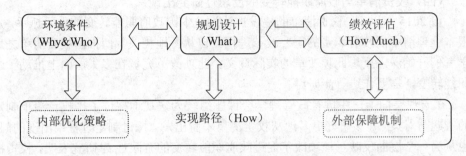

图 2　政府职能转变的维度

刘剑文等从法学研究和财政学研究相结合的角度提出：我国应在法律层面明确各级政府间的事权划分，通过法律机制保障和促进各级政府履行事权。[①]赋予政府事权是为了有效保障公民基本权利的实现，并在明晰政府职能边界的前提下，运用法律手段、遵循谦抑原则厘定事权范围。事权可分为立法监管和事权实施，现行法律体系对立法监管事权的配置相对合理，但其中法律监督特别是司法事权应适当向中央集中；在事权实施层面，现行制度为行政化分权留下空间，且不同层级政府间事权同质化较明显。事权划分法治化要求制定财政基本法明确各级政府的事权；政府间财权划分和转移支付体制的优化、预算硬约束的实现，是事权划分的制度保障；从根本上看，通过对公民权利体系的法律确认，可以促进法定事权的落实。需要注意的是，跨学科的政府间事权配置的研究思路，将有利于开拓政府职能转变研究的视野，同时有助于使政府职能转变的实践变革更具有可行性。

从地方政府职能转变的改革来看，陈天祥等将研究团队多年来发表的有关广东省政府职能转变的实证研究文章集合起来，出版了《政府职能转变研究：广东经验》。在研究团队深耕广东个案的基础上，主要通过对广东省政府工作报告、政府机构改革、财政支出结构、四级政府行政审批制度的相关文本和数据进行分析，并通过调查问卷了解政府与市场、政府与社会的关系等探讨地方政府职能转变的历史演进和现状。[②]范柏乃与张鸣所著的《推进政府职能转变的实现路径：四张清单一张网》，认真总结了浙江省"四张清单一张网"改革实施的效果，以大样本问卷调查数据为研究基础，从公众的知晓度、认可度、参与度、支持度、满意度这五个维度对浙江的这一技术性改革进行了评估，由此提出了加快浙江政府职能转变的具体建议和措施。[③]这些中国社会改革先行地区的经验总结和分析，为探讨中国政府职能转变的多样性路径提供了重要的参考依据。

---

① 刘剑文，侯卓. 事权划分法治化的中国路径[J]. 中国社会科学，2017(02)：102-122，207-208.
② 陈天祥，等. 政府职能转变研究：广东经验[M]. 北京：社会科学文献出版社，2017.
③ 范柏乃，张鸣. 推进政府职能转变的实现路径：四张清单一张网[M]. 杭州：浙江大学出版社，2016.

（四）权责清单与政府职能转变的反思性研究出现

自 2015 年以来，权责清单的建设被认为是中国政府职能转变的重要抓手，是从根本上理清中国政府职责的重要改革进程。自从各地相关部门推出权责清单之后，学者们开始深入反思此项改革的实际意义。此项改革究竟在多大层面上推动了政府职能转变，需要作进一步研讨。

在宏观层面上，中国行政管理学会课题组较为宏观地探讨了"权责清单制定中的难题与对策"。该研究更多地从权责清单本身出发，探讨制定过程中出现的问题，也从另一个层面反映了该项改革促进政府职能转变的有限性。①研究表明，权责梳理标准不一、缺少统一规范是权责清单制定的主要问题。具体表现为：一是清单权力数量差距较大。从制度设计上讲，中国作为一个单一制国家，按照组织同构原则，一般情况下级别相同、性质相同、区域范围大致相当的政府部门，权力结构及数量应当具有大体一致性，但从已公布清单看，情况并非如此。相关统计显示，省级政府部门权力事项总数，多的如青海、广东、四川、云南，都在 6000 项以上，少的如安徽、宁夏、辽宁，仅 1700 多项，数量相差 2—3 倍。这与我们一般意义上的对于中国政府职责体系的设想和基本判断大有出入，正如作者所言，差异如此之大已超出正常范围，组织同构理论也难以解释。二是清单结构安排不一，清单的结构安排即清单应设置哪些项目要素，应当是一致的，但是以此衡量，已公布清单结构安排表现形态不一，且大多有不同程度的缺项问题。三是权责清理依据有所不同。"法无授权不可为"，但权责清单不是权力的来源，并非"清单之外无权力"，相反，权责清单要依法编制，使之成为依法行政的基础；从现实来看，由于权责清单分散制定、单线作业的特点，"法"的界定不一是大问题。四是权力归类标准不统一，主要是对"9+X"的"X"类和对权力类型理解不同。清单分类不统一的问题核心在于"其他事项"等兜底条款有可能成为借此保留隐形权力之地。五是清单发布主体和发布载体不一，有的省份建有统一权责清单发布平台，有些省份在政府网站首页上设置了专门的权责清单窗口，还有的地方部门独立发布，路径复杂，便民性较差。这些整体性问题的发现，在很大程度上颠覆了学者和政策制定者对于"权责清单"的高度期望，换言之，目前，权责清单的出台并没有很好地促进政府职能的有效转变，只演变成了政府职责文件的粗略梳理。如何发挥该项改革的真正功能，将是相关实践工作者和研究者面临的一大难题。

从微观层面，孙彩红②以苏州市相城区为例，从基层治理存在的问题进行反向观察，从基层政府及其职能的状况，来判断权力清单改革举措的效果和未来发展。研究发现：一是权力清单重数量而忽视与政府职能的关联。列举权力清单出现了"唯

---

① 中国行政管理学会课题组，沈荣华，冯英. 权责清单制定中的难题与对策[J]. 中国行政管理，2017（07）：6-9.

② 孙彩红. 权力清单与地方政府职能转变——以苏州市相城区为例[J]. 甘肃社会科学，2017（02）：36-42.

数字化"问题，即把下放和取消行政审批事项的数量，作为当地政绩来考核。二是权力清单没有界定部门之间的权力边界。权力清单以政府部门为单位进行梳理和汇总，清单本身不能从根源上界定部门之间的权力边界。三是取消和下放行政权力不到位或错位，从基层治理落空的实际状况反向观察，权力清单制度涉及的上下级政府之间的权力下放和衔接存在不到位问题，上下级政府部门之间的行政审批权与事后监管权和处罚权，尚未完全理顺。四是权力清单下放未实现协同推进。有些部门在梳理权力清单时，按照法律、法规下放了权力，但是整体的政府职能转变和基层治理效果并不十分显著。

三、推进政府职能转变的着力点、展望与分析

推进政府职能转变，是新时代中国实现全面建成小康社会第一个"百年目标"的重要保证。关于行政体制改革的讨论由来已久，政府职能转变也已进行数年，改革确有成效，但仍存在诸多问题，政府职能转变将是一个始终在路上的改革，不可能一蹴而就。推进政府职能转变，促进中国政府向着更高质量的内涵式发展迈进，今后改革的着力点应主要包括以下几个方面：

（一）以行政审批改革为龙头的"放管服"改革需要摆脱数量思维，提升改革获得感

"放管服"改革是中国在两化叠加的社会进程中构筑的"三维一体"综合改革模式。这是针对中国特有的政府发展道路做出的政府改革的战略转型。"放管服"的改革，一方面，进一步厘清了政府与市场、企业、社会和公民的权力边界，特别是在商事登记制度改革上的连续出击，全面实现了政府职能的市场转变；另一方面，加强事中、事后监管，是政府履责重点的战略转移，这与当前世界各国政府改革的趋势高度一致。但是，由于政府行政审批改革"数量控制思维"的存在，导致政府职能转变遇到了一些制度性的瓶颈。

第一，简政放权的改革，很多取消的行政许可，是以取消的方式废除滞后的法律法规。换言之，很多权力的下放，并不一定是地方政府或者企业需要的。在实践过程中已经被实践突破的审批，最终被政府取消，实质上是一种以取消许可的方式认可现存管理方式合法性的政府行为。以行政审批改革优化当前的制度建设，政府有进步，但是社会获得感不强。

第二，当前"放管服"改革导致"谨慎性"审批大量出现，"避责行为"成为基层政府官员的一大潜在选择。由于当前党政问责的力度增强，同时借助于网络技术的迅猛发展，社会问责也较之前更加精准，基层政府官员的合理"避责"以各种各样的"乱作为""不作为"和"程序作为"表现出来。近年来，地方政府创新实

践缺乏和经济发展动力不足，作为改革的副产品大量出现。今后的研究需要更加重视问责与避责之间的内在逻辑，合理刺激基层政府官员的公共利益驱动，增强民众的改革获得感。

第三，"放管服"改革力度之大、之快，导致基层政府和监管部门无人、无能力在短时间内有效承担起下放的很多事项。例如，在城市建设规划审批领域，很多原本由市级政府承担的职责，直接下放给下一级政府，接手的部门由简单的政策二传手变成政策的主要制定者，其角色转化比较困难。尽管制度健全，但是没有长期实践工作经验和精准的培训，很难在短时间内掌握审批要领。尤其是监管部门，由之前的二线机关变为主要的市场监管部门，一时间行政文化中的"懒政不追责"难以克服。更为重要的是，政府监管需要人力、物力和技术的精准配置，才能更好地体现政府监管的专业化。

（二）政府职能转变将在系统性和精准性之间实现有效突破

政府职能转变是贯穿于机构改革、机构编制与政府规模和服务型政府建设等相关政治体制改革和行政体制改革的主线。能否切实转变政府职能，是检验中国政治发展能否做到为社会主义市场经济体制建设服务，政治体制改革是否取得实质性进展的关键性指标。而从政府职能与政府职责的关系看，政府职能转变的重点是政府职责转变，这就需要我们加强政府职责体系的研究。

十八大以来，中国政府启动了"简政放权，放管结合，优化服务"的改革议程，权责清单制度、经济社会管理权限下放、行政审批制度改革等为政府职责体系研究提供了重要的机遇，同时也提出了更高的要求。而2016年8月，国务院发布的《关于推进中央与地方财政事权和支出责任划分改革的指导意见》；2017年1月，国务院印发《"十三五"推进基本公共服务均等化规划》；2017年2月，中共中央办公厅、国务院办公厅印发《关于加强乡镇政府服务能力建设的意见》等文件均表明党和政府在推进政治体制改革和行政体制改革中对政府职能转变的重视。有关系统性的政府职能转变研究，将以政府职责体系的构建作为主要突破点，积极探索具有中国特色的政府发展路径。

此外，政府职能转变不再是浮在面上的口号式改革，政府与市场、政府与社会、不同层级政府之间的分工合作将以更具操作性和标准化的方式来推进。如何实现政府职责的精准化定位，将成为政府职能转变的主要旋律之一。从居民需求出发，从市场发展要求出发，从社会发展趋势出发，政府职能转变将更加聚焦重点和难点问题，在坚持党的领导的基础上，整合各种治理资源，创新体制机制，以"壮士断腕"的魄力，集中突破以往妨碍改革的"瓶颈点"，促进政府管理整体水平的提升。

（三）深入推进政府监管体制改革

转变政府职能要以促进社会公平、增进人民福祉为出发点和落脚点，而推进监管体制改革是促进社会公平正义的重要举措。目前，我国的市场体制还不完善，恶性竞争等破坏市场秩序的行为还大量存在。简政放权、放管结合是为了寻求政府行为和市场功能的最佳结合点，一方面可以弥补市场失灵，另一方面可以避免政府自身的缺位、越位和错位。但如果只求放权于市场，则会导致更大规模的市场混乱。因此，政府这只"有形的手"必须发挥其协调和监管作用，只有管好市场的秩序，才能让市场经济更健康地发展。创新监管体制和模式成为政府职能转变的重要着力点，一方面，要全面推行"双随机、一公开"监管，充分运用大数据和信息技术，建设企业信用信息"全国一张网"，实行诚信激励和失信惩戒制度；另一方面，要建立综合监管体系，发挥各种监管资源的最大效益，审慎监管，促进市场各主体公平竞争，进一步激发市场活力。此外，政府应当加强监管领域的人才培养和资源投入，尤其是一些技术性较强的监督部门建设，应集中力量配给高科技的技术设备，采取资源共享的办法，革除基层监管技术不济的弊病，构建多元共治的无缝监管网络。

四、报告要点

报告对 2017 年度推进政府职能转变的实践情况和相关研究成果进行了归纳梳理，并在此基础上，对未来的改革和研究工作进行了展望。报告要点总结如下：

1. 2017 年是党的十九大胜利召开的重要历史节点，也是推进政府职能转变向纵深发展的关键一年。在这一年中，政府职能转变以供给侧结构性改革为主线，坚持问题导向、需求导向、目标导向，聚焦"痛点"，瞄准"堵点"，持续推进行政审批、投资审批、职业资格、收费管理、商事制度、科教文卫体等领域改革。创新了政府管理模式，提出了一些可行性较高的促进政府职能转变的方式，比如"互联网+政务服务""双随机、一公开"监管等，这对于增强服务效能，有效激发市场活力和社会创造力起到了重要作用。

2. 在转变政府职能的具体实践中，中央与地方的积极性在纵向上呈现出了递减性失衡的现状。主要表现在中央政府以"壮士断腕"的魄力推进改革，地方政府自我改革动力不足，对于"自我瘦身"的积极性不高。在地方政府运行中，开始出现一系列避责、怠政、懒政等"不为"或者"难为"现象。同时，行政审批改革进入深水区，一些关键性的审批权力开始松动，在地方政府具体执行过程中，存在根据"责任大小"下放权力之嫌，并没有根据适宜原则下放。此外，有些地方政府能力不足导致放权并没有任何实效反而造成政府效率低下。如何改变这类现象，成为今后一段时间内政府职能转变的重中之重。

3. 政府职能转变的相关研究角度更加具有创新性、多元化、具体化以及与时俱进的特点，特别是一些经验总结和问题反思的研究为政府职能转变的继续深入提供了一些思路，像如何深化国家治理现代化背景下的政府职能改革、如何使用组织变革理论来分析政府职能转变、如何纠正权力清单改革存在的问题等。这些研究紧密联系实践，反映了政府职能研究的中国化。此外，有关地方个案研究的深入，为地方政府职能转变提供了更加丰富的案例研究。但是，如何将这些个案研究转化为具有系统性的中国政府职能转变的模式研究或者是中国道路研究，将是研究者面临的重要挑战。

4. 今后，政府职能转变将向纵深发展，中央政府通过技术调控和标准设置来精准调控地方政府基层社会管理的趋势更加明显。只是如何平衡经济发展、保障民生以及行政体制改革之间的关系，如何培育社会力量、发挥社会自治能力，如何确保地方政府职能归位和有效履行，如何加强组织领导，确保改革举措落到实处，如何真正实现多元主体共治、让广大百姓切实享受到改革红利等，成为目前政府职能转变的重要课题。

作者单位：南开大学周恩来政府管理学院

行政审批制度改革与行政服务中心建设情况报告

宋林霖

"放管服"改革为行政审批制度改革的推进提供了较为系统的整体解决方案。政府在降低企业市场准入难度的同时，要求各相关部门加强事中、事后的监管，并持续优化面对企业和公众的政务服务与公共服务。2017 年 6 月 13 日，在全国深化简政放权放管结合优化服务改革电视电话会议上，李克强发表重要讲话，强调"本届政府紧紧围绕处理好政府与市场关系，按照使市场在资源配置中起决定性作用和更好发挥政府作用的要求，始终抓住'放管服'改革这一牛鼻子，坚韧不拔地推进政府职能转变"。为进一步将讲话内容落到实处，6 月 30 日，国务院又颁布了《2017 年推进简政放权放管结合优化服务改革工作要点》，该要点要求各级政府从为促进就业创业降门槛、为各类市场主体减负担、为激发有效投资拓空间、为公平营商创条件、为群众办事增便利五个方面，进行 26 项具体的改革举措。回望 2017 年的"放管服"改革，税务、住建、投资等各领域改革不断深入，效率提升明显。本报告将全面梳理 2017 年行政审批制度改革中的重要事件，深入分析和解读政府审批改革与地方行政服务中心实践与理论上出现的新情况、新成果，总结规律、提出建议，并进行宏观趋势的把握。

一、行政审批制度改革与行政服务中心建设的现状综述

（一）中央政府审批事项的清理工作持续推进

2017 年，中央政府取消 40 项国务院部门行政审批事项，同时取消 12 项中央指定地方实施行政许可事项。规范 17 项国务院部门行政审批中介服务事项，并取消 25 项中央指定地方实施行政审批中介服务等事项，不再作为行政审批的受理条件（见表 1）。简政放权改革有力地解放和发展了生产力，激发了市场活力和社会创造

力。2017 年，新设市场主体达到新高点，全国新设市场主体 1924.9 万户，同比增长16.6%，比上年提高 5 个百分点，平均每天新设 5.27 万户，高于 2016 年的 4.51 万户。全年新设企业 607.4 万户，同比增长 9.9%，平均每天新设 1.66 万户，高于 2016 年的1.51 万户。截至 2017 年底，全国实有市场主体 9814.8 万户，其中，企业 3033.7 万户，个体工商户 6579.4 万户，农民专业合作社 201.7 万户，分别占 30.9%、67.0%、2.1%。按 2016 年底全国人口计算，2017 年底，平均每千人拥有市场主体 71 户，比上年增加7.7 户；平均每千人拥有企业 21.9 户，比上年增加 3.1 户。①

表 1　中央政府深化行政审批制度改革历程回溯表（2017 年 1 月至 2017 年 12 月）

序号	发布时间	文件名称	取消和下放事项	改革重点
1	2017-01-22	国务院关于第三批清理规范国务院部门行政审批中介服务事项的决定	国务院决定第三批清理规范17 项国务院部门行政审批中介服务事项，不再作为行政审批的受理条件。另有 2 项涉及修改法律的中介服务事项，国务院将依照法定程序提请全国人民代表大会常务委员会修订相关法律规定；另有 1 项涉及修改《内地与香港关于建立更紧密经贸关系的安排》和《内地与澳门关于建立更紧密经贸关系的安排》的中介服务事项，国务院有关部门将按程序与香港、澳门特别行政区政府磋商，修改、补充相关安排	各有关部门要认真做好清理规范行政审批中介服务事项的落实工作，加快配套改革和相关制度建设，加强事中事后监管，保障行政审批质量和效率。对于涉及公共安全的行政审批事项，中介服务清理规范后，要进一步强化相关监管措施，确保安全责任落实到位
2	2017-03-31	国务院审改办 国土资源部 文化部 国家卫生计生委 国家质检总局 国家安全监管总局 国家保密局 国家测绘地信局 国家人防办关于取消 25 项中央指定地方实施行政审批中介服务等事项的通知	经研究论证，决定取消 25 项中央指定地方实施行政审批中介服务等事项，不再作为行政审批的受理条件	及时通知行政审批大厅和各事项实施机构，认真落实取消有关事项的要求，同时，加快推进配套改革和相关制度建设，切实加强事中、事后监管

---

① 林丽鹏. 2017 年新设市场主体创新高[N]. 人民日报，2018-01-19(10)。

续表

	发布时间	文件名称	取消和下放事项	改革重点
3	2017-04-06	中央编办（国务院审改办）发展改革委公安部　民政部　工商总局关于实行行政审批中公民、企事业单位和社会组织基本信息共享的通知	明确从 2017 年上半年起,公安部、工商总局、中央编办、民政部向各地政务服务大厅(网)提供行政审批中使用频率最高的公民、企业、事业单位、社会组织 4 类基本信息	2017 年上半年,以公安部为重点,向各地政务服务大厅(网)提供公民基本信息等,解决共享信息从无到有问题;从 2017 年下半年起,逐步扩大公民、企事业单位和社会组织基本信息共享内容,优化查询方式;在此基础上,基于统一的国家电子政务网络和共享交换平台,与中央政府门户网站联通对接,实现审批基本信息的归集和共享
4	2017-05-11	国务院关于进一步削减工商登记前置审批事项的决定	削减工商登记前置审批事项 5 项	2013 年,工商登记前置审批事项共有 226 项,2014 年经过三批集中调整,保留 34 项。此次削减 5 项之后,工商登记前置审批事项的 87%改为后置审批或取消
5	2017-06-24	国务院关于调整工业产品生产许可证管理目录和试行简化审批程序的决定	国务院决定,进一步调整实施工业产品生产许可证管理的产品目录,取消 19 类工业产品生产许可证管理,将 3 类工业产品由实施生产许可证管理转为实施强制性产品认证管理,将 8 类工业产品生产许可证管理权限由质检总局下放给省级人民政府质量技术监督部门。调整后,继续实施工业产品生产许可证管理的产品共计 38 类,其中,由质检总局实施的 19 类,由省级人民政府质量技术监督部门实施的 19 类	对继续实施工业产品生产许可证管理的产品,为提高审批效率、降低企业取证成本,由质检总局按照《中华人民共和国行政许可法》有关规定,组织有关地区和行业试行简化生产许可证审批程序:一是取消发证前产品检验,改由企业提交具有资质的检验检测机构出具的产品检验合格报告。二是后置现场审查,企业提交申请和产品检验合格报告并做出保证产品质量安全的承诺后,经形式审查合格的,可以先领取生产许可证,之后接受现场审查。对通过简化程序取证的企业,在后续的监督检查中,如发现产品检验或生产条件不符合要求的,由发证部门依法撤销生产许可证

	发布时间	文件名称	取消和下放事项	改革重点
6	2017-09-30	国务院关于取消一批行政许可事项的决定	取消 40 项国务院部门行政审批事项 取消 12 项中央指定地方实施行政许可事项	取消 40 项国务院部门行政审批事项，包括：一是市场已具备自我调节能力的事项；二是同一部门对相同内容进行重复审批的事项；三是部门之间串联审批的事项 取消 12 项中央指定地方实施行政许可事项，包括：一是取消一些含金量较高，涉及企业生产经营、个人就业创业的事项；二是取消一些重复审批事项；三是取消国务院部门行政许可事项的同时，把相对应的中央指定地方实施行政许可事项一并纳入研究范围，经论证后确有必要取消的，一并予以取消

（二）行政审批局改革持续推进并初见成效

行政审批局的战略定位，着眼于经济新常态下审批制度改革亟待推进的实践发展，以法治政府建设理念为依据，成立行政审批局是促进政府职能转变的有效途径。行政审批局的成立是对依法治国战略的积极回应，行政审批主体合法是开展行政审批权相对集中改革的核心要素。行政审批局的核心目标是深度整合审批事项，打破部门利益的深化阻力，进一步简化并规范审批权。以此提高行政效率，降低行政成本，将原职能部门的审批权剥离，最大限度地为其释放监管空间，倒逼其加强事中、事后监管，减轻企业负担，激发市场活力。从行政审批局的设计框架来看，其职能范围并不能也不适合涵盖所有的便民和审批事项，行政服务中心更具包容性的管理方式，于行政审批局而言是一个有益的补充，两者缺一不可。行政审批局改革融入了地方政府的新观念、新技术、新流程，实现了提高政府行政管理和公共服务效能以及增进公共服务价值的政府改革目标。机构改革不能仅停留在流程再造的层面，而属于一项复杂的公共组织变化过程。由于受众多因素的制约和影响，其形成和演变的轨迹往往不是线性的而是具有明显非线性特征的复杂动态过程。改革过程的非线性特征在一定程度上会制约改革实施后的综合效果。但是，作为地方政府体制突破的重要创新模式之一，行政审批局的数量仍在持续增加的过程中（见表 2）。

表2　全国新增行政审批局基本情况统计表（2017年1月至2017年12月）

序号	省市	名称	建成时间	进驻单位（个）	进驻审批事项数（项）
1	河北	石家庄市裕华区行政审批局（组建）	2017年1月	16	110
		石家庄市正定县行政审批局	2017年2月	18	113
		邯郸市行政审批局	2017年3月	27	333
		石家庄市井陉矿区行政审批局	2017年3月	—	—
		邢台市行政审批局	2017年4月	—	333
		沧州市东光县行政审批局	2017年11月	30	298
2	江苏	无锡市行政审批局正式揭牌成立	2017年7月	—	—
		南京市经济技术开发区行政审批局	2017年7月	—	—
		常州市高新区行政审批局	2017年9月	15	92
		苏州市昆山经济技术开发区行政审批局	2017年9月	—	142
		宿迁市行政审批局	2017年9月	7（机构）	37
		盐城市大丰区行政审批局	2017年9月	—	—
		常州市武进区行政审批局	2017年9月	23	153
		常州市经开区行政审批局	2017年10月	—	—
		连云港市灌南县行政审批局（挂县政务服务管理办公室牌子）	2017年12月	—	—
		淮安市洪泽区行政审批局	2017年12月	12	229
		江苏省淮安市盱眙县行政审批局	2017年11月	—	—
		徐州市高新区行政审批局	2017年10月	—	—
3	湖北	十堰市行政审批局	2017年1月	27	138
		荆门市掇刀区项目服务局（在区行政审批局挂牌）	2017年6月	14	93
4	山东	平度市行政审批局	2017年3月	24	185
		枣庄市高新区行政审批局	2017年9月	—	27
		德州市庆云县行政审批局	2017年9月	34	249
		潍坊市寿光市行政审批局	2017年10月	—	62
		临沂市临沭县省级开发区行政审批局	2017年12月	14	48
5	辽宁	锦州市行政审批局	2017年11月	25	171
6	四川	泸州市川南临港片区行政审批局	2017年11月	—	134

（三）国家部委开展行政审批标准化测评

《行政许可标准化指引（2016 版）》（以下简称《指引》）印发以来，国务院相关部门按照《指引》要求，精心组织实施，对照标准逐项落实，取得了较大成绩。为客观评价《指引》落实情况，发现和解决其中存在问题，及时总结经验做法，国务院审改办于 2017 年 5 月 11 日发布了《国务院审改办关于开展国务院部门行政许可标准化测评的通知》，集中开展了面向 59 个部门、"全事项、全覆盖"的行政许可标准化测评。按通知要求，国务院审改办委托中国标准化研究院，作为全国行政审批标准化工作组秘书处单位，具体承担此次测评，负责制定测评方案、组织实施测评并汇总提交测评结果。测评自通知下发时开始，5 月 30 日前由部门测评并报送测评报告；5 月 31 日至 6 月 16 日由测评组开展实地核查；7 月 20 日前测评组完成所有测评，提交测评报告。国务院审改办在测评结束后已将测评情况报送国务院，并向各部门反馈测评意见（见表 3）。

表 3　部分省市行政审批标准化情况一览表（2017 年 1 月至 2017 年 12 月）

序号	名称	文件／项目	预期目标	主要内容
1	新疆维吾尔自治区昌吉州	《自治州政府部门行政许可基本流程规范办法》	办法涵盖了适用范围、分类设定基本流程、优化办理流程、强化监督问责四大部分共 17 项具体内容，对州直各许可实施机关保留实施的行政许可事项名称、实施依据、实施主体、办理时限统一规范格式，编印服务指南，进一步规范许可工作服务标准，压缩了行政许可的自由裁量权，做到许可信息公开、相关收费依据公开	通过建立协调通畅、流程清晰、职责到位、运转灵活的审批流程机制，确保审批事项接得住、用得活、管得好
2	吉林省四平市	《中央指定地方实施行政许可事项汇总清单》	加快推进行政审批标准化建设工作，进一步规范了行政审批项目名称、编码、依据、条件、材料、流程、时限，达到审批"七统一"。推进相对集中许可权改革，探索实施一枚印章管审批，全力打造便民高效的服务平台	优化行政审批服务，在"服务"上"搞创新"

序号	名称	文件／项目	预期目标	主要内容
3	福建省	《关于深化行政审批标准化改革的指导意见》	以行政审批标准化为牵引，推进"放管服"改革不断深入。按照"行政审批事项最少、审批流程最优、审批环节最简、审批时限最短"的要求，从审批事项设立、审查审核规则、服务场所建设、网上审批运行、办理机制创新、监督检查及评价等六方面，设置了行政审批标准化的 34 项项目标准、75 项操作规范，让企业和群众轻轻松松办成事、办好事	一是推进行政审批和服务事项管理的规范。按照"能减尽减"原则，最大限度精简办理事项、申报材料和审批流程，实现事项管理的规范、办事指南的规范和审批流程的规范，全省范围内省、市、县行政审批和服务事项达到"一事项一标准"。二是推进行政审批审查审核的规范。大力推进"三集中"审批改革，加快将分散在审批部门多个内设机构的审批职能集中到一个内设机构，制定行政审批各个环节的审查工作细则，细化业务办理裁量标准。三是推进行政审批服务场所的规范。对省、市、县、乡镇（街道）行政服务办事大厅或办事窗口的硬件建设及配套的管理、服务制度建设等进行规范，确保政务服务标准化管理全覆盖
5	湖北省	《省人民政府办公厅关于印发湖北省推进"互联网+放管服"改革实施方案的通知》和《省人民政府办公厅关于加快推进行政审批标准化工作的通知》	为确保清单上下一致、规范科学，在武汉、襄阳、宜昌、十堰、荆州、荆门试点成果的基础上，组织编制《市县两级行政许可事项通用清单》，初步确定市（州）级行政许可颗粒化事项 531 项，县（市、区）级颗粒化事项 401 项。依据《行政许可事项编码规则》《行政许可事项服务指南编写规范》《行政许可事项审查细则编写规范》等三项地方标准	湖北省审改办在武汉组织召开市县两级行政许可事项通用清单审查培训会，讨论审定市县两级行政许可事项通用清单，要求省、市、县三级政府部门相同的事项做到"三级八同"，其事项名称、设定依据、办件类型、受理要求、申请材料、办理流程、办结时限、结果样本基本统一，为实现"一网覆盖、一次办好"，推行全省通办、异地办理创造条件

序号	名称	文件／项目	预期目标	主要内容
6	吉林省	《关于印发〈市县保留行政审批事项通用参考目录（2016年版）〉的通知》	结合工作实际，坚持多措并举、稳妥有序推进落实市县行政审批事项通用目录工作	一是围绕目录看"数量"，着力优化行政审批项目结构。严格对照《市县保留行政审批通用参考目录（2016）》对该市行政审批事项进行调整，原则上力求与《通用目录》基本一致，并结合实际情况进行调整。二是围绕标准定"尺度"，着力规范行政审批项目内容。按照省审改办《通用目录》的统一格式标准，下发了《关于做好编制保留行政审批事项目录工作的通知》，制定了相关表格和填表说明，明确要求各部门将行政审批事项按照格式进行统一填报，要求事项顺序、名称、设定依据等原则上与《通用目录》保持一致，不得以合并、变换名目、搁置不计算等形式变相处理
7	湖北省荆门市	《行政许可标准化指引（2016版）》	在集中行政审批事权的基础上，优化运行机制，完善审批标准，提高审批效能，推动简政放权向纵深发展，不断激发市场活力和社会创造力	一是精简、规范行政审批事项。今年，对接省通用权力清单，落实国务院、省政府取消下放的事项，分两批次对市级行政审批项目目录进行了调整，取消调整后市级保留行政审批项目144项。二是优化行政审批服务流程。精简前置，对市级144项审批事项对照法律法规逐一清理前置条件和材料，凡是没有法律依据的一律取消，凡是部门设置的一律取消。三是建立完善审批服务标准。依据《行政许可标准化指引（2016版）》，优化运行机制，结合荆门市事权集中的实际，研究制定了行政审批服务通用基础标准、流程标准和保障标准，推行线上线下全程免费帮办、审批缺件"容缺办理"、重大项目预报跟踪全程代办等制度，实现"车间式审批，流水线作业"

（四）"互联网+政务服务"应用水平普遍提升

各地政府的"互联网+政务服务"建设着眼于为政府职能的实现提供延伸服务。主要包括以下几个方面的具体措施：一是夯实、提升政务服务网络支撑平台，建成政务服务"一张网"，推进政府部门、公共服务系统各平台业务系统的融合，推进基层相关业务系统与上级政务服务与绩效管理考核系统的互联互通，构建统一的互联网政务服务平台；二是建立统一的企业证书颁发机构（Certificate Authority，CA）认证信息化基础设施，开发、建设行政许可服务网上办事大厅，推进以实体政务大厅服务为支撑向计算机终端、自助服务终端、移动客户终端的延伸，做到线上线下无缝衔接；三是积极推进电子证照、电子公文、电子印章、电子签名等在政务服务中的应用，开展网上验证核对，避免重复提交材料和循环证明；四是优化、简化网上申请、受理、审查、决定、送达等流程，推进审批要件和信息网络共享，逐步实现"一点登录、一号登记、全网通办、高效服务"，切实解决政务服务"最后一公里"问题。一方面，防止过分强调互联网的平台建设，而偏离转变政府职能、推进行政体制改革这个根本目标；另一方面，不能因强调传统的实体服务手段，而拒绝互联网技术平台的发展。

例如，贵州省贵安新区行政审批局在全国第一个探索建设的集审批、监管、服务和监督为一体的大数据云平台已上线试运行，对行政许可事前审批和事中、事后监管的制度机制进行数据化监控管理，探索"审管同步、规范高效、公开透明、全程留痕、分析应用"的"云上政务"新路。目前，已建设"审批云、监管云、监督云、证照云、中介云、招商云"等"六朵云"，实现了数据互联互通、审批信息共享，达到进一步提高审批效率、优化政务服务环境的工作目标。"审批云"整合了网上办事大厅、审批服务系统和投资项目在线审批监管平台三个系统，将申请人申报入口、后台处理和投资项目在线审批监管平台一并整合；"监管云"，监管部门借此可以与审批部门同步，针对审批的实时情况进行监管，用技术解决了审管有效衔接的难题；"监督云"整合了新区行政审批电子监察系统和政务大厅管理系统，分别对审批流程和审批人员操作记录进行监察管理；"证照云"即新区的证照共享系统，该系统与贵州省证照数据库互联互通，解决了网上上传资料无法验证和比对，只能依靠纸质材料验证的问题，以及申请人需重复提供证明的问题；"中介云"即新区中介机构执业行为数据库，将新区审批事项涉及的中介机构全部纳入系统进行统一管理，及时公布信息，提高信用透明度，提质增效；"招商云"即招商引资信息推送系统，既向企业告知所需办理的审批事项和相关材料，也提供大数据分析，分类汇总新区企业的行业类别、投资情况、审批手续办理情况等。由此重点围绕云平台应用全面再造审批服务流程，相对法定时间审批可提速 75%以上。①

二、行政审批制度改革与行政服务中心建设的研究现状综述

整体上看，有关"放管服"改革的研究文章和著作数量处在比较平稳的状态，较之 2016 年的热度有下降趋势，新研究者并没有随着改革的推进而大量涌入。同时，研究方法、研究主题变化幅度较小，研究中较少运用量化分析，研究主题理论框架的切换和领域的细化仍显不足，研究者多集中在行政管理专业，法学和经济学学者的参与对于研究维度的丰富发挥了较为重要的作用，研究主题中对于互联网、大数据、人工智能应用于行政审批制度改革中的探讨明显增加。重要的著作是由朱光磊主编的《构建行政审批局：相对集中行政许可权改革的探索》②。

在中国知网以"行政审批"为篇名，共检索到期刊文章 186 篇。区别于定性分析和逻辑演绎的常用方式，夏杰长等通过地级市数据和企业数据定量分析了审批改革的效果，为"改革促增长"提供了一定的实证检验，研究发现，行政审批改革可以通过减少企业交易费用来促进经济增长。行政审批可以抑制社会成本，对中国经济发展有一定的推动作用；而中国渐进性的审批改革确实可以推动经济增长，其微观机制是减少了企业的交易费用。③丁辉等从地方政府创新的视角来解释不同地区选择不同审批模式的原因，认为解释地方政府的审改模式选择差异，不能仅停留在对审改模式特征的比较上，还应考察地方之间竞争如何影响模式选择。④梁雨晴等通过分析《行政许可法》对地方政府推进行政审批改革的影响，找出紧张关系产生的缘由，指出该法的确规范了行政许可行为，但对如何取消行政许可的实现路径并未提供足够的指引，因而，在依法改革的新要求下产生了抑制地方政府进行审批改革积极性的客观效果，不利于行政审批改革的深化和推进。文章认为要实现依法治国与改革推进并行不悖，立法者可以考虑通过法律途径如设立《改革法》等为改革探索空间设置保障。⑤

在中国知网以"行政许可"为篇名，共检索到期刊文章 94 篇。王福涛等基于分权制衡理论选取四大变量（指标），依据 J 市 41 个行政许可审批单位审批绩效第三

① 贵安新区全力打造民营经济新高地[EB/OL].（2017-09-27）. http://gz.people.com.cn/n2/2017/0927/c377248-30782431.html.

② 朱光磊. 构建行政审批局——相对集中行政许可权改革的探索[M]. 北京：中国社会科学出版社，2017.

③ 夏杰长，刘诚. 行政审批改革、交易费用与中国经济增长[J]. 管理世界，2017（04）：47-59.

④ 丁辉，朱亚鹏. 模式竞争还是竞争模式？——地方行政审批改革创新的比较研究[J]. 公共行政评论，2017（04）：24-39，192-193.

⑤ 梁雨晴，李芝兰. 依法治国与改革：如何并行不悖？——基于行政许可法对地方政府审批创新的影响[J]. 公共行政评论，2017（04）：40-53，193.

方评价相关数据，回归分析结果表明，行政相对人更关注行政主体的实质性回应。相对于内部监督途径的健全性，内部监督检查的日常性变化对服务满意度影响更大。据此，应增加行政许可绩效评价指标体系中监督管理指标的权重，强化外部监督回应与内部监督回应之间的联动。①王克稳认为可将分散在多个部门的行政许可权，集中整合、归并到一个部门行使，以此消解部门对行政审批改革的掣肘，打破以审批为基础构建的传统管理体制。相对集中行政许可权由此成为行政审批改革中推出的又一重大改革举措。但将行政许可权从法定部门的职权中分离出来交给其他部门行使，涉及法定许可机关的变更和法定职权的转移，因而，这一改革在理论上还未形成共识，实践中还面临着强大阻力。相对集中行政许可权改革的必要性、合法性、合理性以及技术性需要进行理论上的充分论证以及实践中的不断探索。②栗燕杰认为我国行政审批制度改革仍未到位，缺乏统一主管机构、政府自身阻力、审批流程繁琐复杂、配套支撑较为缺失、法律瓶颈障碍都是严重阻碍因素。为此，有必要在服务政府与法治理念的引领下，启动《行政许可法》的修订，通过加强顶层设计理顺改革体制，严格实施目录管理，规范相关中介机构及其服务，推进审批流程标准化、避免溢出审批等举措，推动行政审批制度以适应治理体系现代化的需求，并充分释放经济社会活力。③

　　在中国知网以"政务服务"为篇名，共检索到期刊文章264篇，主要分为两个主题：线上的政务服务和线下的政务服务。在实体政务大厅的研究中，宋林霖、赵宏伟认为，在"放管服"改革的背景下，地方政务服务中心所面临的新挑战，无涉服务中心的本质属性，而是根源于服务中心改革的不到位。因此，主张放弃政务服务中心现有改革成果的"中心解体论"，是行政体制改革的倒退，只有坚定不移地推进中心改革，精准定位，积极创新，才是符合现代政府治理规律、顺应时代的科学发展观。④行政审批制度改革的推进，强化了行政服务中心作为一站式审批平台的定位，但同时中心本质上的创新属性被逐渐消解，致使近期行政服务中心自身的实践探索进展缓慢，理论研究陷入僵局。杭州"市民之家"在建设理念方面独具特色，除具有行政服务中心的基本功能之外，特别重视建立长效、稳定的公民参与平台，其成功的运行表明中心可成为加速社会组织成长的制度装置。这既表明了政府在推动公民精神养成和社会组织成长中的积极立场，又加强了社会组织对政府的信任。虽然，这种作用还主要出现在经济较发达和社会开放度较高的地区，但从趋势

---

① 王福涛，黄怡茵，潘振赛. 行政许可监督与服务满意度关系研究——基于广东省 J 市行政许可绩效评价[J]. 中国行政管理，2017(08)：95-101.

② 王克稳. 论相对集中行政许可权改革的基本问题[J]. 法学评论，2017(06)：44-51.

③ 栗燕杰. 我国行政审批制度改革的评估与展望[J]. 法学研究，2017(04)：143-151.

④ 宋林霖，赵宏伟. 论"放管服"改革背景下地方政务服务中心的发展新趋势[J]. 中国行政管理，2017(05)：148-151.

上看，伴随着中国经济的稳定增长，杭州"市民之家"的改革模式不仅可以成为行政服务中心职能拓展方向的参考样本，更重要的意义在于，改革本身已经超越了审批制度改革技术层面的需求，从战略的高度为政府职能的结构性调整试水。通过杭州"市民之家"的可贵探索，行政服务中心为行政体制改革提供整体想象空间和可能性实验场域的功能再次回归与彰显。①

在"互联网+政务服务"的主题中，翟云认为，"互联网+政务服务"与政府治理现代化具有高度契合性，"互联网+政务服务"的发展理念、制度安排、推动路径也在本质上为推动政府治理现代化奠定了理论基础。②对于如何推进互联网+服务，张佳慧认为，坚持顶层设计与平台建设相结合的原则，完善政务服务内容、健全配套服务体系，构建以"互联网+"信息技术为核心，以社会公众的现实需求为导向，信息数据资源互联共享的整体性治理模式。③顾平安认为跨部门政府业务流程再造是推进"互联网+政务服务"建设的重点和难点，需要逐步改变按照"职能分工"原则把一项完整的工作分成不同部分、由相对独立的各个部门依次处理的传统工作方式，以人民群众满意为导向，重新思考相关业务流程之间的逻辑关系，重新设计跨部门审批和服务事项的受理、办理和办结全过程，形成面向对象的高效化、便捷化和合理化综合业务流程。④

三、展望与分析

（一）行政审批局改革发展中需要关注的问题

1. 行政审批局改革的研究亟待全面和精准

行政审批局改革和其他研究有着比较大的区别，因为这是一个与实践结合非常紧密的新的研究主题，前期学界的相关研究成果有限，研究者既应具备扎实的理论功底，更为重要的是，需要在实践中进行广泛而深入的调研，依靠从文献到文献的研究路径，是不能将问题解释清楚的。目前的学术成果中，对于审批局改革所面临的难点概括比较宏观，甚至是比较粗糙。例如，有些研究者认为，审批与监管的职能没有厘清，审批和监管部门之间的联动衔接不畅。但是，在实践中，天津市滨海新区、南通市、贵州省贵安新区的行政审批局在改革中已经较好地解决了这个问题，显然，由于地区之间的改革节奏并不一致，改革的力度、动力与配套措施千差万别，

① 宋林霖. 论地方行政服务中心培育社会组织的作用——基于杭州"市民之家"的调研与思考[J]. 南开学报(哲学社会科学版)，2017(01)：12-23.

② 翟云. "互联网+政务服务"推动政府治理现代化的内在逻辑和演化路径[J]. 电子政务，2017(12)：2-11.

③ 张佳慧. 整体性治理视角下"互联网+政务服务"模式创新的实践探索与深化路径——以浙江省嘉兴市为例[J]. 电子政务，2017(10)：20-27.

④ 顾平安. "互联网+政务服务"流程再造的路径[J]. 中国行政管理，2017(09)：28-31.

仅是简单的表述很难反映改革的真实情况，研究工作还应考虑地区复杂的差异，这样，对于改革的进程才不会以偏概全、大而化之，要突出区域、领域和部门审批制度改革的分类解释，这样改革者才能够以平和心态客观应对改革，清晰了解改革的问题，对症下药，而公众也不会丧失对改革的信心，减少改革推进的阻力。

2. 中央政府试点政策的细化

对于地方政府的试点工作，国家层面除了给予宽松的政策环境之外，仍需在顶层设计中给予一些细致的指引，对于试点什么时间完成什么任务可考虑制定更为详尽的制度规范，规定相应的容错机制、激励机制、退出机制与问责机制。尤其是在试点过程中，应定期通过开办培训班或召开现场会等方式进行宣传和指导，及时总结经验，推广扩散，同时吸取教训，其他试点可以规避类似问题，减少行政成本的浪费。另外，建议设计一套完整的指标来动态评估试点的发展情况，及时对于试点范围进行调整，比如，有的试点工作做得比较充分，可以扩大本区域的试点范围，而有的试点在相当长的一段时间内，都没有具体的规划和实践，浪费了试点的资源，就可以考虑选择新的试点进入，而取消某些试点的实验资格。

（二）行政审批局模式改革中需要处理好的几个关系

1. 专业行政与综合行政的关系

行政审批局改革的目标不能简单地理解为审批权力全部集中至审批局内，"职能整合"与"专业分工"要适度、均衡，不能过于教条。"相对集中行政许可权"的重点除了"集中"之外，还要考虑"相对"，不能仅追求一时的形式和指标，为了集中而集中，应根据实际发生过程中真正有利于管理，有利于行政相对人的办事方便，审慎考虑哪些事项适合划归到审批局统一管理，哪些还是由原职能部门行使更为合理，行政许可权的调整和集中首先要依法依规，要符合行政许可法所规定的精简、统一、效能原则和相关程序；同时，行政许可权应该是业务关联性较强，便于集中的事项，而专业性较强且法律有明确规定许可权行使主体的审批事项，则不宜简单地集中并转到一个部门；另外，中央政府的试点要求中只明确规定行政许可权相对集中，但其他与许可事项紧密关联的行政服务事项，如证明、认定等事项仍由原审批部门进行办理，对相对人而言，办理流程非但未简化反而更加复杂。这类事项能否与行政许可权一并集中，仍需进一步研究和探索。

2. 技术创新与制度创新的关系

由于行政审批局没有对应的上级业务主管部门，具体工作中需与上级有关部门搞好对接，一定程度上增加了"条条"的难度。这种情况下，即使是云平台仍然会存在"信息孤岛"的现象，有相当一部分行业主管部门自行开发的审批监管系统从上至下封闭运作，行政审批局审批系统接入存在诸多困难，特别是使用国家或省级垂直审批系统的部门，因此，审批局实际上又被这些专网分割成了各个部门，审批信息不能共享，造成行政审批局本身的优势难以充分发挥。如果要达到审管同步的目的，审批局还需要按照云平台的数据规范导出数据文件，在规定时限内把审批数据上传到指定服务器上，这样就存在审批数据更新速度较慢，审批局办理业务时因存在"多套系统、多个流程、多次录入"的问题，在实现提升效率的目标上体制障碍亟待破解。

3. 依法行政与试点容错的关系

依法行政，是政府履职的基本依据和要求，行政审批局改革也概莫能外。但是在实践中，改革就是要除弊立新，要敢于挑战计划经济时代的理念，并立足于"宏观调控、市场监管、公共服务、社会管理、环境保护"的原则指导，建立新的制度，甚至在某种程度上突破法律法规的"框框套套"，对其进行修改与完善。从这个角度上看，行政审批制度改革也是对地方性法规和规章进行再梳理的过程。因此，行政审批制度改革的实践中不仅各地编办压力较大，法制办的任务量也相当繁重。从中央政府的试点精神看，要求和鼓励突破常规、打破传统，这也是试点不同于非试点的题中应有之意，但审批制度改革试点牵头的一线工作者就容易面对"违背"法律法规有关规定的、但又的确是为改革着想没有任何私利考量的"实际需要"，存在较大"法律风险"和出现问题"被问责"的"风险"。虽然国家自上而下都提出鼓励改革，建立容错试新的环境，但缺乏明确细化的制度规定，这使得一些在基层想改、该改的问题推进较难，"知难而退"的情况屡有发生。

（三）行政审批制度改革发展的新趋势

1. 进一步明确政务服务中心的定位

《关于深化政务公开加强政务服务的意见》指出："各地要因地制宜规范和发展各级各类服务中心。凡与企业和人民群众密切相关的行政管理事项，包括行政许可、非行政许可审批和公共服务事项均应纳入服务中心办理。逐步实行'一个窗口受理、一站式审批、一条龙服务、一个窗口收费'的运行模式。服务中心管理机构负责对政府各部门进驻、委托事项办理的组织协调、监督管理和指导服务，对进驻窗口工作人员进行管理培训和日常考核，承担本级政府赋予的其他职责。推进公共资源交易统一集中管理，为公共资源交易搭建平台、提供服务，逐步推进省、市、县、乡四级公共资源交易网络建设。有条件的地方可探索公共资源交易平台与服务中心合并的一体化管理模式。"国务院"互联网+政务服务"会议指出，"建设'互联网+政务服务'，要筑牢实体大厅这个基础。互联网平台是办事服务的入口，实体大厅是能办通办的基础，'展现在线上、功夫在线下'，强化政务服务管理部门对进驻单位、事项办理、流程优化、网上运行的监督，推进政务服务规范阳光运行"。从中央对改革的要求、各地发展实际和企业群众的需求看，政务服务中心是"放管服"成果集中展示的平台，是企业体验政府改革效率的前沿阵地，是群众感知改革措施落地的末端神经，是网上办事大厅必不可少的后台支撑，是制约和监督行政权力运行的制度的"笼子"，必须进行改造升级、上下呼应、朝着社会化公共服务的方向发展，为构建社会主义现代政府治理体系，推进供给侧结构性改革，全面建成小康社会贡献力量。

在中国行政体制改革的过程中，地方行政服务中心的角色比较微妙，一般来讲，除少数具有行政编制的中心外，多数行政服务中心从性质上来说都不是政府机构。但是，在公众心目中，它却是最接地气的政府代表，是市场、社会组织和个人办事的重要场所，值得信任也负有重要的服务职责。而且在某种意义上说，当服务型政府的整体转型仍处于进行时的状态，行政服务中心就是尝试将这个目标付诸现实的愿景载体，行政相对人在这个特殊场域中感受着未来政府治理改革的可能，也无疑减轻了服务型政府转型过程中的压力，既有宣传的作用，又有增强政府改革合法性的特殊意义，而这个功能是其他政府部门和非政府部门无法替代的。行政服务中心的这个独特定位，在社会转型期尤为重要。我们应充分发挥行政学的想象力，发掘行政服务中心发展的可能性，在某种程度上，中心可以采取"柔性化"和"隐蔽化"的管理策略，发挥其比民政部门更灵活、更快捷、更全面的吸纳社会的卓越能力。

2. 行政审批局改革需建立新机制

第一，建立重要审批事项"回访制度"。将已办结的重要审批事项清理罗列，摘录相关信息建立回访工作清单，逐一进行回访。重点关注办理时间长、申请条件比较高、社会影响面广的审批事项。科学选择回访时间，采取电话回访、上门回访、座谈回访和明察暗访等多种形式，从是否符合法律规定、是否公平公正公开等方面对审批行为的全过程进行回访，准确记录回访对象意见建议，如实填写《行政审批事项办结回访意见表》；及时整理回访信息，在向上级领导汇报后，根据回访结果对有关人员进行督促教育，认真落实有帮助的意见和建议。行政审批局在审批后应及时跟踪了解许可事项的落实、监管和进展等情况，对监管存在的问题及时告知行业主管部门加强监管工作，并应由效能监察领导小组定期随机抽检。

第二，建立监管标准清单的动态调整机制。成立行政审批局的实质目的是通过职能转移来隔离审批职能与监管职能，一方面，可以促成审批职能之间的化学反应，规避审批制度改革中的各部门阻力，最大限度地减少审批事项；另一方面，是倒逼原审批部门强化监管职能，既有精力又有动力研究监管技术，转变行政理念，制定新的配套制度，塑造新的行政文化。因此，行政审批局的审批改革的外延，仍然包括监管改革的推进。监管包括对于前置审批后的监管，和针对没有审批的监管。贵安新区行政审批局制定行政审批事中事后监管标准清单，包括事项名称、事项类别、设立依据、监管对象、监管内容、监管措施、监管程序、监管处理、年度监管计划、监管是否涉及其他部门，涉及部门的职责、监管科室、监管要求、投诉举报电话。

在有关职能部门填报的过程出现了漏报、错报、瞒报和不知道如何填报的问题，第一步清单的目标主要是梳理，而在具体落实中出现的新情况和新问题，还需要建立动态的清单调整机制，注重检查与指导、惩处与教育、监管与服务相结合的原则，防止监管缺失、监管过度、监管不当，做到不缺位、不错位、不越位。

第三，建立和落实第三方评估机制。行政审批制度改革实践中，包括行政服务中心，行政审批局等参与执行的主体，并不是不知道第三方评估的重要性，有些地方也做过相应的尝试，但是，一般的反馈是第三方评估的结果"不好看"，很难与自评结果吻合，又没有强制的要求，因此，在审批制度改革中建立常态机制的阻力较大。行政审批局改革从出现就开始饱受质疑，让改革者与观望者坚定改革信心的最好办法就是"用事实说话"，政府内部相关部门联合组织实施的测评不可缺，但是"自说自话"、既当"运动员"又当"裁判员"，往往容易受到各种利益干扰，局限性很大，也不大令人信服。引入第三方评估，既能以"中立化"克服"部门化"，保证评估更具客观公正性，又能保证更准确地发现问题，能够将问题在初期化解。

四、报告要点

本报告对 2017 年度全国行政审批制度改革与行政服务中心建设的最新实践情况和理论研究成果进行全方位的梳理总结，并在此基础上，提出行政审批制度改革与行政服务中心建设的展望与建议。

本报告要点总结有如下几个方面。

1. 2017 年，行政审批制度改革在削减事项方面推进放缓，中央政府取消 40 项国务院部门行政审批事项，同时取消 12 项中央指定地方实施行政许可事项。规范 17 项国务院部门行政审批中介服务事项，并取消 25 项中央指定地方实施行政审批中介服务等事项，不再作为行政审批的受理条件。改革放缓，一是说明行政审批事项的规范工作已经在前几年取得了较大成绩，继续取消和削减的空间有限；二是说明行政审批制度改革的确进入了深水区，需要通过体制的革新、机制的建设、人员的激励等进行全方位的深入改革，改革的难度系数明显增大，对于理论研究者与实践改革者来讲，都面临着更大的挑战，同时也是改革的重要窗口期。

2. 关于行政审批制度改革的理论研究。从整体上看，有关"放管服"改革的研究文章和著作数量处在比较平稳的状态，较之 2016 年的热度有下降趋势，新研究者并没有随着改革的推进而大量涌入。同时，研究方法、研究主题变化幅度较小，研究中较少运用量化分析，研究主题理论框架的切换和领域的细化仍显不足，研究者多集中在行政管理专业，法学和经济学学者的参与对于研究维度的丰富发挥了较为重要的作用，研究主题中对于互联网、大数据、人工智能应用于行政审批制度改革中的探讨明显增加。重要的著作是由朱光磊主编的《构建行政审批局：相对集中行政许可权改革的探索》。

3. 2017 年实践层面的改革主要集中在对行政审批局的关注上。行政审批局的战略定位，着眼于经济新常态下审批制度改革亟待推进的实践发展，以法治政府建设理念为依据，成立行政审批局是促进政府职能转变的有效途径。行政审批局的成立是对于依法治国战略的积极回应，行政审批主体合法是开展行政审批权相对集中改革的核心要素。行政审批局的核心目标是深度整合审批事项，打破部门利益的深化阻力，进一步简化并规范审批权。行政审批局的进一步发展需要注意三个方面的关系：专业行政与综合行政的关系，技术创新与制度创新的关系，以及依法行政与试点容错的关系。行政审批局的未来发展需要建立三个新机制，分别是重要审批事项"回访制度"、监管标准清单的动态调整机制和第三方评估机制。

作者单位：天津师范大学政治与行政学院

政府公共文化服务体系建设研究报告

党的十九大报告指出，当前"我国社会主要矛盾已经转化为人民日益增长的美好生活需要和不平衡不充分的发展之间的矛盾"。满足人民过上美好生活的新期待，不仅要在物质生活水平方面有更大提升，还要为人民群众提供更加丰富的精神食粮。为此，十九大报告进一步指出，要"完善公共文化服务体系，深入实施文化惠民工程，丰富群众性文化活动"。2017 年，各级政府在公共文化服务体系建设领域又取得了一些新的实践进展，与此同时，理论研究也持续深入，发表了很多优秀的研究成果，这对于进一步加强和完善现代公共文化服务体系，提高公共文化服务水平，推动实现文化事业大发展、大繁荣具有十分重要的意义。

一、2017 年政府公共文化服务体系建设情况梳理

2017 年，"文化获得感"成为群众谈论生活变化的一个常用词汇。各级政府紧紧围绕到 2020 年"公共文化服务体系基本建成"的战略目标，将促进基本公共文化服务标准化、均等化作为全面深化改革的重点任务，加快构建覆盖城乡、便捷高效、保基本、促公平的现代公共文化服务体系，奏响了文化惠民的新乐章。

（一）2017 年公共文化服务体系建设相关立法及重要政策

2017 年是公共文化发展里程碑式的一年，公共文化立法和政策制定工作取得了突破性进展。《中华人民共和国公共文化服务保障法》（以下简称《公共文化服务保障法》）于 3 月 1 日正式施行，《中华人民共和国公共图书馆法》（以下简称《公共图书馆法》）于 11 月 4 日经第十二届全国人民代表大会常务委员会第

三十次会议表决顺利通过，该法自 2018 年 1 月 1 日起施行。《公共图书馆法》是党的十九大之后出台的第一部文化方面的法律，也是公共文化服务继《公共文化服务保障法》之后的又一部重要法律，对于进一步健全我国公共文化法律制度、促进公共图书馆事业发展、保障人民群众基本文化权益具有重要意义。2017 年 7 月，文化部印发《"十三五"时期全国公共图书馆事业发展规划》，明确了"十三五"时期全国公共图书馆事业发展主要目标、重点任务和保障措施，提出"到 2020 年，全国公共图书馆设施网络更加健全，乡村两级综合性文化服务中心基本建成，总分馆体系建设普遍实施，基本服务标准化、均等化水平持续提高，信息化、网络化等新技术普及应用，推动公共图书馆事业发展成果更好惠及全体人民群众"的规划目标。2017 年 7 月，文化部印发《"十三五"时期公共数字文化建设规划》，提出到 2020 年，基本建成与现代公共文化服务体系相适应的开放兼容、内容丰富、传输便捷、运行高效的公共数字文化服务体系。2017 年 8 月，文化部印发《"十三五"时期全国古籍保护工作规划》，这是我国第一个古籍保护工作规划，提出"到 2020 年基本摸清全国古籍资源和保存现状，完成一批在全国有重大影响的古籍影印出版工作，珍贵古籍缩微复制和数字化成果显著，古籍公共文化服务功能和社会教育的作用更加彰显"的规划目标。2017 年 9 月，中宣部、文化部、中央编办等 7 部委联合印发《关于深入推进公共文化机构法人治理结构改革的实施方案》，旨在解决公共文化机构活力不强、服务效能不高等瓶颈问题。该方案明确，到 2020 年底，全国市（地）级以上规模较大、面向社会提供公益服务的图书馆、博物馆、文化馆、科技馆、美术馆等公共文化机构，基本建立以理事会为主要形式的法人治理结构，决策、执行和监督机制进一步健全，相关权责更加明晰，运转更加顺畅，活力不断增强，使人民群众对公共文化的获得感明显提升。该方案还规定了 2020 年前分两个阶段实施的工作步骤："2017—2018 年主要由影响大、基础好的国家级和省级公共文化机构先行试点，已经开展试点的继续探索实践，体现了先行先试、典型示范的工作思路；2019—2020 年，希望用不太长的时间完成主要公共文化机构建立与现代公共文化服务体系相适应的管理体制和运行机制的改革取得实效。"总而言之，2017 年，公共文化相关立法与政策制定工作成果显著，一系列旨在促进公共文化服务发展的法规、政策陆续出台，为现代公共文化服务体系的建立创造了良好的政策环境（见表 1）。

表1　2017年公共文化服务体系建设相关立法与重要政策出台情况统计表

法律、行政法规、规范性文件名称	发布机构	发布时间
《中华人民共和国公共图书馆法》	全国人大常委会	2017-11-04
《"十三五"推进基本公共服务均等化规划》公共文化部分	国务院	2017-03-01
《"十三五"国家老龄事业发展和养老体系建设规划》公共文化部分	国务院	2017-03-06
《关于实施中华优秀传统文化传承发展工程的意见》	中共中央办公厅、国务院办公厅	2017-01-25
《国家"十三五"时期文化发展改革规划纲要》公共文化部分	中共中央办公厅、国务院办公厅	2017-05-07
《关于戏曲进乡村的实施方案》	宣传部、文化部、财政部	2017-04-28
《关于深入推进公共文化机构法人治理结构改革的实施方案》	中宣部、文化部、中央编办等7部委	2017-09-08
《文化部"十三五"时期文化发展改革规划》公共文化部分	文化部政策法规司	2017-02-23
《文化部"十三五"时期文化科技创新规划》公共文化部分	文化部科技司	2017-04-26
《"十三五"时期繁荣群众文艺发展规划》	文化部公共文化司	2017-05-04
《"十三五"时期文化扶贫工作实施方案》	文化部公共财物司	2017-05-25
《"十三五"时期公共数字文化建设规划》	文化部公共文化司	2017-07-07
《"十三五"时期全国公共图书馆事业发展规划》	文化部公共文化司	2017-07-07
《"十三五"时期全国古籍保护工作规划》	文化部公共文化司	2017-08-07

注：①表中数据根据全国人大常务委员会、中华人民共和国国务院、文化部、新闻出版广电总局等官方网站相关资料整理。②表中数据按照发布主体级别、发布时间顺序排列。

（二）2017年公共文化服务体系建设的主要工作

2017年，我国公共文化服务体系建设工作成效显著，县级以上公共图书馆已有3000余个，博物馆、纪念馆超过4000个，文化馆有3000多个。三分之二的村有综合性文化服务中心，社区有文化活动室，覆盖城乡的国家、省、市、县、乡、村（社区）六级公共文化服务网络基本建成。公共文化设施来到群众家门口，"县县有图书馆文化馆、乡乡有综合文化站"成为常态，公共文化资源配置进一步向基层倾斜。①归纳一下，2017年公共文化服务体系建设的工作主要集中在如下几个方面。

---

① 张雪. 奏响文化惠民新乐章[EB/OL].（2018-01-03）. http://www.chinanews.com/gn/2018/01-03/8415318.shtml.

1. 文化扶贫工作持续开展

2017 年 5 月 25 日，文化部印发《"十三五"时期文化扶贫工作实施方案》。该方案提出，到 2020 年贫困地区文化建设要取得重要进展，文化发展总体水平接近或达到全国平均水平，人民群众精神文化生活更加丰富，人口素质和社会文明程度进一步提升，文化的"扶志""扶智"作用充分体现。贫困地区的艺术创作不断繁荣，现代公共文化服务体系基本建成，文化遗产得到有效保护，文化产业实现长足发展，文化市场体系更加完善，文化交流逐步扩大，文化人才队伍不断充实。该方案要求按照党中央、国务院决策部署，坚持精准扶贫、精准脱贫基本方略，以社会主义核心价值观为引领，以革命老区、民族地区、边疆地区和集中连片特困地区为重点，加大文化扶贫的政策和资金扶持力度。发挥文化在脱贫攻坚工作中"扶志""扶智"作用，推动贫困地区文化建设快速发展，全面提升贫困地区文化建设水平，确保贫困地区与全国同步进入全面小康社会。①

2017 年 10 月 10 日，文化扶贫论坛在北京举办。论坛旨在深入贯彻习近平总书记关于脱贫攻坚工作的新理念新思想新战略，总结近年来文化扶贫工作成果，交流各地典型经验做法，共商下一阶段文化扶贫工作。②

2017 年 11 月 27 日，文化部文化扶贫工作会议在北京召开。会议要求文化系统要深入学习领会十九大精神，进一步认识文化扶贫工作重要性，以习近平新时代中国特色社会主义思想为指引，用习近平扶贫开发战略思想指导文化扶贫工作，充分发挥文化在脱贫攻坚中的"扶志"和"扶智"作用。文化部将按照党中央、国务院统一部署，聚焦深度贫困地区，如山西娄烦、静乐和江西黎川等重点区域，继续加大对贫困地区在资金、项目、人才方面的投入力度；做好脱贫攻坚题材艺术创作生产、公共文化服务体系健全、特色文化产业发展等文化建设重点工作；狠抓作风建设，采取专项治理措施，建立健全工作机制，确保文化扶贫工作落到实处。③

2. 公共文化服务体系建设向纵深推进

2017 年，推动革命老区、民族地区、边疆地区、贫困地区公共文化建设实现跨越式发展，成为公共文化服务体系建设的重点和亮点之一。"百县万村综合性文化服务中心示范工程""村文化活动室设备购置项目""流动文化车配备项目"等服务基层的重大文化活动继续推进，更多老百姓分享到了文化惠民的成果。④

为贯彻《中华人民共和国公共文化服务保障法》，推动落实《"十三五"时期贫困地区公共文化服务体系建设规划纲要》（以下简称《规划纲要》），从 2017

① "十三五"时期文化扶贫工作实施方案[EB/OL].（2017-06-09）. http://www.gov.cn/xinwen/2017-06/09/content_5201138.htm.

② 许亚群，程佳. 2017 文化扶贫论坛在北京举行[N]. 中国文化报，2017-10-11.

③ 许亚群. 文化部文化扶贫工作在京召开[N]. 中国文化报，2017-11-28.

④ 张雪. 奏响文化惠民新乐章[EB/OL].（2018-01-03）. http://www.chinanews.com/gn/2018/01-03/8415318.shtml.

年 9 月开始，文化部开展贫困地区公共文化服务体系建设调研督查工作，以点带面、以督促建，推动贫困地区公共文化服务体系建设全面协调发展。结合历史文化、地理环境、贫困程度等因素，文化部将中西部 22 个省、自治区、直辖市划分为 4 个调研督查区域，在各区域分别选择一个具有代表性的省区市作为调研督查工作重点地区。各调研工作组通过实地查看、座谈交流、群众满意度测评等方法，对《规划纲要》整体推进落实，对基层公共文化设施建设、管理和使用情况，资金落实、使用以及人才队伍建设等情况进行督查，对好的经验及时总结推广，对有设施闲置浪费、服务效能低下等突出问题的基层公共文化单位，督促其整改。①

3. 公共文化数字化建设迈上新台阶

2017 年 11 月 29 日，由文化部公共文化司指导、文化部全国公共文化发展中心具体筹备的国家公共文化云正式开通。国家公共文化云是全国公共数字文化服务的总平台和主阵地，包括国家公共文化云网站（www.culturedc.cn）、微信号和移动客户端，突出手机端服务功能定制。该平台统筹整合了全国文化信息资源共享工程、数字图书馆推广工程、公共电子阅览室建设计划三大惠民工程。平台具有共享直播、资源点播、活动预约、场馆导航、服务点单等核心功能。②国家公共文化云的正式开通，标志着我国公共数字文化建设又迈上了新的台阶。

4. 重视特殊人群公共文化服务工作

2017 年 9 月 13 日，由中宣部、财政部、文化部、国家新闻出版广电总局、中国残联组织实施的"盲人数字阅读推广工程"在国家图书馆启动。"盲人数字阅读推广工程"利用数字出版传播平台和盲用阅读设备，向盲人提供数字有声读物、电子盲文和定制化、持续性知识文化服务。工程包括"一个平台、两个盲文数字阅读推广渠道"。"一个平台"，即盲人读物融合出版与传播平台；"两个盲文数字阅读推广渠道"，即首期为全国 400 家设有盲人阅览室的公共图书馆配置 20 万台基于互联网的智能听书机，免费向盲人读者出借；为全国 100 所盲人教育机构配置 1000 台盲文电脑和盲文电子显示器，免费向盲人学生出借。工程还将广泛动员社会力量参与盲人阅读推广工作，共同解决盲人阅读难题。③

5. 国家公共文化服务体系示范区（项目）创建工作

为扎实推进第三批国家公共文化服务体系示范区（项目）创建工作，文化部、财政部于 2017 年 6 月至 7 月组织开展了创建示范区（项目）的中期督查工作。此次督查重点检查第三批示范区创建城市人民政府和示范项目创建单位推进创建工作情

---

① 杜洁芳. 文化部开展贫困地区公共文化服务体系建设调研督查[EB/OL]. (2017-09-27). http://www.gov.cn/xinwen/2017-09/27/content_5227972.htm.

② 郑海鸥. 国家公共文化服务云正式开通[N]. 人民日报，2017-11-30(9).

③ 中宣部等五部门实施"盲人数字阅读推广工程"[N]. 人民日报，2017-09-14(04).

况，包括建立创建工作机制、落实创建规划、开展制度设计研究、实施过程管理等
情况。①

　　为贯彻落实党中央、国务院关于加快构建现代公共文化服务体系的决策部署，
充分发挥典型示范带动作用，推进全国现代公共文化服务体系建设，文化部、财政
部于 2017 年 8 月 18 日至 8 月 31 日开展第四批国家公共文化服务体系示范区（项目）
创建申报工作。根据申报方案要求，原则上每个省、自治区、直辖市（含新疆生产
建设兵团，下同）1 个创建示范区名额（申报名额不超过 2 个），2 个创建示范项目
名额（申报名额不超过 4 个）。②2018 年 3 月 9 日，文化和旅游部官网公布第四批
国家公共文化服务体系示范区（项目）创建资格名单（详见表 2、表 3）。③

表 2　第四批国家公共文化服务体系示范区创建资格名单

序号	地区	创建示范区
1	东部地区	北京市石景山区
2		天津市滨海新区
3		上海市长宁区
4		江苏省镇江市
5		浙江省温州市
6		福建省泉州市
7		山东省威海市
8		广东省中山市
1	中部地区	河北省唐山市
2		山西省晋城市
3		吉林省辽源市
4		黑龙江省大庆市
5		安徽省蚌埠市
6		江西省萍乡市
7		河南省许昌市
8		湖北省黄冈市
9		湖南省永州市
10		海南省三亚市

---

① 文化部办公厅关于开展第三批创建国家公共文化服务体系示范区（项目）中期督查工作的通知[EB/OL]．（2017-
05-27）．http://www.mcprc.gov.cn/whzx/zxgz/gjggwhfwtxsfqcjgz/201705/t20170523_797117.htm.

② 文化部财政部关于开展第四批国家公共文化服务体系示范区（项目）创建工作的通知[EB/OL]．（2017-08-18）．
http://www.mcprc.gov.cn/whzx/zxgz/gjggwhfwtxsfqcjgz/201708/t20170818_797118.htm.

③ 国家公共文化服务体系示范区（项目）创建工作领导小组办公室关于公示第四批国家公共文化服务体系示
范区（项目）创建资格名单的公告[EB/OL]．（2018-03-09）．http://www.mcprc.gov.cn/whzx/ggtz/201803/t20180309_
831434.htm.

续表

序号	地区	创建示范区
1	西部地区	重庆市南岸区
2		四川省攀枝花市
3		贵州省六盘水市
4		云南省昆明市
5		西藏自治区日喀则市
6		陕西省安康市
7		宁夏回族自治区固原市
8		新疆维吾尔自治区伊犁哈萨克自治州
9		新疆生产建设兵团阿拉尔市

表3　第四批国家公共文化服务体系示范项目创建资格名单

序号	申报单位	创建示范项目
1	北京市门头沟区	公共文化服务配送机制建设
2	北京市西城区	公共文化服务设施社会化运营——特色阅读空间运营模式
3	天津市河东区	以家庭文化建设推动公共文化服务发展
4	河北省邯郸市	文化队伍城乡联动建设
5	河北省承德市	健康快乐大家舞活动
6	山西省吕梁市	贫困村综合文化服务中心建设
7	辽宁省鞍山市	鞍山地区公共图书馆联合借阅
8	辽宁省锦州市	群星大课堂
9	吉林省通化市	公共文化"悦空间"——"图书馆+艺术馆"总分馆制共建
10	黑龙江省大兴安岭地区	大兴安岭版画带动公共文化服务效能提升
11	上海市黄浦区	城市草坪音乐会
12	上海市金山区	城市化背景下的乡村文脉传承
13	江苏省盐城市	"天天悦读1+X"全民阅读服务
14	江苏省昆山市	以昆曲普及带动公共文化服务效能全面提升
15	浙江省杭州市下城区	社区公共文化服务动态评估体系建设
16	浙江省杭州市萧山区	引导社会多元投入提升公共文化服务效能
17	安徽省滁州市	探索社会力量参与公共文化服务新路径
18	安徽省黄山市	徽州民俗表演示范工程建设
19	江西省景德镇市	群众歌咏月活动
20	江西省吉安市	"激情泸潇·最美樟乡"广场文化活动

序号	申报单位	创建示范项目
21	山东省淄博市	"淄川文化云"公共数字文化服务
22	山东省临沂市	"多彩文化·魅力郯城"群众文化品牌活动
23	河南省焦作市	百姓文化超市
24	河南省鹤壁市	淇水亲子故事乐园
25	湖北省咸宁市	香城大舞台
26	湖北省鄂州市	雕花剪纸公益培训与传承传播
27	湖南省张家界市	打造地域特色多民族民俗文化新名片
28	湖南省邵阳市	以民族节庆助推公共文化建设
29	广东省深圳市盐田区	智慧图书馆服务平台建设
30	广东省东莞市	塘厦打工歌曲创作与推广
31	广西壮族自治区北海市	北部湾经济区图书馆服务联盟
32	重庆市忠县	基层小区文化工程精准服务社区群众
33	重庆市丰都县	"巾帼夜校"助推全民艺术普及
34	四川省巴中市	文化智慧服务管理平台建设
35	四川省阿坝藏族羌族自治州	藏羌戏曲进校园
36	云南省红河哈尼族彝族自治州	国门文化形象工程建设
37	云南省昭通市	深度贫困地区基层文化能人培养
38	西藏自治区林芝市	边境县、乡（镇）、村公共文化建设
39	西藏自治区那曲市	乡（镇）文艺队标准化建设
40	陕西省韩城市	欢乐送基层
41	陕西省延安市	"延安过大年"系列文化活动
42	甘肃省武威市	农村（社区）"一站式"阅览服务
43	甘肃省甘南藏族自治州	民族特色数字图书馆建设
44	青海省海东市互助土族自治县	文化人才下沉支援基层服务
45	宁夏回族自治区银川市	广场民族健身舞创作与推广
46	新疆生产建设兵团第三师 图木舒克市	传承军垦文化内涵，弘扬中华优秀文化
47	新疆生产建设兵团第十二师	主题文化社区建设

（三）2017 年地方政府公共文化服务体系建设的创新与探索

2017 年，地方政府在公共文化服务体系建设方面的探索热情依然高涨，本报告重点介绍宁波市海曙区公共文体中心社会化运营实践和成都市锦江区文化馆总分馆制改革试点情况。

1. 公共文体设施托管的"海曙实践"①

近年来，不少地方政府开始尝试引入社会力量参与公共文化服务供给，以期解决公共文体设施运营成本高、服务效能低的问题。宁波市海曙区政府在"公益先行"的前提下，积极探索公共文体设施社会化运作模式。该区的文体中心实现了体育馆、文化馆和图书馆"三馆合一"，是目前宁波中心城区规模最大的文化体育场馆。该中心自落成以来，即交给宁波爱珂文化集团有限公司和宁波富邦控股集团有限公司两家民营企业托管，运营两年半以来，取得了一些可资借鉴的经验。

（1）政府委托、企业运营模式

政府委托、企业运营模式在确保政府部门主导地位的前提下，减轻了政府部门的精力牵制和支出压力，改变了以往政府部门事无巨细、大包大揽，却因监督乏力而时常出现的人浮于事、管理不善等弊端。社会化运营托管以来，受托方协同配合海曙区政府积极开展各项大型公益活动，丰富群众精神文化生活，给海曙区注入了人气和活力。截至 2017 年 5 月，海曙区文体中心已经接待参加体育锻炼及文化活动的市民近 50 万人次，联合海曙区文化馆、海曙区图书馆、富邦集团举办大型公益性活动 60 次，场馆使用时间 250 天。

（2）"以馆养馆"模式

根据委托经营管理协议，在委托经营管理期间，委托方不向受托方收取使用费，也不再向受托方支付任何费用，受托方保证"以馆养馆"、自负盈亏，维持区文体中心的正常运营。这种模式借助社会资源盘活了区文体中心，也让公共设施增加了自我造血功能。根据委托经营管理协议和宁波市公共体育场馆对外开放的要求，海曙区文体中心全年开放所有场馆，室外运动场地以免费和低收费两种形式对外开放，至今已接待市民 10 万人次。同时发挥富邦（宁波）男子篮球俱乐部原有体育资源优势，针对市民开设包括篮球、网球、羽毛球和足球在内的特色体育有偿或无偿培训服务，每月为市民组织公益性主题赛事，重点打造亲子特色体育活动，推出娱乐、培训、讲座等众多活动项目。该模式不仅提升了区文体中心的人气，使其成为市民游览、娱乐的首选之地，而且增加了企业收入，从而达到"以馆养馆"的目的。

---

① 王仁祥. 公共文体设施托管的"海曙实践"［EB/OL］.（2017-07-21）. http://www.sdwht.gov.cn/html/2017/tszs_0721/41897.html.

（3）联席会议的制度模式

海曙区文体中心的委托经营管理协议中，明确提出协议双方建立"联席会议制度"，用制度设计来解决受托方的商业运营与文体中心公益性使用可能引起的矛盾。联席会议规定每月举行一次，具体由海曙区文化广电新闻出版局牵头。实践证明，"联席会议制度"对海曙区文体中心积极开展各项公益性文化体育活动，满足群众精神文化生活和健身运动需求，平衡各方利益，化解各类矛盾，消除安全隐患等，发挥了重要作用。

（4）产业融合、协同共赢模式

海曙区文体中心投入运营两年多来，宁波爱珂文化集团有限公司作为主体运营方，积极招商引资、布局业态，不但积极服务驻场单位，同时补齐短板，积极引进与公共文化活动相关的教育培训、体育健身、演艺会展等业态，既促进了产业融合，又满足了人民群众多层次的文化消费需求。

2. 文化馆总分馆制改革的"锦江模式"①

四川省成都市锦江区文化馆于2014年11月率先启动文化馆总分馆制建设工作。锦江区根据工作实际采取了走"艺术特色分馆"之路，即联合街道、社区、高校、社会组织、艺术团队以及艺术家，在锦江区建立"锦江区文化馆·特色艺术分馆"，整合该艺术门类的优势资源，打造极富"锦江特色"的文化艺术交流、展示、创作平台。锦江区在文化馆总分馆制改革中的具体做法有如下几个方面。

首先，横向拓展，依托艺术专业，实现总分馆"专业延伸"。锦江区致力于聚合成都市文化艺术优质资源，充分整合锦江辖区文艺专业人才、社会组织、高校的艺术资源和社会影响力，探索"区文化馆-艺术馆"总分馆模式。计划到2018年建成艺术特色分馆8家，2020年建成艺术特色分馆10家以上。

其次，纵向延伸，依托自身职能，实现总分馆"行政延伸"。锦江区依托现有行政管理及业务指导层级，进一步强化"区文化馆总馆-街道（综合文化活动中心）分馆-社区（文化活动室）支馆"垂直管理和业务指导的三级总分馆模式，加强公共文化服务末端建设，打通"公共文化服务最后一公里"。2017年启动"锦江区文化馆·街道分馆""锦江区文化馆·社区支馆"建设工作，2018年计划建成街道分馆16个，2020年力争实现锦江区文化馆街道分馆和社区支馆区域全覆盖。

最后，多点支撑，依托公共空间，实现总分馆"服务延伸"。锦江区结合该区高端商务楼宇众多、知识型人群集聚的特点，多渠道拓展公共文化服务的空间、领域及对象，探索"区文化馆-高品质公共文化艺术空间"战略合作模式，吸引社会力量广泛参与公共文化，实现公共文化服务延伸。2017年，锦江区文化馆与"方所"

---

① 张红波. 成都市锦江区"文化馆总分馆制建设"［EB/OL］. （2018-01-24）. http://sc.ifeng.com/a/20180124/6330653_0.shtml.

"言几又""许燎源"现代设计艺术博物馆及"竹邀月庐"艺术馆等文化艺术机构合作，达成意向性战略合作 5 家、完成签约及挂牌 2 家，计划 2018 年签约及挂牌 5 家，2020 年达到 10 家以上。

经过 3 年的探索实践，锦江区文化馆总分馆制建设取得了丰硕成果。截至目前，锦江区已建成国学馆、文学馆、川剧馆、曲艺馆、非遗馆 5 个艺术特色分馆[①]。2017 年，"锦江区文化馆总分馆制建设"已成为该区构建现代公共文化服务体系、保障和延伸公民基本文化权益、推动区域文化发展繁荣的新亮点。

二、2017 年公共文化服务体系建设问题研究综述

本报告将从专著和论文两个方面梳理 2017 年度"公共文化服务体系"相关问题的理论研究动态，并简要综述。

（一）专著发表情况与主要学术观点

2017 年共发表与公共文化服务体系建设相关的专著 16 部，研究范畴涉及公共文化政策、公共文化服务体系创新、公共文化服务绩效评价、公共文化服务设施、公共文化服务人才队伍建设、公共文化治理、特殊群体公共文化服务供给、政府购买公共文化服务、公共文化服务体系建设实践等，详见表 4。

表 4　2017 年与公共文化服务体系建设相关的专著情况

序号	作者	专著名	关注主题
1	傅才武	《中国公共文化政策研究实验基地观察报告（2017—2018）》	公共文化政策
2	郑楚森	《转型时期公共文化服务创新研究》	公共文化服务体系创新
3	李娟、傅利平	《公共文化服务水平综合评价研究》	公共文化服务绩效评价
4	董德民	《公众感知政府公共文化服务质量评价研究——以国家档案馆公共服务为例》	公共文化服务绩效评价
5	廖青虎	《公共文化服务设施供给的创新模式及其融资优化路径》	公共文化服务设施

[①] 5 个特色艺术分馆分别是：2015 年 5 月 16 日，由锦江区文化馆与成都市川剧研究院合作成立的"锦江区文化馆·川剧馆"；2015 年 6 月 18 日，由锦江区文化馆与成都明伦书院合作成立的"锦江区文化馆·国学馆"；2017 年 3 月 20 日，由锦江区文化馆与成都子曰书院合作成立的"锦江区文化馆·文学馆"；2017 年 5 月 17 日，由锦江区文化馆与大慈寺社区，依托成都大慈雅韵茶堂在合江亭街道合作成立的"锦江区文化馆·曲艺馆"；2017 年 5 月 31 日，由锦江区文化馆与锦官驿小学在水井坊街道合作成立的"锦江区文化馆·非遗馆"。

续表

序号	作者	专著名	关注主题
6	甄杰	《公共文化服务体制外人才队伍建设》	公共文化人才队伍建设
7	罗云川	《公共文化服务的网络治理研究》	公共文化治理
8	刘辉	《文化治理：公共文化服务的中国故事研究》	公共文化治理
9	陆自荣、徐金燕	《农民工社区融合与城市公共文化服务体系研究》	特殊群体公共文化服务
10	金莹	《基层政府购买公共文化服务的理论与实践：以重庆市为个案的研究》	政府购买公共文化服务
11	吴理财	《中国公共文化服务体系建设的实践探索》	公共文化服务实践
12	荣跃明	《上海公共文化服务发展报告（2017）》	公共文化服务体系实践
13	黄凯峰	《现代公共文化服务体系建设——上海的实践与思考》	公共文化服务地方实践
14	黄凯峰	《上海公共文化设施建设——历史进程与空间布局》	公共文化服务地方实践
15	时明德	《河南省现代公共文化服务体系建设发展报告2016）》	公共文化服务地方实践
16	禹新荣	《湖南省公共文化服务发展文化蓝皮书（2015—2016）》	公共文化服务地方实践

傅才武主编的《中国公共文化政策研究实验基地观察报告（2017—2018）》[①]，作为我国公共文化政策实践领域最权威的年度研究成果之一，立足于对100家"国家公共文化研究实验基地"的观察数据与理论思考，围绕"文化政策"这一重大课题，从体制改革、服务创新、发展绩效等方面对中国基层文化单位改革与发展的微观进程进行观察和分析，在此基础上检视和评价我国公共文化政策的政策效应，为完善国家公共文化政策提供实践支撑和理论支持。

郑楚森主编的《转型时期公共文化服务创新研究》[②]一书分为上下两篇，上篇为"理论探索篇"，下篇为"调查研究篇"。全书聚焦新公共文化服务理论视角下的基层综合性文化中心建设、文化的公共性与公共财政政策选择、公共文化功能与区域社会文化循环效应、公益性文化事业单位法人治理结构改革、区域社会文化软实力及测量模型构建等党的十八大以来的公共文化服务领域的新课题。

李娟、傅利平撰写的《公共文化服务水平综合评价研究》[③]一书，基于"投入-过程-产出-效果"模型，对影响公共文化服务水平的因素进行了深入分析，初步构建了公共文化服务水平评价的指标体系，并通过专家咨询、隶属度、相关性以及鉴别力分析等方法对指标进行了有效筛选，最终确定了涵盖6个维度30个指标的评价体系。在此基础上，运用层次分析法和主成分分析法对指标进行主客观赋权，通过

① 傅才武. 中国公共文化政策研究实验基地观察报告(2017-2018)[M]. 北京：社会科学文献出版社，2017.
② 郑楚森. 转型时期公共文化服务创新研究[M]. 杭州：浙江大学出版社，2017.
③ 李娟，傅利平. 公共文化服务水平综合评价研究[M]. 北京：经济科学出版社，2017.

乘法集成最终确定指标的权重，并运用综合指数法对 31 个省市自治区的公共文化服务水平进行评价，由此得出公共文化服务整体水平不高、与经济发展脱节以及各地区水平差距较大等重要结论。

董德民撰写的《公众感知政府公共文化服务质量评价研究——以国家档案馆公共服务为例》[①]一书，基于服务质量模型（SERVQUAL）和服务绩效模型（SERVPERF）公众感知服务质量理论分析模型，选择便利性、响应性、透明性、守法性、实效性和有用性、专业性和标准性、有形性、可靠性和正确性、服务能力、信任性和保证性、移情性等 11 个维度 41 个问项指标，用于从公众感知角度测评国家档案馆的公共文化服务质量。

廖青虎撰写的《公共文化服务设施供给的创新模式及其融资优化路径》一书[②]，基于对政府文化主管部门、社会资本以及人民大众之间的三层竞合博弈，探讨了四种合作模式下三方的公共文化产出和社会文化福利情况，并对其进行比较，找出公共文化产出和社会文化福利的竞合模式，并以竞合博弈分析结论为基础，提出了公共文化设施供给的创新模式。

甄杰撰写的《公共文化服务体制外人才队伍建设》[③]一书，通过摸排调查、问卷填写、重点访谈等方式，重点关注了包括动漫产业、休闲娱乐产业、网络视听产业、游戏产业、艺术产业、影视产业等在内的公共文化服务领域体制外人才队伍建设情况。

罗云川撰写的《公共文化服务的网络治理研究》[④]一书，从网络治理视角出发，系统、全面地探讨公共文化服务的体系优化和机制设计问题，揭示公共文化服务网络治理的动力因素及相关要素，并就下一步在公共文化服务体系建设中更有效地实现网络治理目标提出了方向性的建议和具体参考。

刘辉撰写的《文化治理：公共文化服务的中国故事研究》[⑤]一书，以"文化-公共行动"为研究切入点，以三个公共文化服务的"中国故事"为考察对象，阐释了公共文化服务的生成背景、运作机制、实现途径及功能效应，探究了理解和推进公共文化服务的文化治理逻辑，强调公共文化服务应是包括政府在内的行动者以"文化触点-文化接点-文化引爆点"的升级来链接外界，实现公共行动再生产的过程。

---

① 董德民. 公众感知政府公共文化服务质量评价研究——以国家档案馆公共服务为例[M]. 北京：经济科学出版社，2017.
② 廖青虎. 公共文化服务设施供给的创新模式及其融资优化路径[M]. 天津：天津大学出版社，2017.
③ 甄杰. 公共文化服务体制外人才队伍建设[M]. 北京：社会科学文献出版社，2017.
④ 罗云川. 公共文化服务的网络治理研究[M]. 北京：社会科学文献出版社，2017.
⑤ 刘辉. 文化治理：公共文化服务的中国故事研究[M]. 北京：高等教育出版社，2017.

　　陆自荣、徐金燕撰写的《农民工社区融合与城市公共文化服务体系研究》[①]一书，论证了社区融合指标"去经济维度"的合理性，并设计出一套社区融合测量的指标体系，通过因子分析发现社区融合的四因子模型；指出公共文化服务供给是公共文化服务参与的主要影响因素，农民工公共文化服务参与程度和层次对农民工城市社区融合有显著作用，培育农民工城市社区归属感的着力点在于完善的城市社区公共服务体系。

　　金莹撰写的《基层政府购买公共文化服务的理论与实践：以重庆市为个案的研究》[②]一书，以重庆市为个案，结合中国基层政府公共文化服务职能的转变，揭示"政府购买"方式的发展趋势。

　　吴理财撰写的《中国公共文化服务体系建设的实践探索》[③]、上海科学院文学研究所组织编写的《上海公共文化服务发展报告（2017）》[④]、黄凯锋主编的《现代公共文化服务体系建设——上海的实践与思考》[⑤]和《上海公共文化设施建设》[⑥]、时明德主编的《河南省现代公共文化服务体系建设发展报告（2016）》[⑦]、由禹新荣主编的《湖南省公共文化服务发展报告文化蓝皮书（2015—2016）》[⑧]等，分别从各自角度总结了公共文化服务体系建设的实践经验和实践逻辑。

　　（二）论文文献检索情况与研究综述

　　2017 年，以"公共文化""公共文化服务""公共文化服务体系"为检索词的学术论文统计信息详见表 5。由此不难看出，2017 年度理论界对"公共文化服务"体系建设相关问题的研究热度不减。

表 5　2017 年"公共文化服务体系建设"相关问题文献检索统计表

数据库名称	收录时间	覆盖期刊	检索词	检索方式（篇数）				
				篇名	关键词	摘要	全文	主题
中国学术期刊网	2017 年 1 月至 2017 月 12 月	所有期刊	公共文化	581	102	1342	4630	1547
			公共文化服务	456	486	1090	4138	1428
			公共文化服务体系	141	151	575	3025	1001

　　通过对北京大学中文核心期刊目录和南京大学 CSSCI 期刊相关研究主题的分

① 陆自荣，徐金燕. 农民工社区融合与城市公共文化服务体系研究[M]. 北京：人民出版社，2017.
② 金莹. 基层政府购买公共文化服务的理论与实践：以重庆市为个案的研究.[M]武汉：武汉大学出版社，2017.
③ 吴理财. 中国公共文化服务体系建设的实践探索[M]. 北京：高等教育出版社，2017.
④ 荣跃明. 上海公共文化服务发展报告(2017) [M]. 上海：上海书店出版社，2017.
⑤ 黄凯锋等. 现代公共文化服务体系建设——上海的实践与思考[M]. 上海：学林出版社，2017.
⑥ 黄凯锋等. 上海公共文化设施建设——历史进程与空间布局[M]. 上海：学林出版社，2017.
⑦ 时明德. 河南省现代公共文化服务体系建设发展报告(2016) [M]. 北京：国家图书馆出版社，2017.
⑧ 禹新荣. 湖南省公共文化服务发展文化蓝皮书(2015-2016) [M]. 北京：经济管理出版社，2017.

析，2017 年公共文化服务体系建设问题的研究主要集中在如下几个方面。

1. 在公共文化服务体系建设中嵌入治理理念的研究

沈亚平等认为，我国公共文化服务体系在架构运行过程中逐渐形成了"以建设促供给"的逻辑，导致公共文化服务实践存在政府"划桨"行为过多、非政府主体力量过弱、重硬件轻软件等缺陷，应将治理逻辑嵌入公共文化服务体系，强调多元主体合作与共治，探索多渠道互补的供给路径，强化需求表达与回应、服务规划与配置、服务质量评价等配套机制建设。[①]王迪认为我国公共文化服务供给与群众需求之间的矛盾，反映了国家视角下的治理理念的局限性：一方面，公共文化项目的推行依循着标准化、均等化、清晰化、简单化的方式，忽略了文化复杂性、族群异质性、地方差异性和个体多样性，造成均等化供给满足不了差异化需求的结果；另一方面，上级政府借助数字化、集合性的、静态的事实对下级进行考核，以建构性的事实掩盖了供给与需求之间真实存在的鸿沟。鉴于此，在治理理念上，应强调治理过程中的多主体参与和相互依赖；在治理实践中，应促进政府与社会组织、社区民众之间的协调整合，营造公共文化事业中的"强国家-强社会"的局面。[②]李雅等结合国外经验，认为完善我国公共文化服务体制应该从推动社会化、保证文化多样性和加强与其他部门之间的沟通着手。[③]

2. 公共文化服务效能研究

申亮等利用 2001—2013 年间中国 31 个省级政府（除港澳台地区外）的数据进行计量检验，研究表明：省级政府公共文化服务供给平均存在 23% 的效率损失；按照各省份的效率值，可分为高、中、低三类地区，不同地区影响政府供给效率的因素不同；总体来说，政府规模越大效率越低，财政分权程度越高效率越高，文化事业费占财政支出比重越大效率越低，而经济发展水平对政府供给效率的影响非常微弱。[④]陈世香等基于 C 城区与 A 县两个具有较强代表性的省级示范区域入户调查数据的描述性统计分析发现，居民对公共文化服务效果的评价呈现出社区（村）→街道（乡镇）→区（县）三级机构逐级递减趋势；C 城区与 A 县居民对公共文化服务效果评价存在明显差异，并且 A 县在绝大部分文化服务效果评价上都高于 C 城区。研究表明，这些公共文化服务效果评价方面的区域差异与层级倒挂现象与居民对公共文化服务的需求强度、参与情况、需求征集制度和评价监督机制建立实施情况基本一致。[⑤]程文辉基于 DEA 三阶段模型的公共文化服务预算效率评价方法，以博物

---

① 沈亚平，陈建. 从建设到治理：公共文化服务体系优化的基本逻辑[J]. 湖北社会科学，2017(4)：28-32，57.

② 王迪. 从国家包揽到多方参与——公共文化服务体系建设中的社会治理理念与实践[J]. 学术论坛，2017(1)：35-41.

③ 李雅，马越. 发达国家和地区公共文化服务模式研究[J]. 图书馆，2017(3)：37-43.

④ 申亮，王玉燕. 我国公共文化服务政府供给效率的测度与检验[J]. 上海财经大学学报，2017(2)：26-37，49.

⑤ 陈世香，谢秋山. 居民公共文化服务效果评价的结构特征与影响因素[J]. 上海行政学院学报，2017(4)：83-94.

馆为例，按照投入、过程、产出、成果和影响的绩效因果关系建立绩效指标体系，并区分投入→产出、产出→效益两个层面进行效率评价，进而寻找提高预算资金使用效率、博物馆产出使用效益的路径。[1]

3. 文化扶贫问题研究

陈建指出，政府公共文化服务暴露出诸如"供给粗放化""运行离散化""配套机制脆弱化"等一系列堕距问题，对此，政府应以文化扶贫需求为导向，促进公共文化服务供给精细化；以文化扶贫问题为中心，推动公共文化服务治理整体化；以文化脱贫效果为节点，实现公共文化服务保障系统化，从而消除公共文化服务堕距，助推文化精准扶贫实践。[2]梁立新认为，为了推进文化扶贫对象精准识别的有效开展，需要建立有序的目标人群识别工作机制、公共文化产品供给的需求回应机制以及以"需求导向"为原则的公共文化服务效能评价机制。[3]

4. 政府购买公共文化服务与社会力量参与研究

纪广斌等认为政府购买公共服务不是政府责任的退却，而是要使政府以公众需要为目的成为"精明的买主"，进而有能力克服政府购买公共服务中所存在的"供给方缺陷"和"需求方缺陷"。[4]陈庚等指出，我国社会力量参与公共文化服务体系建设实践经历了从初步探索到体系化再到法治化的阶段性发展历程，已形成管理决策型参与、政府购买型参与、合资参股型参与、自建共享型参与、自助捐赠型参与、志愿服务型参与等多元参与模式。[5]刘磊以爱家国际社区为案例，通过分析得出结论：社区与社团组织的合作可能既源于社区"应付式"和"减压式"双重逻辑的推动，又基于社团组织合法性的认可和体制资源依附的选择。[6]

5. 公共文化服务标准化、均等化研究

金慧等立足于湖北省各地市（州）年鉴数据及 3 地市（州）450 份微观样本数据，发现体系不完善、标准规范落实缓慢且执行监督及评估反馈机制不健全等是当前公共文化服务标准化建设所面临的问题，而公共文化服务的不均等则表现为湖北省不同区域、城乡、群体间供给水平的差异及供需结构的"非对称性矛盾"。[7]刘小琴认为公共文化服务均等化需要从政府主导，市场、社会共同参与的思路出发，调动各

① 程文辉. 基于 DEA 三阶段模型的公共文化服务预算效率评价[J]. 统计与决策，2017(23)：157-160.

② 陈建. 文化精准扶贫视阈下的政府公共文化服务堕距问题[J]. 图书馆论坛，2017(7)：74-80.

③ 梁立新. 精准扶贫情境下贫困地区公共文化服务精准识别研究[J]. 浙江学刊，2017(1)：164-169.

④ 纪广斌，靳亮. 公共文化服务市场化背景下政府如何扮演"精明的买主"角色[J]. 理论与改革，2017(6)：173-180.

⑤ 陈庚，崔宛. 社会力量参与公共文化服务的实践、困境及因应策略[J]. 学习与实践，2017(11)：133-140.

⑥ 刘磊. 社区公共文化服务"合作化"供给机制及其效度——基于武汉市爱家国家社区的调查与思考[J]. 云南行政学院学报，2017(1)：10-17.

⑦ 金慧，余启军. 湖北省公共文化服务标准化均等化问题研究[J]. 湖北社会科学，2017(2)：63-69.

方面力量，努力实现资源共享，避免重复建设。①

6. 文化馆、图书馆总分馆制改革研究

2017 年初《新华书目报》邀请业界专家对《关于推进县级文化馆图书馆总分馆制建设的指导意见》（以下简称《意见》）全文进行了详细的解读。李国新教授认为：总分馆制的核心要义是让分散而独立的文化馆、图书馆形成组织体系，从本质上说是文化馆、图书馆管理体制和运行机制的变革。杨永恒教授认为《意见》对于提升基层文化机构的服务能力、保障基层群众的文化权益、促进城乡文化服务均等化和一体化，具有十分重要的意义，突出表现在：强化县级文化机构辐射和服务县域全体居民的功能定位；鼓励各地因地制宜推进总分馆制建设，不搞"一刀切"；通过文化资源整合和业务流程优化来提升乡村基层服务能力。戴珩认为：县级文化馆、图书馆总分馆制建设的实施主体是县级人民政府，县级文化馆、图书馆总分馆制建设的目的是提高县域公共文化服务效能。②

金武刚认为总分馆制建设的前提条件、总馆与分馆构成来源，以及总分馆体系的队伍构成、资源建设、服务提供、活动开展、流动服务、数字服务和政府保障等方面是总分馆制建设的关键要素与发展重点。③邱冠华梳理了新时期以来总分馆建设的三个阶段，并提出几个在总分馆制改革中需要特别关注的问题：一是正确理解和处理因地制宜与客观规律之间的关系；二是回答开展县级总分馆建设的问题；三是完成公共图书馆使命需要建设实体分馆，新服务形态只能作为总分馆的有机组成部分和有效补充；四是开展"图书馆+"服务创新要符合公共图书馆的服务理念，防止出现服务门槛。④

7. 公共文化机构法人治理结构改革研究

李国新指出，建立法人治理结构是公共文化机构管理体制和运行机制的深刻变革，是与国家治理体系和治理能力现代化总目标相适应的改革，是公共文化服务领域"在大局下谋划、在大势下推进、在大事上作为"的重要改革。⑤李媛媛认为文化事业单位法人治理结构改革旨在通过引入"外部治理"，推动公共文化服务供给机构和供给主体的重构，形成联合行动的协作网络，目的是促进公共利益的最大化实现，实现"共同治理"。⑥张皓珏通过对美国 LYRASIS 联盟理事会职能与组成、

---

① 刘小琴. 公共文化服务均等化的路径[J]. 图书馆杂志，2017(12)：4-8.

② 戴珩. 总分馆制建设：图书馆发展的新篇章[N]. 新华书目报，2017-03-31.

③ 金武刚. 论县域图书馆总分馆制建设的十大要点——兼及《关于推进县级文化馆图书馆总分馆制建设的指导意见》解析[J]. 图书馆建设，2017(5)：4-11.

④ 邱冠华. 新世纪以来国内公共图书馆总分馆建设回顾与思考[J]. 中国图书馆学报，2017(4)：18-31.

⑤ 李国新. 改革治理机构 增强发展活力[N]. 中国文化报，2017-09-13.

⑥ 李媛媛. 新时代深化文化事业单位法人治理结构改革的政策难点与对策建议[J]. 国家行政学院学报，2017(6)：125-130，164.

议事程序、评估与反馈等理事会制度的分析，指出我国公共文化服务联盟要以实体性、公共性、独立性为原则设置治理主体；公共利益优先为导向，在理事的构成上充分考虑到成员单位与外部理事的合理配比；制定联盟成员准入制度并定期举行评估与反馈，为理事会决策提供依据等建议。①

三、展望与分析

按照党的十九大对国家发展的战略安排，到 2020 年，我国将全面建成小康社会，到 2035 年，基本实现社会主义现代化，到 21 世纪中叶实现把我国建成富强民主文明和谐美丽的社会主义现代化强国的伟大目标。文化作为"五位一体"总体布局的一个重要组成部分，对于实现上述发展目标的意义十分重大。党的十九大报告指出，"文化是一个国家、一个民族的灵魂。文化兴国运兴，文化强民族强。没有高度的文化自信，没有文化的繁荣兴盛，就没有中华民族伟大复兴"。具体到公共文化服务领域，就要继续完善以人民为中心的公共文化服务体系，深入实施文化惠民工程，丰富群众性文化活动，让人民群众有更多的文化获得感。展望未来，2020 年以前公共文化服务体系建设将重点解决如下一些问题。

（一）文化扶贫助力精准扶贫，找准文化与经济的交汇点

"十三五"期间，文化扶贫是打赢脱贫攻坚战的重要方面和内容，是从根本上改变贫困地区的落后状态，最终实现全面小康的重要保障。一个地区的贫困，表面上看属于经济问题，但从深层次考察，往往有着极深的文化根源。从某种意义上来说，文化不脱贫，就算不上是真正的脱贫。而"文化扶贫"就是从文化和精神层面上，通过开展文化惠民、送戏下乡活动，丰富群众文化生活，提高当地群众素质，帮助群众尽快摆脱贫困。不少地方通过实践证明，文化扶贫是贫困地区实现精准脱贫的重要抓手，找准文化与经济的交汇点，让文化建设助力脱贫，往往可以事半功倍。比如，贵州榕江县就依托刺绣和蜡染"文化遗产"的文化传统优势，积极开展"绣娘""非遗"技能培训，使得当地挥手告别了多年的贫困。②

（二）从"送文化"到"种文化"，加快实现城乡基本公共文化服务均等化

城乡基本公共文化服务均等化是公共文化服务体系建设的一项重要任务，特别是当前已经进入全面建成小康社会的攻坚期，这项任务的意义和价值就更加凸显。

2018 年 1 月 2 日，中共中央、国务院发布《中共中央国务院关于实施乡村振兴战略的意见》（以下简称《意见》）。《意见》指出："实施乡村振兴战略，是解

---

① 张皓珏. 公共文化服务联盟法人治理结构研究——以 LYRASIS 理事会为例[J]. 图书馆杂志, 2017(12)：80-84, 102.

② 王胜昔. 扶贫路上不能少了文化助力[N]. 光明日报, 2017-03-01(02).

决人民日益增长的美好生活需要和不平衡不充分的发展之间矛盾的必然要求，是实现'两个一百年'奋斗目标的必然要求，是实现全体人民共同富裕的必然要求。到2020年，城乡基本公共服务均等化水平进一步提高；到2035年，城乡基本公共服务均等化基本实现；到2050年，乡村全面振兴，农业强、农村美、农民富全面实现。"《意见》对加强农村公共文化体系建设提出了具体要求，"按照有标准、有网络、有内容、有人才的要求，健全乡村公共文化服务体系。发挥县级公共文化机构辐射作用，推进基层综合性文化服务中心建设，实现乡村两级公共文化服务全覆盖，提升服务效能。深入推进文化惠民，公共文化资源要重点向乡村倾斜，提供更多更好的农村公共文化产品和服务"。根据《意见》要求，未来一段时期内，要着力加快农村公共文化基础设施建设步伐，建立科学完善的公共文化服务体系，为农民提供配套的公共文化服务，在抓好"送文化下乡"的同时，要更加注重"种文化"思维。一方面，要坚持深入基层特别是边远乡村，组织开展丰富多彩、形式多样的文化下乡活动；另一方面，要结合当地民俗文化特点，加强对基层文艺骨干的培训工作，提升基层群众文艺水平，留住精神上的故乡和乡土文化的根。

（三）全方位整合公共文化资源，提升公共文化服务效能

公共文化服务效能问题是公共文化服务体系建设过程中必须要面对和解决的一个关键问题。2015年一篇有关"农家书屋利用率不高"的新闻报道，引发了各界对公共文化服务效能问题的思考。提升公共文化服务效能，关键是要解决好公共文化资源的整合利用问题。为此，必须从横向到纵向，全方位、立体化地整合并利用各种公共文化资源。

习近平总书记在党的十九大报告中强调指出，要"打造新时代共建共治共享的社会治理格局"。具体到公共文化服务领域，就是要整合各方力量，为人民群众提供满意的公共文化服务。2015年10月2日，国务院办公厅印发《关于推进基层综合性文化服务中心建设的指导意见》（以下简称《意见》）。该《意见》指出，"基层综合性文化服务中心建设，有利于统筹利用资源，促进共建共享，提升基层公共文化服务效能"，要求"基层综合性文化服务中心整合各级各类面向基层的公共文化资源。发挥基层综合性文化服务中心的终端平台优势，整合分布在不同部门、分散孤立、用途单一的基层公共文化资源，实现人、财、物统筹使用"。为了鼓励社会力量积极参与公共文化服务体系建设，2017年，中宣部、文化部、财政部联合开展戏曲进乡村活动，以政府购买方式，积极推动送戏下乡活动的制度化、常态化、普及化。这些政策都有利于进一步整合公共文化资源，提升公共文化服务的整体效能。

2016年12月29日，文化部等五部委联合印发《关于推进县级文化馆图书馆总分馆制建设的指导意见》，要求推进以县级文化馆、图书馆为中心的总分馆制建设。

2017 年 11 月 4 日，十二届全国人大常委会第三十次会议表决通过了《中华人民共和国公共图书馆法》，明确县级人民政府要建立符合当地特点的以县级公共图书馆为总馆，以乡镇、街道的综合文化站和村图书室等为分馆或者基层服务点的总分馆制。从法律和政策层面确保了优质公共文化资源向基层倾斜和延伸，吹响了从纵向层面整合公共文化资源的号角，有助于提升基层公共文化服务效能。

（四）从"政府端菜"到"群众点菜"，让人民群众有更多的文化获得感

2015 年 2 月 27 日，习近平总书记在中央全面深化改革领导小组第十次会议上指出，要科学统筹各项改革任务，推出一批能叫得响、立得住、群众认可的硬招实招，把改革方案的含金量充分展示出来，让人民群众有更多"获得感"。"获得感"一词由此迅速流行。为了让人民群众在公共文化服务领域感受到更多的"获得感"，地方政府纷纷把人民群众"需不需要""满不满意"作为评价公共文化服务质量的重要标准。近几年，围绕提高公共文化服务效能，各地积极创新政府公共文化服务模式：上海市闵行区针对公共文化配送资源与社区需求不相匹配等问题，于 2017 年首次尝试采用"互联网+"模式，面向全市进行区级公共文化配送产品采购工作；青岛、成都、焦作等地的文化超市采取个性化、订单式服务，满足群众多元化需求；北京、天津、合肥等地发行文化惠民卡，将优惠文化产品打包，给群众自主选择权。这些实践探索，有助于解决群众反映强烈的"群众需要的不配送，群众不需要的乱摊派"问题，让人民群众有了更多的公共文化服务获得感。

四、报告要点

本报告重点对 2017 年度公共文化服务体系建设和研究情况进行了系统梳理，在此基础上，对公共文化服务体系建设中需要重点关注的问题和趋势进行了简要分析。

本报告要点总结有如下几个方面。

1. 2017 年 3 月 1 日，《中华人民共和国公共文化服务保障法》正式施行。2017 年 11 月 4 日，《中华人民共和国公共图书馆法》经第十二届全国人民代表大会常务委员会第三十次会议表决顺利通过，自 2018 年 1 月 1 日起施行。《中华人民共和国公共图书馆法》是党的十九大之后出台的第一部文化方面的法律，也是公共文化服务继《中华人民共和国公共文化服务保障法》之后的又一部重要法律，对于进一步健全我国公共文化法律制度、促进公共图书馆事业发展、保障人民群众基本文化权益具有重要意义。

2. 2017 年公共文化服务领域的重要政策内容包括：公共文化服务均等化、老年人公共文化服务保障、农村公共文化服务体系建设、公共文化机构法人治理结构改

革、公共文化科技创新、繁荣群众文艺活动、文化扶贫工作、公共文化数字化建设等。

3. 2017 年，我国公共文化服务体系建设工作成效显著，县级以上公共图书馆已有 3000 余个，博物馆、纪念馆超过 4000 个，文化馆有 3000 多个。三分之二的村有综合性文化服务中心，社区有文化活动室，覆盖城乡的国家、省、市、县、乡、村（社区）六级公共文化服务网络基本建成。公共文化设施来到群众家门口，"县县有图书馆文化馆、乡乡有综合文化站"成为常态，公共文化资源配置进一步向基层倾斜。

4. 2017 年 6 月至 7 月，文化部、财政部组织开展了第三批国家公共文化服务创建示范区（项目）的中期督查工作。此次督查重点检查第三批示范区创建城市人民政府和示范项目创建单位推进、创建工作情况，包括建立创建工作机制、落实创建规划、开展制度设计研究、实施过程管理等情况。2017 年 8 月 18 日至 8 月 31 日，文化部、财政部开展第四批国家公共文化服务体系示范区（项目）创建申报工作。2018 年 3 月 9 日，文化和旅游部官网公布了第四批国家公共文化服务体系示范区（项目）创建资格名单，其中，东部示范区 8 个，中部 10 个，西部 9 个，示范项目 47 个。

5. 展望未来，从现在到 2020 年，公共文化服务体系建设将重点解决的问题包括：通过文化扶贫助力精准扶贫，找准文化与经济的交汇点；从"送文化"到"种文化"，加快实现城乡基本公共文化服务均等化；全方位整合公共文化资源，提升公共文化服务效能；从"政府端菜"到"群众点菜"，让人民群众有更多的文化获得感。

作者单位：天津商业大学公共管理学院

城乡统筹社会保障体系建设研究报告

张 旭

一、2017 年城乡统筹社会保障体系建设情况梳理

2017 年，五项社会保险（含城乡居民基本养老保险）基金收入合计 67154 亿元，比上年增加 13592 亿元，增幅 25.4%。基金支出合计 57145 亿元，比上年增加 10257 亿元，增幅 21.9%。

（一）主要数据情况

1. 养老保险

参保人数情况：截至 2017 年末，全国参加基本养老保险人数为 91548 万人，比上年末的 88777 万人增加 2771 万人，增幅 3.1%。其中，参加城镇职工基本养老保险人数为 40293 万人，比上年末增加 2364 万人，增幅 6.2%；参加城乡居民基本养老保险人数为 51255 万人，比上年末增加 408 万人，增幅 0.8%。值得关注的是，参加城镇职工基本养老保险的人员中，参保职工人数 29268 万人，比上年末增加 1441 万人，增幅 5.2%，将"十二五"以来的平均增幅由 6.2%降至 6.0%。与参保职工的增幅降低相对应，参保离退休人数达到 11026 万人，比上年末增加 922 万人，增幅 9.1%，将"十二五"以来的平均增幅由 8.2%拉高到 8.3%。2011 年以来，养老保险参保职工人数的增幅持续走低，而参保离退休人数的增幅一直维持在高位（见图 1、图 2）。简而言之，参保离退休人数的增幅持续高于参保职工，通过图 1 可以看出参保离退休人数的斜率大于参保职工人数。这说明养老保险制度内的参保人员结构日趋老龄化，依靠代际转移的思路所设计的制度，面临越来越大的可持续挑战。

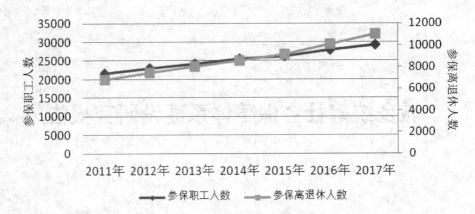

图1 2011年以来养老保险参保职工人数和参保离退休人数对比（单位：万人）

数据来源：历年人力资源和社会保障事业发展统计公报。

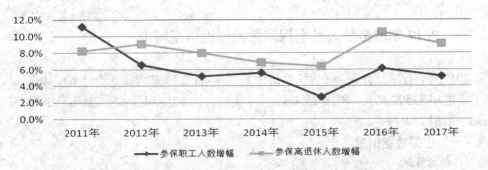

图2 2011年以来养老保险参保职工和参保离退休人数的增幅对比（单位：%）

数据来源：历年人力资源和社会保障事业发展统计公报。

2017年末，参加城镇职工基本养老保险的农民工人数为6202万人，比上年末增加262万人，增幅4.4%。农民工参保人数的增幅下降，将"十二五"以来的平均增幅由10.4%拖累降低到9.5%。年末参加城乡居民基本养老保险的人数51255万人，比上年末增加408万人，增幅0.8%，比2016年的增幅高0.1个百分点。

基金收支情况：2017年，城镇职工基本养老保险基金总收入43310亿元，比上年增加8252亿元，增幅23.5%，其中，征缴收入33403亿元，比上年增加6635亿元，增幅24.8%；各级财政补贴8004亿元，比上年增加1493亿元，增幅22.9%。基金总支出38052亿元，比上年增加6198亿元，增幅19.5%。基金累计结存43885亿元，比上年增加5305亿元，增幅13.8%。值得关注的是，2017年，基金征缴收入的增幅明显提高，比 2016 年 16.3%的增幅高出 8.5 个百分点，将"十二五"以来的平均增幅由 15.8% 拉动提高到 17.0%。基金收入的明显提高，主要是由于机关事业单位养老保险制度改革进入实际运行阶段，越来越多的地区实现了社保征收机构征缴保费和发放待遇，带动基金征缴收入增加。从数据的变化可以看出：一是城镇职工基本养老保险参保人员中，执行企业制度的参保人数的增幅逐年降低至 3.1%，城镇非私营单位就业人员年平均工资增幅保持在 10% 左右水平，而城镇私营单位就业人员年平均工资增幅逐年下降至 6.8%，执行企业制度的参保人数和工资水平都不足以支撑基金征缴收入大幅上涨；二是 2016 年至 2017 年，执行机关事业单位制度的参保人数大幅上涨，2016 年增幅 63.8%、2017 年增幅 35.7%，比 2015 年以前的 1.5%的平均增幅大幅提高，也高于基金征缴收入的增幅，说明大量机关事业单位参保人员在办理参保登记后，逐步启动了改革，实现养老保险费由社保征收机构征收。

2017 年，城乡居民基本养老保险基金收入 3304 亿元，比上年增加 371 亿元，增幅 12.6%，其中个人缴费 810 亿元，比上年增加 78 亿元，增幅 10.7%。基金支出 2372 亿元，比上年增加 222 亿元，增幅 10.3%。基金累计结存 6318 亿元，比上年增加 933 亿元，增幅 17.3%。

2. 医疗保险

参保人数情况：截至 2017 年末，全国参加基本医疗保险人数为 117681 万人，比上年末增加 43290 万人，增幅 58.2%。其中，参加职工基本医疗保险人数 30323 万人，比上年末增加 791 万人，增幅 2.7%；参加城乡居民基本医疗保险人数为 87359 万人，比上年末增加 42499 万人，增幅 94.7%。城乡居民医疗保险人数几乎增长一倍，主要由于城乡居民基本医疗保险制度整合取得积极进展。在参加职工基本医疗保险人数中，参保职工 22288 万人，比上年末增加 568 万人，增幅 2.6%；参保退休人员 8034 万人，比上年末增加 223 万人，增幅 2.9%。2017 年末，参加城镇职工基本养老保险的农民工人数为 6225 万人，比上年末增加 1399 万人，增幅 29%。

基金收支情况：2017 年，基本医疗保险基金总收入 17932 亿元，比上年增加 4848 亿元，增幅 37%。基金总支出 14422 亿元，比上年增加 3655 亿元，增幅 33.9%。年末基本医疗保险统筹基金累计结存 13234 亿元，比上年增加 3469 亿元，增幅 35.5%，其中，城镇职工医疗保险基金累计结存 9699 亿元，比上年增加 1927 亿元，增幅 24.8%；城乡居民医疗保险基金累计结存 3535 亿元，比上年增加 1542 亿元，增幅 77.4%。个人账户积累 6152 亿元，比上年增加 952 亿元，增幅 18.3%。

3. 失业保险

参保人数情况：截至 2017 年末，全国参加失业保险人数为 18784 万人，比上年末增加 695 万人，增幅 3.8%。领取失业保险金人数为 220 万人，比上年末减少 10

万人，降幅 4.3%。全年领取待遇情况来看，共为 458 万名失业人员发放了不同期限的失业保险金，比上年减少 26 万人，降幅 5.4%；共为 66 万名劳动合同期满未续订或者提前解除劳动合同的农民合同制工人支付了一次性生活补助，比上年减少 10 万人，降幅 13.2%；共向 45 万户参保企业发放稳岗补贴，惠及职工 5192 万人，职工人数比去年增加 198 万人，增幅 4.1%。此外，还向 11 万参保职工发放技能提升补贴 3 亿元，向 16 个省份和新疆兵团发放价格临时补贴 7282 万元。2017 年末，参加失业保险的农民工人数为 4897 万人，比上年增加 238 万人，增幅 5.1%。

基金收支情况：2017 年，失业保险基金收入 1113 亿元，比上年减少 116 亿元，降幅 9.5%。基金支出 894 亿元，比上年减少 82 亿元，降幅 8.4%。基金累计结存 5552 亿元，比上年增加 219 亿元，增幅 4.1%。

4. 工伤保险

参保人数情况：截至 2017 年末，全国参加工伤保险人数为 22724 万人，比上年末增加 834 万人，增幅 3.8%。全年认定（视同）工伤 104 万人，与上年基本持平；全年评定伤残等级人数为 52.9 万人，比上年减少 0.6 万人。享受工伤保险待遇人数为 193 万人，比上年减少 3 万人，降幅 1.5%。2017 年末，参加工伤保险的农民工人数为 7807 万人，比上年增加 297 万人，增幅 4.0%。

基金收支情况：2017 年，工伤保险基金收入 854 亿元，比上年增加 117 亿元，增幅 15.9%。基金支出 662 亿元，比上年增加 52 亿元，增幅 8.5%。基金累计结存 1607 亿元，比上年增加 196 亿元，增幅 13.9%，其中储备金结存 270 亿元，比上年增加 31 亿元，增幅 13.0%。

5. 生育保险

参保人数情况：截至 2017 年末，全国参加生育保险人数为 19300 万人，比上年末增加 849 万人，增幅 4.6%。全年共有 1113 万人次享受了生育保险待遇，比上年增加 199 万人次，增幅 21.8%。

基金收支情况：2017 年，生育保险基金收入 642 亿元，比上年增加 120 亿元，增幅 23.1%。基金支出 744 亿元，比上年增加 213 亿元，增幅 40.1%。基金累计结存 564 亿元，比上年减少 112 亿元，降幅 16.6%。

6. 社会救助

最低生活保障。截至 2017 年末，全国城市低保对象 741.5 万户、1261 万人，分别比上年减少 113.8 万户、219.2 万人，降幅分别为 13.3%、14.8%。全年各级财政共支出城市低保资金 640.5 亿元，比上年减少 47.4 亿元，降幅 6.9%。2017 年全国城市低保平均标准 540.6 元/（人·月），比上年提高 46 元/（人·月），增幅 9.3%。全国农村低保对象 2249.3 万户、4045.2 万人，比上年减少 386 万户、541.3 万人，降幅分别为 14.6%、11.8%。全年各级财政共支出城市低保资金 1051.8 亿元，比上年增加 37.3 亿元，增幅 3.7%。2017 年全国农村低保平均标准 4300.7 元/（人·年），比上年提高 556.7 元/（人·月），增幅 14.9%。

特困人员救助供养。截至 2017 年末，全国农村特困人员救助供养 466.9 万人，比上年减少 30 万人，降幅 6.0%。全年各级财政共支出农村特困人员救助供养资金 269.4 亿元，比上年增加 40.5 亿元，增幅 17.7%。

临时救助。2017 年，临时救助累计救助 970.3 万人次，比上年增加 119.6 万人次，增幅 14.1%，其中，救助非本地户籍对象 11.9 万人次，比上年减少 12.5 万人次，降幅 51.2%。全年支出救助资金 107.7 亿元，比上年增加 20 亿元，增幅 22.8%。平均救助水平 1109.9 元/人次，比上年提高 78.6 元/人次，增幅 7.6%。

医疗救助。2017 年，资助参加基本医疗保险 5621.0 万人，比上年增加 60.6 万人，增幅 1.1%；支出资助参加基本医疗保险资金 74.0 亿元，比上年增加 10.6 亿元，增幅 16.7%；资助参加基本医疗保险人均补助水平 131.6 元，比上年提高 17.7 元，增幅 15.5%。2017 年，实施住院和门诊医疗救助 3517.1 万人次，比上年增加 821 万人次，增幅 30.5%；支出 266.1 亿元，比上年增加 33.4 亿元，增幅 14.4%；住院和门诊均次救助水平分别为 1498.4 元和 153.2 元,比上年分别降低 210.7 元和 36.8 元，降幅分别为 12.3%和 19.4%。2017 年，累计资助优抚对象 367.1 万人次，比上年减少 42.1 万人次，降幅 10.3%；优抚医疗补助资金 36.1 亿元，比上年减少 0.1 亿元，增幅 0.3%；人均补助水平 982.3 元，比上年提高 96.8 元，增幅 10.9%。

（二）主要工作情况

党的十八大以来，以习近平同志为核心的党中央坚持以人民为中心的发展思想，高度重视保障和改善民生，把加强社会保障体系建设作为促进公平正义、实现共同富裕的重要途径，推动我国社会保障事业发展取得重大历史性成就，覆盖城乡居民的社会保障体系基本建立。

1. 养老保险

制度公平性建设方面：一是机关事业单位养老保险制度改革进入实质阶段，大部分省、市、自治区实现养老保险费由社保征收机构征收、基本养老金由社保经办机构发放，实现了机关事业单位基本养老保险和职业年金随工作人员的流动而转移接续，机关事业单位养老保险制度的实施破解了"双轨制"；二是统一和规范了职工养老保险个人账户记账利率，明确企业和机关事业单位养老保险个人账户执行统一的记账利率,记账利率应主要考虑职工工资增长和基金平衡状况等因素研究确定，并通过合理的系数进行调整，记账利率不得低于银行定期存款利率，每年由国家统一公布；三是出台了《企业年金办法》，完善了多层次养老保险制度体系，实现了企业与机关事业补充养老保险的筹资规模、待遇领取方式等方面的平衡，规范细化了企业权利、更好地保障了职工权益，有利于调动用人单位及其职工建立和参加企业年金的积极性，增强用人单位凝聚力；四是继续实施阶段性降低企业职工基本养老保险单位缴费比例政策，减轻用人单位负担；五是继续同步调整企业和机关事业单位退休人员基本养老金，全国1亿多退休人员受益，首次提高城乡居民养老保险最低标准，城乡居民人均月养老金超过120元，筑牢了保障底线。

制度可持续性建设方面：一是继续深入推进全民参保计划，基本完成全民参保登记计划，形成部省两级全民参保数据库，摸清了参保和未参保资源的底数；二是要求各地推进企业职工基本养老保险省级统筹工作，要在制度规定、缴费标准、待遇计发、基金使用、基金预算、经办管理实现"六统一"的基础上，积极创造条件实现全省基本养老保险基金统收统支，特别强调了各地缴费标准、待遇计发、预算管理、业务经办等方面，严格执行国家政策，为推动实现全国统筹打下基础；三是基本养老保险基金开始投资运营，北京、安徽等9个省（区、市）签署了4300亿元的委托投资合同，2731.5亿元资金已经到账并开始投资。江苏、浙江、甘肃、西藏4省（区）政府已审议通过委托投资计划。

养老保险扶贫工作方面：各地按照国家要求，结合本地实际，出台了社会保险扶贫具体实施办法。其主要方式有：一是实现应保尽保、应帮尽帮，将代缴城乡居民养老保险费的范围扩大到计划生育特别扶助对象、享受定期抚恤补助金的优抚对象等人群，明确代缴最低标准；二是提高标准、优化结构，多地提高城乡居民基本养老金标准，个别省还建立了城乡居民养老保险基础养老金正常调整机制；三是加强考核、落实责任，将贫困人口参加城乡居民养老保险情况纳入政府考核，确保扶贫政策落实到位。

2. 医疗保险

制度建设方面：一是出台实施深化基本医疗保险支付方式改革的指导意见。加强医保基金预算管理，全面推行以按病种付费为主的多元复合式医保支付方式，针对不同医疗服务特点，推进医保支付方式分类改革：对住院医疗服务，主要按病种、按疾病诊断相关分组付费，长期、慢性病住院医疗服务可按床日付费；对基层医疗服务，可按人头付费，积极探索将按人头付费与慢性病管理相结合；对不宜打包付费的复杂病例和门诊费用，可按项目付费；探索符合中医药服务特点的支付方式。同时，强化医保对医疗行为的监管，将监管重点从医疗费用控制转向医疗费用和医疗质量双控制，力争到2020年，医保支付方式改革覆盖所有医疗机构及医疗服务，按项目付费占比明显下降。二是城乡居民基本医疗保险制度整合取得积极进展。城乡居民医保补助标准提高到人均450元；强化个人征缴，城乡居民医保人均个人缴费标准提高到平均每人每年180元；着力从整合制度政策、理顺管理体制、实行一体化经办等方面建立统一的城乡居民医保制度。三是推进实施长期护理保险试点。探索建立以社会互助共济方式筹集资金，为长期失能人员的基本生活照料与基本生活密切相关的医疗护理，提供资金或服务保障的社会保险制度。试点一年多来，各地结合自身实际，开展积极探索，目前的参保人数已经超过了 3800 万人，支付水平总体在 70%左右。通过这项试点，在拉动就业创业、促进养老、照护服务产业的发展、支持家政服务业的发展等方面发挥了积极作用。四是深入开展生育保险与医疗保险合并实施试点。遵循保留险种、保障待遇、统一管理、降低成本的总体思路，通过整合生育保险与医疗保险基金及管理资源，强化基金共济能力，提升管理综合效能，降低管理运行成本。

医保经办和管理方面：一是跨省异地就医住院费用直接结算工作稳步推进。全国所有省级和统筹地区均已接入国家异地就医结算系统并陆续联网运行。通过建立"先预付、后清算"的跨省异地就医预付金制度，避免了就医地经办机构和定点医疗机构垫付资金，同时确保参保地与就医地医保资金往来顺畅，不出现资金拖欠的情况。截至 2018 年 1 月 20 日，跨省异地就医直接结算定点医疗机构达到 8624 家，备案人数 207 万人，累计结算 18 万人次，基金支付 28.54 亿元，合情合理的异地结算问题不再成为群众痛点。二是新版国家基本医疗、工伤和生育保险药品目录发布实施。进一步扩大保障范围，首次开展国家医保药品目录准入谈判。入选药品中，半数为肿瘤靶向药物，如肺癌、胃癌等常见肿瘤，此外，还包括心脑血管疾病、眼科、糖尿病等重大疾病用药。与 2016 年平均零售价相比，谈判后平均降幅达到 44%，最高的达 70%，大部分药品支付标准低于周边国际市场价格，大大减轻了我国患者的医疗费用负担。

医疗保险扶贫工作方面：落实和完善大病保险精准扶贫措施，聚焦农村建档立卡贫困人口等完善大病保险，加强托底保障。一是加大大病保险向困难人员政策倾斜力度，通过降低起付线、提高报销比例等实施精准支付政策，切实提高贫困人口受益水平。二是做好大病保险与医疗救助的有效衔接，注重在保障对象与支付政策方面形成保障合力，加强减贫济困托底保障链条建设，有效防止因病致贫、因病返贫问题发生。

3. 失业、工伤、生育保险

一是降低失业、工伤、生育保险费率。2017 年 1 月 1 日起，失业保险总费率为 1.5%的省（区、市），可以将总费率降至 1%，降低费率的期限执行至 2018 年 4 月 30 日。2017 年 10 月 1 日起，将工伤保险平均费率由 1%降至 0.75%，并根据行业风险程度细化基准费率档次，根据工伤发生率对单位（企业）适当上浮或下浮费率；将生育保险费率从不超过 1%降到不超过 0.5%。实施上述政策，预计每年将减轻企业负担约 270 亿元。二是印发调整失业保险金标准的指导意见。明确在确保基金可持续前提下，随着经济社会的发展，适当提高失业保障水平，分步实施，循序渐进，逐步将失业保险金标准提高到最低工资标准的 90%。三是实行工伤保险基金省级统筹。在省、自治区、直辖市内做到参保范围和参保对象、费率政策和缴费标准、工伤认定和劳动能力鉴定办法、待遇支付标准、经办流程和信息系统等五个方面统一的基础上，有条件的地方实行基金统收统支管理，其他地方也可以在省级建立调剂金，由市（地）按照一定的规则和比例上解到省级社保基金财政专户集中管理，用于调剂解决各市（地）工伤保险基金支出缺口，以提高基金使用效率、增强保障能力。四是出台实施工伤预防费使用管理暂行办法。明确工伤预防费只能用于工伤事故和职业病预防宣传和培训，使用比例原则上不得超过统筹地区上年度工伤保险基金征缴收入的 3%。

4. 社会保险经办管理服务

一是经办管理服务不断创新，简称覆盖城乡，从中央到省、市、县、乡镇的五级社会保险管理组织体系和服务网络，90%以上省级和 77%地市级人社部门开通网上服务，群众少跑腿，经办减负担；二是全面推进社会保障卡发行和综合应用，社保卡功能从最初的"就医结算"，延伸到电子凭证、信息记录、自助查询、缴费和待遇领取以及金融支付等 6 类功能，基本实现社保卡跨业务、跨地域的"一卡通用"，全国社会保障卡持卡人数达 10.88 亿人。

5. 社会救助

一是进一步加强农村最低生活保障制度与扶贫开发政策有效衔接，明确两项政策衔接的重点任务，提出要坚持应扶尽扶、应保尽保、动态管理、资源统筹等原则，将政府兜底保障与扶贫开发政策相结合，形成脱贫攻坚合力，实现对农村贫困人口的全面扶持。二是做好社会救助和保障标准与物价上涨挂钩联动的相关工作，在居民消费价格指数（CPI）单月同比涨幅达到 3.5%，或者 CPI 中的食品价格单月同比涨幅达到 6%的条件下，对享受国家定期抚恤补助的优抚对象、城乡低保对象、特困人员、领取失业保险金等人员，发放临时性价格补贴。三是加强基层民政能力，加快建立跨部门、多层次、互联互通、信息共享的社会救助家庭经济状况核对信息系统。积极推行政府购买服务加强基层社会救助经办服务能力，着眼于增加救助服务有效供给，提高社会救助服务质量和效率，通过明确社会救助领域购买服务的主体和承接主体、购买内容、购买机制、经费保障、绩效评价和监督管理等五方面内容，解决党和政府各项政策传递到困难群众的"最后一公里"难题，为社会救助对象提供及时、高效、专业的救助服务。四是完善医疗救助制度。进一步加强医疗救助与城乡居民大病保险有效衔接，拓展医疗救助范围，从常规的困难人群（城乡低保对象和特困人群等）向因病致贫家庭重病患者扩展；细化大病保险倾斜性支付政策，提出大病保险应当采取降低起付线、提高报销比例和救助水平、扩大合规报销范围的"一降一提一扩"政策，对困难群众实施精准支付；针对困难群众实施县级行政区域内定点医疗机构住院先诊疗后付费的结算机制改革，特殊人群就医的"先诊疗后付费"，减少看病手续，降低看病门槛和垫付，防止延误救治时机；规范两项制度费用之间的结算关系，医疗救助将基本医疗保险、大病保险支付后剩余多次累计个人自付合规总费用作为救助基数，对照医疗救助起付线和年度最高救助限额，分类分档核算救助额度，有利于扩大医疗救助受益范围，有效发挥托底作用。

当前，中国特色的统筹城乡的社会保障体系基本建成，兜牢了民生底线，增强了人民群众的获得感、幸福感，对维护改革发展稳定大局发挥了积极作用，成为国家治理体系的重要组成部分。

二、2017年城乡统筹社会保障体系建设研究综述

2017年，从知网（CNKI）搜索"社会保障""养老保险""医疗保险""失业保险""工伤保险""生育保险""社会救助"等关键词，研究结果共16970篇，比2016年减少2214篇，降幅为11.54%（见表1）。

表1　按照"社会保障"等关键词搜索的研究结果

关键词	2016年	2017年	增量	增幅（%）
社会保障	6574	4992	-1582	-24.06
养老保险	5172	4504	-668	-12.92
医疗保险	5465	5467	2	0.04
失业保险	500	498	-2	-0.40
工伤保险	1096	1064	-32	-2.92
生育保险	377	445	68	18.04
社会救助	1817	1521	-296	-16.29
合计	19184	16970	-2214	-11.54

资料来源：知网（CNKI）。

2017年的研究主要包括以下几个方面。

（一）关于社会保障在国家治理中的作用

郑功成解读了党的十九大报告中关于中国特色社会保障体系建设的论述，分析了社会保障制度的四方面问题：制度分割，导致了地区利益与群体利益的失衡，进而使公平性受到损害；权责不清，导致了主体各方责任边界模糊，进而造成责任失衡、结构失衡和受益主体权益失衡；多层次缺失，政府主导的法定基本保障独大，市场与社会提供的补充保障并未得到应有的发展；养老、育幼、助残等方面的基本公共服务发展不足。同时提出建议：一是坚持以共享为基石，切实维护互助共济之根本；强化中央政府的决策责任，避免地方自行创制或按"承包制"思维来落实政

策。二是宏观层面应从国家治理角度对社会保障体系进行科学定位；中观层面应分清不同社会保障制度的功能、做好资源配置；微观层面应优化各个制度结构，确保公平可持续。三是建立注重全覆盖的基本保障制度和多层次的补充保险体系。四是优化基本保障的制度安排，提高保障效用和效率。

鲁全回顾了1997年至2017年中国共产党对社会保障认识的变迁与发展。从对社会保障的定位上看，经历了从经济改革的配套，到经济发展的内容，再到独立的社会建设内容的转变过程；从对社会保障体系内容的认定来看，经历了一个逐渐丰富化和系统化的过程，从零碎的、彼此分割的社会保障项目逐渐形成了一个内容充实、丰富的多层次社会保障体系；从对社会保障的认识和作为执政党的国家发展观的关系来看，中国共产党对社会保障定位和功能的认识过程是其执政理念和国家发展观不断深化的有机构成和重要体现；从对社会保障的理论认识和对社会保障政策实践的指导来看，两者是相互作用、彼此促进的；从社会保障理念变化与发展的总体趋势来看，既体现了连续性和相对稳定性，也体现了创新性和突破性。

范黎波利用2012年中国综合社会调查（CGSS）数据对社会保障与我国城乡居民消费关系进行了研究，得出结论：一是不同类型的社会保障对居民消费影响是不同的，养老保险比医疗保险更能促进居民消费支出。二是社会保障对不同消费层次居民的消费支出影响也是不同的，对中低消费层次居民的正向影响更为显著。三是国有企事业单位居民的社会保障缴费大部分由单位承担，因此，社会保障对消费的促进作用更明显；非国有企事业单位居民的社会保障缴费大部分由自己承担，而且缴费贡献较低、保障水平也相应较低，社会保障会减少居民的当期收入，从而降低居民的消费水平。四是从没有保障到有社会保障，对非国有企事业单位居民消费支出的促进作用更加明显。

（二）关于各项保障制度的专项研究

单戈和王晓军针对养老年金需求不足的问题，从风险决策视角，对个人的养老资产年金化的选择做了比较研究。得出结论：由于个人对年金未来收益的不确定性，导致个人在选择是否将养老金资产年金化时，非理性地放大了风险的概率和损失额，再加上个人的遗赠动机，导致个人自愿将养老资产年金化的比率很低。

何文炯和杨一心揭示了医疗保障治理与健康中国建设的内在关系，探讨了医疗保障治理领域存在的主要问题，包括部分人群医疗保障不足、基本医疗保险基金潜在危机、医疗保障资源使用效率不高、医疗保障服务能力不足等，在此基础上，基于健康中国建设的战略目标提出了明确基本医疗保障制度定位、优化医疗保障制度设计、建立医疗保障协同治理机制、健全医疗保障法治等四点政策建议。值得注意的是，一是强调了医疗保险事后风险补偿机制，而非福利制度，不应把预防、康复的费用也纳入医疗保险报销范围。二是建议医疗保险按照"以支定收"的原则，建立真正意义上的基本医疗保险基金现收现付制度，做实缴费基数，规范缴费行为，适时适度提高个人缴费比重，完善筹资机制。三是扭转基本医疗保险制度的福利化倾向，增强其对重大疾病医疗费用的保障能力。

关信平认为，当前我国要推动社会工作介入社会救助，需要提升社会救助对社会工作的现实需求，加强社会工作机构和社会工作者的能力建设，并且理顺救助社会工作发展的体制机制，包括协调各类主体之间的关系，设立救助社会工作岗位，建立长期可持续的财政投入机制、有效的救助社会工作服务传递机制和有针对性的服务评估机制等。

三、展望与分析

党的十九大报告指出，中国特色社会主义进入新时代，我国社会主要矛盾已经转化为人民日益增长的美好生活需要和不平衡不充分的发展之间的矛盾。社会主要矛盾的变化，对社会保障体系建设提出了新要求。

（一）面临的问题

目前，社会保障制度体系的主体框架已经基本建成，覆盖人数也有了显著扩大，保障水平明显提升，基金规模不断扩大，但仍然存在着不平衡不充分的问题。主要体现为以下几个方面。

1. 制度权责不清晰

政府财政对社会保障的转移支付责任不明确。政府财政对社会保障是否有明确的转移支付责任，如果有，应当是补充缺口性的转移支付还是制度性转移支付，如何计算？如果没有，社会保障基金出现缺口，如何处理？这个问题其实可以引申为，社会保险的首要目标是保障基本待遇还是基金收支平衡，制度设计是以支定收还是以收定支，以及制度如何设计才能不增大政府财政的负担。这一权责不明确，在全国调剂金的制度下，很容易导致地方政府扩大退休人数，争取多拨付调剂基金或者少缴纳调剂基金。

社会保障制度内部的保障责任不清晰。一是缺乏制度之间的统筹考虑，兜底性保障和社会保险的再分配功能有重复。导致一些人员即使有能力按照灵活就业人员参加养老保险，也不愿参加，宁可年老后领取不用缴费即可获得的最低生活保障，这样不但省去了养老保险费，而且可以获得其他与最低生活保障挂钩的福利待遇。二是缺乏制度内部的产权划分，一项制度的基金，既有再分配作用的共有产权属性，又有激励作用的私有产权属性。但在实际运行中，二者产权没有明确划分，这导致的结果是再分配和激励作用互相弱化。由于激励的作用，再分配的保障作用有限；由于再分配的作用，用于激励的产权没有被保护，制度整体没有起到正向鼓励的导向作用。

2. 制度发展不平衡

各地之间不平衡。一项制度在各省甚至一个省内的各地市之间执行标准不一致，例如，有的省市企业职工基本养老保险的最低缴费基数，还维持在上年度职工平均工资的 40%，而非国家统一规定的 60%；有的省市的企业职工基本养老保险单位缴费比例为 14%，而非国家阶段性降低费率后的 19%。职工基本医疗保险的门诊报销政策存在差异，有的省市的职工基本医疗保险没有门诊统筹，门诊报销的额度控制在个人账户储存额以内，而个人账户储存额是由个人缴费形成的，相当于参保人员个人负担门诊报销费用。社会保障制度存在差异，导致不同地区的营商环境存在先天差异，对企业、人才的流动都具有影响，而优势地区对企业、人才的虹吸效应又进一步加剧了地区间的差异。

制度的时代特征明显。不同历史时间段有不同的制度规定，最明显的是在企业职工基本养老保险方面。20 世纪 90 年代以来，养老保险的计发办法经历了 3 次改革，不同时间退休人员使用不同的养老金计发办法，特别是 2006 年以来，基本养老金采取了激励性更强的计发办法，而且与在岗职工平均工资挂钩。随着在岗职工平均工资的提高，强激励性进一步提高了工资收入高、缴费贡献大的参保人员的养老金水平，导致了缴费贡献同样大的人，不同时间退休计发养老金的攀比。

3. 基金收支中长期不可持续

从统计公报的数据看，在考虑了机关事业单位养老保险启动实施，社保征收机构实际征收保险费，带动总体基金收入大幅增加的情况下，基金累计结存的支付能力继续下降，可支付月数近年来持续降低至 13.8 个月。主要有如下三方面原因。

其一，征缴收入增长遇到瓶颈。从参保职工人数，也就是"量"的角度来看，新增扩面空间逐渐饱和。2016 年以来，我国实行全民参保计划，将大量应参保而未参保的居民纳入了保障范围，随着全民参保计划的推进实施，扩面资源不断转化为参保人员，新增扩面空间逐渐饱和，未来新增参保的主要来源是低龄进入劳动年龄人员。由于机关事业单位编制总量控制，因此，这一现象主要体现为执行企业制度的参保人数的增量逐年减少。从工资水平，也就是"价"的角度来看，承载大量就业的私营单位工资水平上涨乏力。2011 年以来，非私营单位与私营单位工资增幅出现明显"剪刀差"。

其二，多渠道增加基金收入的作用尚未显现。一是累计结存投资运营总量较少，职工养老保险累计结存 43885 亿元中，签订委托投资合同的 4300 亿元，占 9.8%，实际到账投资运营的 2731.5 亿元，占 6.2%。二是地区之间的基金没有进行共济，基金的共济作用没有发挥。三是国有资本划转补充企业职工养老保险基金的工作尚未启动，虽然各地人力社保部门的需求迫切，但国资、财政部门的动力不足，加之划转所有者权益，需要与混合所有制改革一并考虑进行股改，因此工作推进较慢。四是财政补贴需要量力而行，2011 年至 2017 年，各级政府财政对职工基本养老保险基金转移支付的金额由 2272 亿元达到 8004 亿元，年均增幅 23.4%，占社会保障和就业支出的比例由 20.5%提高到 32.3%，占财政支出的比例由 2.1%提高到 3.9%，转移支付成为越来越重要的支出项目。

其三，基金支出维持快速增长。从参保离退休人数，也就是"量"的角度来看，人口老龄化趋势下，养老保险领取待遇人数的增幅高于参保人员，抚养比由 2011 年的 3.16∶1 降低到 2017 年的 2.65∶1。从养老待遇水平，也就是"价"的角度来看，养老金实现 13 连调。

4. 多层次社会保障体系发展不充分

年金发展不平衡，面向机关事业单位的职业年金起步高、发展快，而面向企业的企业年金发展缓慢。职业年金是作为机关事业单位养老保险制度改革的配套制度建立的，为了确保改革的平稳实施，将职业年金定位为强制性补充保险，是必须建立的补充保险制度。按照全国 4000 万机关事业单位工作人员、历年全国非私营单位平均工资计算，2014 年 10 月至 2017 年末，全国职业年金基金规模应达到 1.05 万亿元①。企业年金于 2004 年建立，是企业在参加了基本养老保险的基础上，经职工代表大会讨论通过后，自愿为全体工作人员建立的补充保险制度。虽然企业年金具有合理避税和留住人才的作用，但是由于人工成本不断提升，大多数企业缴纳基本养老保险费后，已无力再缴纳企业年金，因此，只有烟草、电力等垄断行业企业、大型央企、高利润率企业，以及为了合理避税而建立的只有一两个工作人员的空壳企业才会建立企业年金。2004 年至 2017 年末，全国企业年金覆盖职工人数 2331 万人，基金规模 1.29 万亿元。职业年金比企业年金晚起步 10 年，但只用了 3 年零 3 个月的时间，基金规模已经基本与企业年金相同。

第三支柱定位模糊，商业保险产品还是年金账户尚未明确。作为第二支柱的企业年金和职业年金，已经明确是信托性质的年金账户，而非商业保险产品。作为第三支柱的个人补充保险，是按照国际上普遍采取的信托性质年金账户模式，还是由保险公司开发的商业保险产品，尚未明确。目前，我国已经出台了税延型商业保险产品，是否这就是第三支柱，或者这就是唯一的第三支柱养老保险，尚未明确。

5. 公共服务可及性不充分

近年来，百姓的日常生活已经习惯基于互联网、移动支付等技术带来的快捷高效简便的产品和服务，对政府提供的公共服务提出了同样的诉求。而公共服务普通存在经办管理能力不足、服务质量不高、服务体系系统性不强与需求不匹配等问题。全国范围内社保数据共享、业务协同、服务规范、动态监管、稽核清欠、风险防控

---

① 由于各地实际启动职业年金征收的时间晚于 2014 年 10 月，目前实际的基金规模尚未达到。

等工作亟待改善。经办管理服务和信息系统缺乏全国一盘棋的长远规划，缺乏统一性、整体性。

（二）下一步展望

党的十九大报告提出，全面建成覆盖全民、城乡统筹、权责清晰、保障适度、可持续的多层次社会保障体系，就是要求社会保障工作要坚持以人民为中心的发展思想，不断促进人的全面发展，这也是习近平新时代中国特色社会主义思想的重要内容。预计下一步的城乡统筹社会保障体系建设，将围绕以下六方面开展。

1. 全面实施全民参保计划

全面实施全民参保计划再次写入党的报告中，是继续推进这项基础性工程的再部署、再动员。目前，全民参保登记工作已经基本完成，摸清了底数，掌握了法定参保对象的基础信息和参保信息，建立了国家、省两级数据库，所有省份已完成数据比对、入户调查登记、数据上传工作。下一步要进入数据库的全面运用阶段，一是要实现法定参保对象的人人参保，强化扩面稽核的强制性，通过数据比对，精准识别扩面对象，简化社会保险费依法扣缴程序，实现应保尽保。二是着力促进灵活就业人员、新业态从业人员参保，结合此类人员没有固定劳动关系、流动性大、收入不稳定等特点，转变依靠用人单位为抓手进行扩面的惯性思维，调整政策、创新模式、简化手续，调动此类人员参保积极性，促进参保。三是重点解决中断缴费人员接续缴费问题，明确待遇预期、推行自助委托扣款功能，引导和督促接续缴费。

2. 完善权责清晰的社会保障制度

一是统筹考虑不同社会保障制度的功能定位与作用。将社会保险、社会救助等社会保障制度统筹考虑，清晰划分不同制度的功能作用，对于兜底性保障的，要严格准入门槛、适度设定待遇标准，避免"养懒人"的导向；对于普惠性保障的，要调整资金来源，借助机构改革中，将基本社会保险费由税务部门征收的契机，考虑将社会保险费改为社会保障税，加强征收的强制性，明确其再分配职能；对于激励性保障的，要建立待遇完全与缴费贡献挂钩的机制，不考虑再分配作用，同时配套税收优惠政策，鼓励参保人员积极参与。

二是清晰划分政府财政与社会保障制度的出资责任。政府财政对于兜底性保障和普惠性保障具有兜底责任，对于激励性保障，通过税收优惠政策加以引导，避免社保政策对政府财政形成拖累。

3. 提高养老保险基金使用效率

一是尽快实现养老保险全国统筹。首先要实施基本养老保险基金中央调剂制度，这是实现养老保险全国统筹的第一步，对于缓解日益突出的地区之间基金结构性矛盾具有十分重要的意义。在实施全国调剂制度时，要防止地方出于自身考虑，采取有意放松扩面征缴、扩大提前退休范围等方式，既能够达到降低企业成本、减少基层矛盾的目的，又能实现少上缴、多享受调剂金的效果。需要通过大数据开展测算分析，科学确定上缴和下拨基金数额，确保调剂制度的科学性。同时，需要建立实施相应的奖惩机制，避免地方的道德风险，确保调剂制度的安全性。

二是加快推进基本养老保险基金和从城乡居民养老保险基金结余投资运营。建立地方项目推荐渠道，支持基金回投本省建设。探索适当扩充运营主体，引入竞争机制，提前弱化基金规模的扩大而导致的投资收益边际递减的风险。

三是加快推进划转国有资本充实社保基金。提升社保部门在此项工作中的话语权，研究在接收国有资本的平台公司中，派驻社保部门的代表，参与平台公司决策，确保所划转的国有资本能够保值增值。

4. 做好社会保障扶贫工作

党的十九大强调"要重点攻克深度贫困地区脱贫任务"，社保扶贫是进一步织密扎牢社会保障"安全网"的重要内容，做好社保扶贫工作关键需要从"人"和"钱"两方面着手，一是精准贫困人员，上层单位建立信息共享机制，定期开展建档立卡贫困人口与全国社会保险参保人员数据信息比对，全面掌握贫困人口信息。基层部门要对数据信息进行进一步核实，同时要建立动态维护机制。二是落实保障资金，特别是对于因病致贫、因病返贫的人员，按照"基本医保应保尽保、大病保险精准支付、医疗救助兜底保障"的基本思路，依托基本医保信息平台，实现基本医保、大病保险、医疗救助"一站式"即时结算，减轻贫困患者垫资压力。

5. 大力发展补充保险

一是完善补充保险采纳参保和领取政策。放宽企业年金参保政策，允许企业只为一部分核心员工建立企业年金，在保持年金留人作用的基础上，减轻企业负担。尽快出台信托模式的第三支柱个人年金制度，将灵活就业人员以及单位没有建立年金制度的职工纳入保障范围。放宽企业年金和职业年金领取条件，允许参保人员在失业、大病等特殊情况下提前支取年金账户，调动职工参保的积极性。

二是完善补充保险基金运营政策。放宽企业年金和职业年金投资渠道，允许年金基金投资境外资产。推广生命周期养老金产品，根据参保人员年龄进行资产配置，方便参保人员自主选择，提高科学性和基金收益。

三是加快长期护理保险推广。明确长期护理保险定位，清晰划分长期护理保险与基本养老金、病残津贴、医疗保险等基本保险待遇的权责关系，合理确定资金来源，避免重复收取保费、过度保障，增加参保人员负担。发挥集中采购的优势，降低长期护理商品与服务的成本。

6. 建立全国统一的社会保障公共服务平台

社会保障公共服务平台是提供社保公共服务的载体，直接关系到百姓对社会保障政策的体验，也直接影响各项社会保障政策的实施效果，是人民群众体会获得感最直接的窗口。全国统一的社会保障公共服务平台，是各项社会保障政策集于一身，经办服务体系与信息系统融于一体，以社会保障卡为唯一载体，线上线下衔接互通，形成"一号一窗一网一卡"的社会保障"互联网+政务服务"格局，为不许变更提供全网式、全流程的方便快捷服务。当前，一是需要同步完成社会保障业务的综合柜员制改革，实行"一站式"服务，将社会保障业务办理实行标准化，细化柜台柜员的操作规范，彻底消除不同地区、不同人员掌握政策口径不一致问题；二是需要在国家层面建立中央平台，并以中央平台为核心联通全国所有层级和终端，构建全国一体化社会保障公共服务信息平台以及全国统一的社会保障经办管理服务网络体系。中央平台支持网站、移动终端、12333 电话、短信、自助终端等各类服务渠道的接入，将百姓社会保障服务从线下移至线上、从人工变为智能，提高了社会保障公共服务的可及性。

四、报告要点

本报告重点对 2017 年度城乡统筹社会保障体系建设和研究情况进行了系统梳理，在此基础上，对城乡统筹社会保障体系建设中需要重点关注的问题和趋势进行了简要分析。

本报告要点总结有如下几个方面。

1. 城乡统筹社会保障体系建设更加体现坚持以人民为中心的发展思想，着力把加强社会保障体系建设作为促进公平正义、实现共同富裕的重要途径，制度保障人数、基金规模有效扩大，城乡统筹居民的社会保障体系基本建立。

2. 人人享有是城乡统筹社会保障体系建设的根本目标，与此同时，社会保障制度仍存在着发展不平衡、不充分问题。具体包括，制度权责不清晰，制度发展不平衡，基金收支中长期不可持续、多层次社会保障体系发展不充分、公共服务可及性不充分五方面问题。

3. 按照党的十九大报告要求，全面建成覆盖全民、城乡统筹、权责清晰、保障适度、可持续的多层次社会保障体系，需要从六个方面着手：全面实施全民参保计划、完善权责清晰的社会保障制度、提高养老保险基金使用效率、做好社会保障扶贫工作、大力发展补充保险、建立全国统一的社会保险公共服务平台。

作者单位：天津市人力资源和社会保障局

第二部分

政府职责体系
构建与府际关系

政府职责体系与政府间纵向关系研究报告

吕同舟

构建政府职责体系和优化政府间纵向关系是当前中国政府发展的核心任务。一方面，政府职责体系指由不同层级政府和部门所承载的职责按照一定规律组合而成的有机整体，是借由法律确定下来的各项政府职责之间的关系。自从党的十七大报告首次提出"健全政府职责体系"以来，这一理念就成为引领后续一系列改革的主线之一。另一方面，政府间纵向关系长期以来都是政界和学界关注的重点问题，但其改革思路大抵逃不脱权力的"收放"或"集分"，而要想形成清晰明了、协调有序的政府间纵向关系，且能够突破一系列体制机制障碍，解决现实中诸如职责分工、财政资源配置等问题，必然要以不同层级政府明确的职责关系为基础。在这个意义上，构建政府职责体系和协调政府间纵向关系是同一个序列的问题。本报告将在2014年《中国政府发展研究报告》的基础上，梳理近年来政府职责体系与政府间纵向关系的建设情况，综述近年来学界关于该问题的研究现状，并对其进行展望和分析，以期深化对该领域的基础性认识。

一、2014—2017 年政府职责体系与政府间纵向关系情况梳理

"政府职责体系"这一术语在中央权威文件中首次出现于党的十七大报告。[①]虽然此后这一提法常见于权威文件和理论研究中，但关于这一概念的界定，尚未形成共识。大略地讲，政府职责体系可以从静态和动态两个维度进行理解。静态上看，

---

① 高举中国特色社会主义伟大旗帜，为夺取全面建设小康社会新胜利而奋斗——在中国共产党第十七次全国代表大会上的报告[N]. 人民日报，2007-10-25(01).

政府职责体系意味着由各层级政府及其部门所承担的工作任务组成的有机整体；动态上看，政府职责体系意味着为了有效完成工作任务而对各项要素进行配置及其履责过程。在这个意义上，政府职责体系是一个涵盖政府间横向关系、政府间纵向关系、条块关系等在内的综合性系统。

从改革历程看，我国关于政府职责体系的调整，先是从横向职责体系，即部门间职责配置入手的，典型体现就是 2008 年国务院机构改革。此次机构改革以整合组建工业和信息化部、人力资源和社会保障部、住房和城乡建设部、交通运输部、环境保护部为标志，拉开了大部门体制改革的帷幕。①所谓大部门体制（或称大部制），就是在政府的部门设置中，将那些职能相近、业务范围雷同的事项，相对集中，由一个部门统一进行管理，最大限度地避免政府职能交叉、政出多门和多头管理，从而达到提高行政效率、降低行政成本的目标。②在这个意义上，大部门体制改革就是在"健全政府职责体系"这一逻辑主导下的具体实践，并为下一阶段的改革打下了基础、探索了经验。伴随着改革的深化，2013 年 5 月中国机构编制与管理研究会在郑州召开了首次明确以"政府职责体系"为主题的研讨会，以及同年 11 月《中共中央关于全面深化改革若干重大问题的决定》开创性地对"中央政府职责"和"地方政府职责"做出了区分——"加强中央政府宏观调控职责和能力，加强地方政府公共服务、市场监管、社会管理、环境保护等职责"③，意味着学界的理论思考与高层的实践决策实现了有效互动和呼应，标志着改革进行到了正面建构阶段。此后我国关于政府职责体系和政府间纵向关系的改革，大致可以划分为以下两个阶段。

（一）2014—2016 年的发展情况

这一阶段在前期改革积累的基础上，以推进权力清单和责任清单改革作为重点工作。这一点在党的十八届三中全会上已经得到了充分体现，即"推行地方各级政府及其工作部门权力清单制度，依法公开权力运行流程。完善党务、政务和各领域办事公开制度，推进决策公开、管理公开、服务公开、结果公开"；同时，在政府与市场关系领域，"实行统一的市场准入制度，在制定负面清单基础上，各类市场主体可依法平等进入清单之外领域。探索对外商投资实行准入前国民待遇加负面清单的管理模式"。2014 年《政府工作报告》中指出："深化投资审批制度改革，取消或简化前置性审批，充分落实企业投资自主权，推进投资创业便利化。确需设置的行政审批事项，要建立权力清单制度，一律向社会公开。清单之外的，一律不得实行审批。"此后，结合行政审批制度改革的推进，中央编办首次在官网上公布"国

---

① 需要特别指出的是，尽管"大部门体制"是在 2008 年第六次政府机构改革中成为家喻户晓的术语，但在此之前已经有了一些类似于大部门体制式的改革实践，如 1982 年国务院机构改革将"人事部"与"劳动部"合并为"劳动人事部"等。

② 汪玉凯. 冷静看待"大部制"改革[J]. 理论视野，2008（01）：12-15.

③ 中共中央关于全面深化改革若干重大问题的决定[N]. 人民日报，2013-11-16（01）.

务院各部门行政审批项目汇总清单",拉开了中国政府权力清单制度的建设序幕。2014 年在第八届夏季达沃斯论坛开幕式致辞中,李克强总理正式提出了"权力清单""负面清单"和"责任清单"三张清单制度。此后,2015 年《政府工作报告》进一步强调:"制定市场准入负面清单,公布省级政府权力清单、责任清单,切实做到法无授权不可为,法定职责必须为。"同年 3 月 24 日,中共中央办公厅、国务院办公厅印发的《关于推行地方各级政府工作部门权力清单制度的指导意见》指出:"推行地方各级政府工作部门权力清单制度,是党中央、国务院部署的重要改革任务,是国家治理体系和治理能力现代化建设的重要举措。"当年 12 月国务院办公厅又印发了《国务院部门权力和责任清单编制试点方案》。至此,"权力清单"和"责任清单"改革实现了从理念到实践的落实。2016 年《政府工作报告》进一步强化了这一举措,提出"全面公布地方政府权力和责任清单",为改革明确了方向和要求。

简而言之,关于这一阶段的理论认识,至少涵盖以下三个方面。

其一,明确了中央和地方政府职责的差异并进行了差别化部署,突破了以往笼统地将中国政府视为整体的改革思路,意味着改革开始走向深化、细化、具体化。

其二,关于权力清单和责任清单的改革,借助对各级政府及其部门权力和责任的清理,明晰了政府权力和责任的边界,推动了权力公开、强化了权力运行监督和制约,本质上就是构建政府职责体系的重大基础性工作。与此同时,各级政府权力和责任边界的划定,在"法无授权不可为"和"法定职责必须为"的基本原则下,也为政府间纵向关系协调提供了相应的依据。

其三,更为重要的是,这一阶段的改革开始在一定程度上,从理念和实践的角度突破了职责同构,尝试在已有框架内既发挥职责同构的积极效用,同时又消弭其导致的各项体制机制障碍,为全面深化改革和推动国家治理现代化提供了坚实的基础。这一思路在下一阶段的改革中体现得更为显著了。

(二)2017 年以来的进展情况

2017 年以来,改革进入了全面推进阶段,其典型标志就是十九大报告中关于"赋予省级及以下政府更多自主权"的提法,这一提法无疑是新时期构建政府职责体系和协调政府间纵向关系的总体战略部署;此后 2018 年《深化党和国家机构改革方案》更是进一步落实了改革措施和改革步骤。

关于"赋予省级及以下政府更多自主权"这一论断,至少涵盖三层含义。

其一,关于"省级及以下政府"的表述意味着央地关系的细化和具体化,突出表现为地方政府至少可以分为"省级政府"和"省级以下政府"两类。以往的改革通常对中国政府层级做"中央"和"地方"的二元划分,即笼统地将省级及以下政府作为整体进行表述。但是,由于我国疆域广阔、人口众多,一个省级政府所管辖的区域和人口就不少于西方某些国家,加之公共行政事务的高度复杂性,以及我国正处于战略转型期的历史背景，客观上应当更多地考虑省级政府在政治结构和行政运行中的特殊性，尤其是不能简单、笼统地将省级政府与省级以下政府等量齐观。关于"省级及以下政府"的提法，在中央与地方二分的基础上进一步细化、具体化，旗帜鲜明地将中国的政府层次分为"中央政府""省级政府"和"省级以下政府"三类。相应地，这也就意味着，对于不同层次的政府应当要进行区别化的改革。这种细化和具体化对于未来全面深化改革、推动国家治理现代化，无疑能够起到关键性的指导作用。

其二，关于"更多自主权"的表述体现出央地关系调整思路的变化，意味着中央意识到当前赋予地方的自主权与地方应当发挥的关键作用不相匹配。在以往央地关系调整历程中，虽然在原则层面坚持要充分发挥"两个积极性"，但在具体的操作过程中，中央在各类事务上是掌握决定性权力的，地方虽然拥有一部分自主权，但是体量比较小，而且随时面临着被中央收回的危险，央地关系调整过程总体上表现出的"权力收放循环"特征就是明证。或者简单地说，在"中央"和"地方"这两个积极性里，地方的积极性发挥得还不够。十九大报告中提出应当赋予省级及以下政府"更多自主权"，表明中央在研判国内外形势的基础上意识到，当前央地关系中的主要矛盾并不是中央的积极性发挥不够，而是地方的积极性发挥不够。借助赋予地方政府更多自主权的方式，无疑可以刺激地方发展活力、充分发挥地方的积极性，以便更快更好地推动社会主义建设。

其三，在"赋予省级及以下政府更多自主权"的改革实践过程之中，必须牢牢坚持中国共产党的领导地位，坚持中央政府在行政体系中的主导地位。"赋予省级及以下政府更多自主权"，并不简单地意味着地方政府拥有了更大的权力，更不意味着地方政府可以肆无忌惮地行使权力，恰恰相反，改革的根本点在于，要在坚持党的领导和中央主导的前提下，结合不同层级和不同地区政府的实际情况对地方政府进行赋权。这既是维护国家统一的客观要求，也是推动经济社会全面、均衡发展的关键力量，还是保障广大人民群众根本利益的核心支柱。否则，改革很可能陷入地区恶性竞争的窘境，甚至滑入分裂主义的渊薮。

简而言之，在改革的全面推进阶段，值得关注的要点有二。

第一，关于"层级差异"的理念有了新的突破。以往改革虽然也强调要结合不同层级政府职责特征、因地制宜地推进改革，但总体上讲得比较笼统。十九大报告在"层级差异"这一点上做出了细化和具体化，旗帜鲜明地将中国的政府层次分为"中央政府""省级政府"和"省级以下政府"三类，从而在原则层面上突出了"层级差异"，也为下一步具体工作的开展指明了方向。

第二，关于"自主权"的理念为有限度地突破"职责同构"拓展了制度空间。长期以来，在纵向间府际关系处理上，我国更加偏重于强调下级政府对上级政府的服从、地方政府对中央政府的服从。这种偏重当然是必要的，对于中央把控改革节奏起到了关键性的作用。但这一制度结构往往也容易导致地方的灵活性和积极性受到限制。此次关于赋予更多自主权的提法，进一步明确了矛盾的主要方面，同时又进一步突出了"层级差异"，并借助权力清单和责任清单改革进一步细化了各级政府权责边界，从而为有限度地突破"职责同构"、构建政府职责体系和调整政府间纵向关系拓展了制度空间。

总体来看，关于 2014 年以来政府职责体系与政府间纵向关系的发展情况，可以从"重要文本"和"典型特征"两个方面归纳如下（见表 1）：

表 1　2014—2017 年政府职责体系与政府间纵向关系改革实践

阶段	重要文本	典型特征
2014—2016 年	2014 年《政府工作报告》，2015 年《政府工作报告》《关于推行地方各级政府工作部门权力清单制度的指导意见》《国务院部门权力和责任清单编制试点方案》，2016 年《政府工作报告》	明确了中央和地方政府职责差异 关于权力清单和责任清单的改革是构建政府职责体系的基础性工作 尝试在一定程度上突破职责同构
2017 年以来	2017 年党的十九大报告《决胜全面建成小康社会 夺取新时代中国特色社会主义伟大胜利》，2018 年《深化党和国家机构改革方案》	将中国各级政府划分为"中央政府""省级政府"和"省级以下政府"三类；关于"自主权"的理念为有限度地突破"职责同构"拓展了制度空间

资料来源：作者自制。

二、2014—2017 年政府职责体系与政府间纵向关系研究综述

就 2014—2017 年学界相关研究来看，整体上数量虽然不多，但已出现了不少颇具洞见的成果，大致可以归纳为理论解读、实践性研究和国外经验借鉴三个方面。

在关于政府职责体系的理论解读方面，比较有代表性的包括以下几个方面。

刘熙以博弈论为研究工具，将"公共物品供给"视为中央与地方之间的博弈过程，以"在公共品供给上政府初始的权利和责任是一致的""各级政府在公共品供给上，事责越大，成本越高；财权越大，收益越高""存在'民众→中央→地方→民众'的偏好传递机制"为基本假设，试图对中央与地方在公共物品供给上的权责配置问题做出新的阐释。该研究模拟分析了分权、集权与权责对等三种配置路径之后优化提出了中央主导下财力保障与公共支出责任相匹配的较优路径。这一研究对于公共政策的启示在于：首先，应当充分保障地方政府的财政权利，具体包括加强与健全地方财政收入体系、在专项转移支付等使用受限财力方面考虑激励相容问题、

对地方政府的潜在财政收入要尽可能明确权利边界、尊重与引导地方自下而上联动的积极性等；其次，要合理限定政府的公共事责，具体包括处理好政府和市场边界、重新划分中央和地方事责、协调安排中央和地方在公共物品上偏好的不同等；最后，应当建构包括权责法定、谈判协调在内的诸多机制。①

史普元从清晰性和多重性两个维度架构政府权责配置特征（见表 2）。首先，从清晰性角度看，成熟的联邦制中，联邦政府与地方政府之间往往有明确的权责界限，成熟的单一制也至少具有清晰的权威界定，进而为责任分离提供了便利。但在我国，无论是正式制度、还是实际运作中，政府权责配置往往不够清晰，而这与我国的整体组织体制有关，也是出现诸如上级可以向下级不断施压和责任转嫁、下级可以向上级寻求庇护和进行选择性执行的关键。其次，从多重性角度看，中央难以依靠科层规则和程序，协调监管难度大，而为了应对这一问题，"条条"协调的作用显得更为突出，但在民众问责缺失和条条之间分工互补程度弱的情况下，这容易催生利益争夺和组织膨胀。②

表 2　我国政府组织间权责特征

维度	权威	责任
清晰性	不清晰、"条块"间杂	可下压转嫁、组织间连带
多重性	"条条"分散、"块块"偏重	向上负责、民众参与弱

资料来源：史普原《政府组织间的权责配置——兼论"项目制"》，载《社会学研究》，2016（2）。

任博、孙涛聚焦于大城市这一场域，发现大城市纵向间政府关系中存在的主要问题在于"职责同构"的运行模式，即市政府、区政府、街道办事处之间事权不明和职责不专，从而导致诸如职责纵向配置上的"错位""越位""缺位"，"条条"钳制"块块"、限制区政府和街道办事处的积极性，上级政府所属部门与下级政府之间"争利让责"，损害下级政府和基层利益等一系列问题。而应对的关键就在于解构政府职责纵向配置上的"职责同构"，在城市治理中实现市政府、区政府以及街道办事处之间的"异责"与"共治"。前者意味着要进一步明确市区街道职责，并充分考虑不同类型市辖区政府的特殊性，强化政府间纵向关系的协调；后者则强调要构建政府间纵向伙伴型关系，推动政府间合作和协作。③

吕同舟认为政府职责体系的理论研究和实践改革极具复杂性和特殊性，有必要从强化理论认知入手，以便为改革深化提供可能的支持。具体地看，至少应当注意三点：其一，我国之所以会形成"横平竖直""方方正正"的职责结构，实际上"源

① 刘熙. 政府间公共权责配置的内在机理与路径优化[J]. 财经科学，2016（05）：74-82.
② 史普原. 政府组织间的权责配置——兼论"项目制"[J]. 社会学研究，2016（02）：123-148，243-244.
③ 任博，孙涛. 异责与共治：大城市政府职责纵向解构研究[J]. 内蒙古社会科学，2017（05）：47-51.

自计划经济体制下中央一方面集中掌握社会发展资源、一方面又要求以促进地方自主发展来限制中央部门集权"①的考虑。这种政府职责体系看似清晰有序、划分明确，但却是以一种近乎自发的方式形成的，其科学的建构逻辑有待进一步厘清。其二，构建政府纵向职责体系的过程，自然不会是"一蹴而就"的，这既源于这项工作本身涉及异常复杂的各种要素，也源于当前我国正处于历史转型期这一事实。因此，应当是分阶段、有重点，多维度逐步、逐项推进。其三，作为全面深化改革的总体目标，推进国家治理现代化是新时期切实推进社会主义建设和有效实现治国理政的战略部署。在这个意义上，构建政府纵向职责体系的相关工作也应当纳入这个过程中来。②

在关于政府职责体系的实践性研究方面，比较有代表性的包括以下几个方面。

丁煌、陈晓方聚焦市县政府间职责关系，以汕头市濠江区行政体制改革为例，重点论述了市县政府职责体系构建问题。在整体性政府视角下，行政管理"碎片化"问题在市县级政府表现尤为突出，原因包括"职责同构"和层级节制的双重叠加、简政放权的"变形走样"、财力和支出责任不匹配等。为了应对这些问题，濠江区着力于推进深化简政放权、充分发挥经济特区立法权、优化市区两级财力配置、优化机构设置和行政流程、加强信息公开和监督问责等重点工作。以此提出今后科学构建市县政府职责体系可以从以下几个方面着手：其一是加强法治建设，为科学构建政府职责体系提供坚实的法治基础；其二是明确市县政府的履职重点，形成相对科学合理的职责分工体系；其三是整合相关职能和执法资源，推进综合行政执法体制改革；其四是深化财税体制改革，确保各级政府事权和支出责任相适应；其五是鼓励社会公众参与，推进多层次多领域依法治理。③

李浙闽以宁波市健全政府职责体系改革为对象，细致地介绍了其具体做法、已有成效以及未来建议。在具体做法上，首先是明确权责清单编制原则，坚持职责法定、简政放权、便民高效、权责一致、问题导向五项原则；其次是推进权责清单全面覆盖，明确列示各项信息；再次是强化权责清单运行管理，完善各项平台建设；最后是建立权责清单长效机制。在已有成效上，一方面，通过权力瘦身，加大简政放权力度，有效激发了市场和社会活力；另一方面，通过责任强身，强化事中事后监管，切实增强了政府依法履职能力；此外，通过完善流程，优化政府服务方式，形成了良好的干事创业环境。在改革建议上，其一是以清单明边界，理顺政府与市场、社会的关系；其二是以清单定职责，优化部门间、层级间的权责关系；其三是

---

① 张志红. 当代中国政府间纵向关系研究[M]. 天津：天津人民出版社，2005. 269.

② 吕同舟. 科学认识政府纵向职责体系构建[N]. 中国社会科学报，2016-08-31(07).

③ 丁煌，陈晓方. 整体性政府视角下市县政府职责体系构建研究——以汕头市濠江区行政体制改革为例[J]. 中国行政管理，2017(08)：13-17.

以清单促运行，确保各部门全面正确履行职责。

　　于洋聚焦于海洋环境保护领域政府职责划分，在公共物品相对性的视角下，立足应然性和实然性两个维度架构分析框架（见图 1）。在应然性层面，海洋环境存在强外部性特征，其在省域范围和全国海域范围内都表现为纯公共物品，因此对于一些重要管理职能应采取"异构型"职责分工管理。但当前"同构型"纵向职责体系结构有悖于公共物品供给的效率原则，可能导致福利损失。在实然性层面，行政发包制与晋升激励的压力促使地方政府倾向于对地方企业的过度开发行为采取保护性或默许性策略，加之地方环保、海洋和渔业部门接受地方政府管理，其制约监督作用受到限制，可能加剧全社会的福利损失，甚至可能激化条块之间的矛盾。[①]

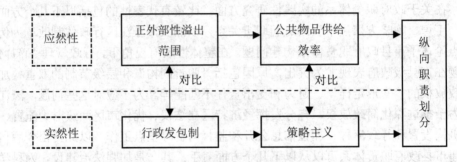

图 1　纵向职责体系分析框架

资料来源：于洋《海洋环境保护纵向职责体系研究》，载《太平洋学报》，2016（06）。

　　在关于政府职责体系的国外经验介绍方面，比较有代表性的包括以下内容。

　　王向澄、孙涛选取了英国、德国、法国三个研究对象，在横向与纵向分解上分别对三个国家的政府职责内容、相互关系以及运行机制进行细致的描述。研究发现，从横向上看，"大部制"改革仍是主流趋势，但各国更注重的是在本质上提升部门分工合理性以及部门行政效率，而非部门数量的变化；从纵向上看，各国实行职责异构模式，对中央与地方政府职责体系做出了科学与明确的划分，并辅之以法律与财政等手段以确保其职责体系高效稳定运行。[②]

　　吕同舟对比了美国、法国和日本三国的政府职责体系结构发现，美国借助联邦宪法、州宪法以及相关法律的规定对各级政府职责做出了清晰、细致的划分，并以财政控制为主线来实现职责体系的有效调整；法国地方行政系统中中央派驻机构和地方自治机构并存的双轨制结构为政府纵向职责体系的运行提供了依托；日本政府

①　于洋. 海洋环境保护纵向职责体系研究[J]. 太平洋学报，2016（06）：71-79.
②　王向澄，孙涛. 政府职责体系的国际比较[J]. 党政视野，2015（02）：49.

纵向职责体系的调整与地方自治改革密切关联。由此可以发现权力配置制度化、职责配置异构化与调控手段柔性化是其共同特征。未来，应当尝试跳出简单的收权或放权思维、探索合理确权，同时在职责同构的整体格局中适当地嵌套某些职责的异构化配置，并在条件允许的情况下更多地采用柔性化或隐形化的调控手段。①

三、展望与分析

关于政府职责体系和政府间纵向关系的改革，是一项长期、复杂的工作。要想扎实地推进这项工作，既应当形成关于改革的整体性和清晰性认识，又要明确未来改革的关键和突破口。总体上看，以下四点内容值得引起关注。

（一）改革整体上正在不断走向深化、细化、具体化

通过前文的梳理不难发现，从党中央提出"健全政府职责体系"开始，一系列改革，包括大部门体制改革、清单制度改革、行政审批改革等，均以积极的态势稳步推进，并统合于"构建政府职责体系"这一整体目标之下。例如，第一阶段开始明确中央和地方政府职责的差异，并以权力清单、责任清单的方式划定了各级政府及其部门的权责范围，从而切实地在有限度地突破职责同构上迈出了坚实的步伐；第二阶段对"层级差异"和"自主权"有了更加深刻的理解，为构建政府职责体系和协调政府间纵向关系拓展了制度空间。从中可以看出，改革正在按照既定的步骤扎实稳步地推进，关于改革的思路也越发清晰、明确。尤为值得关注的是，2018年《深化党和国家机构改革方案》中还设计了具体的时间表——"中央和国家机关机构改革要在2018年年底前落实到位。省级党政机构改革方案要在2018年9月底前报党中央审批，在2018年年底前机构调整基本到位。省以下党政机构改革，由省级党委统一领导，在2018年年底前报党中央备案。所有地方机构改革任务在2019年3月底前基本完成"。这一表述更是明确展示出党中央深化改革的勇气和对于改革节奏的把控。当然，有必要提醒的是，改革是一项复杂、艰巨的实务工作，当前不少体制机制障碍仍然未能有效克服，因此，既应当扎实推进改革、又不必操之过急，应当立足中国特色、结合实际国情，逐步构建完善的政府职责体系和良性的政府间纵向关系格局。

（二）改革应当强化统筹协同

正如前文所述，改革是一项长期复杂的工作，这既源自政府系统内部关涉着诸多复杂变量和复杂形势，也源自多元系统——例如党的系统和政府系统、人大系统和政府系统之间同样存在显著的内在关联。因此，未来深化改革的关键之一，就在于要强化多元协同，既不断积累有利元素，又最大限度地削减不利因素，从而切实

---

① 吕同舟. 国际比较视野下政府纵向职责体系研究[J]. 比较政治学研究，2015(02)：105-122.

提高改革成效。

事实上，《深化党和国家机构改革方案》中已经充分展现出对"统筹协同"的重视，并具体展现在三个方面：第一，功能上的统筹协同。即突出党的全面领导地位，明确党在各项事务中的统筹功能，强化党的组织在同级组织中的领导地位。例如，"推进职责相近的党政机关合并设立或合署办公"，将一些职能相近、联系紧密的政府机构并入党的机构或归口党的管理，确保党的领导更加坚强有力；又如，"中央全面深化改革领导小组、中央网络安全和信息化领导小组、中央财经领导小组、中央外事工作领导小组改为委员会"，将非正式的议事协调机构调整为正式组织，有助于提升制度性权威，客观上也契合了"领导小组的现实角色已远超过通常所说的议事和协调"[①]的实际。第二，主体上的统筹协同。即在深化机构改革和国家治理的过程中，应当强化不同类型主体间的统筹协同，包括"坚持省市县统筹、党政群统筹""统筹设置党政群机构"等，从而有效实现多元主体之间的合作与互动。第三，事项上的统筹协同。立足改革深化所面临的重点难点问题，以"如何更好地解决问题"为逻辑起点，遵循一类事项原则上由一个部门统筹、一件事情原则上由一个部门负责的原则，从而有效地将有助于应对某一问题的职责进行归类。例如，在党中央机构改革领域，归并关于公务员管理类的职责，将中央机构编制委员会办公室、公务员工作归中央组织部统一管理；归并关于民族、宗教和侨务等职责，将其归中央统战部统一管理。又如，在国务院机构改革领域，将农业部以及国家发展改革委、财政部、国土资源部、水利部等多部委的涉农职能归类，组建农业农村部，将涉及应急救灾方面的职责统一划归应急管理部等，从而克服各自为政、"九龙治水"的问题，并向整体性治理转型。

（三）"合理确权"是构建政府职责体系的内在原则

中华人民共和国成立以来，我国政府间纵向关系的调整，往往以中央在研判形势的基础上将一部分权力"下放"为始，然后作为对地方"诸侯经济"和中央调控能力削弱的应对，以权力"上收"为终。换言之，关于政府间纵向关系的调整，主要依赖于中央权威对权力配置格局进行重置。这一改革的效果自不必多言，但"一放就乱、一收就死"的问题从未从根本上得到解决。如果能够跳出关于集权和分权的二元对立思维，在民主和法治的框架下，以"确"的方式，将改革的着力点从以中央对于权力的收放为重点，转移到借助明确细致的法律法规确定权力来源、权力主体及其责任上来，辅之以纵向府际冲突协调机制建设，从而塑造一种制度化、规范化的政府间纵向关系，或许有助于推动政府职能的切实转变。

关于这一点可以从两个方面进行解读：其一，确权的本质是实现政府间纵向关系的制度化。中华人民共和国成立以来我国政府间纵向关系调整的过程，本质上是

---

① 周望. 超越议事协调：领导小组的运行逻辑及模式分化[J]. 中国行政管理，2018（03）：113-117.

中央基于对整体局势的判断而进行的主动平衡过程。这种改革方式的显著特点在于具有足够的灵活性和变通性，在改革过程中尤其是在改革初期，能够起到强大的推动作用。值得注意的是，固然应当承认灵活性和变通性对于改革的重要作用，但也应当认识到，这也有可能蜕变为主观性和随意性，进而当改革进行到一定阶段时给政府间纵向关系运行带来危机，甚至可能在相当程度上成为改革持续深化的制度性掣肘。确权正是在反思这一问题的基础上提出的一种可能的替代方案。确权是在权力配置格局优化的基础上，借助细致的规范明确不同层级政府的职责和权力，着力于实现政府间纵向关系的制度化。换言之，确权意味着要借助行政结构的相应调整和法律体系的相应改变来承认、确定政府间纵向关系格局，实现权力配置制度化，从而一方面保护和鼓励地方已经形成的促进社会经济发展的动力和功能，另一方面又保证和加强中央的权威和宏观调控能力。这种以制度性限制灵活性、以规范性限制随意性，从而塑造一种协调的政府间纵向关系结构，恰恰就是确权的本质所在。

其二，合理确权的关键是规范地方政府权力来源。地方政府兼具地方国家权力机关的执行机关和中央及上级政府领导的下级行政机关双重属性。相应地，其权力也来源于两个途径，一个是通过地方国家权力机关得到外部授权，另一个则是作为本区域的行政机关，直接或间接地通过上级行政机关从中央政府得到内部授权。结合当前权力配置的实际状况看，源自地方人大及其常委会的权力极其有限，而内部授权是地方政府获取权力的主要途径。结合以往改革存在的问题，以及对未来的发展期待看，关键在于规范地方政府权力的来源，以便形塑制度化的政府间纵向关系结构。具体地看，一是着力于政府内部授权的制度化。一方面，要制定一套运行规则和基本流程，规定上级政府可以通过何种方式、以何种标准和程序对下级政府进行授权；另一方面，要强化监督，这里的监督，既包括监督上级政府对下级政府的授权过程，也包括监督下级政府权力行使的过程，从而切实实现内部授权的规范化。二是以维护中央政府权威和国家统一为前提，适度扩大地方人大的授权空间。这与世界范围内行政发展的趋势也是一致的。

（四）"权力清单"和"责任清单"是构建政府职责体系的重要突破口

以往我国政府职能转变陷入尴尬的重要体制性原因之一，就在于各级政府干着类似的"事儿"，加之《中华人民共和国地方各级人民代表大会和地方各级人民政府组织法》关于地方政府职责的列举中又有兜底条款——"办理上级国家行政机关交办的其他事项"，从而成为政府职能缺位、越位、不到位以及权责不对等、条块矛盾等诸多问题的制度性基础。虽然"职责同构"起到了显著的积极效用，但应当承认，伴随着全面深化改革进程的推进，其积极效用正在逐渐削减、消极效用愈发显现。如何在既有框架内进行渐进式的调整、探索一种新的政府职责配置模式，成为摆在学界和政界面前的难题。权力清单和责任清单改革为应对这一问题提供了可能的现实途径。

　　权力清单厘清了政府及其部门的权力界限，清理了无法律法规依据和不符合全面深化改革要求的行政权力，明确了哪些事项政府必须为、哪些事权政府不能为，从而"将权力关进制度的笼子"，规范了行政权力运行、压缩了权力寻租空间；责任清单以细化政府部门职责、理清责任边界、健全权力监管制度为核心，以权力与责任一致为基本原则，建构起来权责明确、分工合理、运转高效的政府职责体系。换言之，关于权力清单和责任清单的改革，借助对各级政府及其部门权力和责任的清理，明晰了政府权力和责任的边界，推动了权力公开、强化了权力运行监督和制约，在"法无授权不可为"和"法定职责必须为"的基本框架下，为构建政府职责体系做了大量基础性工作。

　　结合实际来看，当前各级政府已经广泛地开展了制定权力清单和责任清单的改革，也取得了比较显著的成绩，但总体上仍然存在责任主体及职责边界不清晰、梳理口径及权限划分不一致、以任务为导向、清单制定与执行脱节等问题。因此，下一步应当从强化制度供给、有效精简职权、科学厘清职责边界等角度入手，合理界定不同层级政府职责，并与"合理确权"这项工作统合起来实现二者的相互辅助，最终形成符合中国国情和现代政府发展规律的政府职责体系（见图2）。

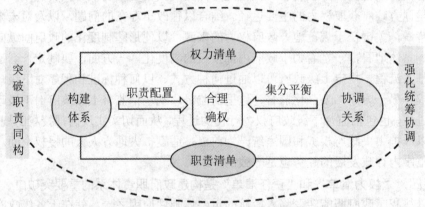

图2　关于构建政府职责体系和协调政府间纵向关系的逻辑框架

四、报告要点

　　本报告对 2014—2017 年政府职责体系和纵向府际关系的建设情况进行了初步梳理和归纳总结，并在此基础上，对构建政府职责体系、协调政府间纵向关系进行了展望与分析。本报告要点可总结为如下几点内容。

1. 关于政府职责体系的建构，是当前中国政府发展的重要工作之一。自从党的十七大报告提出"健全政府职责体系"开始，这一工作就成为引领我国各项改革的主线之一。改革早期是从横向职责体系建构入手，并于 2013 年以中国机构编制与管理研究会在郑州召开了首次明确以"政府职责体系"为主题的研讨会和《中共中央关于全面深化改革若干重大问题的决定》为标志进入了新时期。大略地看，2014 年到 2016 年是正面建构阶段，一方面，明确了中央和地方政府职责的差异并进行了差别化部署；另一方面，借助权力清单改革和责任清单改革，力图明晰政府权责边界。2017 年以来是全面推进阶段，尤其表现为关于"层级差异"的理念有了新的突破，以及为有限度地突破"职责同构"拓展了制度空间。

2. 总体上看，学界对于政府职责体系的研究还比较欠缺，文献数量和质量还有待进一步提升。当前研究重点关注政府职责体系建构的宏观解读、案例分析和国外经验引介等，但就改革的具体步骤以及其中大量细节性问题，尚需进一步探索。与此同时，还应当将机构改革、权责配置模式、府际关系协调、财税体制改革等诸多问题纳入政府职责体系建构这一场域中进行通盘思考。

3. 在构建政府职责体系和协调政府间纵向关系的工作中，应当强化统筹协同，处理好多元主体之间的关系，从而不断积累改革的有利元素。例如，突出党的全面领导地位、明确党在各项事务中的统筹功能，强化党的组织在同级组织中的领导地位；强化省市县、党政群等多元结构之间的统筹协同，以便有效实现互动合作；尽量遵循一类事项由一个部门统筹、一件事情原则上由一个部门负责的原则，强化职责间协同，有效提升治理绩效等。

4. 下一步改革应当跳出关于集权和分权的二元对立思维，在民主和法治的框架下，以"确权"的方式，将改革的着力点从以中央对于权力的收放为重点，转移到借助明确细致的法律法规确定权力来源、权力主体及其责任上来，从而塑造一种制度化、规范化的政府间纵向关系结构；在具体操作上，可以以深化权力清单和责任清单制度改革为突破口，借助对各级政府及其部门权力和责任的清理，进一步明晰政府权责边界，强化权力运行监督和制约，为构建政府职责体系和协调政府间纵向关系奠定扎实的基础。

作者单位：上海师范大学哲学与法政学院

行政区划调整研究报告

赵聚军

改革开放以来，随着中国城镇化进程的快速推进，特别是大都市区化进程的加速，以及交通通信水平和政府管理水平的不断提升，随之而来的是行政区划调整等治理结构调整也日益频繁。尤其是近年来，伴随着我国经济社会的快速发展、城镇化进程的持续推进和城市规划建设管理水平的不断提升，以撤县（市）设区为主要内容的大、中型城市行政区划调整已经成为我国县以上行政区划调整的主要类型。

一、城镇化与行政区划的双向互动：现阶段我国行政区划调整的基本线索

目前，中国正在经历人类有史以来最大规模的城镇化进程，这必将对社会经济结构和政府结构体系产生深刻而全面的影响。行政区划作为地方行政体制的基础，必然会受到城镇化进程的影响。与此同时，科学合理的行政区划设置亦是城镇化战略顺利、健康推进的重要保障。一方面，城镇化进程的加速，促使大量的农村人口转移到城镇从事非农业生产，城市人口不断增长，城市规模不断扩大，对城市的可持续发展提出了挑战；另一方面，面对近年来城市人口不断扩张，建设用地减少等压力，各地纷纷利用行政区划手段来破解城市发展困境，以实现优化城市空间结构、增加城市建设用地面积等基本目标。虽然近年来的县级政权行政区划调整热潮主要得益于城镇化的快速推进，但仍然存在一些比较突出和普遍的问题。

（一）"假性城镇化"现象比较突出

在现阶段的实践中，主要通过两种形式增设市辖区：一是"切块设区"，即从相关县或县级市中划出部分区域设置为市辖区，近年来，也出现了少量将一个市辖

区拆分为多个市辖区的案例；二是整建制改区，即将相关县或县级市整体改设为市辖区。由于"切块设区"往往会将相关县或县级市辖域内经济较为发达的区域划走，多数情况下会受到相关县或县级市比较强烈的抵制，改革阻力很大，因此，近年来新设立的市辖区主要是通过整建制撤县（市）设区的形式完成的。除了少数县域经济发达、城镇化水平高的东部地区，整县（市）改区存在的一个普遍性政策溢出效应，就是很多新设置的市辖区无论是产业结构、基础设施建设，还是政府管理形式，都具有浓厚的县域色彩，与市辖区的建制性质名不副实。[1]特别是那些新设置在中西部地区的中小城市、远离中心城区的市辖区，由于地理位置偏僻、人口集聚不足，市政基础设施建设水平更是与中心城区存在巨大鸿沟。与此同时，由于第一产业在此类市辖区的产业结构中还占据着一定的比重，大量农村人口也还未能完全转向非农产业，都使得其政府管理普遍具有明显的"农政"色彩，"市政"色彩则明显不足，"假性城镇化"现象比较突出。

（二）因撤县（市）设区引发的市、县矛盾

改革开放以来，我国纵向间政府关系的一个重要变化，就是地方自主性和权利主体意识的增强，这也导致上下级政府间的博弈态势明显增强，下级政府的话语权得到强化。如前所述，近年来新设立的市辖区主要是通过整县（市）改区的模式设置的，但这一模式同样可能带来市县之间的利益冲突。对上级市而言，撤县（市）设区显然有利于拓展城市发展空间，短期内迅速提升主要经济指标。特别是，考虑到由原来的县（市）改制而来的市辖区往往拥有比较广阔的辖域，改区后不仅大大增加了城市发展空间和潜在的土地财政收入，而且也为域内公务员的交流晋升提供了更为顺畅的渠道和更宽广的平台，因此，市级政府对撤县（市）改区多持积极态度[2]。但对于县（市）而言，改区则是诱导性因素与约束性因素并存，因此，现实中县级政府的态度主要取决于自身能够得到多少优惠条件：当上级市为省会或副省级及以上城市时，改区不仅有利于分享中心城市的经济发展成果，还有可能提高各级官员的行政级别，因此，县级政府通常持积极态度；如果上级市只是一个经济实力一般的普通地级市，改区不会产生前述的一系列政策利好，反而使得县级政府的行政权力、财权等各方面更多地受制于上级市政府的限制。[3]虽然在我国的制度环境下，上下级政府的博弈是很不对称的，下级政府通常处于下风，但这并不意味着县级政府对改区行为只能是无条件地接受。现实中因撤县（市）设区引发的市、县博弈乃至对立案例虽不多见，但却也会不定期地出现，最近的案例如南平市与所辖

---

[1] 魏后凯，白联磊. 中国城市市辖区设置和发展评价研究[J]. 开发研究，2015(01)：1-7.

[2] 江勇，杨晓光，胡庆钢. 基于新型城镇化视角的大城市市辖区城镇化优化策略研究[J]. 上海城市规划，2014(06)：110-116.

[3] 洪振华. 市辖区行政管理体制的问题及对策[J]. 中国党政干部论坛，2008(08)：31-32.

县级市武夷山市之间因撤市改区引发的博弈，最终因武夷山市的强烈抵制而未能实施。

（三）政策因素对市辖区调整的影响仍然比较突出

在近年来的行政区划调整中，城镇化和经济发展水平、政府管理的现实需要等基础性因素，在一些情况下依然需要让位于行政级别等因素。长期以来，根深蒂固的"官本位"意识以及由其引发的对行政级别的极端强调，一直是影响行政区划改革顺利实施的主要干扰因素之一。反映在市辖区调整中：一方面，20 世纪 90 年代以来由于市管县体制的普遍推行而大量出现的"单区市"现象依然在不断重演，截至 2016 年底，全国共有 80 个单区市，占设区市总数的 27%，是地级市中数量最多、比重最大的类型；另一方面，与之形成鲜明对比的是，部分地区，特别是东部沿海地区的一些县级市，无论是从经济发展水平、公共服务和基础设施状况，还是从人口规模和城乡人口结构等方面考察，都已经具有了设立市辖区的基础和现实需求，但由于实践中默认只有地级市及其以上的城市才可以设置市辖区，因此，只能采取设立各类功能区等打擦边球的措施，以应对日益繁重的城市管理任务对行政分治的需求。

二、2017 年行政区划改革的具体实践

从民政部全国行政区划信息查询平台发布的信息来看，2017 年县级以上行政区划调整相较于过去几年，既有相同之处，也出现了一些明显的变化。

（一）撤县（市）设区依然是调整的主导类型

改革开放以来，随着经济日益繁荣和人口增长，很多大中城市的市辖区在住房、交通等各方面的负担不断加重，老城区面临着寻求突围的迫切要求。同时，随着经济的发展，一些地区的产业结构也发生了变化，原有的行政区域规划不能适应这种变化，必然导致地方政府采取措施打破原有的行政区域规划。撤县（市）设区等行政区划调整正是试图通过行政措施跨越基础设施的门槛，统筹城乡发展，减少协调成本，优化资源调配，提升经济发展速度。反映在实践层面，梳理近年来的行政区划调整，可以发现县级以上行政区划调整主要是在城镇化进程快速推进背景下，为适应区域社会经济发展所进行的调整。具体来看，在 2012—2016 年的县级及以上行政区划调整中，仅撤县（市）设区这一种类型的占比就分别达到了 35%、42%、67%、57% 和 58%。在 2017 年县级以上行政区划调整中，撤县（市）设区所占的比重依然占据了 50%。按照时间序列，2017 年撤县（市）设区类型的区划调整可参见表 1。

表 1　2017 年撤县（市）设区类型的行政区划调整

时间	文件名称	具体内容
7 月 18 日	国务院关于同意浙江省调整杭州市部分行政区划的批复	撤销县级临安市，设立杭州市临安区，以原临安市的行政区域为临安区的行政区域，临安区人民政府驻锦城街道衣锦街 398 号
7 月 18 日	国务院关于同意福建省调整福州市部分行政区划的批复	撤销县级长乐市，设立福州市长乐区，以原长乐市的行政区域为长乐区的行政区域，长乐区人民政府驻吴航街道解放路 27 号
7 月 18 日	国务院关于同意江西省调整九江市部分行政区划的批复	撤销九江县，设立九江市柴桑区，以原九江县的行政区域为柴桑区的行政区域，柴桑区人民政府驻沙河街镇庐山北路 168 号
7 月 18 日	国务院关于同意山东省调整青岛市部分行政区划的批复	撤销县级即墨市，设立青岛市即墨区，以原即墨市的行政区域为即墨区的行政区域，即墨区人民政府驻通济街道振华街 140 号
7 月 18 日	国务院关于同意四川省调整德阳市部分行政区划的批复	撤销罗江县，设立德阳市罗江区，以原罗江县的行政区域为罗江区的行政区域，罗江区人民政府驻万安镇景乐北路 88 号
7 月 18 日	国务院关于同意西藏自治区调整拉萨市部分行政区划的批复	撤销达孜县，设立拉萨市达孜区，以原达孜县的行政区域为达孜区的行政区域，达孜区人民政府驻德庆镇德庆中路 21 号
7 月 18 日	国务院关于同意陕西省调整汉中市部分行政区划的批复	撤销南郑县，设立汉中市南郑区，以原南郑县的行政区域为南郑区的行政区域，南郑区人民政府驻汉山街道西大街 24 号
7 月 18 日	国务院关于同意西藏自治区撤销那曲地区设立地级那曲市的批复	撤销那曲地区和那曲县，设立地级那曲市，市人民政府驻新设立的色尼区浙江西路 3 号。那曲市设立色尼区，以原那曲县的行政区域为色尼区的行政区域，区人民政府驻那曲镇文化西路 26 号

资料来源：根据民政部《中华人民共和国 2017 年县级以上行政区划变更情况》（http://www.xzqh.org.cn/index.php/article-detail-id-9223.html）的相关数据整理。

（二）撤县设市有所增加

县级市是我国城市政区建制体系的重要组成部分，也是我国城镇体系的关键支撑。20 世纪 90 年代，县级市设置"虚热"导致了假性城镇化、耕地资源流失等一系列问题，我国不得不在 1997 年中止县级市审批工作。直到十八大报告提出"优化行政层级和行政区划设置"，重启县级市设置才被重新明确。之后，十八届三中全会指出"完善设市标准，对具备行政区划调整条件的县可有序改市"；2014 年《新型城镇化规划》提出"完善设市标准，严格审批程序，对具备行政区划调整条件的县可有序改市"；2016 年《国务院关于深入推进新型城镇化建设的若干意见》再次强调，"完善设市标准和市辖区设置标准，规范审核审批程序，加快启动相关工作，将具备条件的县和特大镇有序设置为市"；2017 年两会政府工作报告更是明确将"支持中小城市和特色小城镇发展，推动一批具备条件的县和特大镇有序设市"作为年度重点工作任务。实践层面，2012—2016 年的五年间，全国共设置县级市 12 个，虽然每年平均设置的县级市数量近 2.4 个，较之前的五年已经有明显的增加。仅在 2017 年，全国共批准撤县设市就达到了 6 件，明显增加。按照时间序列，2017 年撤县设市类型的行政区划调整可参见表 2。

表 2　2017 年撤县设市类型的行政区划调整

时间	文件名称	具体内容
4 月 9 日	民政部关于同意河北省撤销平泉县设立县级平泉市的批复	撤销平泉县，设立县级平泉市，以原平泉县的行政区域为平泉市的行政区域。平泉市由河北省直辖，承德市代管
4 月 9 日	民政部关于同意浙江省撤销玉环县设立县级玉环市的批复	撤销玉环县，设立县级玉环市，以原玉环县的行政区域为玉环市的行政区域。玉环市由浙江省直辖，台州市代管
4 月 9 日	民政部关于同意陕西省撤销神木县设立县级神木市的批复	撤销神木县，设立县级神木市，以原神木县的行政区域为神木市的行政区域。神木市由陕西省直辖，榆林市代管
4 月 9 日	民政部关于同意四川省撤销隆昌县设立县级隆昌市的批复	撤销隆昌县，设立县级隆昌市，以原隆昌县的行政区域为隆昌市的行政区域。隆昌市由四川省直辖，内江市代管
4 月 9 日	民政部关于同意湖南省撤销宁乡县设立县级宁乡市的批复	撤销宁乡县，设立县级宁乡市，以原宁乡县的行政区域为宁乡市的行政区域。宁乡市由湖南省直辖，长沙市代管
4 月 9 日	民政部关于同意贵州省撤销盘县设立县级盘州市的批复	撤销盘县，设立县级盘州市，以原盘县的行政区域为盘州市的行政区域。盘州市由贵州省直辖，六盘水市代管

资料来源：根据民政部《中华人民共和国 2017 年县级以上行政区划变更情况》（http://www.xzqh.org.cn/index.php/article-detail-id-9223.html）的相关数据整理。

需要注意的是，虽然当前众多省份的大批县级市设置申请已经是蓄势待发，犹如"一口不断升温的高压锅"，但当前县级市的内涵逻辑以及发展环境等已发生深刻转变，尤其是县级市的空间布局特征正在发生明显变化。一方面，设置重心由东部沿海转向内陆地区。20 世纪 80—90 年代，撤县设市改革主要在东部地区展开。1997 年，我国 442 个县级市主要分布在胡焕庸线以东，东部地区以 30% 的国土面积集中了全国 75%的县级市。至 2016 年，东西部县级市数量比例变为 73：27，虽然总体格局变化不大，但新设的 25 个县级市中位于西部的有 20 个，占比 80%。显然，西部成为这一时期设市工作的重点地区。在 2017 年，这一基本趋势依然没有改变，新批准设置的 6 个县级市中，有 4 个位于中西部地区。另一方面，设置策略由适应性调适转向战略性引导。以往设市是县域城市化发展到较高水平后对其行政建制进行的适应性调适，而冻结以来的设市工作更加注重县域的发展潜力，尤其是对国家战略的支撑作用，与国家新型城镇化的总体布局相呼应，通过设市释放改革的乘数效应。

（三）县级以上行政区划调整的总体数量下降明显

与过去几年相比，2017 年县级以上行政区划调整出现的一个最明显变化，就是整体数量的明显下降（见图 1）。第一，具体来看，2017 年批准的撤县设区类型的行政区划调整仅有 8 件，而 2014 年、2015 年、2016 年批准的数量都在 30 件左右；第二，2017 年没有批准市辖区合并整合类型的行政区划调整，而 2013—2016 年的四年里每年均批准了 10 件左右；第三，2017 年批准的诸如地改市、地方行政建制中心迁移、地名更改、地级市辖区变化等其他类型的行政区划调整，也比较少，仅 2 件，分别为《国务院关于同意西藏自治区撤销那曲地区设立地级那曲市的批复》[①] 和《国务院关于同意山西省人民政府驻地迁移的批复》[②]。

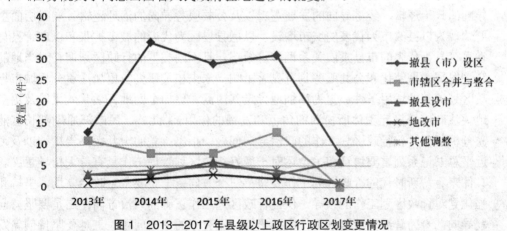

图 1 2013—2017 年县级以上政区行政区划变更情况

资料来源：根据民政部全国行政区划信息查询平台（http://xzqh.mca.gov.cn/map）的相关数据整理。

---

① 批复的主要内容包括：撤销那曲地区和那曲县，设立地级那曲市。那曲市设立色尼区，以原那曲县的行政区域为色尼区的行政区域。那曲市辖原那曲地区的聂荣县、安多县、巴青县、索县、比如县、嘉黎县、尼玛县、班戈县、申扎县、双湖县和新设立的色尼区。

② 批复的主要内容包括：同意山西省人民政府驻地由太原市杏花岭区府东街 101 号迁至太原市小店区长风街 30 号。

三、2017 年行政区划研究现状综述

总体来看，2017 年的相关研究依然主要围绕城镇化背景下的行政区划调整实践、行政区划与社会经济发展、行政区划理论与实践等几个线索展开，学术研究服务于社会实践的倾向十分突出。具体来看，已有研究中既包括诸如行政区划理论研究、城镇化与行政区划调整的互动关系、行政区划与区域协同治理与发展等主要从宏观层面探讨行政区划问题的成果，也包括县级行政区行政区划调整的动因及成效、基层行政区划调整与政权建设等主要从中、微观层面探讨行政区划改革问题的成果。此外，还有部分学者从政治、社会风险、社会舆情问题等层面，探讨了行政区划调整的政策外溢效应。基于上述认识，本部分将相关研究分为 6 个板块，并分别梳理、列举了一些代表性的成果。

（一）行政区划理论研究

梳理 2017 年有关行政区划理论的相关研究，主要涉及两个方面，即行政区划调整的政策导向和行政区划在现代国家治理体系中的定位。关于行政区划调整的政策导向问题，叶林和杨宇泽分析指出：中国城市行政区划调整具有三大逻辑，即权力导向的政治逻辑、经济导向的发展逻辑以及公共服务导向的治理逻辑。实践层面主要体现为以县改市为代表的城市增设、以撤县设区为代表的城市扩张和以市管县与省直管县为代表的市县隶属关系调整等策略，且不同类型的行政区划调整对当地的经济发展、城镇化和公共服务具有显著影响。未来相关研究应更加注重分析城市行政区划调整的适用条件、更为精细地界定其内涵、更加全面地评估其效果以及更多地关注政府等多元主体所扮演的角色和发挥的作用。[①]此外，民政部原副部长宫蒲光分析了新时代行政区划工作的政治导向问题，指出：党的十九大报告精神以及习近平总书记系列重要讲话相关论述对于做好行政区划管理工作具有重大指导意义。具体来看，新时代的行政区划工作要坚持三个方向：一是要坚定政治立场，坚持和强化党对行政区划工作的领导，保证行政区划工作正确的政治方向；二是要坚持问题导向，着力解决行政区划工作中不平衡、不充分的突出问题；三是要坚持创新发展，进一步夯实行政区划工作基础。[②]

关于行政区划在构建现代国家治理体系中的定位问题，林拓和王世晨认为：近年来，我国行政区划变动比以往更大幅度地展开，表面上看似乎仍然是以撤县设市、撤县设区、城区重组等为主要形式，但实际上却在悄然进行着大规模的重构。根据

---

① 叶林，杨宇泽. 中国城市行政区划调整的三重逻辑：一个研究述评[J]. 公共行政评论，2017(04)：158-178，196.

② 宫蒲光. 贯彻落实党的十九大精神、做好新时代行政区划工作[J]. 中国民政，2017(24)：8-9.

全国范围的大样本分析与深度调研发现，当前全国行政区划重构正在经历着空间——体制的双重逻辑转变：空间维度从城市自发需求向全国战略布局引领的提升，体制维度从局部性变化向全面结构性优化的转型。十八大以来，致力于为国家治理现代化构建更完善的体制与空间基础，行政区划优化战略重要性不断提升，由此生成行政区划重构的新逻辑，开启了行政区划发展的新方向，这势必对我国的未来发展格局产生深远影响。为此，更需要从国家治理现代化的战略高度，推动行政区划优化设置向纵深发展。①此外，熊竞、胡德、何文举和陈美玲认为：基层政区作为国家政权的末梢和经济社会的直接管理单元，其已难以胜任通过行政逻辑下的区划调整来应对基层空间重组，特别是对于特大城市而言，基层空间的重组更是复杂而快速。无论是历史、理论还是实践，特大城市基层政区的改革都指向"治理区划"的新理念。基于上述判断，该论文从职能的重心变迁、空间的治理转向和实践的创新趋势等三个方面对"治理区划"这一新理念进行了构建。②

（二）城镇化与行政区划调整的互动关系

在本年度有关城镇化与行政区划调整联系的相关研究中，主要是从宏观层面探讨了城镇化与行政区划调整的互动关系。例如，范毅和冯奎认为：改革开放以来，行政区划调整使高等级城市可以利用行政手段调动和集聚更多的资源，获得优先发展机会。然而，这种做法的负面效应当前已逐步显现，表现为城镇空间过快扩张、中小城市发展活力受到抑制、不同层级城镇差距扩大等。因此，当前行政区划调整模式的制度红利已充分释放，制度运行成本增大，已具备行政区划调整政策改革的基本条件，亟须通过行政区划改革，减少行政等级对资源配置的影响，建立城乡要素的平等交换机制，推动城市发展转型和管理模式创新。③

朱建华、陈曦、戚伟和陈田选取了江苏省作为案例，利用行政区划调整数据、历年的城镇化数据以及"四普""五普""六普"各县市区的城镇人口数据，详细分析了江苏行政区划的时空格局演变及特征，探索了行政区划调整对城镇化进程的效应及作用机制。研究结果显示：行政区划调整有利于城镇化水平的提高，县改市后城镇化率增长速度与没有调整的县相比每年高出 0.79 个百分点，县（市）改区后城镇化率增长速度与其他没有改区的县市相比每年高出 0.83 个百分点，并且县（市）改区令 8 个地级市的城市规模等级升格，说明行政区划调整具有显著的城镇化效应。④

孟延春和谷浩通过对 2000—2010 年间城镇人口数据的梳理，以县和县级市为研究单元，分析了 2000—2010 年间县（市）行政区划调整对我国及对东北、东部、中

① 林拓，王世晨. 国家治理现代化下的行政区划重构逻辑[J]. 社会科学，2017(07)：3-10.
② 熊竞，胡德，何文举，陈美玲. 国家治理现代化下的行政区划重构逻辑[J]. 城市发展研究，2017(12)：54-60.
③ 范毅，冯奎. 行政区划调整与城镇化发展[J]. 经济社会体制比较，2017(06)：66-73.
④ 朱建华，陈曦，戚伟，陈田. 行政区划调整的城镇化效应以江苏省为例[J]. 经济地理，2017(04)：76-83.

部和西部四大板块区域城镇化产生的影响。研究结果表明，县（市）行政区划调整对提升 2000—2010 年城市化率产生了重要影响，对全国城镇化率增长的贡献度达 52.82%；这种影响集中反映在直辖市、省会城市的撤县（市）设区和撤地（县）设市为主的两类行政区划调整上，同时，以上两种行政区划的调整时间主要集中在 2000—2004 年间。特别是东北地区哈尔滨市通过 2 次撤县（市）设区调整极大地影响了东北地区的城镇化增长率；东部地区的 3 个直辖市与省会城市的撤县（市）设区调整对城市化增长率产生了重要影响；中部地区城镇化受行政区划调整的影响不大；西部地区快速增长的城镇化率受以上两类行政区划调整的影响很大。①

（三）行政区划与区域协同治理与发展

行政区划与区域治理同区域发展的联系一直是相关研究的一个重要切入点。特别是，近年来随着京津冀协同发展和雄安新区建设成为国家战略，从区域协同治理与发展的视角探讨行政区划调整问题，更是成为相关研究的热点。梳理 2017 年的相关研究成果，可以发现学术界对于行政区划与区域协同治理与发展的研究主要存在以下两个切入点。

其一，是对行政区划与区域整体治理的分析。例如，吴金群和付如霞分析指出：在我国当前的区域治理中，出现了两种看似相反却又紧密相关的行政区划改革，一是通过县（市）改区，把原来独立性相对较强的县（市）整合到地级以上的城市当中；二是通过省管县改革，使市和县逐步脱钩成为分散独立的行政主体。文章认为，在整合与分散的博弈背后，蕴藏着效率与公平、集权与分权、政府与市场等多重价值的权衡。在实践中，这两种改革模式可以兼容共生。作为我国区域治理和行政区划改革的本质要求，市县协调发展旨在实现中心城市与周边县域在经济、社会等各领域的合作共赢与协同共生，其意味着大中城市的高度发达与周边县域的普遍繁荣交相辉映，城市效率的充分提高与县域公平的广泛关注互相平衡，城市治理的逐渐完善与县域社会的良性发展竞相促进。在市县协调发展和区域善治的框架下，通过大都市区战略（强市）和强县战略（活县）的协调并举，可以实现整合与分散这两种改革模式的兼容共生。②此外，陈小卉和钟睿指出：随着人口、资本的快速流动，城市群地区跨界协调已经成为区域治理的现实话题。由行政分割带来的交通设施、生态环境、邻避设施等的跨界矛盾日益凸显，阻碍着区域的整体发展，因而寻求行之有效的区域协调路径势在必行。两位学者基于江苏省若干跨界协调规划案例，在总结区域治理的相关理论研究和实践的基础上，提出了以跨界协调规划作为政府主导型的区域治理新路径，规划具有行动性、过程性、政策性以及有限目标等特征，

① 孟延春, 谷浩. 中国四大板块区域城镇化路径分析: 以县(市)行政区划调整为例[J]. 城市发展研究, 2017(10): 54-60.

② 吴金群, 付如霞. 整合与分散: 区域治理中的行政区划改革[J]. 经济社会体制比较, 2017(01): 145-154.

重点通过规划项目化运作来搭建横向对话平台，促进跨界项目的协调对接，实现区域的一体化发展。①

其二，是对行政区划对区域社会经济发展影响的分析。例如，罗玉波和张静通过整理 2000—2015 年山东省县级以上行政区划调整的面板数据，分析了行政区划调整对地区经济增长的影响。分析结果表明，区划调整对山东省的经济发展影响效果并不统计显著，这与采用传统的双重差分法分析得出的结论有所不同。②此外，陈刚和李潇利用 1997 年重庆市实施的行政区划调整作为一次自然实验，采用合成控制方法从劳动生产率视角再次检验行政区划调整对试点城市经济发展的影响。研究发现：行政区划调整对试点城市的劳动生产率提升有促进作用，平均劳动生产率高出潜在水平 22.48%。因此可以说，行政区划调整有利于试点城市形成政策和投资聚集洼地，改善经济发展的政策环境，吸引高质量、大规模外来资金。③再者，孟祥林从京津冀协同发展和雄安新区建设的背景出发，分析指出：雄安新区的设立进一步促进京津冀协同发展的同时，也为京津冀行政区划调整打开了新局面。为了从根本上解决京津冀发展的不协调问题，除了要将京津非核心职能向周边疏解，还要对京津冀的行政区划进行重新布局。在定州市和雄安新区从保定行政区划分离出来后，保定可以按照"一分为三"或者"一分为二"的方式进行区划布局，进而在冀中地区形成京津冀的城市化隆起带，带动冀北、冀东、冀南的行政区划调整，形成高效发展的城市团，最终使"空心拳头"的行政区划局面从根本上得以打破。④

（四）县级政区行政区划调整的动因及成效

从近年来行政区划调整的实践来看，围绕县级行政区进行的调整显然构成了县级以上行政区划调整的最主要类型。作为一个实践性很强的研究领域，围绕县级行政区区划整合的研究也成为近年来行政区划研究的最主要问题点。梳理 2017 年的相关研究，可以发现部分研究侧重于对撤县（市）设区的动因和政策效果进行综合考察，有的研究成果则侧重于考察区划调整对社会经济发展的影响。

关于县级政区行政区划整合的动因和政策效果，柳拯等结合重庆的案例分析指出：十八大以来，重庆市是全国撤县（县级市）改区数量最多的城市。调查研究重庆在新型城镇化过程中行政区划调整的实施效果，对于摸清中西部地区行政区划调整在经济社会和城镇化发展中的作用具有重要意义。重庆市撤县改区行政区划调整

① 陈小卉，钟睿. 跨界协调规划：区域治理的新探索——基于江苏的实证[J]. 城市规划，2017(09)：24-29，57.

② 罗玉波，张静. 山东省行政区划调整对地区经济增长的影响[J]. 青岛科技大学学报（社会科学版），2017(02)：36-40.

③ 陈刚，李潇. 行政区划调整与重庆市经济发展的再检验：基于劳动生产率视角的分析[J]. 中国经济问题，2017(04)：40-51.

④ 孟祥林. 雄安新区设立背景下京津冀行政区划调整问题分析——兼论"大保定"的发展困境与对策[J]. 保定学院学报，2017(04)：7-16.

实施效果，主要表现在发展战略转型和发展水平提升两个方面。在今后的工作中，一方面，从进一步做好行政区划工作方面看，要适应经济社会和城镇化发展新形势、新要求，既抓好顶层设计和法规建设，也抓好制度实施和政策落实，为科学、法治、规范调整优化行政区划设置提供保障；另一方面，要注重行政区划调整实效，通过创新工作体制机制，进一步细化、强化对行政区划调整实施的指导，更好地发挥行政区划调整对经济社会和城镇化发展的正向促进作用[①]。

刘志慧认为：改革开放以来，我国出现了大规模的撤县设区现象，呈现出数量上升、与经济发展水平相关、对城镇化的促进等特点。与此同时，也出现了假性城市化、缺乏指导标准、降低政府管理效率等问题，需要我们更加谨慎地对待撤县设区现象，采取科学、合理的手段和措施推进撤县设区工作[②]。赵彪、周成和庄良以县级行政区划为基本研究单元，定量分析了1985—2015年间中国县级行政区划的空间变动状况，发现在过去的30年间，县级政区变动经历了均衡设置阶段、县级市主导阶段和市辖区主导阶段；市辖区的变动轨迹呈现出"沿海"→"沿江"→"沿大城市群"变动的特征，县级市为"东中部"→"西部、沿边"的变动特征；新增的县级市和市辖区分布日益分散，向北和向西偏移的趋势明显；市辖区和县级市设置的变动方向呈现出明显的负相关关系，市辖区设置多为地理中心偏向，县级市设置多为省会偏向。[③]此外，范楠楠和虞阳指出：近年来，重启县级市设置纳入了全面深化改革与新型城镇化的战略部署，众多省份的大批县级市设置申请正蓄势待发，引发了社会的广泛关注。但不容忽视的是，自1997年以来，县级市设置审批基本冻结的20年来我国县级市的内涵逻辑乃至发展环境等已发生深刻转变；同时，县级市设置还面临着制度供给缺乏的束缚、府际多重博弈的制约、人口流动变化的挑战等深层难题。在新型城镇化的目标导向下，县级市的设置必须针对深层难题确立相应的治理策略，否则将严重影响设市的预期效果，甚至引发新风险。[④]

关于县级行政区划调整对社会经济发展的影响，宣卫红、戴军和苑惠丽通过对2012年和2013年南京市"撤县并区"前后两年的城镇空间作用力进行分析，发现尽管"撤县并区"前后人口和区域面积变化幅度低于5%，但是其城镇空间作用力增长幅度较大，达到11%—30%。同时，各区县生产总值（在地口径）有较大幅度提高。说明这次行政区划的调整，并未直接影响到空间资源的变化，但却能够统筹规划，优化产业结构，集中资源配置，对发展经济起到了助推作用[⑤]。叶初升和高

① 柳拯，汤恒，吴国生等. 新型城镇化过程中行政区划调整的实施效果——对重庆市撤县改区的调研报告[J]. 理论视野，2017(06)：74-78.
② 刘志慧. 撤县设区：现状·问题·对策[J]. 中共云南省委党校学报，2017(02)：164-168.
③ 赵彪，周成，庄良. 近年来中国县级行政区划空间变动研究[J]. 干旱区资源与环境，2017(09)：1-6.
④ 范楠楠，虞阳. 重启县级市设置：深层难题及其治理策略[J]. 社会科学，2017(07)：11-17.
⑤ 宣卫红，戴军，苑惠丽. 南京市"撤县并区"的城镇空间作用力分析[J]. 现代城市研究，2017(02)：125-128.

洁认为县改区政策本身在全国范围内产生了正的经济绩效，但不同地区的经济绩效高低不同，产生这一现象的原因与各地区的初始经济发展水平相关。从县改区执行过程中可以看到，存在不满足条件但仍然进行了撤县设区的地区，说明在执行前期即存在一定问题未得到重视。为此，应循序渐进有序进行县改区，因地制宜实施行政区划调整，严格执行政策，加强政策实施后的监管，充分利用工业带动作用，转换政府职能进一步放开市场管制。①此外，耿艳芳分析指出：1990年以来，撤市设区成为我国大城市旨在扩大城市发展空间、协调区域经济发展矛盾的重要行政区划手段。在市场经济活跃的我国东部地区，撤市设区对促进资源有效整合、转变区域发展模式、助推产业结构优化升级方面起到了重要作用，但同时也产生了一定的弊端。②

游士兵和祝培标基于1997—2014年长江流域192个县级市的统计年鉴数据，考察了"撤县设区"对社会经济发展的影响。研究结果显示："县改区"政策确实能够给县域经济注入活力，并且通过研究随着时间推移各大经济指标的变化规律，发现政策实施时间越早，对经济促进作用越明显。③韦欣分析了全国范围内县级区划改革对地区经济发展效率的影响，发现县级区划变更导致新企业进入数下降，并在一定程度上造成了"国进民退"的现象。因此，政府在进行县域区划调整时应充分考虑不同县区的异质性，避免贫富差异的加剧。④

此外，也有一些学者主要从国际比较的视角，探讨了县级行政区的行政区划整合问题。例如，刘天乔、饶映雪指出：县市是我国最基本的行政管理层次和经济单元。适度规模是县市政区调整的基本目标。与美国、法国、日本等发达国家相比，我国对县市的界定更加复杂，县市的行政管理职能较为完善，但城乡分类管理不明确，县级行政区级别较低，自主管理权限较弱，区划差异悬殊。因此，合理设置地方政府机构、调节县市管理幅度、完善区划法律体系、因地制宜缩小或扩大行政区规模、减少行政层级，是我国县市政区调整的合理路径。⑤

（五）基层行政区划调整与政权建设

关于基层行政区划调整与政权建设，部分学者从全国整体层面考察了近年来基层行政区划调整中存在的问题。例如，李金龙和闫倩倩分析指出：在当前新一轮乡镇行政区划调整过程中，部分地区过分注重高速度、高指标，存在行政区划调整标准超越当地经济社会发展状况、超越本地城镇化实际水平以及超越当前政府管理和服务能力等诸多激进迹象。因此，建议决策者调整思想上的"左"倾幼稚病，其中，

① 叶初升，高洁. 行政区划调整的经济绩效——来自县改区的证据[J]. 广西社会科学，2017（01）：61-68.
② 耿艳芳. "撤市设区"与经济关系的协调[J]. 经济研究导刊，2017（02）：31-33，47.
③ 游士兵，祝培标. 行政区划改革对地区经济发展影响的实证分析[J]. 统计与决策，2017（02）：79-83.
④ 韦欣. 行政区划调整政策对企业进入的影响[J]. 现代管理科学，2017（05）：76-78.
⑤ 刘天乔，饶映雪. 县市政区规模设置的国际经验及其借鉴[J]. 湖北社会科学，2017（06）：52-59.

国家长期实行赶超式的发展战略以及相应法律制度的缺失是导致其过激的主要原因。有必要从确立可持续的调整原则、践行实事求是的思想路线、设计调整的战略规划、加强法律制度建设和真诚邀请公众参与等方面，对当前乡镇行政区划调整中的激进现象予以逐步消弭。①此外，黄建红和颜佳华以长沙市望城区为例，进行乡镇行政区划调整历史梳理，发现乡镇政府自建立以来，也经历了中华人民共和国建立初期的"全能型管理"职能模式、改革开放时期的"偏重乡村发展"职能模式、市场经济时期的"乡村与城镇并重"职能模式及城乡一体化时期的"偏重城镇发展"职能模式等一系列职能转变。因维护基层社会政治稳定、促进农村经济向前发展的需要，乡镇行政区划调整与乡镇政府职能转变互动。这种互动逻辑对于我国当前和未来的乡镇行政管理体制改革具有重要的指导和启示作用。②

也有部分学者则主要对基层行政区划调整与政权建设问题进行了案例分析。例如，刘海燕、卢道典和宋国庆结合上海基层行政区划调整和政权建设的实践指出：目前，上海郊区乡镇行政区划体制及资源配置方式具有滞后性和不适应性，迫切需要调整和转型，包括撤乡设镇、撤镇（乡）设街、乡镇合并及逆向调整等多种形式，进而从乡镇行政区划体制上释放新的动力，达到优化上海大都市政区格局和功能体系建设的目的。③此外，顾皓、杨熙宇和冯波以洪泽县撤县设区后黄集街道为例，分析指出：大城市建成区外拓和行政区划重组，促进了城镇空间的优化，为融合地区小城镇发展提供了契机，但城镇发展问题也相伴而生。因此，鉴于大城市空间拓展和行政区划重组带来的城镇在区域定位的提高、城镇职能多元、物质空间演进和负外部性效应等方面的影响，应探讨积极城镇化的应对策略，并给出城镇职能适应区域形势、产业差异化协调创新发展、生态引领和关注公共健康的建议。④

（六）行政区划调整的政策溢出效益

有学者重点关注了行政区划调整可能引发的一系列政治和社会风险问题。例如，谢宝剑指出：行政区划调整作为一项国家制度性重大决策，是城市化进程进一步推进的必然结果，其在实施过程中也蕴藏一系列风险，对社会稳定和经济发展产生威胁。基于制度性风险理论分析我国行政区划调整可能引发的风险，主要表现在四个方面：在政治层面上，行政区层级变动和经济增长的目标导向会导致政府合法性危

---

①　李金龙，闫倩倩. 我国乡镇行政区划调整中的激进现象及其消弭[J]. 甘肃社会科学，2017（6）：52-59.

②　黄建红，颜佳华. 乡镇行政区划调整与政府职能转变的互动逻辑[J]. 中南大学学报（社会科学版），2017（04）：145-151.

③　刘海燕，卢道典，宋国庆. 上海大都市郊区乡镇发展分化与行政区划调整研究[J]. 小城镇建设，2017（06）：29-34.

④　顾皓，杨熙宇，冯波. 大城市空间拓展及行政区划重组对融合地区小城镇的影响——以洪泽撤县设区背景下的黄集街道为例[J]. 现代城市，2017（03）：4-9.

机；在社会层面上，易诱发失地农民生存风险和企业搬迁成本高等社会风险；在生态层面上，土地浪费和环境污染使得生态风险逐渐加重；在文化层面上，文化遗产的破坏和文化认同性危机使文化风险日渐凸显。要想保证行政区划调整顺利有效地实施，必须从提高政府合法性、建立社会风险评估制度、建立生态风险防控体制和完善文化保护与传承机制等四个方面防范制度调整引发的风险。①

有学者则重点关注了行政区划调整进程中的社会舆情变化问题。例如，章芹弟指出：近年来，我国行政区划调整越来越频繁，行政区划调整作为上层建筑的重要组成部分，不仅在经济社会发展中扮演着重要的角色，也为城市居民的生活带来巨大的改变。该论文以安徽省安庆市枞阳县划归为铜陵市为例，在分析事件的舆情关注焦点基础上，总结此次事件的舆情传播特点，重点探讨移动互联网、社交媒体等传播环境的变化对"枞阳入铜"事件的舆情传播影响。②

四、展望与分析

经过长期努力，特别是十八大以来，我国的社会面貌焕然一新，迈入了建设中国特色社会主义的新时代，社会主要矛盾随之转化为人民日益增长的美好生活需要和不平衡不充分的发展之间的矛盾。这种不平衡不充分的一个重要反映，就是各区域间长期积累的发展差距。因此，为了统筹区域发展，十九大报告提出"建立更加有效的区域协调发展新机制。以城市群为主体构建大中城市和小城镇协调发展的城镇格局"。在这一过程中，无论是从改革开放以来我国人口聚集的基本特点，还是在区域发展中的定位来看，大中城市无疑都是推动新型城镇化的关键。因此一定程度上可以说，优化区域中心城市的人口和空间规模，提升其辐射带动作用，已成为影响区域政策实施效果的关键因素。

反映在实践层面，近年来围绕大中城市空间规模所展开的撤县（市）设区和市辖区合并重组等调整形式，已成为县级以上行政区划调整的主导类型。相较于其他国家，尤其是西方国家，近年来我国市辖区行政区划调整在政策目标方面呈现出的一个基本特点，就是强烈的发展主义导向，希望通过调整集聚、优化资源配置，扩展和整合城市空间结构，推进区域城镇化进程和协同发展。当然，具体到撤县（市）设区和市辖区合并整合这两种类型的市辖区调整，在具体的策略目标方面也存在一定的差异。

---

① 谢宝剑. 城市化进程中行政区划调整的风险分析——基于制度性风险理论的视角[J]. 行政论坛，2017(03)：80-85.

② 章芹弟. 行政区划调整背后的舆情传播特点分析——以"安庆市枞阳县划归铜陵市"为例[J]. 新闻研究导刊，2017(22)：122.

（一）撤县（市）设区与城市最优空间规模

从发生的空间区域来看，我国近年来的撤县（市）设区行为基本发生于城乡接合部，主要目的是扩展城市的发展空间，推动城镇化进程，这与韩国广泛设立广域市存在一定的相似性。但需要明确的是，韩国的相关调整主要集中于发展空间不足问题比较突出的区域中心城市，而我国则是各类城市均有发生。韩国的行政区划调整之所以主要围绕中心城市展开，实际上涉及了城镇地区行政区划调整的一个核心问题，即城市发展的最优空间规模问题。实际上，空间规模对区域和中心城市发展的影响并不是简单的正相关关系，而是呈现出类似于大写英文字母"N"式的变化曲线：当城市的空间规模较小时，适度的空间扩张可以促进经济要素的聚集，从而发挥规模经济效益[①]；然而，城市空间规模的不断扩大又容易诱发其交通通勤成本过高、生产生活成本上升等一系列"城市病"，导致集聚经济在城市的空间规模达到一定程度后出现边际递减[②]；随着城市空间和人口规模继续扩张并在所处区域处于绝对优势和中心地位时，就会形成区域性的城市结构，进而由中心城市的单边发展转变为区域性整体提升，最终摆脱由集聚经济边际递减带来的"效率瓶颈"[③]。也就是说，撤县（市）设区对城市和区域协同发展的影响，一定程度上取决于城市规模是否已经达到最优。

从实践层面来看，随着近年来撤县（市）设区的大规模展开，许多城市纷纷出现了由于空间、人口过度扩张而引发的诸如交通拥堵、环境承载力失衡等"大城市病"。上述情况的出现，在一定程度上与部分城市正处于集聚经济边际递减带来的"效率瓶颈期"有关。因此，进一步适度地撤县（市）设区有可能助推其突破发展瓶颈，更好地发挥对周边区域的辐射带动作用。在我国近10年的撤县（市）设区调整中，直辖市、副省级市和其他省会城市调整的规模和强度均明显高于一般的地级市，是存在其合理性的。但是，对于那些本身的空间和人口规模较小、对周边区域发展的辐射带动作用有限的中小城市来说，撤县（市）设区行为能否实现预期目的，则有待进一步观察。

（二）市辖区合并重组与城市管理的整体性

从近年的实践来看，不同于撤县（市）设区主要发生于城乡接合部，市辖区合并整合主要发生在城市的连续建成区内。市辖区合并重组行为主要是希望通过做大做强中心城区市辖区的方式，完善城市功能分区和规划布局，推动城市发展。然而，从设置初衷来看，市辖区是在城市连续建成区的人口和空间规模超过一定限度、市级政府无法直接承担全部市域社会管理和公共服务职责时，才通过设置市辖区分担

---

① 董里，涂锦. 行政区划与区域经济增长关系的实证分析[J]. 理论与改革，2008（03）：145-147.

② 林家彬. 我国"城市病"的体制性成因与对策研究[J]. 城市规划学刊，2012（03）：16-22.

③ 皮亚彬，薄文广，何力武. 城市区位、城市规模与中国城市化路径[J]. 经济与管理研究，2014（03）：59-65.

市政府的部分职责。①市辖区设置之初突出的行政分治色彩，在较大程度上源于城市政府管理的整体性特点：相对于农村地区而言，城市的基本特点之一就是在相对有限的区域内高度集中了大量的人口和资源，从而为发挥基础设施和公共服务的规模经济效益创造了可能。而要发挥规模经济效益，基本的前提之一就是由市级政府对城市的发展和基础设施建设进行统一的整体性规划，因此，现实中诸如城市规划、轨道交通、水电煤气等基础设施，几乎全部由市级政府在全市中心城区范围内进行统筹安排。在这种情况下，现实中在"归口管理体制"下，真正能够由区里说了算的，只有那些在市里相对不够"重要"的事务。②在这一点上，区政府与政府职能配置相对完整的县政府，差别非常明显。

由此来看，近年来一些城市以做大做强中心城区市辖区为基本目标的市辖区合并重组行为，并不符合现代城市政府管理过程的普遍规律。长此以往，很有可能衍生出诸如市级政权权威下降、城市发展的整体性受到破坏、区际矛盾升级、街道和居委会的工作负担加剧等负面问题。③当然，对于那些主要通过整建制撤县（市）设区的形式设置的"郊区"类市辖区，设置的初衷不同于"传统"市辖区的分区而治，更多是为了扩展城市发展空间，推动城镇化进程。因此，"郊区"类市辖区政府施政中的"县政"色彩就具有了短期内的合理性，属于体制转型的过渡阶段。

（三）分类完善市辖区调整标准的具体路径

综合前文的分析可见，城市的类型和等级会对市辖区调整政策目标的实现产生明显的影响。因此，有必要在区分大城市和中小城市以及具体调整类型的前提下，对市辖区行政区划调整的应然导向进行分类考察。进一步展开来看，对于撤县（市）设区，应侧重从城市发展的最优规模、城市在区域发展中的定位等因素进行考察；对于城市连续建成区内的市辖区合并重组行为，则应侧重从城市政府管理的整体性特点、城市连续建成区的空间规模等因素进行考察（见图2）。

第一，继续推动大城市撤县（市）设区。在区域发展定位中，4个直辖市、15个副省级城市以及大部分的省会城市，无疑都是区域发展的中心，对周边区域的发展具有重要的辐射带动作用。目前，上述大中城市在现阶段的发展中普遍开始面临的一个问题，就是规模不经济现象开始凸显，涓滴效应逐步取代聚集效益④。从城市规模对城市发展影响的N型结构来看，推动大城市撤县（市）设区，在一定程度上有助于突破集聚经济边际递减带来的"效率瓶颈期"，助推城市发展的二次提升，更好地发挥对周边地区的辐射带动作用，最终推动区域的整体协调发展。当然，通过

---

① 赵聚军. 职能导向论：市辖区建制调整的逻辑导向研究[J]. 行政论坛, 2012(06)：36-40.

② 颜昌武. 我国市辖区政府间竞争：制度环境与策略选择[J]. 社会主义研究, 2008(05)：90-94.

③ 朱光磊, 王雪丽. 市辖区体制改革初探[J]. 南开学报(哲学社会科学版), 2013(04)：1-9.

④ 孙久文, 原倩. 京津冀协同发展战略的比较和演进重点[J]. 经济社会体制比较, 2014(05)：1-11.

撤县（市）设区等形式扩展城市发展空间，只能说是必要、而非充分条件。比如，实现大城市发展的二次提升也有赖于通过合理的城市规划布局，缓解交通通勤和生活成本过高等"大城市病"问题。而有效发挥大城市在区域发展中的辐射带动作用，则离不开必要的区域合作与协调机制。此外，撤县（市）设区能否达到推动大城市和所在区域整体协同发展的目标，也取决于撤并能否有效地降低行政壁垒、切实改善政府的施政效率。[①]

图 2　分城市、分类型的市辖区调整政策导向分析

注：这里所说的大城市指 4 个直辖市、15 个副省级城市，以及部分规模体量较大、对周边区域辐射能力较强的省会城市；中小城市是指除上述城市之外的一般地级市和部分规模较小、辐射力有限的省会城市。

　　第二，允许而非鼓励大城市中心城区的市辖区进行必要的合并重组。如前所述，从城市政府运行的整体性特点来看，作为城市内部的行政建制，设置市辖区的主要目的是为了分而治之，提高行政管理效率，这就导致市辖区政府工作的独立性相当有限。当前，通过合并重组等行政区划手段做大做强市辖区的各类做法，实际上已经严重违背了市、区关系的内在规律，成为发挥规模经济效益的障碍。为此，应从维护城市管理整体性和统一性的视角出发，从严控制中心城区市辖区的合并重组行为。然而在现实中，考虑到诸如北上广深等超大城市巨大的空间体量，由市政府直接领导多到 10 余个市辖区，确实又会面临管理幅度过宽的难题。因此，对于部分大

---

① 唐为，王媛. 行政区划调整与人口城市化：来自撤县设区的经验证据[J]. 经济研究，2015（09）：72-85.

城市、特别是 4 个直辖市和 15 个副省级城市，可以综合考虑城市政府管理的整体性规律和城市连续建成区面积、人口密度等因素，允许其对市辖区进行合并重组。

第三，适度控制中小城市撤县（市）设区。不同于大城市在区域发展中的中心地位，作为中小城市的一般地级市和少数省会城市对周边区域的带动辐射作用比较有限。但是，在近年来的撤县（市）设区浪潮中，中小城市也纷纷通过撤县（市）设区等形式，进行了大规模的空间扩张。正是由于自身的城镇化水平、区域辐射水平、发展前景等均无法与大城市相提并论，使得中小城市在撤县（市）设区后暴露出一些普遍性的问题：一是"假性城镇化"问题突出，以至于形成"区不像区、县不像县"的尴尬局面；二是一些地方政府以撤县（市）改区为机，盲目推进城市建设，致使大量耕地流失，土地的产出效应大大降低，城市化质量下降。[①]鉴于此，在今后的调整中，应以城市发展的合理空间规模为核心指标，综合考察经济发展和城镇化水平、区域经济发展的关联度等因素，严格审核中小城市的撤县（市）设区行为。

第四，严格控制中小城市的市辖区合并重组。与大城市相比，中小城市的连续建成区面积普遍较小，所辖市辖区数量多在 5 个以下，并不存在部分大城市由于所辖市辖区数量较多而面临的管理幅度过宽等问题。鉴于此，对于中小城市，应严格遵从城市政府管理的基本规律，从维护城市功能的整体性发出，适度遏制通过合并重组等形式做大做强市辖区的行政区划行为。

五、报告要点

报告对 2017 年度全国县级及其以上的行政区划调整情况和相关研究成果进行了归纳梳理，并在此基础上，对未来的改革和研究工作进行了展望。报告要点总结如下：

1. 城镇化与行政区划的双向互动关系构成了新时代我国行政区划调整的基本线索。一方面，城镇化进程的加速，促使大量的农村人口转移到城镇从事非农业生产，城市人口不断增长，城市规模不断扩大，对城市的可持续发展提出了挑战；另一方面，面对近年来城市人口不断扩张，建设用地减少，公共资源不足等压力，各地纷纷利用行政区划这一治理模式来破解城市发展困境，以实现优化城市空间结构的基本目标。虽然，近年来的县级政权行政区划调整热潮主要得益于城镇化的快速推进，但仍然存在一些比较突出和普遍的问题，主要表现为："假性城镇化"现象比较突出；因增设市辖区引发的市县矛盾较多；城镇化和经济发展水平、政府管理的现实需要等基础性因素，在一些情况下依然需要让位于行政级别等因素。

---

① 刘君德. 论中国建制市的多模式发展与渐进式转换战略[J]. 江汉论坛，2014(03)：5-12.

2. 2017年县级以上行政区划调整相较于过去几年，既有相同之处，但也出现了一些明显的变化。第一，撤县（市）设区依然是调整的主导类型；第二，撤县设市有所增加，当前县级市的内涵逻辑以及发展环境等已发生深刻转变，尤其是县级市的空间布局特征正在发生明显变化，设置重心由东部沿海转向内陆地区；第三，县级以上行政区划调整的总体数量下降明显。

3. 总体来看，在2017年的相关研究中，相关研究依然主要围绕城镇化背景下的行政区划调整实践、行政区划与社会经济发展、行政区划理论与实践等几个线索展开，学术研究服务于社会实践的色彩十分突出。具体来看，已有研究中既包括诸如行政区划理论研究、城镇化与行政区划调整的互动关系、行政区划与区域协同治理与发展等主要从宏观层面探讨行政区划问题的成果，也包括县级政区行政区划调整的动因及成效、基层行政区划调整与政权建设等主要从中、微观层面探讨行政区划改革问题的成果。此外，还有部分学者从政治、社会风险、社会舆情问题等层面，探讨了行政区划调整的政策外溢效应。

4. 近年来，围绕大中城市空间规模所展开的撤县（市）设区和市辖区合并重组等调整形式，已成为县级以上行政区划调整的主导类型。相较于其他国家，尤其是西方国家，近年来我国市辖区行政区划调整在政策目标方面呈现出的一个基本特点，就是强烈的发展主义导向，希望通过调整集聚、优化资源配置，扩展和整合城市空间结构，推进区域城镇化进程和协同发展。报告分析发现：城市的类型和等级会对市辖区调整政策目标的实现产生明显的影响。因此，有必要在区分大城市和中小城市以及具体调整类型的前提下，对市辖区行政区划调整的应然导向进行分类考察。进一步展开来看，对于撤县（市）设区，应侧重从城市发展的最优规模、城市在区域发展中的定位等因素进行考察；对于城市连续建成区内的市辖区合并重组行为，则应侧重从城市政府管理的整体性特点、城市连续建成区的空间规模等因素进行考察。具体的政策建议反映为四个方面：继续推动大城市撤县（市）设区、允许而非鼓励大城市中心城区的市辖区进行必要的合并重组、适度控制中小城市撤县（市）设区、严格控制中小城市的市辖区合并重组。

作者单位：南开大学周恩来政府管理学院

政府间对口支援工作研究报告

张传彬　许志华

对口支援工作是地方各级政府在中央政府规划统筹下，为了改善西部和不发达地区基础公共服务整体水平，提高西部和不发达地区的经济发展进程，而进行的相互之间结对协作的一系列活动的总和。它是一项长期性和持续性的政策选择。一方面，它有着丰富的内容，从教育到医疗，从基础设施建设到社会民生等都可以成为对口支援的作用领域；另一方面，它有着较广泛的影响力，全国各省、直辖市和自治区基本都参与了这一政策的实施。对于这样一个重大而影响深远的公共政策安排，我们有必要较深入和全面地对其发展现状进行很好的总结。

一、对口支援工作发展现状综述

对口支援制度实施至今已近40年，期间有几次重要的事件对其发展产生着深远的影响，详见表1。

表1　影响对口支援发展的标志性事件

时间	事件	意义
1979 年 4 月	召开全国边防工作会议	对口支援政策在国家层面首次正式提出，并确定了东部发达省份支援少数民族民族地区的结对关系
1984 年 10 月	《中华人民共和国民族区域自治法》开始实施	对口支援制度建设进入了国家基本法律层面，并成为民族区域自治法律制度的重要内容

续表

时间	事件	意义
1987年4月	党中央、国务院批转《中央统战部、国家民委关于我国民族工作几个重要问题的报告》	对口支援成为促进民族地区加快发展的一个重要途径，并且结对范围由省对省扩展为地市对地市，支援内容也由工业技术扩大至农业、科教文卫等领域
1992年3月	国务院办公厅发布《关于开展对三峡工程库区移民工作对口支援的通知》	对口支援政策得到第一次扩展，开始在重大工程项目中崭露头角
1995年9月	召开党的十四届五中全会，通过《中共中央关于制定国民经济和社会发展"九五"规划和2010年远景目标的建议》	对口支援成为缩小东西部差距的一项重要措施，并且其援助内容由初期资金、设备等物资援助扩展到以人才、技术等为主的智力援助。援助战略也由"输血型"向"造血型"转变，更加注重当地自我发展能力
2008年6月	汶川地震之后，国务院办公厅印发《汶川地震灾后恢复重建对口支援方案》	对口支援政策得到第二次扩展，其范围由初期常态事项扩展至重大灾害应对处理的非常态事项，成为一项灾后常态化政策
2010年3月	中央召开对口支援新疆工作会议	对口支援成为新疆实现全面建设小康社会的一大推力

　　今天的对口支援政策正是这些历史标志性事件积淀的结果。以对口支援新疆为例，在2010年中央召开对口支援新疆工作会议之前，新疆每年GDP的增长速率几乎都低于全国平均水平。会议召开以后，中央加大对口支援新疆的力度。随后，新疆每年GDP的增长率均高于全国平均水平，具体数据参见图1。一方面，这说明与对口支援有关的标志性事件会对中国社会的发展产生显著的阶段性影响，体现了我国社会主义制度的优越性；另一方面，这也意味着标志性事件是为了解决对口支援工作现阶段存在的问题而出现的，突出体现对口支援工作下一阶段的重点。

　　2018年3月30日，习近平总书记主持召开了中央政治局会议，听取脱贫攻坚工作汇报。会议指出，对口支援政策作为脱贫攻坚中的一大助力，在执行过程中不可避免地存在形式主义、官僚主义、资金管理不当等问题。针对政策执行过程中的这些顽疾，会上多次强调要建立最严格的考核评估制度。

　　一方面，这一次会议作为对口支援最新的标志性事件，主要反映了近年来对口支援工作日益突显的问题：对口支援工作在实际运行中的效果如何？支援地和受援地在其中受益如何？有哪些指标能够科学、准确的评价对口支援工作的效果？如何通过指数来比较支援地与支援地之间、受援地与受援地之间、支援地与受援地之间在对口支援工作中的优劣？这无论对于付出如此之多人力物力的支援地，还是受援地来说，都是一些亟须解决的现实公共管理重大问题。同时，对口支援作为缩小东西部地区发展差距的一项政策，是党中央实现 2020 年全面消除农村贫困并进一步加强区域协调发展的重要措施之一，直接影响着全面建成小康社会的目标。[①]因此，对口支援工作的评估指标体系建设不仅是贯彻落实党中央的思想决定的一项重要举措，更是为早日实现全面建成小康社会的目标提供了可能性。

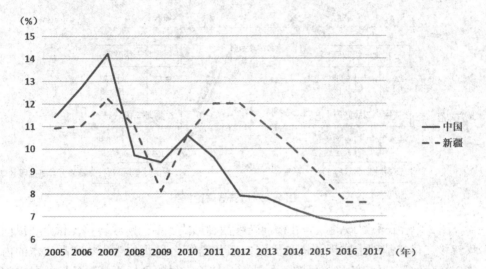

图 1　新疆和全国 GDP 增长率

资料来源：2005—2017 年《中国统计年鉴》和 2005—2017 年《新疆统计年鉴》。

　　另一方面，这一次的标志性事件也向社会传递出了一个信号：对口支援工作效果的评估将成为下一阶段对口支援工作的重点以及发展方向。这既在意料之外，也在情理之中。自我国对口支援工作开展以来，从未对其效果进行过系统的评估。无论是在学术研究领域还是现实工作中，都存在"重过程轻结果"的现象。分析原因无非两点：第一，此前对口支援工作缺乏评估所引起的问题并没有如此的突出，同时也从未像现如今一样得到中央的特别重视，这也从侧面反映出我国对口支援工作已经进入了一个以结果为导向的时期，重效果和产出，而不再是单以投入多少作为评价标准；第二，我国长期缺乏一套科学合理的对口支援评估指标体系作为对口支援效果评估的测量工具，在学术领域也缺乏系统的专项研究。可以说，对口支援工作评估指标体系构建成功与否，直接关系到我国对口支援工作的进一步发展，是一道必须跨过的坎。跨过了这道坎儿，将对解决现阶段对口支援工作存在的一系列突出问题具有重大

---

① 李小云. 东西部扶贫协作和对口支援的四维考量[J]. 改革，2017(08)：61-64.

意义，同时也将打开对口支援工作以及学术研究进入结果导向型领域的大门。

为了解决现阶段我国对口支援工作出现的缺乏评估指标体系的问题，这里结合横向财政均衡理论和府际关系理论来搭建对口支援工作评估指标体系的理论框架，具体如图 2 所示。

图 2　对口支援理论框架

图 2 中存在着财政的纵向和横向转移两种形式。横向财政转移支付是在纵向财政转移支付的基础上实现不同地区公共服务均等化和外溢性公共产品成本的内部化。[①]它是纵向财政转移支付的一种补充，转移支付的目标不是对各地的财政收入进行平均，而是要使居住在不同地区的居民都能享受到基本的公共服务。

如图 2 所示，地方政府根据对口支援工作中角色的不同，又分为支援地政府和受援地政府。在受援地政府的纵向层级之间，存在着财政纵向转移支付。既包括由基层到中央的财政上缴，也包括由中央到地方的财政拨款、上级政府给下级政府的拨款以及中央政府直接给基层受援地政府的拨款。这是中央在纵向层面为了协调各级政府在对口支援工作中资金短缺问题所进行的调控。但是中国纵向政府的财政能力本身也存在着财政不均衡的问题，参见图 3。

以 1978 年为例，中央政府财政收入仅占全部财政收入的 15.5%，但支出却占到全部财政支出的一半以上，财力困顿程度可见一斑。即使到了 1993 年，中央财政收入也仅占 22.02%，财政支出仍占 28.26%，如图 3 所示。这一年，支援地政府的横向财政转移支付就发挥了作用，其依靠当地发达的经济拥有远高于受援地政府的财政收入，并且每年会有大量的财政结余，这与受援地政府财政入不敷出形成了鲜明的对比。通过支援地政府将自身财政收入的一部分横向转移到受援地政府，不仅确保了受援地政府公共基础服务建设工作，使得对口支援工作得以有效开展，同时也

① 谷成，蒋守建. 我国横向转移支付依据、目标与路径选择[J]. 地方财政研究，2017(08)：4-8，26.

缓解了中央政府的财政压力，弥补了对口支援资金的缺口。

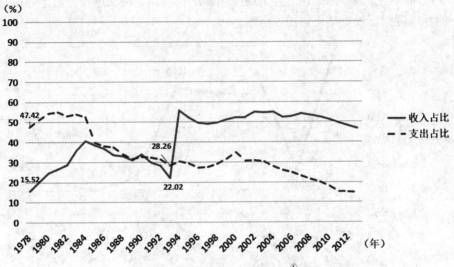

图3　中央财政占全国财政比重①

　　这里根据图2对口支援的理论框架以及对口支援的特点，构建出了九维度对口支援评估指标体系，具体如图4所示。九维度分别包括：经济发展、文化教育、基础设施建设、医疗卫生、社会民生、工程项目建设、生态环境建设、社会稳定以及人才智力。这九个维度囊括了对口支援工作的方方面面，充分体现了指标体系的全面性和系统性。

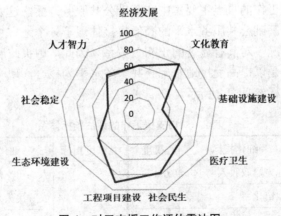

图4　对口支援工作评估雷达图

　　① 中国统计年鉴2013[M]. 北京：中国统计出版社，2013；关于2013年中央和地方预算执行情况与2014年中央和地方预算草案的报告[EB/OL].(2014-03-16). http://cpc.people.com.cn/n/2014/0316/c64387-24645798.html.

在九维度基础之上，通过文献法、相关的统计年鉴指标以及法律法规文件对每个维度进行评估指标细化，并采用德尔菲法和层次分析法进行定量定性研究，得到的九维度指标权重结果如图 5 所示。

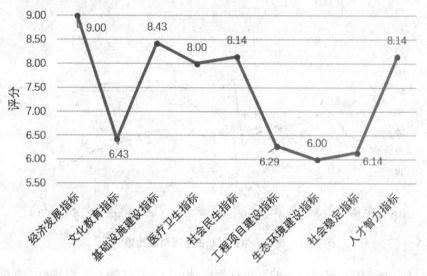

图 5　九维度指标评分情况

图 5 结果显示，经济发展指标在中国对口支援工作中的比重最大，达到 9 分（分值与重要性成正比），基础设施建设、医疗卫生服务、社会民生和人才智力也都在 8 分以上，而生态环境和社会稳定指标比重最小，分别为 6 分和 6.14 分。这表明当前中国对口支援工作的重点主要集中在基础公共服务方面，这方面工作受到了党中央的高度重视。基础公共服务水平的高低直接体现了一个地方整体的经济发展状况以及社会民生情况，对其有显著的正相关关系。因此，中央政府在制定对口支援工作规划时，必然是以提高受援地基础公共服务水平为核心，现实也正是如此。关于九维度的细化指标参见表 2 所示。

表 2　对口支援工作的评估指标体系

九维度指标	细化指标	权重	九维度指标	细化指标	权重
经济发展	地方财政收入	0.0383	社会民生	人均可支配收入	0.0326
	城镇化率	0.031		农牧民人均纯收入	0.0163
	支援省份援建资产总额占上年财政收入比重	0.0255		城乡劳动者就业率	0.0121
	人均 GDP 增长率	0.0168		城镇登记失业率	0.0075

续表

九维度指标	细化指标	权重	九维度指标	细化指标	权重
经济发展	GDP 增长率	0.0139	社会民生	恩格尔系数	0.0037
	GDP	0.0139		社保体系新增人数	0.0021
	受灾县市人均财政收入	0.0129		人口出生率	0.0013
	受灾县市人均财政支出	0.0121		人口死亡率	0.0003
	人均 GDP	0.0118	社会稳定	解决入学问题学生人数	0.0077
	特色产值增长率	0.0106		重新就业人数	0.0077
	第三产业值增长率	0.0106	生态环境建设	工业废水排放达标率	0.0049
	旅游产值增长率	0.0106		森林覆盖率	0.0011
	第二产业值增长率	0.0101		生活垃圾无害化处理率	0.0006
	固定资产投资	0.01	工程项目建设	新建工程项目投资总额	0.0133
	年均旅游人数	0.0055		每年引进投资项目数量	0.0058
	增加农业产值	0.0035	人才智力	移民劳务输出和合作人数	0.0181
	居民储蓄存款余额	0.0016		年均支援优秀教师人数	0.0136
	年末金融机构各项贷款余额	0.0009		就业培训人数	0.0123
文化教育	新建学校数量	0.04		选派医务人员人数	0.0113
基础设施建设	新建医疗机构数量	0.04		人才培训数量	0.0025
	每万人拥有公共交通车辆数	0.0169		受援高校干部到支援高校挂职锻炼人数	0.0024
	新建通信基础设施投资总额	0.0147	医疗卫生	医院新增床位数	0.0236
	公共服务设施援建项目数量	0.0121		人均财政预算卫生支出	0.0184
	基础设施援建项目数量	0.0107		新增医疗器械资产总额	0.0135
	新修公路长度	0.0091		推广新技术、新项目数量	0.004
	新建交通基础设施投资总额	0.0049		基本养老保险覆盖率	0.0028
	新建污水和垃圾处理厂数量	0.0048		新型农村合作医疗参合率	0.0016

　　从表 2 中所列指标可以看出，与基础公共服务建设有关的指标占到将近半数。这再一次凸显出我国现阶段对口支援工作的重点是基础公共服务建设。除此之外，由于对口支援的根本目的是促进当地社会经济发展，缩小东西部之间的差距，因此与经济发展有关的指标也是对口支援工作评估中非常重要的指标之一。

　　（1）对口支援受援地成效分析

　　对口支援政策实施40多年来，其效果逐步显现，无论是支援地还是受援地都受益匪浅。通过分析对口支援工作评估指标体系，可以对它们在对口支援工作中取得的成效做一个综合性排名。以2008年汶川地震中受灾较为严重的汶川县、青川县、什邡市和都江堰市为例，分析其在2008—2015年这7年间对口支援工作的成效。依据表3可得出四县市原始数据情况。

表 3　四川省受援地四县市原始数据

考核指标	权重	汶川县	青川县	什邡市	都江堰市
新建学校数量	0.04	—	—	—	8 所
地方财政收入	0.0383	4.0859 亿	1.5023 亿	15.7782 亿	22.9593 亿
城镇人均可支配收入	0.0326	25095 元	22714 元	29064 元	26307 元
城镇化率	0.031	44.82%	31.10%	49.10%	55.86%
医院新增床位数	0.0236	9 床	63 床	183 床	75 床
农牧民人均纯收入（农村人均可支配收入）	0.0163	10078 元	8730 元	12671 元	16506 元
GDP 增长率	0.0139	8.20%	8.30%	5.84%	8.64%
GDP	0.0139	55.67 亿	29.16 亿	233.82 亿	275.38 亿
就业培训人数	0.0123	2795 人	3500 人	—	2430 人次
受灾县市人均财政支出	0.0121	14328.3 元	7607.7 元	6308.3 元	6207.1 元
人均 GDP	0.0118	55670 元	12150 元	53141 元	44416 元
基础设施援建项目数量	0.0107	38 个	—	32 个	—
特色产值增长率	0.0106	10.20%			
第三产业值增长率	0.0106	7.90%	7.10%	8.0%	10.40%
旅游产值增长率	0.0106	22.5%	25.90%	30%	22.85%
第二产业值增长率	0.0101	8.40%	12.20%	8.8%	10.5%
固定资产投资	0.01	420337 万元	317906 万元	1513820 万元	1801383 万元
新修公路长度	0.0091	—	—	—	89.2km

续表

考核指标	权重	汶川县	青川县	什邡市	都江堰市
解决入学问题学生人数	0.0077	14602 人	24716 人	—	—
重新就业人数	0.0077	—	1509 人	5400 人	3966 人
城镇登记失业率	0.0075	4%	3.50%	3.50%	2.85%
每年引进投资项目数量	0.0058	—	—	22 个	287 个
年均旅游人数	0.0055	732.27 万人次	406.5 万人次	—	2145.9 万人次
工业废水排放达标率	0.0049	100%	—	—	—
新建交通基础设施投资总额	0.0049	22.56 亿	—	—	—
新建污水和垃圾处理厂数量	0.0048	0 个	2 个	—	—
推广新技术、新项目数量	0.004	31 个	97 个	380 个	
恩格尔系数	0.0037	—	40%	—	—
增加农业产值	0.0035	16037 万元	37516 万元	156331 万元	100910 万元
基本养老保险覆盖率	0.0028	25%	38.77%	—	93%
人才培训数量	0.0025	1740 人			
受援高校干部到支援高校挂职锻炼人数	0.0024	22 人			
社保体系新增人数	0.0021	3060 人			5754 人
新型农村合作医疗参合率	0.0016	99.90%	99.60%		
居民储蓄存款余额	0.0016	294586 万元	421642 万元	1601188 万元	3322325 万元
人口出生率	0.0013	—	0.86%		
森林覆盖率	0.0011	38.10%	71.90%	36.50%	—
年末金融机构各项贷款余额	0.0009	290512 万元	452312 万元	1261050 万元	2315318 万元
生活垃圾无害化处理率	0.0006	88.50%	—	—	—
人口死亡率	0.0003	—	0.63%	—	—

数据来源：《中国县域统计年鉴（2015）》、2015 年四川省受援地四县市《政府工作报告》。

考虑到表 3 数据并未涵盖所有考核指标，因此，需要对这些指标的权重进行重新归一化处理。同时，这些指标的原始数据都是不同量纲的，无法进行有效的比较和计算，也需要对其进行一定的操作 t 处理，将其化成无量纲的数值。具体的思路是：以汶川县的原始数据作为基准，赋予 100 分的基数值。其他三个县市的原始数据与汶川县的进行一一比较，判断出各自相应的分值，最终通过权重，得出综合得分，并进行排名，详见表 4。

表 4　四川省受援地四县市归一化、标准化数据

考核指标	权重	汶川县	青川县	什邡市	都江堰市
新建学校数量	0.1013	100	100	100	150
地方财政收入	0.0970	100	40	180	200
城镇人均可支配收入	0.0826	100	93	107	103
城镇化率	0.0785	100	80	108	113
医院新增床位数	0.0598	100	170	250	180
农牧民人均纯收入（农村人均可支配收入）	0.0413	100	87	126	165
GDP 增长率	0.0352	100	101	75	112
GDP	0.0352	100	60	190	200
就业培训人数	0.0312	100	130	0	92
受灾县市人均财政支出	0.0307	100	67	62	60
人均 GDP	0.0299	100	60	95	87
基础设施援建项目数量	0.0271	100	0	92	0
特色产值增长率	0.0269	100	0	0	0
第三产业值增长率	0.0269	100	93	102	132
旅游产值增长率	0.0269	100	114	126	107
第二产业值增长率	0.0256	100	123	107	118
固定资产投资	0.0253	100	87	160	180
新修公路长度	0.0231	100	100	100	130
解决入学问题学生人数	0.0195	100	140	0	0
重新就业人数	0.0195	100	140	200	180
城镇登记失业率	0.0190	100	92	92	85
每年引进投资项目数量	0.0147	100	100	130	160
年均旅游人数	0.0139	100	82	0	180
工业废水排放达标率	0.0124	100	0	0	0
新建交通基础设施投资总额	0.0124	100	0	0	0
新建污水和垃圾处理厂数量	0.0122	100	140	0	0
推广新技术、新项目数量	0.0101	100	140	200	0

续表

考核指标	权重	汶川县	青川县	什邡市	都江堰市
恩格尔系数	0.0094	100	140	0	0
增加农业产值	0.0089	100	133	200	170
基本养老保险覆盖率	0.0071	100	138	0	189
人才培训数量	0.0063	100	0	0	0
受援高校干部到支援高校挂职锻炼人数	0.0061	100	0	0	0
社保体系新增人数	0.0053	100	0	0	135
新型农村合作医疗参合率	0.0041	100	98	0	0
居民储蓄存款余额	0.0041	100	126	172	214
人口出生率	0.0033	100	114	100	100
森林覆盖率	0.0028	100	170	96	0
年末金融机构各项贷款余额	0.0023	100	130	170	210
生活垃圾无害化处理率	0.0015	100	0	0	0
人口死亡率	0.0008	100	111	0	0

　　将表4中的得分进行计算，即可得到2015年前述四县市对口支援工作的分数，进行相应扣减后，可以进行排名。其余省份受援县市计算过程与此类似，最终得出四川、新疆、西藏、青海省、甘肃、云南部分受援地县市的对口支援工作综合排名，如图6所示。

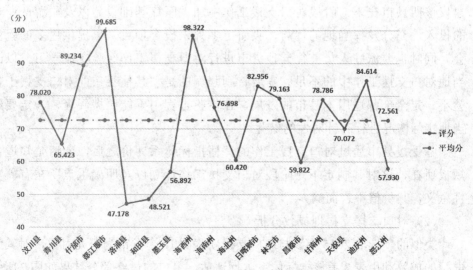

图6　受援地对口支援工作评分

　　图6的数据表明2015年以表4的指标为依据建立的对口支援工作评估体系中，各受援县市的综合排名情况。都江堰市、海西州以及什邡市取得的对口支援成效较其他受援县市好。三县市在 GDP、人均可支配收入、固定资产投资、交通基础设施建设、吸引外部投资以及医疗基础设施建设等核心指标方面投入的力度以及成果显著高于其他受援县市，这其中的工作经验值得其他受援县市借鉴。汶川县、海南州、日喀则市、林芝市、甘南州以及迪庆州在对口支援工作中取得的成效相差不大，而且都高于平均水平，但与都江堰市、海西州以及什邡市对口支援工作取得的成效有一定的差距。差距主要源于上述几个核心指标，建议该 6 县市可以派驻人员到都江堰市、海西州以及什邡市对口支援工作主管部门进行学习交流，以改善当地对口支援工作中存在的不足和弊端，提高对口支援工作的产出效益。青川县、洛浦县、和田县以及墨玉县在地方财政收入、GDP、人均可支配收入以及旅游业等方面较其他县市存在着明显的不足，应当总结反思工作中存在的问题，并且在下一阶段对口支援工作中加大对这些方面的投入力度。同时，要积极与其他县市进行对口支援工作经验交流，从管理制度、方式等多维度进行改良，以提高当地整体对口支援工作成效，造福百姓。海北州、昌都市、天祝县以及怒江州在地方财政收入、基础设施援建项目等方面取得的成效比较明显，但综合得分低于平均值。主要是由于人均可支配收入、人均 GDP、医疗基础设施建设、旅游产业、人才就业等方面存在短板。建议该四县市在下一阶段对口支援工作中加大医疗基础设施以及旅游产业开发的投入，充分发挥当地的优势，吸引更多外来投资项目，以提供更多的就业机会。同时也要派驻人员前往其他县市进行对口支援工作经验交流学习，以改善当地对口支援工作中的不足。需要特别强调的是，其他县市的对口支援工作经验不一定全部都适用本县市的发展，在借鉴过程中不能照搬硬套，一定要结合当地实际情况进行有针对性的借鉴。

　　各受援县市通过对口支援工作的评估指标体系评价之后，能清楚知道自身短板所在，这对其制定下一阶段对口支援工作计划以及明确重点所在有着实质性意义，其价值不言而喻。

　　（2）对口支援支援地成效分析

　　类似的，选取2015年参与对口支援新疆的10个省市为研究对象，对其工作取得的成效利用表3考核指标体系进行评估，得出的最终评分结果如图7所示。

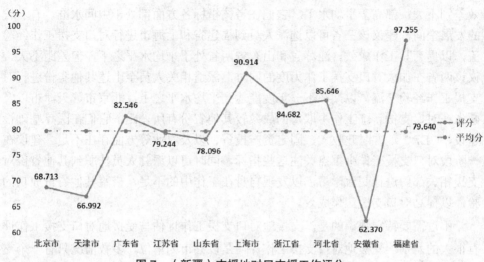

图 7　（新疆）支援地对口支援工作评分

从图 7 可知，在 2015 年对口支援新疆工作中，福建省、上海市取得的成效较其他省份好，为此，笔者对福建省和上海市各项指标评分占比进行了分析，得到表 5 数据。

表 5　福建省、上海市各项指标评分占比

考核指标	福建省	上海市	考核指标	福建省	上海市
地方财政收入	13.64%	12.52%	城镇人均可支配收入	9.09%	9.28%
农村人均可支配收入	5.45%	4.72%	GDP	5.53%	5.35%
人均 GDP	4.70%	3.62%	旅游产值增长率	3.34%	3.80%
固定资产投资	4.97%	3.71%	从新就业人数	1.21%	1.53%
城镇登记失业率	0.36%	0.43%	年均旅游人数	2.95%	1.64%
增加农业产值	1.27%	1.64%	基本养老保险覆盖率	0.36%	0.48%
人才培训数量	0.50%	0.57%	新型农村合作医疗参合率	0.43%	0.37%
其它指标	46.20%	50.34%			

从表 5 可知，福建省和上海市在地方财政收入、人均可支配收入、GDP、人均 GDP、旅游产业、固定资产投资以及农业产值等方面工作做得很好，在就业、医疗方面还有提升的空间。

根据图 7 的评分可知，广东省、浙江省以及河北省在对口支援工作中取得的成效差别不大，都高于平均水准。它们在考核指标各方面都处于中间水准，有着较大的发展空间，建议该三省可以选派人员到福建省和上海市进行对口支援工作经验交流，以提高其工作成效。江苏省和山东省两省处于平均水平之下，但差距不大，建议该两省在加大对口支援工作力度的同时，派遣相关人员至上述其他省份进行对口支援工作经验交流，以期在下一年度能达到平均水平之上。北京市、天津市以及安徽省在对口支援新疆工作中取得的成效较其他省份有所差距，它们在医疗基础设施建设、GDP、地方财政收入、固定资产投资、以及农业等方面存在不足。建议在下一阶段对口支援工作中重点关注这些指标，同时可以派驻人员挂职到其他省份对口支援相关部门进行交流学习，以发现自身在工作中的不足，借鉴其他省份成功的经验，以提高对口支援工作成效。

不过需要特别强调的是，支援地对口支援工作评估与受援地对口支援工作评估有很大的差别。受援地对口支援工作评估是以县市为单位，多数情况只有一个支援地与其结对。而支援地对口支援工作评估是以省市为单位，与其结对的受援地往往有多个，是要综合该省市参与的所有对口支援工作来评估的，即支援地对口支援工作评估指标体系中的指标是针对支援省份所援助的所有受援地总和而言的。比如，北京市参与了对口支援新疆和田地区和生产建设兵团十四师，同时还参与了汶川地震的对口支援工作。在对其进行对口支援工作评估时，就应当综合考虑这些地区的情况以及具体支援县市的所有数据情况。但是这样的工作量和所需要的数据比较庞大的。因此，这里仅以十省对口支援新疆的部分县市数据为例，结果仅供参考。其中一些数据可能会存在缺失或者相似数据替代的情况，这也是为了能够比较客观评价十省对口支援工作情况所采取的数据修正措施。如果使用者是政府部门人员，相应各个指标的数据获取是更加容易和全面的，由此得到的结果也会更有说服力。

总之，在使用对口支援工作评估指标体系时，考核指标数量越多，数据越完善，得出的结论也就越准确。上述两个实例仅供参考使用。

二、对口支援研究现状综述

对口支援工作是具有中国特色的府际关系现象，它集中体现了当代中国政府执政过程中的诸多问题，也是影响中国纵向和横向间政府关系的重要因素和重要载体。以对口支援为关键词，在CNKI中进行检索，可以得到2014年至今发表的文献数量如图8所示。

其研究方向主要集中在以下五个方面：

1. 背景与性质视角下的研究

关于对口支援的背景与性质，目前主要有以下三种观点。

第一种观点认为，对口支援实质上是一个中国特色的"控制性多层竞争"过程，即在上级主导下级之间进行多层级的横向竞争。[①]

第二种观点认为，对口支援是政府之间的礼物馈赠和交换行为。可将其界定为是一种"政府馈赠"，即两个行政层级不对等的地方政府在中央政府的主导下，借助于馈赠方式实现各类资源从经济发达地区向经济相对不发达地区流动的援助实践。[②]它在最初属于一种单向的"政治馈赠"，但在支援方与受援方的产业合作大量出现以后，就变成了双方的"礼物交换"。[③]

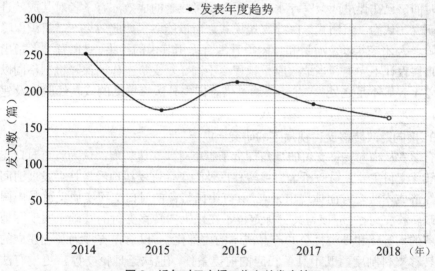

图 8　近年对口支援工作文献发表情况

数据来源：中国知网数据库。

第三种观点从制度经济学角度来解释，认为对口支援是我国特有的一种政府投资形式，是在党中央、国务院统一安排下，政府主导、社会参与的一种政府间、地区间合作模式[④]。

---

① 钟开斌. 控制性多层竞争：对口支援运作机理的一个解释框架[J]. 甘肃行政学院学报, 2018(01)：4-14, 126.

② 李瑞昌. 界定"中国特点的对口支援"：一种政治性馈赠解释[J]. 经济社会体制比较, 2015(04)：194-204.

③ 郑春勇. 对口支援中的"礼尚往来"现象及其风险研究[J]. 人文杂志, 2018(01)：122-128.

④ 丛威青. 务实推进新时期对口支援工作[J]. 中国党政干部论坛, 2017(11)：65-67.

2. 医疗对口支援新模式视角下的研究

医疗对口支援一直以来是对口支援工作中的一个重点，是中央政府非常关心的一个问题。关于医疗对口支援新模式的研究，目前主要集中在以下两个方面。

一方面，是以进一步提升县域医疗卫生水平为目标的"理事会制"管理模式。这种模式以政府为主导，实行多点执业与医保联动，既保障了专家依法执业，也确保了医保患者的合法权益。同时，该模式采取资源下沉与双向转诊的形式，为分级诊疗体系打下了基础。①

另一方面，2016 年，中央正式提出了医疗人才"组团式"对口支援。与传统的医疗对口支援模式：星火式、A-B-C 式以及桥梁式相比，它在支援力度、广度、深度及可持续性上更具有推广价值。②医疗人才"组团式"对口支援提出至今不过两年时间，已在促进西藏医疗水平方面取得了显著的成效。有学者对其成效进行了分析研究，认为"组团式"医疗支援模式之所以能取得如此效果，是组织保障、资金保障、人才培养以及质量和技术提升综合作用其中的结果。③也有学者指出其存在着顶层设计不完善、当地政府重视程度不同、对支援工作的保障机制不同以及成效参差不齐等不足之处，④并建议通过借鉴国内外医疗援助的成功经验以及建立标准化体系来完善医疗人才"组团式"对口支援模式。

3. 横向财政转移支付视角下的研究

有学者从横向转移支付的视角探析了省市对口支援制度，认为省市对口支援的横向转移支付主要从财政资金直接转移以及为了促进受援地经济社会发展而间接发生的经济成本两个方面体现出来。⑤具有中国特色的对口支援实质上就是中国的横向财政转移支付，⑥应该将其目标定位于在以纵向转移支付的基础上实现各地区公共服务的均等化和外溢性公共产品成本的内部化。⑦以对口支援为基础建立的横向财政转移支付制度，既不具备相应的前提条件，也缺乏理论支撑，更没有法律依据，不应继续扩大其实施的规模和范围。⑧

---

① 李洋，袁建峰，王森林，等. "理事会制"管理模式下支援县级医院的探讨[J]. 中国医院管理，2017(01)：71-72.

② 王晓霞，王晓婷，等. 医疗卫生援疆模式解读与对比分析[J]. 医院管理论坛，2016(05)：11-12，20.

③ 田昕，于亚滨. 医疗人才组团式援藏对口支援模式主要做法与成效分析[J]. 西藏研究，2017(04)：97-102.

④ 南向萍，张振海，赵沛，等. "组团式"医疗援疆标准体系建立的必要性探讨[J]. 中国医院管理，2018(04)：37-39.

⑤ 杨明洪，刘建霞. 横向转移支付视角下省市对口援藏制度探析[J]. 财经科学，2018(02)：113-124.

⑥ 杨明洪. 对口援藏的若干问题讨论与争鸣[J]. 华西边疆评论，2014(01)：239-251.

⑦ 谷成，蒋守建. 我国横向转移支付依据、目标与路径选择[J]. 地方财政研究，2017(08)：4-8，26.

⑧ 王玮. "对口支援"不宜制度化为横向财政转移支付[J]. 地方财政研究，2017(08)：20-26.

4. 扶贫视角下的研究

对口支援工作在东西部扶贫中具有不可替代的地位，同时也是全面建设小康社会的一大助力。因此，许多学者从扶贫视角对其进行了研究分析。

有学者对深度贫困地区脱贫路径进行了研究，认为深度贫困地区节余的增减挂钩指标在东西部扶贫协作和对口支援框架内跨省域的流转使用是解决深度贫困地区发展问题的重要措施。①中东部地区在扶贫对口支援过程中，需要加大支援的力度，而西部落后地区更要抓住这样的机遇，从生态、产业发展、教育、医疗、社会民生以及社会保障等多方面进行脱贫工作②。在对贫困地区进行扶贫对口支援的同时，也要进一步加大对职业教育的支持力度，提高贫困地区职业教育服务农业现代化能力，促使其成为脱贫工作的一大助力。③对口支援不仅仅是对贫困地区进行财力的支援，更重要的是带去先进的治理理念和方式。④因此，对口支援扶贫协作要更加注重产业带动，更加注重劳务对接，更加注重人才支持，为打赢脱贫攻坚战发挥更大的作用。⑤

5. 政策机制视角下的研究

虽然目前对口支援已经有两种较为成熟的"科层制机制"和市场机制，但在实际运作过程中，单一的机制都存在着缺陷，有必要进行对口支援机制的创新，以提高对口支援工作的效果，⑥将两者有机结合在一起是今后努力的方向。作为具有中国特色的帮扶政策，对口支援与对口帮扶、对口协作、对口合作组成的对口支援政策系列不仅建立了新型的央地关系，扩展了横向间的政治、经济联系，更是丰富了府际关系的内涵和形式。⑦对口支援政策的演进动力来源于实施对口支援获取的外部收益和节省的交易费用，其制度变迁兼具"自上而下"的强制性和"自下而上"的诱致性特征，同时它在运行方面具有目标偏好城镇、动力多元化、约束较多以及协调体系不够完善等特征。⑧在进行对口支援政策评价时，应坚持以下五个原则：价值目标原则、系统性原则、整体性原则、发展性原则和开放性原则。⑨关于对口

---

① 郑子敬. 深度贫困地区增减挂钩节余指标跨省交易的路径研究[J]. 中国土地，2017(12)：34-37.

② 刘海飞. 关于西北落后地区发展中存在的典型问题研究——以甘肃省为例[J]. 经济研究参考，2017(56)：54-58.

③ 张祺午，房巍，郝卓君. 十八大以来农村地区、民族地区、贫困地区职业教育发展报告[J]. 职业技术教育，2017(24)：60-67.

④ 冯朝睿. 构建反贫困的地方政府合作治理模式[J]. 经济研究参考，2017(30)：35-36.

⑤ 黄承伟. 东西部扶贫协作的实践与成效[J]. 改革，2017(08)：54-57.

⑥ 张文礼，王达梅. 科层制市场机制：对口支援机制的反思[J]. 西北师大学报(社会科学版)，2017(05)：67-73.

⑦ 杨龙，李培. 府际关系视角下的对口支援系列政策[J]. 理论探讨，2018(01)：148-156.

⑧ 王磊，黄云生. 对口支援政策的演进及运行特征研究——以对口支援西藏为例[J]. 西南民族大学学报(人文社科版)，2018(05)：26-33.

⑨ 吴开松，侯尤峰. 对口援藏政策属性与评价原则[J]. 学习与实践，2017(02)：38-41.

支援政策的这些研究对于改进现行对口支援模式都具有一定的参考意义。

三、对口支援工作的经验与展望

40 多年来对口支援对于区域发展和社会和谐所发挥的不可替代的作用主要表现在五个方面：

第一，对口支援充分显示了"集中力量办大事"施政思路的优势。这一工作能够在中国顺利开展，有赖于这样几个前提：需要中央政府有较强且行之有效的社会动员能力，可以在较短的时间内聚集起较多的社会资源和经济资源，从而集中解决某一时间内存在的突出问题，或用于建设某一重大项目。同时，也需要相对发达地区的政府有较强的资源汲取和分配能力。一般来说，对口支援的资金要列入本级政府预算，支援地没有较为充足的财政能力是不可能的。另外，这也适应了中央政府推出的适度梯度式发展战略的需要，可以充分利用有限的社会资源，在支援地和受援地都缺乏管理经验的情况下，在现有要素禀赋条件的基础上实现国家适度梯度发展战略，并在较短时间内在某些局部取得突破性进展。

第二，彰显了中华民族互帮互助的传统美德。对口支援工作对于支援地而言，是一种无偿性的行为。支援地政府并没有义务和责任用本地居民的税收去帮助受援地发展经济，即使是在中央政府强制性命令下使其不得不将对口支援纳入其日常工作范围，支援地也完全可以应付了事。但现实并非如此，支援地政府视对口支援工作为常态性事务，投入了大量的人、财、物在其中，帮助受援地改善当地的基础设施条件以快速提高经济发展水平。这是中华民族互帮互助这一传统道德美德的集中体现。

第三，增强了社会和政府的抗风险能力。在汶川地震重建中，多个受灾市县面临繁重的重建任务，资金缺口巨大，仅靠本省力量是远远不够的。此时启动对口支援计划，可以在最短时间内启动和完成重建工作，使灾害的负面影响尽可能降到最小。这实际上是一种政府组织弹性的集中体现，实现了将外部事件对某一区域压力的分散化，并逐步将其消化掉。

第四，弥补了财政收支的空间分布不均，在一定程度上可平衡区域间的基本公共服务供给，推动区域间的协调与可持续发展。由于中国区域间地理环境、经济基础和产业布局等诸多方面的差异，使得东西部之间存在着较大的经济落差。这必然导致西部地方政府的财政收入不足，从而造成经济建设资金不足和基本公共服务供给短缺。比如在西部大开发之前的 1999 年，西部 12 省对此的总收入仅为 1029.93亿元，基本建设支出占财政支出比重持续下滑，从 1989 至 1999 年这一比例仅为 8%

到9%之间。^①这样一种对西部贫困和民族地区的特别支援，多少可以缓解受援地政府的财政压力，提高其在基本公共服务方面的供给能力。

第五，促进了民族团结。中国的地理条件、资源分布和人口布局状况，使得区域发展与民族问题很容易纠结在一起，因此，对口支援制度肩负着推进区域协调发展和促进民族团结的双重任务。一方面，对口支援使得受援地的基础设施条件得到显著改善，为当地的后续发展提供了条件；将大量资金投入到教育和医疗等民生领域，使得当地居民所享受的基本公共服务条件得到改进。比如，2009 年卫生部就推动相对发达地区的900 个三级医院与受援地的2000 个县级医院建立了长期对口支援关系。^②另一方面，对口支援在项目导向下，鼓励国有企业到受援地开发投资，还选派国企骨干直接参与受援地企业的管理。对口支援制度下的企业行为，不但有利于援助方企业扩大市场，同时也更有利于受援地的经济发展和财政收入能力的提高。这对于增进民族间的感情交流，促进团结，自然都具有正面价值。

总之，中央政府于 1979 年第一次提出"对口支援"概念。40 年来，对口支援在协调区域间发展不平衡、应对各种重特大灾难中都发挥了巨大的作用。但是，对口支援存续的时间很短，还存在着诸多问题，其中最值得注意的是：中国对口支援工作长期以来一直缺乏一套科学合理的评估指标体系，以进行支援地与受援地对口支援工作的评估。本研究所构建的对口支援评估指标体系即是为解决此问题而产生的。展望未来，对口支援将会是我们长期坚持的一项重要工作。因此，关于对口支援工作效果的评估就显得尤为重要。主要体现在以下两方面。

第一，在理论方面。它能够纠正对口支援学术研究中重实施轻评估的现象，为今后对口支援政策效果的学术研究提供一套标准化程序指标。同时，它能填补已有的对口支援学术研究中这一块的空缺，补全对口支援工作由进口到出口的全流程性学术研究。这无论是对国内对口支援政策学术研究还是国外区域援助政策学术研究都是一个质的飞跃。也能为日后研究对口支援政策的学者以及不断发展和完善我国对口支援政策的研究提供更多具有科学参考价值的学术研究资料。

第二，在现实方面。它不仅能够检验历来各项对口支援工作的实质性效果，从中发现促进对口支援政策持续改进完善的内在动因。也能够作为当前对口支援工作效果的考核指标，及时发现对口支援工作存在的问题，并纠正进而保障对口支援工作能够持续有效的开展。更能够作为未来对口支援工作规划的一个重要预测工具，为政府制定具体的实施方案提供参考依据。

简言之，充分利用和挖掘对口支援工作评估指标体系，是推动我国对口支援工

---

① 李含琳，魏奋子，李印峰，等. 中国西部财政供养人口适度比例问题研究[J]. 甘肃理论学刊，2002(02)：12-16.
② 陈竺. 切实推进城乡医院对口支援工作[EB/OL].（2009-08-18）. http://www.gov.cn/gzdt/2009-08/18/content_1395070.htm.

作快速发展的一大助力。

四、报告要点

本报告对近几年我国对口支援工作概况和理论研究进行了初步的归纳和总结，并在前人研究的基础之上，构建出了对口支援工作的评估指标体系，为政府进一步开展对口支援工作提供参考依据。

本报告要点总结为以下几个方面。

1. 任何一项学术研究的成果都必定是建立在相应的理论基础之上的。缺乏理论基础的研究成果是不具有科学性和合理性的，是不被接受和认可的，这在社会科学研究中尤为明显。理论研究框架选取是否科学合理，直接关系到研究的深度和广度。本研究首次结合横向财政均衡理论和府际关系理论作为对口支援工作评估指标体系构建的理论依据。

2. 现阶段的对口支援工作的重点主要集中在基础设施建设方面。在构建出的对口支援工作评估指标体系中，涉及基础设施建设的指标占据了大量的权重值。这反映出了两个重要信息：一方面，中央政府高度重视受援地的基础设施建设工作，试图通过基础设施的改善来带动当地经济的全面发展，起到一个调节杠杆的作用；另一方面，地方政府在进行对口支援工作的规划安排时，将基础设施建设放在第一位，优先保障其能够顺利完工。这对提高当地的社会民生有着直接的影响，关系到社会的稳定和发展。

3. 对口支援工作的投入力度很大，但是取得的效果并不是那么理想。有时候投入了大量的人、财和物，可能只换来微小的提升。这种现象在受援县、市中表现得尤为明显。各个县市之间的对口支援评分也存在着较大的差距。这就需要对受援县市以往对口的支援工作进行总结和反思，利用对口支援评估指标体系找出不同县市之间差距何在，明确需要改进和完善之处。

4. 为了满足不同层级政府部门的需求，各级政府在进行对口支援工作的评估过程中，需要考虑以下两个问题：对口支援工作评估指标体系中的哪些指标是单位自身考核需要的？选取出的考核指标数据获取是否完备，有无近似代替数据？

作者单位：中国民航大学公共事业管理系

市辖区体制改革研究报告

邱　实

　　市辖区是我国城市管理的重要行政建制。随着城市化的发展，我国市辖区设置数量迅速增加，市辖区成为我国重要的"行政区划"。截至 2017 年，我国 334 个地级行政区划（294 个地级市）共设置了 962 个市辖区[①]，这充分体现了市辖区在当代中国城市管理中发挥了非常重要的作用。在市辖区体制改革中，"撤县（市）设区""市辖区体制调整与改革""区界重组"等方面成为研究重点，并且产生了很多的讨论与争议；同时，关于市辖区体制的发展，乃至我国其他相关行政区划的调整也产生了很多研究设想。为此，有必要对市辖区体制的现状与最新研究情况进行梳理，从理论研究层面推动市辖区体制改革的实践进程。

一、2016—2017 年市辖区体制改革现状综述

　　2016—2017 年，中国市辖区的设置依然保持了平稳的态势，在遵循基本原则的情况下设置了一定数量的市辖区，其中，以"撤县（市）改区"为市辖区设置增加的主要形态，同时，还包括了新设市辖区与合并原有市辖区而设置的市辖区。

（一）2016—2017 年全国"撤县（市）设区"的情况

　　所谓"撤县（市）设区"主要是指直辖市或者地级市通过相应的申请—审批程序，利用行政方式将其所辖区内的县、县级市改设为市辖区的一种行政区划调整过程。撤县（市）设区具有严格的程序要求，需要经过直辖市或地级市政府的论证，报上级机关批准，经过民政部审核同意，最终报国务院批准。从近些年中国城市化

---

① 国家统计局. 中国统计年鉴 2018[M]. 北京：中国统计出版社，2018.

发展的大趋势来看，市辖区设置的增加是城市化发展的必然结果，一些地方政府为了适应本地区经济发展与人口迁徙的需要，将符合相关条件的县或县级市改为市辖区建制，总体上符合城市发展的要求和趋势。但是，这其中并不排除一些地方政府是为了设置市辖区而设置，即不通盘考虑城市发展的实际情况，盲目扩大"城区"的范围，目的在于加强城市资源调控的集中性，这就使得市辖区体制的改革复杂化。2016 年 1 月至 2017 年 8 月，国务院先后批复了 19 个省、自治区、直辖市关于"撤（市）县设区"的申请（见表1）。

表 1　2016—2017 年全国"撤县（市）设区"改革情况汇总表

序号	所属省级区划	撤县（市）设区情况	批复时间
1	辽宁省	撤销辽中县，设立沈阳市辽中区	2016-01-07
2	山东省	撤销定陶县，设立菏泽市定陶区	2016-01-07
3	河北省	撤销万全县、崇礼县，设立张家口市万全区、崇礼区	2016-01-07
4	云南省	撤销沾益县，设立曲靖市沾益区	2016-03-20
5	四川省	撤销安县，设立绵阳市安州区	2016-03-20
6	广西壮族自治区	撤销柳江县，设立柳州市柳江区	2016-03-20
7	贵州省	撤销遵义县，设立遵义市播州区	2016-03-20
8	辽宁省	撤销大洼县，设立盘锦市大洼区	2016-03-20
9	河北省	撤销县级冀州市，设立衡水市冀州区	2016-06-08
10	重庆市	撤销开县，设立重庆市开州区	2016-06-08
11	上海市	撤销崇明县，设立上海市崇明区	2016-06-08
12	天津市	撤销蓟县，设立天津市蓟州区	2016-06-08
13	山西省	撤销安塞县，设立延安市安塞区	2016-06-08
14	山东省	撤销垦利县，设立东营市垦利区	2016-06-08
15	江苏省	撤销洪泽县，设立淮安市洪泽区	2016-06-08
16	浙江省	撤销奉化市，设立宁波市奉化区	2016-09-14
17	江西省	撤销赣县，设立赣州市赣县区	2016-09-14
18	河北省	撤销肥乡县、永年县、邯郸县，设立邯郸市肥乡区、永年区	2016-09-14
19	山东省	撤销县级章丘市，设立济南市章丘区	2016-09-14
20	重庆市	撤销梁平县、武隆县，设立重庆市梁平区、武隆区	2016-11-24
21	四川省	撤销郫县，设立成都市郫都区	2016-11-24
22	云南省	撤销晋宁县，设立昆明市晋宁区	2016-11-24
23	陕西省	撤销户县，设立西安市鄠邑区	2016-11-24
24	河南省	撤销许昌县，设立许昌市建安区	2016-11-24
25	广西壮族自治区	撤销宜州市，设立河池市宜州区	2016-11-24
26	江西省	撤销东乡县，设立抚州市东乡区	2016-11-24
27	浙江省	撤销县级临安市，设立杭州市临安区	2017-07-18

序号	所属省级区划	撤县（市）设区情况	批复时间
28	福建省	撤销县级长乐市，设立福州市长乐区	2017-07-18
29	江西省	撤销九江县，设立九江市柴桑区	2017-07-18
30	山东省	撤销县级即墨市，设立青岛市即墨区	2017-07-18
31	四川省	撤销罗江县，设立德阳市罗江区	2017-07-18
32	西藏自治区	撤销达孜县，设立拉萨市达孜区	2017-07-18
33	陕西省	撤销南郑县，设立汉中市南郑区	2017-07-18

资料来源：中华人民共和国民政部官方网站（截至 2017 年 7 月 18 日）。

（二）2016—2017 年全国地级以上城市新设市辖区情况

近年来，相较于"撤县（市）设区"的批复数量，新设市辖区的数量明显较少。根据统计（见表 2），2016—2017 年全国共 6 个省、自治区获得国务院批复新设市辖区，其中，西藏自治区山南市设立乃东区、新疆维吾尔自治区哈密市设立伊州区、西藏自治区那曲市设立色尼区是由于原有地区行政建制改为地级市行划建制，其他为在原有地级市区划基础上新设市辖区建制。从数量上来看，新设市辖区数量较少，而从其分布来看，主要集中于中西部地区，这可以说明中东部地区的市辖区设置已经基本"定型"，而中西部地区随着原有行政区划与行政建制的调整需要进一步新设市辖区来适应地级市的区划改革与发展。另外，广东省深圳市因为移民增加等原因，城市人口逐年增加，城市规模不断扩大，加之其经济发达使得城市化进程较为超前，城市管理需要增加相应的市辖区建制，所以通过新设市辖区来适应城市发展的需要。

表 2　2016—2017 年全国新设市辖区情况汇总表

序号	所属省级区划	新设市辖区情况	批复时间
1	河北省	撤销张家口市宣化区和宣化县，设立新的张家口市宣化区	2016-01-07
2	西藏自治区	山南市设立乃东区	2016-01-07
3	新疆维吾尔自治区	哈密市设立伊州区	2016-01-07
4	广西壮族自治区	设立贺州市平桂区	2016-06-08
5	内蒙古自治区	设立鄂尔多斯市康巴什区	2016-06-08
6	广东省	设立深圳市龙华区、设立深圳市坪山区	2016-09-14
7	西藏自治区	那曲市设立色尼区	2017-07-18

资料来源：中华人民共和国民政部官方网站（截至 2017 年 7 月 18 日）。

（三）2016—2017 年全国地级以上城市"市辖区合并"情况

市辖区建制实际就是城市的"分区治理"，其可以充分发挥城市治理资源的效用，应对快速城市化进程中带来的各类治理问题。市辖区是伴随着城市化进程而发展的，也必然要随着城市化的发展而调整。城市化推动了很多"大城市"或"超大城市"的出现，无论从人口上还是辖区规模上都在扩大，所以，一些城市原有的市辖区不能适应现有的城市管理强度，需要对一些较老的市辖区进行整合，解决行政管辖范围狭小、发展空间受限等问题，这就需要对原有的市辖区进行合并。例如，早在 2000 年上海市就将南市区并入了黄浦区，2011 年上海市卢湾区也并入了黄浦区，这加强了上海市黄浦区城市治理的能力，整合了治理资源。又如，2013 年南京市白下区并入秦淮区、下关区并入鼓楼区，也是因城市发展而对市辖区进行整合的实例。随着逐年对市辖区进行合并、整合的调整，各大城市市辖区合并已经基本形成较为稳定的状态，根据统计，2016—2017 年真正意义上的市辖区合并仅包括了江苏省淮安市清河区与清浦区合并为清江浦区、浙江省宁波市江东区并入鄞州区两个实例（见表 3）。

表 3　2016—2017 年全国市辖区合并情况汇总表

序号	所属省级区划	市辖区合并情况	批复时间
1	江苏省	撤销淮安市清河区、清浦区，设立淮安市清江浦区	2016-06-08
2	浙江省	撤销宁波市江东区，将原江东区管辖的行政区域划归宁波市鄞州区管辖	2016-09-14

资料来源：中华人民共和国民政部官方网站（截至 2017 年 7 月 18 日）。

二、2016—2017 年市辖区体制改革问题研究综述

本报告以"撤县（市）设区""市辖区体制改革""区界重组"为检索词与切入点，对学术界 2016 年至 2017 年上半年有关"市辖区体制改革"的论文进行检索，统计情况如表 4 所示。

表 4　2016—2017 年"市辖区体制改革"问题研究论文文献统计

数据库	收录时间	检索词	学术论文	相关文献与报道
中国知网（CNKI）	2016 年 1 月至2017 年 5 月	撤县（市）设区	22	36
		市辖区体制（改革）	2	0
		区界重组（调整）	1	0

（一）"撤县（市）设区"问题的研究综述

"撤县（市）设区"的历史可以从 1983 年开始计算，当时国内出现了四个"撤县设区"的案例：内蒙古赤峰县改为赤峰市郊区，山东省福山县、潍县、济宁县分别改为烟台市福山区、潍坊市寒亭区、济宁市市郊区。这一年也在进行 1949 年以来规模最大的"县改市"，当年有 31 个县改为县级市，还新设了 7 个县级市。随着"县改市"在 1997 年被中央"冻结"，县（市）改区的数量开始明显增加。根据民政部区划地名司的官方数据统计，从 1997 年底至 2012 年的 15 年间，县（市）改为市辖区的共有 158 个，其中，县改区的 71 个，县级市改区的 87 个。虽然"撤（市）县设区"是为了适应城市化发展的需要，但是同时也有一些其他的因素推动了"撤县（市）设区"的发展。其中，最主要的原因就是 2009 年 7 月财政部公布《关于推进省直管县财政改革的意见》，提出要在 2012 年完成除民族自治地区之外的省直管县财政改革。在这样的情况下，一些地级市为避免所辖的县和县级市今后可能脱离其管辖，大力推行"县（市）改区"，进行权力"上收"。因此，有专家提出，中央推行的省直管县与地级市加固权力之间，存在利益博弈，目前城市行政区划设置和布局亟待规范，不能让地方有政策的空子可钻[①]。还有学者通过归纳研究，将我国撤县（市）设区的进程分为三个阶段：1978 年至 1983 年为准备阶段，1984 年至 2002 年为第一波撤县设区"潮流"阶段，2003 年至 2013 年为第二波撤县设区"潮流"阶段[②]。基于现实的城市发展与理论界研究的聚焦领域，可以将当前我国撤县（市）设区的研究从改革目的、改革方式与规范、改革效应等几个方面进行分析研究。

在"撤县（市）设区"的改革目的方面，可以分为以下几点：第一，目前"撤县设区"和"撤市设区"主要是为了适应城市化发展的需要。城市化的发展带来了城市管理的各类新变化，如城市规模扩大、人口增加且流动性增强、城市配套设施建设的增加、城市公共服务与公共产品供给要求的提高等，这都需要通过市辖区改革来加以完善。有学者研究认为，"根据国家统计局公布的数据，2011 年我国的城市化率首次超过 50%，达到 51.27%，与之相对应的是城市市辖区和建成区面积的大规模扩张。中心城市发展到一定阶段后，受其原有发展空间不足的制约，通过撤并周边的县使之成为其市辖区的方式来突破发展瓶颈、解决中心城市发展空间的供需矛盾。这是中心城市撤县设区的首要目的"[③]。第二，推动城市周边地区经济发展。市辖区的设置除了能够分担城市管理的强度和提高城市管理的效率，还能够利用市辖区的"辐射"功能，来推动地区城市化与经济规模的发展。"改革开放初期，县改区主要集中在特大城市近郊县，'县改区'便于接受特大城市、超大城市核心区

① 王卫国. 撤县改市与撤县改区的好处与坏处[J]. 中国地名，2017(10)：14-15.
② 左言庆，陈秀山. 城市辖区行政区划调整的时空格局研究[J]. 学习与实践，2014(09)：13-24.
③ 张艺烁. 撤县设区的历史和现状分析[J]. 法制与社会，2016(24)：216-218.

的辐射，也拓展了特大城市的发展空间，对推动中国城市化和经济社会发展具有很大积极意义。"①第三，具体目的还有前文所提到的省直管县后财政改革的因素。"撤县设区的动因，主要是地级市为了防止县域'省直管'后，县里财政大权变为省直属，不经过地级市，从而削弱地级市的财力和调控能力。"②我国城市化进程发展很快，同时加上 1997 年之后"县改市"被冻结，有一些发达地区就率先推进撤县建区和撤市建区。因为政策约束较少，没有明确规定的县改区和县级市改区的具体标准，造成了有些地方借助市辖区改革来集中城市管理资源、推动经济发展，或使城市原有的经济数据更加"好看"或完善。

在撤县（市）设区的改革方式与规范方面，主要是以法治化、标准化、应用化为主要切入点。第一，从法治化的角度来看，撤县（市）设区的法治化主要是指相关市辖区体制改革不仅要在改革内容上符合宪法和法律、法规的规定，也要在操作过程中符合相关的法律规定。同时，市辖区体制的改革不能仅仅以政府单方面为主导，还要充分考虑到人大方面的作用。目前，撤县设区法律依据的来源体现在宪法和宪法性法律中的，只有如《地方各级人民代表大会和地方各级人民政府组织法》这样较为宏观的法律文件，但其对地方制度只有原则性规定，笼统概述了县区权限，没有规定撤县设区的标准和依据，所以只能在下一位阶的法律、法规中寻找依据。当前撤县设区的依据是 1985 年国务院制定的《关于行政区划管理的规定》，从法律位阶视角来看，该规定并不是人大制定的法律，不过是行政规定，因此，从法理的角度来看，在法律意义上撤县设区没有可供参考的法律依据。所以，实现撤县设区法治化的具体方式就是要修改《地方组织法》，虽然 2015 年该法已经修改完善，但当时是为了与《中华人民共和国立法法》修改相适应，并没有修改县、区权限，重新制定撤县设区的标准。故今后修改应该吸收《关于行政区划的规定》《关于调整设市标准的报告》和《市辖区设置标准》的内容，明确规定县、区和乡、镇的升格程序，区分县、区的权限职能。或者重构整个地方制度法律体系，适时制定《中华人民共和国地方制度法》，明确其宪法性法律的地位，为地方制度改革提供总体规划、明确依据和切实可行的操作程序。③第二，从标准化的角度来看，李金龙认为，主要是要重视和加强撤县设区的科学理论研究与普及，转变地级市政府的职能，淡化撤县设区的经济功能，创新市辖区的行政管理体制，逐步回归撤县设区的科学规范。要实现市辖区政府与其管辖范围和治理对象相匹配的权责，并据此进行相关的制度安排来实施具体的行政管理。从市政府与新设市辖区政府关系来看，市政府要将具体的、直接的城市管理职能交给市辖区政府负责，而重新恢复其自身作为一

---

① 王卫国. 撤县改市与撤县改区的好处与坏处[J]. 中国地名，2017(10)：14-15.

② 刘志慧. 撤县设区：现状、问题、对策[J]. 中共云南省委党校学报，2017(02)：164-168.

③ 李雷. 依宪治国背景下完善撤县设区的宪法学思考[J]. 云南社会科学，2016(05)：12-17.

级整体性政府的职能；通过财政收入的分领域获得，既在地方性事务方面确保市辖区政府管理的自主性，又保证了市政府对全区管理的统一协调性①。谢俊认为，要严格贯彻撤县设区的审批程序，统筹优化撤县设区的决策过程，确定合理的撤县设区目标，完善撤县设区的指标标准，拟定、评估并选择最佳的撤县设区方案，及时实施撤县设区方案并评估反馈。②第三，从应用化的角度来看，关于"撤县（市）设区"这一具体问题，诸多学者运用多种方法展开研究。谢涤湘等人从理论上研究了"撤县（市）设区"的动因、依据和双重影响，明确法律和制度创新较之行政区划调整，更具紧迫性和持久性；而罗震东将撤县设区和扩权强县视作分权化改革下我国地方行政区划变革的主要方向，阐述了撤县设区的演化机制；林拓等人指出区县重组是深层次的城乡行政管理变革，在总结我国区县重组三大风险的基础上，提出了三大转变和发展导向；高琳依据撤县设区的时空特征将其分为"主动适应型"和"被动调整型"两类；殷洁等人认为区界重组正在取代撤县设区和区县合并，成为我国区县行政区划调整的新趋势；高祥荣研究了撤县设区与政府职能的关系，指出提高撤县设区政策的有效性需要协调政府职能的关系，摆脱城市公共权力的配置困境。

在"撤县（市）设区"的效应方面，复旦大学中国经济研究中心于志强等学者认为，"区市两级的角色分工视角强调区市之间的经济利益关系对区市两级政府经济绩效的重要影响，而且对处于弱势地位的区县政府影响更加关键。撤县设区后，中心城市利用本身的经济优势，创造一种区市经济角色分工，则容易实现协同发展、区市双赢；反之，区市两级仅存在行政上的支配从属关系，缺少经济角色分工协调，则难以实现双赢的局面，甚至可能出现牺牲区县经济，发展中心城市的情况，这种情况在中心城市本身集聚效应不强、短时间大量撤县设区等情形下比较容易发生，对于这类撤县设区调整，值得我们给予一定的关注研究和合理评价"③。也有学者以撤县设区为切入点，研究其对农业产业发展的影响。在有利因素的方面，其加强了农业生产土地集中，助推打造龙头企业，并推动农业服务体系，提升了科技贡献。同时，市辖区定点集中的监控管理，推动了农村环境污染改善，有效控制污染减排。但是，撤县设区使得农业发展也面临了一定的瓶颈，如农业生产的高素质劳动力逐渐流失，农业企业管理和营销人才不足。撤县设区后，省市对该区农业生产的政策和资金扶持会产生变化，造成融资难、保险难、用地难等。④中山

---

① 李金龙，翟国亮. 撤县设区的科学规范探究[J]. 云南社会科学，2016（05）：18-22.

② 谢俊. 刍议中心城市撤县设区的要素及实施过程优化：基于南京市的个案分析[J]. 南阳师范学院学报（社会科学版），2016（01）：45-49，54.

③ 于志强，吴建峰，周伟林. 大城市撤县设区经济绩效的异质性研究：基于合成控制的实证分析[J]. 上海城市管理，2016（06）：10-15.

④ 黄金秀，彭庆，熊雅丽. 区划调整对城市农业产业结构的影响分析：以新建区"撤县设区"为例[J]. 中共南昌市委党校学报，2018（01）：58-61.

大学张莉等，基于"撤县设区"准自然实验，利用全国层面的县级面板数据，使用双重差分法来识别撤县设区政策对于生产性支出偏向的影响，发现撤县设区减少了地方政府的基础设施建设支出占比，增加了民生性支出占比，但同时也使得政府行政管理费用上升。通过分析，认为原因是撤县设区减少了基层地方政府的竞争，从而弱化了地方政府的基础设施建设动机和能力。经过研究，可从地方政府竞争的角度理解撤县设区政策如何影响财政支出偏向。同时，对如何改变地方政府的财政支出结构提供了来自行政区划调整的依据[①]。杨林等基于市县经济关联度的视角，运用灰色关联分析法从时间维度测量市县经济耦合程度，采用牛顿引力模型从空间维度测量市县经济联系强度，度以实证结果为纵横坐标，构造散点图，进而提出：与所属市经济耦合程度、经济联系强度均较高的县（市）适宜"撤县设区"；与所属市经济耦合度高但经济联系强度低的县（市）适宜"撤县设市"；与所属市经济耦合度低、经济联系强度不高的县（市）适宜"省直管县"；与所属市经济耦合度低但经济联系强度高的县（市）宜暂时维持原状。[②]

（二）"市辖区体制改革"问题的研究综述

随着我国城市化进程的加快，特别是大城市与特大城市数量的增加，城市内部市辖区空间结构的调整与区界的重组是我国市辖区体制改革的重点。南开大学赵聚军基于城市发展的最优规模、城市在区域发展中的定位、城市政府管理的整体性特点、城市连续建成区的空间规模四个影响因素的考察，认为应摒弃目前简单的发展主义导向，在区分城市和调整类型的前提下，兼顾经济发展与城市政府管理的整体性特点，对市辖区的调整在政策上进行分类指导：对于大城市，应继续推动撤县（市）设区，允许城市连续建成区内的市辖区进行必要的合并重组，但并不鼓励这种做法；对于中小城市，应适度控制撤县（市）设区的发展趋势，严格控制中心城区市辖区合并重组行为。[③]陶希东认为，改革与出路应该是行政区划制度改革与公共政策综合配套改革并行。要转变观念，弱化城市政府领导对行政区划调整的过度依赖；制定标准，从严控制不符合标准的县改区做法。同时，创新性实施"县改市"和"镇改市"两种设市模式，满足新型城镇化发展的真实需求，在经济发达且面积较小的省实施虚化地级市，率先推行省直管县（市）体制，减少目前地方政府的行政层级，提高行政效率，减少行政费用支出。另外，围绕减缓县改区冲动和推行省直管县，大力推动综合配套改革，从根本上保障行政区划有序合理发展[④]。行政区划的调整

① 张莉，皮嘉勇，宋光祥. 地方政府竞争与生产性支出偏向：撤县设区的政治经济学分析[J]. 财贸经济，2018（03）：65-78.

② 杨林，薛琪琪. "撤县设区"抑或"撤县设市"？——基于市县经济关联度的视角[J]. 山东社会科学. 2017（11）：132-138.

③ 赵聚军. 我国市辖区行政区划调整导向的合流与分野[J]. 天津社会科学，2018（01）：77-83.

④ 陶希东. 中国特大城市（地级市）县改区：问题与出路[J]. 创新，2017（01）：13-20.

直接关系到地方政府的发展，就此问题，民政部区划地名司司长柳拯等组成的调研组，通过研究重庆县改区的实际情况，总结出我国地方政府市辖区体制改革的基本实践路径，主要是要强化行政区划的顶层设计，提升行政区划工作的科学性，注重问题意识，加强理论性，做好行政区划调整与改革的谋篇布局工作。要坚持行政区划管理法规标准先行，提升行政区划工作法治化水平，健全法制，完善标准，创新思路。健全行政区划调整的决策机制，提升行政区划的规范化水平，细化市辖区调整的审批流程与论证评估机制，从行政区划调整促进地方更好发展方面看，要注重行政区划调整实效，通过创新工作体制机制，进一步细化、强化对行政区划调整实施的指导，更好地发挥行政区划调整对经济社会和城镇化发展的正向推进作用。[①]

（三）"区界重组"问题的研究综述

在区界重组方面，理论研究主要集中于区界重组的实际效应方面。何李认为，市辖区边界空间的治理：一是城市空间治理的无缝隙化。厘清责任主体或构建起常态化的社会治理机制，培育市场、社会中的多元治理主体，吸纳其参与到治理中来，在实践中成长壮大。在条件成熟的前提下，逐步将这部分工作转交给成熟的私营部门、非营利组织承担，政府则主要承担监督和协调职责。"无缝隙治理"既践行了政府的服务理念，又不致陷入"福利超载"的陷阱。二是以治理实务厘清多重边界。对于冲突中关涉城市整体性的环节，建立统一的服务与管理标准，对于冲突中可分解的利益单元，应由利益主体自行协商或借由地方调节机制解决，有限考虑习惯性边界。对于冲突中不可分解但属于局部范围的利益单元，应着力构建利益共享机制甚至可以暂且搁置争议。三是整体性治理机制建设。实现多类型治理主体的主动参与，在共同协商基础上制定规则，在机构运转中不断完善，加强对公众的预期管理，借助现代科技手段助推监督和分享的有效施行。[②]还有学者研究认为，一方面，区界重组虽然没有扩大城市规模，但却优化了城市空间治理结构，有利于集聚经济效应的发挥；另一方面，重组后各区之间的市场融合、行政壁垒和资源分配等问题均可以得到改善。两方面因素均有助于提升企业生产率并促进企业雇佣量提升，从而吸引外来人口集聚，并且提高经济绩效。但是，区界重组概率较高的城市都分布在经济基础较好的区域。某些地区由于发展潜力不足，无法充分发挥集聚效应以吸引人口流入，可能进行区界重组之后也不会产生人口集聚和经济绩效提升，因此，也应该慎重使用。[③]

① 柳拯，汤恒，吴国生，等. 新型城镇化过程中行政区划调整的实施效果：对重庆市撤县改区的调研报告[J]. 理论视野，2017(06)：74-78.

② 何李. 市辖区边界区域空间冲突的治理难题与改革方略[J]. 社会主义研究，2017(01)：105-111.

③ 陈浩，孙斌栋. 城市区界重组的政策效应评估：基于双重差分法的实证分析[J]. 经济体制改革，2016(05)：35-41.

三、展望与分析

市辖区是我国城市管理中的重要建制，是一种特殊的行政区划。虽然在法律层面市辖区被赋予了与县同等的行政级别，但是在权力分配、建制性质、职责划分方面呈现出完全不同的特征。市辖区作为我国现代城市管理中重要的一级行政建制，在改革方面也出现了很多的争议，其中很多成为市辖区体制改革的关键点。市辖区和城市的区划重叠，人口分布集中，密度大于大部分的县，城镇人口占绝大多数，同时人口流动也十分明显。市辖区在现代城市管理中发挥了重要作用，所以其改革也具有很大的争议。只有通过对争议的梳理，才能厘清市辖区体制改革的基本思路。

（一）市辖区体制改革中的争议

1. 市辖区设置属性与角色定位

市辖区是当前城市管理的重要行政层级，但是市辖区的设置属性与角色定位却一直处于比较模糊的状态，因此，研究者们基于不同的标准对市辖区设置属性与角色定位进行了不同的定义和分类。只有通过对市辖区设置属性和角色定位的内涵和外延做出较为明确的认定，才能够推动市与市辖区之间的关系优化，实现市辖区更好地为行政管理服务。就目前学术界对于市辖区设置属性与角色定位的研究情况来看，存在三种对市辖区性质的分类：一是认为市辖区是一级实实在在的行政建制单位，应该将其作为与县同等的行政建制来对待；二是认为市辖区是一种准行政建制，虽然是一级行政建制，但是在具体的行政权力行使上具有不同于县和县级市的情况；三是认为市辖区是一种行政分治区，即为了适应现代城市建设与管理而设置的具有行政建制性质的服务型区划。综合以上三种基本观点，可以得出关于市辖区属性与角色定位的基本原则，就是要根据市级行政建制的具体情况来决定。如果市辖区的区划与市高度重合，那就应该将其定位于"行政分治区"的属性与角色上；若是原有县或县级市改成的市辖区，其行政区划与市并不重合，则可将其定位为具有相对独立行政权限的一级"行政建制"。

2. 市辖区设置的必要性

通过前文资料统计可知，当前中国除了5个城市之外，每个城市都设置了市辖区建制，其中27%为单区市，即城市中只设置了一个市辖区。市辖区是否为每个城市都必须设置的一级行政层级，或是哪些城市应该设置、怎么设置市辖区，成为市辖区体制改革的一个关键点。市辖区的设置不能盲目地认为是现代城市行政管理的必要层级，应该是大城市设置，而中小城市要依据自己的管理权限和管理效率来决定是否设置。但是这并不能完全解释市辖区设置的必要性问题。

第一，必须要明确当前城市管理下市辖区设置的目标。市辖区设置的目的是城市在现代化进程中随着区划规模、管理事务、人口数量等不断扩大，为了应对相关管理问题并有效解决单纯依靠市级政府无法解决的问题而进行分区治理。市辖区应该作为市的"助手"和"协助者"的角色出现，并不是为了弱化市级建制而出现的行政单位，因此，可以认为市辖区设置与否需要根据城市建设与发展的功能和职责需要而确定。

第二，需要明确市辖区设置的标准。即使必须要设置市辖区，也不能随意设置，必须要根据城市现有规模及公共事务发展程度来界定。如在当前人口数量与分布基础上，根据国家统计局数据分析，可以认为常住人口低于 50 万的城市基本上没有设置市辖区的必要性。人口为 50 万至 100 万的城市可以考虑设置市辖区，但是需要谨慎，即使设置，规模也不宜过大。而人口 100 万至 400 万可以设置相应的市辖区，但是数量和规模需要进行规范，并且相关职能划分与机构设置需要具有一定的特殊性。而常住人口达到 400 万至 500 万以上的城市，可以设置机构较为完善、职能较为全面的市辖区建制。

3. 市辖区设置的规范化问题

市辖区的设置初衷是由于现代城市管理事务日益繁杂，城市政府无法独立完成全部的城市管理事务，因而通过划分区域治理来提升城市管理的效率与质量。所以，市辖区设置的根本目的应该是在城市化进程中，城市规模日益扩张的现实情况下，为了保障城市的正常运转而进行分区治理，协助城市政府实现对现代城市更好的管理。所以，市辖区的设置也必须具有一定的标准和规范。早在 1955 年，国务院就发布了《关于设置市、镇建制的决定》，其中规定人口在 20 万以上的城市，在确实需要设置区的情况下，可以申请设置市辖区，但是需要经过省级政府的批准。从这个角度来看，中华人民共和国成立初期我国就明确了市辖区设置的基本标准。随着城市化的发展与现代化建设的推进，各地区市辖区设置已经成为普遍现象，但是具体的设置标准和市辖区的权限设定一直处于争论之中。

市辖区的设置并非以职责体系全面、区划面积大、管理人口多为好的标准，市辖区的设置应该根据现实需要规范化。进入 21 世纪以来，随着中国城市化进程的快速发展，我国城市规模扩大了很多，在城市管理方面市辖区就成为重要的环节。在此基础上，市辖区是否要"做大做强"就成为争议的关键。有观点认为，市辖区在城市化进程不断加快的前提下需要在原有的基础上进一步完善其行政层级的职能，拓展市辖区的权力范畴，增加其在城市行政管理过程中的重要性。也有观点认为，要将市辖区进行相应的整合，并且将其职能转变为以经济职能为主，向其下放更大权限的"经济决策权"。但是，目前市辖区在设置中因为缺乏规范化，市与市辖区之间以及各市辖区之间的关系还没有理顺，市辖区"做大做强"与单纯的整合赋权都不利于其总体上的发展。市辖区规模过大不利于城市整体上的管理，经济赋权过多及自主性过强则会造成市与市辖区、各市辖区之间的过度竞争，引起城市管理整体性的"撕裂"。市辖区的规范化是市辖区体制改革与发展的必要条件，而规范化的核心内涵则是市辖区的实际职责是为了配合市级政府的工作，提供公共物品与公共服务，促进基层单位与上级部门之间的信息沟通，处理好府际间衔接与协调。所以，市辖区的设置不能以过多的地方性"主观"因素为依据，而是应该与整体性的"客观"因素以及地方实际条件为依据。

（二）市辖区体制改革的基本思路

中国的城市管理和行政层级设置必须要遵循中国社会主义政治发展与城市化进程的基本规律，充分尊重中国的历史发展情境与基本国情。所以，市辖区改革的基本思路必须要建立在坚持与完善中国社会主义政治制度的前提下，明确市辖区作为市级政府"助手"和"协调者"的身份，通过统筹规划与具体实际相结合的方式来推进市辖区体制改革。具体而言：

第一，缩小市辖区的规模，加强市级政府的管理权威，在适当的地区和适当时期可以取消部分市辖区建制。市辖区实质上是市级政府为了更加方便现代城市管理而设置的一种"派出性"行政分治区，其主要的职责是为了配合市级政府更好地进行城市的建设、管理，优化城市公共物品与公共服务的供给，在省市政府与基层政府中发挥纽带作用，所以，市辖区的规模从总体上而言不宜过大。如果市辖区规模过大容易造成市辖区体制设置的初衷发生扭曲，无法成为服务于市级政府城市管理与协调上下级政府之间的纽带与中介。另外，如果市辖区的规模过大，相应被赋予的权限也就越大，这样会造成对市级政府领导权威的削弱，还会造成市级政府与市辖区之间"职责同构"问题的突出。所以，市辖区设置与否与规模大小，需要不同地区的城市发展实际情况为参考依据。可在城市发展集中、人口密集的地区设立市辖区，但是要明确市辖区仅仅是一种"派出性"的行政区划，并非一级政权组织。同时，其中相应设置的各办事机构也都应该以该市辖区的具体专业性的工作来进行设置，同样也是以市政府"派出机构"的性质来运行，市级政府可以根据特殊的行政需要对其直接下达指令并进行管理。当城市原有的行政管理目标得到了落实，管理模式进一步确立，管理程序实现规范化后，市辖区及其相关机构则可以进行相应的调整，对其行政区划进行缩小，或在缩小的基础上对两个或几个市辖区进行整合，甚至可以将市辖区建制取消。动态化的市辖区体制有利于城市的平衡发展，甚至可以防止出现市辖区在特殊领域和局部地区权威大于市级政府的情况。与此同时，市辖区规模和职能的缩小也有利于弱化其"属地化"管理的模式，打破行政区划的"约束"，在市级政府范畴中充分实现资源配置的有效性和流动性，提升城市管理的优化程度。

第二，细化与"下移"市辖区职责。市辖区作为市级政府城市管理的助手，可以有效协调基层与上级政府之间的各类社会事务,但是目前大部分市辖区仍然是"复制"市级政府的机构设置与职责体系,并未真正体现市辖区应有的职责特征。市辖区体制改革应该细化职责,市辖区不同于省、市政府,其主要职责不在于制定宏观性的政策与进行顶层性质的决策,而应是执行并落实上级政府具体的政策,并且将各类事务的处理情况和基层诉求向上转达,这才是符合现代政府构建的重要内容。所以,基于此思路,一方面,市辖区不同于市级政府需要过多关注城市中经济发展的宏观情况,甚至市辖区不需要直接进行经济干预,而是根据实际地区和市级政府管理的需要来进行适当的经济调整,为经济发展提供服务。市辖区应该把主要的关注点聚焦于较为具体的职责范畴,如本区域内的基本社会秩序的维护、日常社会生活的服务、文化教育事业的完善以及一些公共事业的发展等。另一方面,市辖区虽然只是一种"派出"性质的行政建制,但是依然需要进行相应的政府职能转变,要向更加基层的政府事务方面转变。我国社会事务与城市管理的最终落脚点是在基层政府,如乡镇、街道,甚至是不属于行政组织的村委会和社区等,基层政府涵盖了城市管理中较为具化的各类事务。在国外,城市中基层的社会事务很多是由社会组织来承担,但是我国因为社会发展的特殊性,更多的相关社会事务的处理职能是由相关基层政府来履行的,而我国基层政府因为事务繁杂、人员数量有限,加之地域广阔、人口众多,所以其履职能力已经接近极限。市辖区就需要通过职能转变将相当一部分职责"下移",将基层的一些事务"上升"到市辖区的职责范畴中来。这样可以有效缓解城市基层治理的问题,强化各类政策的落实,有效提升城市公共服务和公共物品的供给,为"服务型政府"建设提供更有优势的基础。同时,市辖区职能的细化和具体职能的"下移"可以有效对基层的基本民意和诉求进行搜集和汇总,为上级政府乃至更高层级的政府掌握民意、制定政策提供更好的信息参考。

第三,进行市辖区司法机关体制的调整。市辖区在履行相关行政职能时无法避免本辖区内出现司法纠纷和司法问题,这就需要引入市辖区司法机关的机构设置。现在全国大部分市辖区的区法院和区检察院,是以市辖区作为一级"实体"行政建制来进行设置的,目前,司法机关在市辖区中基本以行政区划为设置单位,但是因市辖区行政区划及管理范畴多与所在地级市重叠,所以,市辖区司法机关完全按照行政区划进行设置并非是完全合理的。当前我国的市辖区规模各异,大到拥有近千万人口的副省级区,小至十几万人口的小型市辖区基本上都设立了相同建制的司法机构,这样实际上既不利于司法机构真正效力的发挥,也造成了司法资源的不平衡与一定程度的浪费。在此之前,广东省中山市、东莞市打破了行政区划限制,设立了跨区域的基层法院和检察院,这种模式可以作为全国大部分市辖区体制改革中司法机构设置的一个重要借鉴。我国规模各异的市辖区,除非特别的市辖区设置如上海浦东新区、天津滨海新区、河北雄安新区及一些较大城市中的市辖区等可以独立设置司法机构，其他很多的市辖区均可以实行跨区域的司法机关设置模式。具体而言，就是市辖区建制的司法机构由市司法机关或省司法机关"派出"，组建类似于"第一法院""第二法院"的巡回司法机构，实行一个法院对应多个市辖区，或通过合理组合实现多个法院依据不同司法事务对应多个市辖区的机制，这样不仅有利于提升司法效率、节约司法资源，还可以加强司法机关内部人员及资源在市辖区层面上的流动性，实现司法的进一步独立和公正，使其摆脱市辖区行政干预和影响。根据我国法院和检察院机构设置存在一定差异的实际情况，可以将该方案首先在法院推广，进而向检察院层面推动。

第四，完善市辖区体制改革的相关法律。目前，市辖区体制在法律层面的实际职能与法律的地位都不是十分明确和清晰，这直接导致了市辖区职责模糊、条块冲突明显、职责同构问题突出和市辖区之间过度竞争等现象。进行市辖区体制改革的最基础的办法就是要制定相应的法律、法规，其中，最为基础的法律就是《城市组织法》或《城市管理法》。该法律的制定对于市辖区的设置目的、行政地位、行政职能、区划之间的关系、与上下级政府的关系和整合、撤销方式等都应有具体而明确的认定，该法律的制定与出台直接关系到市辖区体制改革与长远发展的根本。与此同时，还应该出台一系列相关法律、法规，如针对市辖区权利与责任、市辖区横向与纵向交流、市辖区区划与职能微观的调整方式等，都应该做出具体规定。市辖区体制改革的科学化、合理化和规范化归根结底都依赖于相关法律、法规的出台与执行，这是市辖区体制改革思路的重要基础。

第五，关于地方政府层级设置改革的构想。当前我国除了中央政府之外，还设有四个层级的地方政府，从省、自治区、直辖市到地级市、地区，再到县、县级市、市辖区，一直到乡镇和街道。截至 2017 年，我国共有 31 省级政府建制、294 个地级市、1355 个县、962 个市辖区、363 个县级市、117 个自治县、10529 个乡、21116 个镇、8241 个街道。[①]这些政府的数量与层级虽然是历史沿革的结果，但是也严重增加了行政成本、降低了行政效率，甚至因为行政层级过多，造成了中央政策落实的难度，这就需要对现有行政层级进行调整。笔者从研究市辖区体制改革与政府职责体系方面入手，认为可以将中国的市辖区经过整合，依托原有县级政府的基本实体建制，使其成为一级政权组织，并且在特定的时候可以重新称之为"县"或"市"。与此同时，其他的县、区与县级市可以同时进行相关的整合，形成全新的地方政府行政组织层级，可以用"县"或"市"来命名该行政建制。而原有地级市建制，可以在整合其与市区高度重合的市辖区的基础上，整合为与改革后"县"或"市"平级或高其半级的行政层级，实际行政建制中则不再保留"地级市"的行政层级，地方政府行政层级由四级变更为三级。

---

① 中国统计年鉴 2018[M]. 北京：中国统计出版社，2018.

改革后的县、区和市在统一名称之后，划归所在省统一领导。例如，原有 A 市为地级市，下辖 2 个县级市 B、C，1 个县 D，3 个市辖区 E、F、G，其中 G 为原县级市所改。通过行政层级改革，可以将市辖区 E、F 与地级市 A 整合为新 A 市，B、C 可以整合，也可以独立成为新 B 市、新 C 市，D 县可以与 G 整合或独立成为新 D 县或新 D 市，而 G 则可与其他城市或现有的行政组织拆分、整合，也可以独立成为一级建制，如 G 县或 G 市。这样就会形成 3 个左右的新市和新县，它们共同划归省级单位领导。其中 A 市的级别可以与其他整合后的市与县平级，也可以高出其半级。这样就可以将原有的地级市建制虚化或撤销，将我国地方政府行政层级改革为三级，充分优化管理幅度，整合资源，提高行政效率，减少行政成本。值得注意的是，该设想涉及的范围较大，可以考虑从中东西部不同的地区选择试点进行试验，以求在实践中适时调整设想中的不足。

还有一点值得注意，这一改革设想虽然目的是减少行政层级，但是却会增加行政区划的数量，由此，一些市、县、区数量较多的省份，如江西省、河南省等则会显得压力过大，对人口数量较多的省份也会形成较大的管理压力，如广东省等。所以，在此基础上不妨再大胆构想：将我国的省级区划重新调整为 40 至 45 个，以此优化行政区划与行政层级，提升行政效率，减少行政支出，而这一数量的省级区划是完全在中央政府管理能力之内的。至于省级区划的具体调整构想与方案则暂不在此报告中论述。

四、报告要点

本报告对 2016 年至 2017 年全国"市辖区体制"改革的最新情况，以及 2016 年至 2017 年关于"市辖区体制"改革的相关学术论文与研究成果进行了梳理。在此基础上，对近两年市辖区体制改革中存在争议的市辖区设置属性与角色定位、市辖区设置的必要性、市辖区设置的规范化问题进行了分析，并提出了市辖区改革的基本思路。

本报告的要点总结如下：

第一，市辖区设置与调整比较频繁。2016 年至 2017 年，国务院先后批复了 19 个省、直辖市、自治区关于"撤县（市）设区"的申请，共涉及 37 个"县（市）改区"行政区划调整事项，属于调整幅度较大的年度。2016 年至 2017 年，国务院先后批复了 6 个省、自治区关于"新设市辖区"的申请，其中，西藏自治区山南市设立乃东区、新疆维吾尔自治区哈密市设立伊州区、西藏自治区那曲市设立色尼区是因原有地区行政建制改为地级市行划建制而增设，其他为在原有地级市区划基础上新设市辖区建制。2016 年至 2017 年，先后有 2 个城市市辖区合并申请得到了国务院的批复，分别是江苏省淮安市（撤销淮安市清河区、清浦区，设立淮安市清江浦区）、浙江省宁波市（撤销宁波市江东区，将原江东区管辖的行政区域划归宁波市鄞州区管辖）。

第二，2016年至2017年，理论界关于"撤县（市）设区"的研究，主要聚焦于市辖区体制改革目的、改革方式与规范、改革效应几个方面。关于"市辖区体制改革"主要集中于城市化进程中，大城市与特大城市内部市辖区空间结构的调整，特别是针对大城市，普遍认为应在严格控制的基础上，谨慎推动撤县（市）设区，并允许城市连续建成区内的市辖区进行必要的合并、重组；而对于中小城市，应控制撤县（市）设区的发展趋势和中心城区市辖区合并重组行为。关于"区界重组"，研究主要集中于区界重组的实际效应方面，提出了市辖区区界设置与重组需要通过法律的途径进行规范，并且要结合实际城市发展需要来进行调整。

第三，市辖区改革的争议主要集中于市辖区设置属性与角色定位、市辖区设置的必要性与市辖区设置的规范化问题。如市辖区属性与角色定位的基本原则，就要根据市级行政建制的具体情况来决定。如果市辖区的区划与市高度重合，那就应该将其定位于"行政分治区"的属性与角色上。若是原有县或县级市改成的市辖区，其行政区划与市并不重合，则可以将其定位为具有较为独立的、具有一级政权性质的"行政单位"。市辖区的设置并非以职责体系全面、区划面积大、管理人口多为好的标准，市辖区的设置应该根据现实需要规范化。市辖区体制改革的基本思路主要是缩小市辖区的规模，加强市级政府的管理权威，在适当的地区和适当时期可以取消部分市辖区建制。需细化与"下移"市辖区职责，进行市辖区司法机关体制的调整，完善市辖区体制改革的相关法律等，如尽快制定《城市组织法》或《城市管理法》，从法律的角度规范市辖区体制的规范性与合理性。

第四，有关市辖区体制改革设想。主要是基于不同省、自治区、直辖市的情况，逐步将"市"建制同一化，即不存在县级市与地级市，地方行政层级由四级变为三级，县依然保留，作为省直接管辖的一级行政建制。将城市中不同性质与面积的市辖区进行整合，划入市的范畴或与其他区合并，也可以与相应的县整合成为新的区或县。按照这一设想，可以大胆构思将我国省级区划调整为40至45个，以便应对因行政层级减少而造成的行政管理幅度的增加。同时，改革相应的市辖区司法体制。构思市辖区建制的司法机构由市司法机关或省司法机关"派出"，组建类似于"第一法院""第二法院"的巡回司法机构，实行一个法院对应多个市辖区，或通过合理组合实现多个法院依据不同司法事务对应多个市辖区的机制。

作者单位：南京师范大学公共管理学院、全国民政政策理论研究基地

第三部分

政府能力建设与
政府改革热点

公务员制度研究报告

薛立强

党的十八大以来，公务员制度改革不断推进。主要的改革措施包括：颁布实施《关于县以下机关建立公务员职务与职级并行制度的意见》（中办发〔2015〕4号，2015年1月15日中共中央办公厅、国务院办公厅印发），出台《关于招录人民法院法官助理、人民检察院检察官助理的意见》（2015年6月5日召开的"中央深改组"第十三次会议审议通过），《法官、检察官单独职务序列改革试点方案》（2015年9月15日召开的"中央深改组"第十六次会议审议通过），《公安机关执法勤务警员职务序列改革试点方案》和《公安机关警务技术职务序列改革试点方案》（2015年12月9日召开的"中央深改组"第十九次会议审议通过），《关于建立法官检察官逐级遴选制度的意见》和《关于从律师和法学专家中公开选拔立法工作者、法官、检察官的意见》（2016年3月22日召开的"中央深改组"第二十二次会议审议通过），《从律师和法学专家中公开选拔立法工作者、法官、检察官办法》（厅字〔2016〕20号，2016年6月2日中共中央办公厅发布），《专业技术类公务员管理规定（试行）》和《行政执法类公务员管理规定（试行）》（中办、国办印发2016年7月印发）等。2017年，中央一方面继续推进公务员制度改革，另一方面，党的十九大对下一阶段公务员制度改革又作出了新的部署。此外，关于公务员制度改革发展的议题仍然是学界的研究热点。

一、2017年公务员制度发展现状综述

2017年，在党中央的领导下，公务员制度的发展与改革又取得了较大的进展。这主要表现在以下三个方面：

（一）颁布实施《聘任制公务员管理规定（试行）》

2006 年起开始施行的《中华人民共和国公务员法》（以下简称《公务员法》）第十六章专门规定了公务员聘任制。2011 年中央组织部、人力资源和社会保障部、国家公务员局制定出台了《聘任制公务员管理试点办法》（以下简称《试点办法》）。党的十八届三中全会提出，加快建立聘任人员管理制度。按照中央要求，中央公务员主管部门在《试点办法》的基础上，研究起草了《聘任制公务员管理规定（试行）》（以下简称《规定》）。2017 年 7 月 19 日，中央全面深化改革领导小组第三十七次会议审议通过了该《规定》。同年 9 月 19 日，中共中央办公厅、国务院办公厅正式颁布实施了该《规定》。

聘任制公务员是指以合同形式聘任、依法履行公职、纳入国家行政编制、由国家财政负担工资福利的工作人员。其管理不同于一般公务员，具有合同管理[①]、平等协商[②]、聘期明确[③]等特点。按照《规定》，聘任制公务员的职位范围主要包括专业性较强的职位和辅助性职位。专业性较强的职位是指具有低替代性，要求具备经过专门学习才能掌握的专业知识、专业技能的职位；辅助性职位是指具有较强事务性，在机关工作中处于辅助地位的职位。聘任制公务员可以通过公开招聘或者直接选聘两种方式产生。公开招聘的程序主要包括：发布招聘公告、报名与资格审查、考试测评、考察与体检、公示、审批或者备案、办理聘任手续等。直接选聘面对的是工作急需、符合聘任职位条件的人选少、难以进行公开招聘的专业性较强的职位，选聘程序包括：提出拟聘任人选、资格审查、考核测评、考察与体检、公示、审批或者备案、办理聘任手续等。

经过招聘程序后，招聘部门应与聘任制公务员签订聘任合同，合同签订采取平等自愿、协商一致的原则，用以确定双方的权利和义务，签订方式是书面签订。合同条款包括合同期限、职位及其职责要求，工作条件，工资、福利、保险待遇，解除聘任合同情形，违约责任等。合同聘期一般为 1 年至 5 年，试用期为 1 至 6 个月，其中领导职务聘任期限为 3 年至 5 年，试用期为 1 年。聘任合同经双方协商一致，可以变更或者解除。聘任制公务员日常管理的内容包括考核、续聘、转任、工资、福利待遇等。聘任制公务员与聘任机关之间因履行聘任合同发生争议的，可以依据有关规定申请人事争议仲裁。当事人对仲裁裁决不服的，可以按照有关规定向人民法院提起诉讼。仲裁裁决生效后，一方当事人不履行的，另一方当事人可以申请人

---

① 机关对聘任制公务员的管理主要是依据公务员法和聘任合同进行。聘任制公务员根据合同约定履行职责，享受相应的待遇。

② 在聘任关系确定过程中，机关与应聘人员的地位是平等的。签订聘任合同以后，虽然机关与聘任制公务员已经是行政隶属关系，但双方仍然可以通过协商一致，变更或者解除聘任合同。

③ 聘任制公务员都有明确的聘任期限，聘任合同期限为一年至五年。聘任期内，聘任人员是公务员。聘任期满，任用关系自然解除，聘任人员就不再是公务员。

民法院执行。聘任制公务员应遵守相关法律、法规和工作纪律要求，受聘期间应履职尽责。聘任制公务员提出解除聘任合同的，领导职务公务员在离职三年内，其他公务员在离职两年内，不得到与原工作业务直接相关的企业或者其他营利性组织任职，不得从事与原工作业务直接相关的营利性活动。

《规定》的出台，体现了以习近平同志为核心的党中央对公务员队伍建设的高度重视，是党的十八大以来公务员管理制度改革的重要成果，是完善选人用人制度、加强公务员队伍建设的重要制度安排。该《规定》引入了市场机制，为社会优秀人才进入机关开辟了新渠道。《规定》的实施，有利于党政机关吸引和择优选用专业化人才，有利于提高我国公务员队伍专业化水平，有利于构建更加灵活的用人机制。

（二）进一步完善公务员监督制约制度建设

党的十八大以来，公务员监督制约制度建设的力度不断加大，成效日益凸显。在此基础上，2017年又有两项新的重要举措。

1. 制定实施《领导干部自然资源资产离任审计规定（试行）》

党中央高度重视生态文明建设，党的十八大将其纳入"五位一体"总体布局，把绿色发展作为五大新发展理念之一。习近平总书记多次强调，绿水青山就是金山银山，保护环境就是保护生产力，改善环境就是发展生产力。中央的决策部署能不能落到实处，关键在领导干部。党的十八届三中全会通过的《中共中央关于全面深化改革若干重大问题的决定》，对领导干部自然资源资产离任审计做出明确部署。2015年中共中央、国务院印发的《生态文明体制改革总体方案》，提出构建由自然资源资产产权制度等八项制度构成的生态文明制度体系，将领导干部自然资源资产离任审计纳入完善生态文明绩效评价考核和责任追究制度中，并明确要求2017年出台规定。为了贯彻落实中央关于生态文明制度体系建设的要求，2015年以来，审计署围绕建立规范的领导干部自然资源资产离任审计制度，坚持边试点、边探索、边总结、边完善。2015年在湖南省娄底市实施了领导干部自然资源资产离任审计试点；2016年在河北省、内蒙古自治区呼伦贝尔市等40个地区组织开展了审计试点。

在这样的背景下，2017年6月26日召开的中央全面深化改革领导小组第三十六次会议审议通过了《领导干部自然资源资产离任审计暂行规定》。会议指出，实行领导干部自然资源资产离任审计，要以自然资源资产实物量和生态环境质量状况为基础，重点审计和评价领导干部贯彻中央路线方针政策、遵守法律法规、作出重大决策、完成目标任务、履行监督责任等方面情况，推动领导干部切实履行自然资源资产管理和生态环境保护责任。①同年11月，中共中央办公厅、国务院办公厅正式印发了《领导干部自然资源资产离任审计规定（试行）》（以下简称《规定》）。

---

① 习近平主持召开中央全面深化改革领导小组第三十六次会议[EB/OL].(2017-06-26). http://www.xinhuanet.com/politics/2017-06/26/c_1121211704.htm.

《规定》明确，开展领导干部自然资源资产离任审计，应当坚持依法审计、问题导向、客观求实、鼓励创新、推动改革的原则，主要审计领导干部贯彻执行中央生态文明建设方针政策和决策部署情况，遵守自然资源资产管理和生态环境保护法律法规情况，自然资源资产管理和生态环境保护重大决策情况，完成自然资源资产管理和生态环境保护目标情况，履行自然资源资产管理和生态环境保护监督责任情况，组织自然资源资产和生态环境保护相关资金征管用和项目建设运行情况，以及履行其他相关责任情况。《规定》强调，审计机关应当根据被审计领导干部任职期间所在地区或者主管业务领域自然资源资产管理和生态环境保护情况，结合审计结果，对被审计领导干部任职期间自然资源资产管理和生态环境保护情况变化产生的原因进行综合分析，客观评价被审计领导干部履行自然资源资产管理和生态环境保护责任情况。被审计领导干部及其所在地区、部门（单位），对审计发现的问题应当及时整改。

2. 四部门联合印发《关于规范公务员辞去公职后从业行为的意见》

规范公务员离职之后的行为，防止公务员在职时准备好"退路"，离职后立即进入准备好的领域谋取不当利益，一直是公务员制度建设和反腐败制度建设的重要目标和重要内容。1995 年由原人事部发布的《国家公务员辞职辞退暂行规定》要求：国家公务员辞职后，两年内到与原机关有隶属关系的国有企业或营利性的事业单位工作的，须经原任免机关批准。《公务员法》第一百零二条规定，公务员辞去公职或者退休的，原系领导成员的公务员在离职三年内，其他公务员在离职两年内，不得到与原工作业务直接相关的企业或者其他营利性组织任职，不得从事与原工作业务直接相关的营利性活动。然而，包括《公务员法》在内，关于公务员辞职后从业行为的规定总体较为零碎，分散在多个法规和文件中，有些规范口径不统一，有些表述比较模糊。为了进一步规范公务员辞去公职后的行为，进一步净化公务员队伍风气，进一步做好反腐败工作，2017 年 5 月，中组部、人社部、国家工商总局、国家公务员局联合印发了《关于规范公务员辞去公职后从业行为的意见》（以下简称《意见》）。《意见》规定，各级机关中原系领导班子成员的公务员以及其他担任县处级以上职务的公务员，辞去公职后 3 年内，不得接受原任职务管辖地区和业务范围内的企业、中介机构或其他营利性组织的聘任，个人不得从事与原任职务管辖业务直接相关的营利性活动；其他公务员辞去公职后 2 年内，不得接受与原工作业务直接相关的企业、中介机构或其他营利性组织的聘任，个人不得从事与原工作业务直接相关的营利性活动。《意见》要求，公务员申请辞去公职时应如实报告从业去向，签署承诺书，在从业限制期限内主动报告从业变动情况；公务员原所在单位在批准辞去公职前要与本人谈话，了解从业意向，提醒严格遵守从业限制规定；公务员主管部门要建立健全公务员辞去公职从业备案和监督检查制度，对各机关落实辞去公职从业规定情况进行指导和监督检查；工商、市场监管部门要对经查实的违规从业人员和接收企业给予相应处罚。与此同时，《意见》也强调，要准确把握和执行政策，正确对待公务员依法辞去公职行为，支持人才的合理流动，充分尊重和保障辞去公职人员合法就业和创业的权益。

（三）加强法官检察官正规化专业化职业化建设

这是进一步完善司法责任制的一项重要举措。党的十八大以来，以习近平同志为核心的党中央高度重视司法体制改革。完善司法责任制是党的十八届三中、四中全会部署的重要改革任务，对提高司法质量效率和公信力具有决定性影响。为确保司法责任制改革的系统性、整体性、协同性，中央有关部门就破解改革遇到的难题，研究提出了政策意见，先后出台了18个文件。按照中央关于重大改革事项先行试点的要求，2014年选择上海等7个省市先行试点，2015年扩大到18个省区市试点，2016年在全国普遍开展试点，2017年全面推行司法责任制等改革。以最高人民法院、最高人民检察院遴选员额法官检察官为标志，截至2017年6月，全国从近20万名法官中遴选产生12万余名员额法官，从约15万名检察官中遴选产生8.7万余名员额检察官，三类司法人员各归其位、各司其职的格局基本形成。[①]在此基础上，2017年8月29日召开的中央全面深化改革领导小组第三十八次会议审议通过了《关于加强法官检察官正规化专业化职业化建设全面落实司法责任制的意见》，以进一步加强法官检察官的正规化、专业化、职业化建设，为全面落实司法责任制提供坚实的人力资源保障。

中央全面深化改革领导小组第三十八次会议强调，在总结司法责任制改革试点成功经验的基础上，加强法官检察官正规化、专业化、职业化建设，全面落实司法责任制，是深入推进司法体制改革的重大部署安排。要巩固和完善改革成果，把坚持党的领导贯穿始终，加强法官检察官思想政治与职业道德建设，完善员额制，落实责任制，强化监督制约，健全保障机制，为深入推进司法责任制改革提供规范明确的政策依据。[②]2017年10月26日，中共中央办公厅正式印发了《关于加强法官检察官正规化专业化职业化建设全面落实司法责任制的意见》（以下简称《意见》）。《意见》提出，第一，加强正规化建设，打造对党忠诚队伍。主要措施是：加强思想政治与职业道德建设；严格纪律作风要求。第二，实施员额制，建设专业化队伍。主要措施包括：严格控制员额比例；明确遴选标准与程序；发挥遴选委员会的专业把关作用；建立健全员额退出机制。第三，落实责任制，规范司法权力运行。措施包括：规范权责配置；完善审判权运行机制；完善检察权运行机制；完善入额领导

---

① 姜伟. 全面落实司法责任制[N]. 光明日报，2017-11-09.

② 习近平主持召开中央全面深化改革领导小组第三十八次会议[EB/OL]. (2017-08-29). http://www.gov.cn/xinwen/2017-08/29/content_5221323.htm.

干部办案机制；运用科技手段、创新办法提升工作质量和效率；建立健全司法绩效考核制度；改革内设机构。第四，强化监督制约，提升司法公信力。主要措施是：增强多元监督合力；运用现代科技加强监督制约；实行法官、检察官惩戒制度。第五，健全保障机制，提高职业化水平。主要措施包括：实施法官、检察官单独职务序列管理；完善法官、检察官的职业保障；保障法官、检察官依法履职；推进省以下地方法院、检察院人财物统一管理。这些措施的实行，必将进一步加强法官、检察官正规化、专业化、职业化建设，更好地巩固司法责任制改革成果。

二、2017 年公务员制度研究现状综述

（一）研究的一般状况

公务员及公务员制度问题一直是学界的研究热点，近五年来每年发表的中文文献数量都在 1000 篇以上，2014 年甚至达到 2004 篇。2017 年篇名中包含"公务员"的文献总数为 1077 篇，其中包括期刊论文 534 篇，报纸文献 281 篇，硕博士论文 242 篇，会议文献 11 篇（此外还有其他文献 9 篇，见表 1）。

表 1　近五年篇名中包含"公务员"的文献数量（2013—2017 年）

年　份	文献总数	期刊文献数	报纸文献数	硕博士论文数	会议文献数
2013 年	1626	766	518	333	9
2014 年	2004	943	711	330	20
2015 年	1664	795	513	338	18
2016 年	1292	725	269	284	14
2017 年	1077	534	281	242	11

资料来源：中国知网，查阅日期为 2018-05-12。

在这些文献中，2017 年真正研究公务员制度的重要文献（CSSCI 期刊文献和博士论文）共 33 篇，[①]其中包括 2 篇博士论文和 31 篇 CSSCI 期刊论文。2 篇博士论文分别来自吉林大学和中国矿业大学（北京），31 篇 CSSCI 期刊论文分布在 26 个刊物上。这些重要文献的研究内容涉及公务员权利救济（1 篇）、职务与级别（1篇）、录用（1 篇）、考核（2 篇）、培训（1 篇）、惩戒（2 篇）、退出（6 篇）、工资福利保险（4 篇）、职位聘任（2 篇）、公务员道德（7 篇）、总体研究（6 篇）等方面（见表 2）。

---

① 有一些文献虽然篇名中包含"公务员"，但并不是研究公务员制度的，这里举一例为证：谭新雨，汪艳霞.《公共服务动机视角下服务型领导对公务员建言行为的影响》[J]. 软科学，2017(08)：51-55.

表2　2017年发表的公务员制度研究论文（CSSCI来源期刊）和博士论文

研究主题	序号	论文名称	作者	期刊或博士学位授予单位
权利救济	1	类型化路径下我国公务员人事行政权利司法救济的有限引入	冯岚	《学术研究》2017年第12期
职务与级别	1	基层公务员职务与职级并行制度研究	白现军 高卫星	《中州学刊》2017年第9期
录用	1	我国公务员考录制度功能性定位审视	邓帅	《理论学刊》2017年第3期
考核	1	基于大数据思想的公务员绩效考评体系构建	徐辉	《统计与决策》2017年第19期
	2	基于胜任力的地方政府在职公务员绩效评估研究	张宝生 祁晓婷	《科研管理》2017年专刊
培训	1	越南公务员能力培训质量提升研究	华氏玉霞	吉林大学博士论文
惩戒	1	公务员免责制度的规范分析	张哲飞 戚建刚	《理论探讨》2017年第4期
	2	公务员职务犯罪应处资格刑	林秋萍	《兰州大学学报（社会科学版）》2017年第2期
退出	1	公务员离职"旋转门"的法律防火墙：价值衡量与规制重塑	胡大伟	《探索》2017年第1期
	2	离职公务员的行为限制规定问题探讨	史春林	《理论探索》2017年第4期
	3	激励—贡献导向下心理契约差异对公务员离职倾向的影响	谭新雨 刘帮成 汪艳霞	《公共管理学报》2017年第3期
	4	青年公务员职业价值取向对离职倾向影响研究	徐辉	《中国行政管理》2017年第1期
	5	我国公务员退出机制的优化	方振邦 韩宁	《学习与实践》2017年第11期
	6	香港首长级公务员离职后的从业规管机制及其借鉴	姚秀兰	《深圳大学学报（人文社会科学版）》2017年第2期
工资福利保险	1	公务员薪酬满意度水平变动与管理对策	郝玉明	《北京行政学院学报》2017年第5期
	2	抗战时期国民政府公务员抚恤问题探析	姜迎春	《上海交通大学学报（哲学社会科学版）》2017年第5期
	3	论公务员养老保险制度的公平性与效率性	龙玉其	《理论月刊》2017年第9期
	4	论我国公务员工资结构失衡的治理	何宪	《中国行政管理》2017年第4期

续表

研究主题	序号	论文名称	作者	期刊或博士学位授予单位
职位聘任	1	聘任制公务员的管理要素及创新实践	张宏伟	《中国行政管理》2017 年第 2 期
	2	效率机制还是合法性机制：发达国家聘任制公务员改革的比较分析	魏姝	《江苏社会科学》2017 年第 3 期
道德	1	当前公务员职业道德建设的三个基本问题	萧鸣政张满	《北京大学学报（哲学社会科学版）》2017 年第 3 期
	2	公务员品德胜任力的结构及对工作绩效的影响	梅继霞	《中国行政管理》2017 年第 1 期
	3	公务员职业道德建设路径与创新研究	张满萧鸣政	《中国行政管理》2017 年第 2 期
	4	基层公务员职业道德建设研究	角云飞	中国矿业大学（北京）博士论文
	5	经济发展与权力错配——基于当前中国公务员行政伦理失范成因的探究	温郁华	《经济问题》2017 年第 1 期
	6	青年公务员思政教育重在以人为本	张小梅	《人民论坛》2017 年 6 月中17 期
	7	完善我国公务员职业操守路径分析	陈辉	《行政论坛》2017 年第 2 期
总体研究	1	"十三五"期间公务员队伍的结构优化研究——以四川省为例	王波	《学术前沿》2017 年第 7 期
	2	公务员诚信管理——基于过程的视角	杨秋菊	《管理世界》2017 年第 7 期
	3	国外基层公务员激励机制对我国的启示——以美国、日本、越南为例	唐艳华	《探索》2017 年第 2 期
	4	雄安新区公务员管理制度创新探讨	易丽丽	《国家行政学院学报》2017 年第 6 期
	5	政治新常态下基层公务员职业倦怠实证研究	于刚强虞志红叶阳澍	《学术研究》2017 年第 5 期

与 2016 年相比，2017 年公务员制度研究文献总数有所下降，但研究质量却有所提升，重要研究的文献数量有相当程度的增长（由 2016 年的 27 篇增长为 33 篇）。在研究主题方面，与 2016 年相比，2017 年最大的变化表现在以下三个方面：一是公务员退出机制研究引起了学者们的高度关注，重要研究文献数量由 2016 年的 0 篇增长到 2017 年的 6 篇；二是公务员道德问题的研究持续升温，重要研究数量由 2016

年的 2 篇增长为 2017 年的 7 篇；三是公务员工资福利保险问题的研究热度有所下降，重要研究文献数量由 2016 年的 9 篇降为 2017 年的 4 篇（见图 1）。

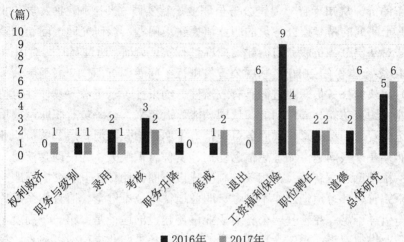

图 1　2016 年、2017 年公务员制度重要文献研究主题比较

（二）主要观点概述

本报告主要基于31篇 CSSCI 期刊文献和2篇博士论文概述2017年学界关于"公务员制度"研究的主要观点。如前所述，2017年学界的相关研究可以归纳为权利救济、职务与级别、录用、考核、培训、惩戒、退出、工资福利保险、职位聘任、公务员道德、总体研究等研究主题，本报告以各研究主题重要文献数量由多到少的顺序来概述学者们的观点。

1. 关于公务员道德问题的研究

如前所述，2017 年公务员道德问题研究持续升温，重要研究文献数量由 2016 年的 2 篇增长为 2017 年的 7 篇，包括 1 篇博士论文和 6 篇 CSSCI 期刊论文。这些研究的主要观点如下：

在 2017 年发表的公务员道德问题的文章中，有 4 篇文章研究的是公务员职业道德问题。萧鸣政、张满等学者认为，当前做好公务员职业道德建设要回答三个基本问题：为什么要进行公务员职业道德建设？建设什么？如何建设？对这三大问题，两位学者认为，公务员职业道德建设对于贯彻落实十八大六中全会精神、对于党的执政能力建设、对于提升党和政府的工作效能都具有重要意义。公务员职业道德建设的内容主要是：忠于组织（包括党组织与国家）、为民爱民、恪尽职守、公正廉洁、求真务实、依法办事、公共利益至上。公务员职业道德建设的路径与方法主要有以下几方面：第一，加强法制建设，以法律约束公务员职业中的不道德行为；第二，加强制度建设，以规章引导公务员的职业道德行为；第三，加强监督体系建设，以管理规范公务员的职业道德行为；第四，加强教育培训，从自我修养提升公务员的职业道德素质；第五，加强文化建设从环境塑造公务员的职业道德素质；第六，加强工作评价，从知行合一促进公务员职业道德实践。①中国矿业大学（北京）的角云飞博士研究的是基层公务员的职业道德建设问题，该研究通过问卷调查法和深度访谈法对基层公务员职业道德建设情况进行实证调研（通过互联网对山西、山东、福建等10多个省份的2080名基层公务员进行了问卷调查，对17名基层公务员进行了访谈），认为公务员职业道德具有政治性、约束性、示范性、具体性等特点，其基本功能为约束功能、导向功能、认同功能。近年来，公务员对职业道德重要性的认知、纪律观念、法制意识、服务意识都有了明显增强，但基层公务员职业道德建设中仍然存在一些问题，如理想信念动摇、责任意识缺失、为民理念淡薄、法治素养低下、精神意志懈怠等。在相关的制度建设方面，还存在五个突出问题：考核评价机制不完善、教育培训工作不到位、职业道德规范不健全、监督体系发挥作用有限、宣传引导不足。完善基层公务员职业道德建设的途径是：第一，高度重视基层公务员职业道德建设；第二，建立科学的基层公务员职业道德考评体系；第三，既要完善基层公务员日常行为规范，又要制定有效的基层公务员管理制度；第四，提高基层公务员职业道德教育实效性，要设置切合实际的目标，完善教育内容，创新教育方法，强化师资力量，健全相关的制度；第五，完善基层公务员职业道德监督体系，要设置专职监督机构，建立监督工作人员队伍，提高人民群众的监督意识，增强新闻媒体的监督作用，并进一步完善政务公开制度；第六，加强基层公务员职业道德的宣传引导，要充分发挥媒体的作用，树立先进典型，不断优化宣传教育产品；第七，基层公务员要提高自身职业道德修养。②有学者提出，可以运用"促进性品德评价模型"推进公务员职业道德建设。该模型把公务员个体职业道德养成与提升看成是一个整体优化的促进过程，也即通过自我与他人，对被评价者工作实践中关键职业道德行为的观察、评价与反馈，通过对公务员外化职业道德行为的引导、调控与强化，达到职业道德素质内化生成的目的。研究表明，该模型可以提高公务员职业道德建设的实效性，是公务员职业道德实践养成方法的一种具体操作模型，能够有效贯彻落实《关于推进公务员职业道德建设工程的意见》的指导思想与基本原则。③有学者认为，公务员职业有其特殊性，即职业对象的特殊性、职业职责的特殊性和职业行为准则的特殊性。当前，我国公务员职业操守建设面临的主要挑战是：背离公务员职业精神、职业规范，违背行政程序的行为时有发生，"工作倦怠"

　　① 萧鸣政，张满. 当前公务员职业道德建设的三个基本问题[J]. 北京大学学报(哲学社会科学版)，2017(03)：125-132.

　　② 角云飞. 基层公务员职业道德建设研究[D]. 北京：中国矿业大学，2017.

　　③ 张满，萧鸣政. 公务员职业道德建设路径与创新研究——促进性品德评价模型对职业道德建设《意见》实施效果的价值分析[J]. 中国行政管理，2017(02)：42-46.

问题普遍存在，不遵守党的政治规矩、政治纪律现象屡禁不止。为此，完善公务员职业操守的主要途径应为：重塑公务员职业精神，完善公务员管理责任制，加强公务员队伍的纪律与作风建设，强化领导队伍建设，培育公务员积极情感，提升公务员管理的人本化程度等。①

除职业道德问题外，其他学者还探讨了公务员行政伦理失范产生的原因，并从品德胜任力、青年公务员思想政治教育等方面提出了提升公务员道德水平的建议。具体而言，有学者探讨了公务员行政伦理失范的原因，主要表现为：传统文化视域下权力的错配造成经济发展的异化性特征；体制机制视域下权力的错配阻碍服务经济发展；行政主体视域下权力的错配形成狭隘的经济发展。这三个方面共同造成公务员的行政伦理失范。②关于如何提升公务员的道德水平，有学者指出，应着力提升公务员的品德胜任力。公务员品德胜任力是公务员在工作中取得高的绩效水平需具备的品德要素的集合。公务员品德胜任力由 6 个因素组成，包括：职业道德、政治品德、敬业奉献、诚信务实、工作作风和个人品质。品德胜任力对工作绩效有显著的影响，特别是其中的敬业奉献、工作作风、个人品质对工作绩效的表现有显著的正向预测作用。③有学者认为，青年公务员思想政治教育重在以人为本，应有观念维度和行动维度两个维度，应有为人民服务的实践面向和树立正确价值观的观念面向这两大面向。④

2. 关于公务员退出机制及其后续管理的研究

公务员退出管理成为 2017 年公务员制度研究的一大热点，共发表 6 篇重要文章。这些文章的观点如下：

公务员离职倾向研究。有学者从不同"工作要求-资源类型"的公务员心理契约差异来分析公务员在离职倾向方面的差异。研究结果表明，当公务员处于工作要求低于工作资源状态时，激励导向的心理契约令他们更支持变革、积极工作；反之，贡献导向契约关系令他们抵制变革、倾向离职。⑤有研究基于东、中、西部地区 12 个省（区、市）35 周岁以下 3006 名在职青年公务员的调查数据，对青年公务员的四类职业价值取向、三维度离职倾向进行了调查，构建了职业价值取向与离职倾向的结构模型。研究发现，青年公务员公共理想型职业价值取向、公共功利型职业价值取向与离职显著负相关，个体理想型职业价值取向、个体功利型职业价值取向与

---

① 陈辉. 完善我国公务员职业操守路径分析[J]. 行政论坛, 2017(02)：63-68.

② 温郁华. 经济发展与权力错配——基于当前中国公务员行政伦理失范成因的探究[J]. 经济问题, 2017(01)：45-47.

③ 梅继霞. 公务员品德胜任力的结构及对工作绩效的影响[J]. 中国行政管理, 2017(01)：28-33.

④ 张小梅. 青年公务员思政教育重在以人为本[J]. 人民论坛, 2017(17)：138-139.

⑤ 谭新雨, 刘帮成, 汪艳霞. 激励-贡献导向下心理契约差异对公务员离职倾向的影响——基于公共服务动机和变革态度的综合分析[J]. 公共管理学报, 2017(04)：27-43, 154.

离职倾向显著正相关。7—8 年工龄的青年公务员公共理想型职业价值取向最低且离职倾向最高，最易发生离职行为。我们可以通过培育职业信仰、提升工作满意度、创设良好氛围等三个方面来增强青年公务员的公共型职业价值取向、减弱个体型职业价值取向，降低青年公务员的离职倾向，稳定青年公务员队伍。[1]

优化公务员退出机制研究。有学者对国内外各个地区公务员退出机制进行了梳理，归纳总结了其中的特色做法，并在此基础上，从心理契约理论中的"双向期望"角度对公务员退出机制进行了设计。具体包括：满足规范型期望——继续推进养老金并轨，创新实施细则；满足人际型期望——进行部门改革，精简机构与人员，明确内部工作流程；满足发展型期望——细化职务与职级并行制，提高基层公务员工作积极性。[2]有学者指出，当前关于离职公务员到商界任职是否会导致变相的权钱交易等腐败问题受到社会的广泛关注，为此，有必要对离职公务员的行为进行限制。该学者的建议是：第一，适当延长离职公务员行为限制的时间，一般公务员为 2 年，科级公务员为 3 年，处级公务员为 4 年，厅局级以上公务员为 5 年或者更长一些；第二，在离职公务员行为限制范围方面，既对接收离职公务员的相关企业做出限制，也对离职公务员可从事的行为事项做出限制；第三，由纪检监察部门和司法部门作为相关惩罚的执行机构，强化违规离职公务员的个人责任，加大离职公务员违反行为限制的处罚力度；第四，细化对离职公务员行为限制的有关条款；第五，增加对离职公务员进行监管和保护离职公务员正当权益的条款。[3]

公务员离职后管理的研究。有学者指出，公务员离职的政商"旋转门"现象容易产生利益冲突，滋生腐败，需要通过设立法律"防火墙"加以规制与防范。法律防火墙的设计需要考量和平衡双重价值，即利益冲突防范的秩序价值和公民择业选择的自由价值。具体而言，应强化秩序，实现公务员离职"旋转门"规制双重价值的动态均衡；完善公务员离职"旋转门"制度体系；重塑公务员离职"旋转门"制度规范架构。[4]有学者研究了香港首长级公务员离职后的从业规管机制，认为相对于内地而言，香港首长级公务员离职后从业规管机制建立早，形成了"先批准，后从业"的规管机制；区分不同薪级点公务员，实行不同管制期限和从业限制，并向公众公开。学习、借鉴香港首长级公务员离职后从业规管机制，对于完善内地相关制度颇有现实意义。[5]

① 徐辉. 青年公务员职业价值取向对离职倾向影响研究——基于不同工龄群体的回归方程解析[J]. 中国行政管理，2017(01)：34-38.

② 方振邦，韩宁. 我国公务员退出机制的优化[J]. 学习与实践，2017(11)：42-48.

③ 史春林. 离职公务员的行为限制规定问题探讨[J]. 理论探索，2017(04)：105-110.

④ 胡大伟. 公务员离职"旋转门"的法律防火墙：价值衡量与规制重塑[J]. 探索，2017(01)：62-71.

⑤ 姚秀兰. 香港首长级公务员离职后的从业规管机制及其借鉴[J]. 深圳大学学报(人文社会科学版)，2017(02)：30-37.

3. 关于公务员工资福利保险问题研究

有学者基于对公务员和教师薪酬满意度问卷调查的对比，研究了公务员薪酬满意度水平变动问题。研究发现，公务员薪酬满意度总体处于中等水平，但高于高校教师；除了男女公务员薪酬满意度几乎没有差异以外，不同学历、不同部门、不同职级的公务员薪酬满意度都表现出显著的变化规律。学历越高，薪酬满意度越低；公安部门薪酬满意度最低，税务部门次之；职级越低，薪酬满意度越低。薪酬水平、对部门收入差距感知是影响公务员薪酬满意度的主要因素，应从提高薪酬水平、科学设计薪酬制度、科学调控部门之间收入差距、完善非经济性报酬激励体系设计等多方面加强薪酬激励，提高公务员薪酬满意度。[①]有学者研究了公务员工资结构失衡问题，提出了有针对性的建议。指出我国公务员工资结构不合理问题是在特定的历史条件下、由特殊的原因造成的。公务员工资结构失衡的治理，必须从机制和体制入手，对工资增长机制、工资管理权限划分、工资的监督管理等方面进行改革和调整。[②]有学者指出，增强公平性、提升效率性是公务员养老保险制度改革的重要目标。公平性主要体现在维护过程公平和实现结果公平两个方面；效率性体现在宏观效率与微观效率两个方面。公平性与效率性体现在制度设计和运行的每一个环节；体现为并列、替代、互补三种关系和高公平与高效率、高公平与低效率、低公平与高效率、低公平与低效率四种状态。不同类型公务员养老保险制度的公平性与效率性存在明显差异，公平性与效率性的衡量需要综合考虑各类因素，不能仅凭某一方面盲目评判。[③]有学者研究了抗战时期国民政府公务员的抚恤问题。指出抗日战争期间，国民政府公务员伤亡惨重，需要抚恤的罹难人数众多，但是实际受恤人数却低于战前，主要原因是战争条件下核恤困难，请恤过程烦琐，导致一部分受恤人得不到恤金；再加之通货膨胀引起的恤金贬值，难以发挥最基本的生存保障作用，一部分受恤人放弃请恤。国民政府先后出台一系列措施来补救，虽然实际效果难言满意，但是在这种极端条件下的努力与争取，仍然有其积极意义。[④]

4. 关于公务员考核、惩戒、职位聘任等问题的研究

2017 年这三个主题各发表 2 篇重要文献，其主要观点有如下几个方面。

在公务员考核研究方面，有学者基于大数据思想理念及其技术应用，将层次分析法与模糊综合评价分析方法合二为一，重构大数据背景下公务员绩效考核的指标体系，从上级部门、领导、专家、同级、服务对象全维度对公务员绩效展开权衡评价，经过同化、归一，确定不同单位、部门、岗位公务员的绩效考核指标，模糊综

① 郝玉明. 公务员薪酬满意度水平变动与管理对策[J]. 北京行政学院学报，2017(05)：52-57.
② 何宪. 论我国公务员工资结构失衡的治理[J]. 中国行政管理，2017(04)：21-27.
③ 龙玉其. 论公务员养老保险制度的公平性与效率性[J]. 理论月刊，2017(09)：137-143.
④ 姜迎春. 抗战时期国民政府公务员抚恤问题探析[J]. 上海交通大学学报(哲学社会科学版)，2017(05)：109-116.

合量化计算考核内容得出个人绩效结果，使公务员绩效考核更加科学、精准、有效。①有学者以胜任力为基础，以地方政府在职公务员为研究对象，针对在职公务员设计了包括专业技能和通用技能的胜任力模型，讨论了绩效考评的实施主体，构建了以胜任力模型为基础的政府绩效评估体系，为优化政府绩效考核提供思路。②

在公务员惩戒制度研究方面，有学者指出，由于刑罚种类单一、司法裁量权过大等原因，导致现行公务员职务犯罪缓刑免刑率畸高，造成了不良的社会影响。因此，需要借鉴古今相关立法，设置剥夺其担任公职权利的资格刑，实现罚当其罪，从而更加有效地遏制职务犯罪，促进廉政建设。③有学者研究了公务员的免责制度，认为从公务员免责行政实践来看，初步形成的公务员免责制度的正当性与合法律性均饱受质疑，一方面，制度规范并不契合行政法的基本价值和原则；另一方面，制度建构与实施缺乏上位法依据或与上位法相抵触。根据公法的"权责结构"理论，公务员免责制度框架必须平衡公务员免责权利与违法或不当行为担责间的关系，从公务员免责的主体、行为与责任结构入手，科学设定公务员免责的申请主体、审查主体、免责程序与免责事由等制度要素。④

在公务员职位聘任制度研究中，有学者认为，中国公务员聘任制改革试点中，一个比较有争议的问题是聘任制公务员的实施范围问题。各主要发达国家聘任制公务员的范围和规模也差异很大。运用组织行为学中两个相互竞争的理论流派——理性选择理论和制度学派，通过对各发达国家政府规模、政治价值观等变量与其聘任制公务员范围大小之间的相关性分析发现，各国在选择确定其聘任制公务员范围时更多地体现出了制度学派所主张的合法性机制而不是理性选择学派所主张的效率机制，即一个国家的主流政治价值观如果更多地体现出"亲市场"而不是"亲政府"的特点，那么其采用大范围型聘任制公务员的可能性越大。循着这种逻辑，中国的聘任制改革无疑应当选择小范围型的聘任制公务员作为目标。⑤有学者以 A市为例，研究了聘任制公务员的管理要素问题，指出聘任制公务员的管理要素主要包括：职位设置、公开招聘、合同签订、绩效考核、退出机制。进一步完善聘任制公务员管理，应重视顶层设计，探索多种模式，防止管理"异化"，重视制度成本核算，发挥多主体作用。⑥

① 徐辉. 基于大数据思想的公务员绩效考评体系构建[J]. 统计与决策，2017(19)：68-72.

② 张宝生，祁晓婷. 基于胜任力的地方政府在职公务员绩效评估研究[J]. 科研管理，2017(S1)：171-175.

③ 林秋萍. 公务员职务犯罪应处资格刑[J]. 兰州大学学报(社会科学版)，2017(02)：182-188.

④ 张哲飞，戚建刚. 公务员免责制度的规范分析[J]. 理论探讨，2017(04)：171-176.

⑤ 魏姝. 效率机制还是合法性机制：发达国家聘任制公务员改革的比较分析——兼论中国聘任制公务员范围的选择[J]. 江苏社会科学，2017(03)：114-124.

⑥ 张宏伟. 聘任制公务员的管理要素及创新实践[J]. 中国行政管理，2017(02)：152-154.

5. 关于公务员权利救济、职务与级别、录用、培训等的研究

2017 年这些主题的研究各发表 1 篇重要文献，其主要观点有如下几个方面。

关于公务员权利救济问题，有学者指出，我国当前对公务员人事行政权利的救济框架具有内部化和单一化特征，仅存在不完善的行政内部救济路径，外部司法救济路径被排除，这导致我国公务员人事行政权利救济处于有效性、规范性、正当性不足的状况。鉴于此，应当秉持有限引入司法救济的基本思路，将行政体系功能的维持与个体权利的保障这对矛盾的平衡作为确定司法救济的衡量标准。通过寻找不同平衡点，可以将公务员人事行政权利区分为三种类型——人身性权利、财产性权利和职业性权利。针对三种权利类型分别提供强法治、弱法治和最弱法治三种路径，设计具有不同前置程序、介入程度和司法审查标准的不同制度，最终建构一个符合我国国情、能够有效保障公务员人事行政权利的救济制度。①

关于公务员职务与级别制度问题，有学者认为，为破解基层公务员职务晋升困难和传统管理制度激励功能不足等难题，中央出台文件，决定在县以下机关推行公务员职务与职级并行制度，以促进基层公务员待遇改善和队伍稳定。这项改革的实践证明，这项新型制度确实发挥了一定的激励功能，但也暴露出配套制度不足等深层次问题。深入贯彻落实这项制度，需要合理调整基层公务员工资结构和工资级差，并在基层公务员职位分类、职级晋升条件、绩效考核机制、基层公共财政保障机制、职级晋升监督机制等方面不断优化和完善。②

关于公务员录用制度问题，有研究认为，由制度的功能定位入手，通过历史和现实的分析，可将我国公务员考录制度的功能定位为政治性、社会性和管理性，并以此为依据，对当前我国公务员考录制度制定和执行过程中存在的各种错位和缺位现象进行分析，同时提出相应的解决措施。具体而言，应加强宏观层面的意识形态引领作用，引导全社会对公务员考录制度形成全面正确的认知；应增强公务员考录制度制定及执行过程中各个主体间的沟通；提高公务员考录的科学性，彰显公务员考录制度的积极作用；应加强保障制度建设，保证考录制度功能的正确定位和积极发挥。③

华氏玉霞专门研究了越南公务员的培训问题，认为越南公务员工作能力培训工作中存在着以下一些问题：第一，培训工作上不积极主动，与单位的培训需求相脱节。第二，公务员的实际工作能力弱，并且参加培训干部自身的自觉能力弱。第三，培训方法较为简单，有忽略实践的现象。第四，培训内容设计笼统，针对性较弱。第五，公务员培训管理及培训机构间分工不明确。第六，师资队伍经验不足、经历

① 冯岚. 类型化路径下我国公务员人事行政权利司法救济的有限引入[J]. 学术研究, 2017(12)：97-102，178.
② 白现军，高卫星. 基层公务员职务与职级并行制度研究[J]. 中州学刊, 2017(09)：12-17.
③ 邓帅. 我国公务员考录制度功能性定位审视[J]. 理论学刊, 2017(03)：129-136.

浅。第七，培训效果评价机制不完善。第八，培训经费不能满足培训需求。第九，培训条例和培训管理机制不完善。提高越南公务员能力培训质量的建议是：第一，明确公务员培训的指导思想和原则，包括：服务大局，紧扣需求；以德为先，注重能力；全员培训，突出重点；改革创新，力求实效；依法治训，从严管理。第二，进一步完善公务员培训制度以及培训设施的建设，包括：健全公务员培训的制度；加强基础培训设施建设。第三，提升公务员培训内容与培训类型的匹配程度并突出具有时代性的重点培训内容，包括：做好培训分类及其内容匹配；抓好初任、任职、专门业务、在职培训；明确符合 2016—2020 年这一阶段的各项重点培训内容。第四，创新培训方式方法。第五，加强各政府机构、公共组织在各项保障方面的投入，如领导管理、经费投入、培训管理队伍建设等。第六，落实以工作能力为基础的培训模式，提升越南公务员本身的工作能力指标。第七，加强政府，特别是省级、处级单位领导对培训以及培训管理工作的重视。[①]

6. 总体研究

除了上述一些研究之外，2017 年学界还探讨了一些更具一般性问题的研究，由于很难归入具体的管理制度，本报告将其归为"总体研究"。

有学者以四川省为例，研究了公务员结构优化问题，认为公务员结构优化应立足存量结构优化理念，以不增加编制和财政资源的投入为前提。"十三五"期间四川省公务员结构优化应做好以下工作：在公务员招录领域实施创新骨干人才培养计划；在公务员培养中探索项目制团队建设，在公务员流动中建立轮岗流动体制；形成公务员结构优化的超循环结构，进行公务员结构优化的部门领导责任制探索。[②]有研究指出，政府诚信体现于公务员诚信，公务员作为政府行为的决策者和实施者，其诚信行为，对社会公众有强大的引领、示范作用。要提升政务诚信水平，必须加强公务员诚信管理，从招募到惩戒，在人事管理过程的各环节融入诚信元素。具体而言，招募环节运用诚信测试，录用环节实施公开宣誓，培训环节开展诚信教育咨询，薪酬环节建立诚信年金，考核环节完善诚信档案，惩戒环节零度容忍。[③]有学者以美国、日本、越南为例，研究了国外基层公务员的激励机制。认为其对于我国基层公务员激励机制建设的启示如下：加强目标激励，健全基层公务员绩效考核机制；注重物质激励，健全基层公务员薪酬调节机制；促进政治激励，健全基层公务员职务晋升机制；实现道德激励，健全公务员理想信念培训机制。[④]有学者研究了雄安新区的公务员制度创新问题，认为雄安新区要打造一支高素质、专业化的公务

① 华氏玉霞. 越南公务员能力培训质量提升研究[D]. 吉林大学，2017.
② 王波. "十三五"期间公务员队伍的结构优化研究——以四川省为例[J]. 学术前沿，2017(14)：92-95.
③ 杨秋菊. 公务员诚信管理——基于过程的视角[J]. 管理世界，2017(07)：174-175.
④ 唐艳华. 国外基层公务员激励机制对我国的启示——以美国、日本、越南为例[J]. 探索，2017(02)：187-191.

员队伍需创新公务员管理制度。具体建议是：人才优先，多轨并行吸纳人才；建立岗位管理制度，进行职位制改革；强化职级晋升激励，进行晋升制度改革；推行聘任制，增加用人制度弹性；以家庭为中心，建立福利保障制度。通过这样一套科学化、弹性化、人性化制度的有效运行，实现选录、激励、留住最合适的人扎根雄安新区工作。[①]有学者运用实证研究的方法研究了基层公务员的职业倦怠问题。该研究通过对珠三角的广州、佛山、中山三市基层公务员进行分类抽样调查后发现，政治新常态下，基层公务员的职业倦怠程度处于中等趋上水平；而在性别、行政层级、职位级别等方面存在显著差异。政治新常态对基层公务员职业倦怠造成了一定程度的影响，但并不成为最主要影响因素；而缺乏工作支持、狭窄的晋升渠道和非正式的晋升机制则是基层公务员职业倦怠的主要原因。因此，应对政治新常态下基层公务员职业倦怠问题，需要完善组织内部互动反应机制、职级职务并行的晋升制度等。[②]

三、公务员制度发展展望

2017 年 10 月 18 日至 24 日，党的十九大胜利召开。党的十九大对包括公务员制度在内的下一阶段干部人事制度改革做出了全面部署。根据党的十九大精神，未来一段时期公务员制度改革发展及其研究的重点包括以下五个方面。

一是进一步提升公务员的道德品质。党的十九大指出：要坚持党管干部原则，坚持德才兼备、以德为先，坚持五湖四海、任人唯贤，坚持事业为上、公道正派，把好干部标准落到实处。这提出了新时期对公务员道德品质的基本要求，特别是其中的"德才兼备，以德为先"，指出了党长期执政条件下对公务员道德建设的高度重视，以及公务员道德建设的重大意义。"信念坚定、为民服务、勤政务实、敢于担当、清正廉洁"的 20 字"好干部标准"则是新时期对公务员道德建设的具体体现和具体要求。随着各级政府和公务员管理部门对公务员道德建设的高度重视，如何提升公务员的道德品质也会成为学界的研究重点。

二是进一步突出选人用人的政治标准。党的十九大指出：坚持正确选人用人导向，匡正选人用人风气，突出政治标准，提拔重用牢固树立"四个意识"和"四个自信"、坚决维护党中央权威、全面贯彻执行党的理论和路线方针政策、忠诚干净担当的干部，选优配强各级领导班子。选人用人问题历来是干部人事管理和公务员管理的重要问题，选人用人中的政治标准又是其中极其重要的问题。党的十九大根据十八大以来选人用人的实践，进一步突出了选人用人的政治标准。可以预见，未来一段时期，选人用人必然将政治标准作为首要标准。如何贯彻和实现党的十九大

① 易丽丽. 雄安新区公务员管理制度创新探讨[J]. 国家行政学院学报，2017(06)：87-91，162-163.
② 于刚强，虞志红，叶阳澍. 政治新常态下基层公务员职业倦怠实证研究[J]. 学术研究，2017(05)：49-55.

提出的选人用人政治标准，也会成为相关实践以及理论研究的重要课题。

三是着力提升公务员适应新时代中国特色社会主义要求的各项能力。党的十九大指出：注重培养专业能力、专业精神，增强干部队伍适应新时代中国特色社会主义发展要求的能力。党的十九大提出了当前和未来一段时期新时代中国特色社会主义的建设任务，这些任务与之前的任务相比有着较大的差别。此外，中国改革发展的环境和条件也发生了巨大的变化。这些情况都对公务员履职尽责提出了新的要求，很多公务员存在着能力不足的缺陷。在这样的情况下，加强对公务员的培训，提升公务员适应新时代中国特色社会主义要求的各项能力成为必然要求，学界也应加强对公务员培训问题的研究。

四是做好年轻公务员、女公务员、少数民族公务员、离退休公务员等工作。这几部分公务员是中国公务员队伍的重要组成部分，也是公务员管理中需要特别关注的部分。党的十九大指出：要大力发现储备年轻干部，注重在基层一线和困难艰苦的地方培养锻炼年轻干部，源源不断选拔使用经过实践考验的优秀年轻干部；要统筹做好培养选拔女干部、少数民族干部和党外干部工作；要认真做好离退休干部工作。根据党的十九大精神，如何在基层一线和困难艰苦的地方培养锻炼年轻干部，源源不断选拔使用经过实践考验的优秀年轻干部，必然成为未来一段时期公务员管理的一项重点工作。

五是建立起激励和约束并重的公务员管理机制。党的十九大指出：坚持严管和厚爱结合、激励和约束并重，完善干部考核评价机制，建立激励机制和容错纠错机制，旗帜鲜明为那些敢于担当、踏实做事、不谋私利的干部撑腰鼓劲。这是新时代对公务员管理机制建设的新要求。一段时期以来，随着反腐败力度的加大和干部监督约束机制建设的强化，出现了部分公务员懒政、怠政，不会甚至不敢履职尽责的问题。党的十九大的上述要求正是针对这一问题提出的。可以预见，如何建立起激励和约束并重的管理机制，旗帜鲜明为那些敢于担当、踏实做事、不谋私利的干部撑腰鼓劲，必然成为未来一段时期包括公务员制度在内的整个干部人事制度改革的一项重要课题，相信也一定会引起学界的高度关注。

四、报告要点

本报告要点总结如下：

1. 2017 年，在全面深化改革的背景下，公务员制度改革与发展又取得了重要进展。这主要表现在三个方面：颁布实施《聘任制公务员管理规定（试行）》；进一步完善公务员监督制约制度建设；加强法官检察官正规化、专业化、职业化建设。

2. 与 2016 年相比，2017 年公务员制度研究文献总数有所下降，但研究质量却有所提升，重要研究文献的数量有相当程度的增长。2017 年的研究重点包括：权利救济、职务与级别、录用、考核、培训、惩戒、退出、工资福利保险、职位聘任、公务员道德等。在研究主题方面，2017 年变化表现在三个方面：一是公务员退出机制研究引起了学者们的高度关注；二是公务员道德问题的研究持续升温；三是公务员工资福利保险问题的研究热度有所下降。

3. 根据党的十九大的部署，未来一段时期公务员制度的主要内容是：落实好干部标准，坚持正确选人用人导向，注重培养专业能力和专业精神，大力发现、储备年轻干部，做好女干部、少数民族干部、党外干部、离退休干部工作，建立激励机制和容错纠错机制等。

作者单位：天津商业大学公共管理学院

地方政府权力清单制度建设研究报告

潘同人

中国共产党第十八届四中全会《中共中央关于全面推进依法治国若干重大问题的决定》强调，推行政府权力清单制度，坚决消除权力设租寻租空间。建设并完善权力清单制度已经成为地方政府推进行政体制改革和国家治理现代化的重要战略举措。所谓权力清单制度就是对各级政府及其所属部门公共权力的属性、类别、启动程序、适用条件、行使边界等要素进行全面汇总和梳理，进而形成的权责清晰、流程规范的目录清单的制度。权力清单制度是一种法治化的政府管理模式，它以清单的形式明确政府与市场、社会之间的权责边界，并调整和规范公共权力的运行过程。从实践层面来看，现阶段地方政府着力建设的权力清单制度主要包括权力清单、责任清单和负面清单等规范性内容，这几种具体的清单形式共同构成了防止公共权力自我扩张和异化的制度屏障。

一、地方政府权力清单制度建设现状综述

（一）地方政府权力清单制度建设的总体状况

1. 省级政府权力清单已全面公布

权力清单制度在我国经过十几年的发展，尤其是党的十八届三中全会以来，取得了可喜成就。截至 2017 年 2 月，中华人民共和国中央人民政府官方网站已面向全社会公布了全国 31 个省级政府（除港澳台地区外）地方政府权力清单。截至 2017

年 12 月底，全国各省级政府已经公布了权力清单。①从公开方式上看，大部分地方政府权力清单采取网页查询的方式，少数采用文档下载的方式。省级政府官方网站、省级政府权力清单编制机构官方网站成为省级政府权力清单制度的主要公布平台。从编制的依据上看，法律、行政法规、地方政府法规、行政规章成为地方政府权力清单编制的主要依据，也有的地方政府将一些规范性文件也纳入地方政府权力清单编制依据的范畴。从公开的内容看，除政府权力清单是必须公开的内容之外，大部分省份也公布了责任清单，有的省份还追加了负面清单等自选项目。从权力类型上看，省级政府权力清单制定主体通过依据《行政许可法》《行政处罚法》《行政诉讼法》《行政复议法》《行政监察法》等法律确定行政权力类型的名称，通过表 1 可知，当前，省级政府权力清单确认的行政权力类型的名称共有 27 项，在列出行政权力类型之后，31 个省级政府（除港澳台地区外）权力清单都对行政权力类型的适用条件、运行边界做了明确说明。

表 1　省级政府权力清单各项行政权力数目统计

类型名称	数目	类型名称	数目	类型名称	数目
行政确认	31	行政审批	7	行政强制执行	1
行政处罚	30	行政监督	6	行政强制征用	2
行政强制	30	非行政许可	5	行政服务	1
行政给付	30	行政征用	5	公共服务	1
行政奖励	29	行政监督监察	3	其他公共服务	1
行政征收	29	行政指导	2	税费减免	1
行政裁决	26	行政规划	2	行政收费	1
行政许可	26	行政复议	2	年检	1
行政检查	19	行政强制措施	1	其他行政权力	31

资料来源：各省级政府政务信息网站。

从发布主体来看，大部分地区是由省级人民政府负责发布，天津、河北、山西、江西、湖北、广西等 6 个省（区、市）是由省级人民政府办公厅负责发布，内蒙古、云南两个省（区）由审改办这一特定类型的专职机构负责发布，而贵州、新疆则由省（区）级政府的编委办负责发布（见表 2）。

---

① 中国政府网 http://www.gov.cn/fuwu/zfquanze/index.htm.

表 2　省级政府权力清单发布主体统计

发布主体	省份名称	数目（个）	比例（%）
省级人民政府	黑龙江；吉林；辽宁；北京；山东；上海；江苏；浙江；安徽；河南；湖南；广东；福建；海南；西藏；陕西；甘肃；宁夏；青海；四川；重庆	21	67.7
省级人民政府办公厅	天津；河北；山西；江西；湖北；广西	6	19.4
审改办	内蒙古；云南	2	6.45
编委办	贵州；新疆	2	6.45

资料来源：各省级政府政务信息网站。

在此基础上，一些省份还出台了实施地方政府权力清单的配套措施。在权力清单的运行上，浙江省、甘肃省、山东省、江西省等省份创新了地方政府权力清单的运行方式，有效地将信息化与地方政府权力清单的具体内容相结合，为地方政府权力清单的有效推进创造了较好的条件。2016 年 1 月 5 日，国务院办公厅发布了《国务院部门权力和责任清单编制试点方案》，除新疆、重庆、贵州、西藏之外，其他 28 个省级政府均已编制了其省级政府责任清单。2017 年 6 月，根据中国科学院法学研究所的第三方评估报告显示，我国权力清单制度建设取得显著成效。

2. 市县级地方政府权力清单建设稳步推进

市县级地方政府的权力清单制度建设，是推动地方政府治理现代化的重要环节。在省级政府权力清单制度基本成型以后，市县级地方政府也逐步将制度创新的着力点转向各类权力清单的规划和编制。浙江省杭州市富阳区作为浙江省地方政府权力清单制度试点，以清权、减权、制权为核心内容全面开展行政权力的削减和编制工作，拉开了县级地方政府权力清单编制工作的序幕。随后，济南、武汉、广州、南京、宁波等市县级城市都公布了自己的地方政府权力清单。2017 年 3 月，国务院办公厅印发了《2017 年政务公开工作要点》，要求"大力推动市县两级政府工作部门全面公开地方政府权力清单和责任清单，进一步推动了地方政府权力清单制度在全国范围内施行"。截至 2017 年底，全国多数市县级城市已公布了其地方政府权力清单，但是完善程度不一。部分市县的地方政府权力清单权力内容规定细致，法定依据完善，甚至可以根据本地政府管理现状在方式方法上进行创新，而部分市县地方政府公布的权力清单则存在敷衍情形，存在权力清单内容笼统，权力运行流程、监督方式基本事项不健全，权力依据不规范等问题。

3. 乡镇地方政府权力清单制度尚待健全

目前，地方政府权力清单制度在区县层面得到了普及，但在乡镇政府层面还没有展开。权力清单制度是一种现代化的政府治理工具，它的建立和完善需要丰富的智力资源，而乡镇政府处在政权体系的末梢，其智力资源相对稀缺，缺乏独立实施权力清单制度的物质条件。从政策层面来看，中共中央办公厅、国务院办公厅印发的《关于推行地方各级政府工作部门权力清单制度的指导意见》提出："乡镇政府的地方政府权力清单编制和公开工作由各省级政府研究决定。"这给乡镇政府机关地方政府权力清单的编制和公布工作留出了较大的空间。但是，乡镇政府作为与人民群众联系最密切、沟通最直接的一级政府，地方政府权力清单的编制和公布工作依然艰巨。尤其是在一些交通相对闭塞、经济比较落后的乡镇，地方政府权力清单的编制和公布工作的完成可能仍尚需时日。

（二）地方政府权力清单制度建设的典型做法

1. 北京"四单制"与"通用+专项"责任清单模式

2017年12月20日，北京市机构编制委员会办公室网站公布了北京市人民政府部门权力清单（2017年版）。在北京市政务信息门户网站上，按照类别分别公开了每个部门、每个事项的行政权力。①"四单制"是北京市在推行行政权力清单制度运行过程中，为了方便公众知晓每个政府部门行政权力的内容与运行机制，采取的四个步骤，即列单、晒单、跟单、调单。四个步骤有序运作，合理配置，构成了完善的权力运行体系。通过以上四个步骤，人们可以全面掌握市级各部门的权力数目，界定权力选界。此外，北京市以通用和专项的模式制定了责任清单，对权力运行程序的每个阶段都做出了责任界定。

北京市在梳理权力以及公布权力方面做出的努力不可忽视。但是，通过查看每个部门的每项行政权力可以发现，北京市在政务网站上并没有全方位地公示每项权力的法律依据、运行程序。绝大部分只公开了具体的权力名称。比如，对于公民经常参与的行政许可事项，全部公开了法律依据，而对于行政裁决类的权力只公开了一个权力名称，对其权力来源和运作程序都没有显示。如果一个公民想要了解北京市公安局的行政奖励事项，在此平台上只能了解何种行为可获得行政奖励，依据什么获得、如何获得却不得而知。

2. 浙江省"四张清单一张网"模式

浙江省在最初实施过程中，各省级政府部门依照"清权、减权、制权"的基本流程有序推进、逐步做实权力清单制度，依照"三报三审三回"（见图1）的步骤精简权力。在此基础上，浙江省提出了建设政府权力清单、责任清单、企业投资负面清单、省级部门专项资产管理清单和政务服务网"四张清单一张网"的思路，力求在放权上求实效、在监管上求创新、在服务上求提升。

---

① 北京市政务网 http://zhengwu.beijing.gov.cn/sy/bmdt/t1490343.htm.

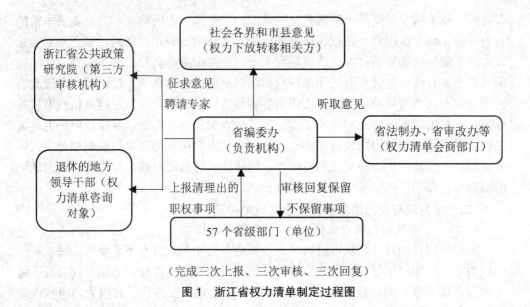

（完成三次上报、三次审核、三次回复）

图 1　浙江省权力清单制定过程图

资料来源：浙江省政务服务网。

截至 2017 年 12 月，浙江省级部门基本上完成了行政审批事项的精简工作，保留了 4092 项基本权力。[①]实现了四个目标：一是实现权力清单和责任清单的全覆盖。力求两个清单的公开做到标准、精细。浙江省政务服务网明确说明"公布的权力清单中所列的行政权力是行政主体依法实施的对公民、法人和其他组织权利义务产生直接影响的行政职权。非直接影响的行政职权列入了责任清单"。两张清单所列事项都是政府各部门必须履行的法定职责，既是权力、也是责任。权力清单、责任清单归结到一起，构成了政府行权履职的职责体系，是建设法治政府和服务型政府不可或缺的两个方面。二是推进负面清单管理模式。负面清单在处理政府和市场的关系上具有其他方式无可比拟的作用，可为投资领域设定"黑名单"，具有前瞻性和可行性。三是实施省级部门专项资金管理清单，包括部门预算专项和转移支付专项。四是建成浙江政务服务网，截至 2017 年底，浙江政务服务网已覆盖全省 3300 多个政府部门、1400 多个乡镇街道的政务服务事项，开展便民服务，房屋权属证明、纳税证明、港澳通行证再次签注等 10 项便民服务在 2017 年底实现了网上申请、在线服务和快递送达。

3. 安徽省"两单联动"模式

安徽省在公布政府权力清单的同时，也完成了责任清单制度的建设工作，权责

[①] 浙江政务服务网 http：//www.zjzwfw.gov.cn/col/col52673/index.html?webId=1&tabid=00001.

体系同步建立，在全国首创"两单联动"（权力清单和责任清单）模式。建立权力清单和责任清单同时运行、相互补充的机制，目的就是要依法确权、依法确责、依法控权。安徽省级政府权力清单和责任清单开始梳理、审核、论证以后，截至2017年3月，16个市及105个县（市、区）政府权力清单和责任清单也正式向社会公布运行。这标志着安徽纵向顺畅、横向衔接的清单制度体系初步形成。此外，安徽省乡镇政府权责清单的公开工作走在了全国前列，2017年7月已经完成了乡镇一级权责清单的编排工作，至此，安徽省建立起了全省统一的"两单联动"运行机制。

根据安徽政务服务网提供的数据，截至2017年末，共剩余1706项权力。[①]安徽省权力清单和责任清单的内容比较全面，涉及权力类型、项目名称、实施主体、实施依据、责任事项、追责情形，同时公布了监督电话。权责体系全面到位，构建了政府权力运行监督制约的完整链条，让权力与责任的对应没有弹性。在两张清单的推动下，许多省直部门能够腾出更多的时间和人力，加强监管和服务，有效地解决了过去"重审批、轻监管"的问题，促进政府管理向"简政放权、放管结合"纵深推进。安徽省权力清单制度的建设，以转变行政职能为思路，以权责匹配为核心。在安徽省省级政府权责清单目录（2017年）中，公布了54个省级部门的权力类别。美中不足的是，在公布的目录中，也只有权力内容，缺乏具体的法律依据和相应的法律责任。

（三）地方政府权力清单制度建设中存在的问题

1. 对"权力清单"的理解存在误区

在中国传统的政治思想中，政府机关相对于社会力量一直处于高高在上的位置，强势地控制着整个社会的运行。所以，基于"法无授权不可为"的理念而提出建设权力清单制度后，很多人谈到权力清单，都简单片面理解为对政府行政权力的制约，认为有了权力清单就能完全控制政府的权力，也就控制了政府官员滥用权力谋取私利、不为百姓办事的现象。[②]但实际情况是，各级政府权力清单的公布，也只是解决了将政府掌握的行政权力公之于众的问题，而清单上所列的政府权力到底是否合法合理，行使依据是否是各地统一标准等问题，权力清单本身是无法解决的。所以，不能简单地将权力清单等同于权力制约。

对权力清单制度理解存在的另一误区，就是将政府的行政权力清单与市场的负面清单简单类比。市场的负面清单，就是指政府机关列出一份清单，明确标出禁止、限制公司企业投资经营的领域范围，而该清单以外的范围，则充分开放、面向市场，公司企业对于负面清单以外的所有产业都可以进行投资经营活动，明确非禁止即准

---

① 安徽政务服务网 https://www.ahzwfw.gov.cn/bsdt/infoConsult/power-list. do? topOrBottom=B&0. 5495286399 449353.

② 郭译仁. 中国廉政法制建设的进程与研究[M]. 北京：国家行政学院出版社，2012.

入的原则，最大限度地打破市场壁垒，保证企业公平公开地参与市场竞争。而权力清单是要最大限度地防止政府机关使用行政权力时出现越位或缺位。可以说，政府的权力清单与市场的负面清单，就是明确划出政府和市场之间边界范围的关键一步，而不是仅仅将两者进行类比那么简单。

2. 缺乏有效的法规清理

权力清单制度不仅仅是要厘清政府的权力边界，其更深层次的含义是要保证行政权力的合法性和正当性，因此，在制定权力清单过程中必须进行有效的法规清理。我国很多法律、法规包括组织法和单行法都对行政权力有明确规定，但是这些规定分散在庞大复杂的法律、法规中，有的行政权力有明确的程序规定，有的规定得很模糊，这就使得政府职能部门并不完全知晓自己的行政权力到底有多少，更不用提在具体行使权力时的准确流程是如何进行的。十八大提出的依法行政、建设法治政府，就是要保证每一项行政权力都有明确的法律、法规为依据，但由于权力清单制度的开展工作任务繁重、情况复杂，加之我国现有的法律、法规所规定的政府行政权力与现实生活中所需要的行政权力存在偏差，这就导致一些政府部门在实践过程中不知道自己到底有多少权力、不明确权限范围，出现了一些政府该管理的事项因为没有法律授权而不能管，一些不应该管理的事项却处在政府管辖范围以内的现象，使权力清单制度在实际推行过程中经常陷入行政权力合法不合理或者合理不合法的窘境。

3. 制定过程公众参与不足

推进地方政府权力清单制度的基本程序主要包括清权、确权、配权、晒权和制权五个环节。相关过程公众参与不足主要表现为参与空间较为狭窄和参与能力较为低下。一方面，确权环节为公民创制的相应参与空间较为狭窄。相关规范依据往往规定由政府部门对具体权力事项进行梳理及动态调整，很少规定公众参与确权相关事项，使得由相关规范依据来全面梳理政府部门职权的确权环节呈现出一种相对闭合的运作状态，从而导致公民所需的参与空间十分有限。另一方面，公众参与配权环节所需的必要参与能力较低。配权实质上是在对行政权力事项进行梳理、整理的基础上，根据权力主体类型及属性的不同来对行政权力进行科学配置、整合以优化权力分配。参与能力是公众参与地方政府权力清单制度的基础要件，若缺乏必要的责任意识与物质保障，公众则往往因其参与能力较低而难以有效参与配权环节。

4. 制作标准不统一

权力清单制度已经在全国各地普遍推行，但是通过查阅各地政府公布的权力清单就会发现，各地方政府梳理行政权力和制作权力清单的标准不统一的现象非常严重，不免让人质疑权力清单制度的规范性和合理性。从不同地域同一层级的地方政府公布的权力清单来看，其制作标准就完全不统一。根据图 2 所示，截至 2017 年底，全国 31 个省级行政区(除港澳台地区外)都制定并公布了比较全面的政府权力清单,但不同省区之间权力清单的内容和口径存在较大差异,权力清单所涵盖的行政权力的数量有较大的差别,权力数量最多的是青海省,该省权力清单共列有 7480 项权力,而权力数量最少的则是广西壮族自治区,其权力清单只有 1099 项权力。这说明地方政府对权力清单制度内容的理解还存在较大差异,权力清单的制定标准尚未统一,对于何种权力应该纳入清单管理,还没有形成广泛的共识。一些权力清单虽然表面上比较完备,但缺乏可操作性,仅仅是地方政府机械性政策学习的产物。

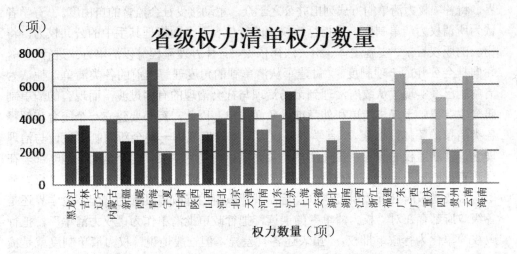

（项）

图 2　2017 年各省政府在权力清单中列出的行政权力总数

资料来源：各省级政府政务信息网。图中数据不包含我国港澳台地区数据。

5. 技术上存在难题

　　权力清单制度的建设虽然已经取得了一定的成果,但从全国范围来看,其整体的运行情况还不容乐观,在清单的设计与运行上都还存在着技术性的难题没有攻克。从权力清单制度的设计来看,权力清单的梳理与编制是需要有一定技术含量的,权力清单的内容应当详细具体,包含政府各部门的每一项合法行政权力,不能有模糊不清、边界不明的情况出现。但是权力清单在实际设计中,各部门工作人员在梳理行政权力时,很难突破传统的部门本位思维模式,导致每个部门所设计的清单差异很大。另外,在设计过程中,如何做到最大限度地减少成本花费,同时又能充分体现权力清单制度的价值,也是权力清单设计中的一大技术难题。从权力清单制度的运行来看,互联网是当今最普及、最快速的传播载体,网络信息技术在权力清单制度的推行过程中是不可或缺的关键环节。但是,地方政府的信息技术应用水平偏低,致使权力清单在网上公布以后迟迟没有相应的更新。对于权力清单运行中面临的技术上的挑战，需要积极应对，才能让权力清单制度真正落到实处。

二、地方政府权力清单制度研究现状综述

（一）权力清单制度的含义

因对权力清单具体内容的范围划分不同，学者对其含义的界定不同。喻少如等学者认为权力清单制度即为详细统计各级政府及其部门的权力数量、权力种类、行使边界，将各项权力清单的方式列出并公之于众，主动接受社会监督的自由度。①有学者认为所谓权力清单制度，是指行政权力的行使者要全面梳理其手中的公共权力，将相应的职权目录、实施主体、相关法律依据、具体办理流程等以清单方式进行列举，并向社会公开的一项制度。②付建军从清单制的角度理解当前的各类清单，他认为清单制已经实现了从政府治理到市场治理与社会治理的有序过渡，而现有的清单制研究主要集中于权责清单和外商准入负面清单，因此，有必要建立一个统合和解释各类清单的整体性框架。③有学者将权力清单制度视为一种全新的制度设计与治理理念，其涵盖权力清单、责任清单与负面清单，是党中央"四个全面"战略部署在行政审批制度改革领域的呈现。④董成惠指出，目前各级政府推出的所谓"权力清单"主要是政府的行政审批清单，旨在规范政府的行政审批行为，但不论学界还是各级政府都存在对"权力清单"的误读，把行政审批清单作为"权力清单"，把行政权简单化为行政审批权。⑤虽表述各有差异，但一般地说，权力清单制度就是梳理政府所掌握的权力事项，充分列举行政权力的权力目录、所属类别、法律依据、运行流程等内容，以形成目录，制成清单。权力清单规定了政府权力范围内"必须为"的事项，而在清单之外，政府必须行止。

（二）权力清单制度的本质

从权力清单的依据来看，有学者认为其本质就是公共权力的法定化，"政府依法律产生"要求政府的各项权力来源于法律的授权，即遵循职权法定原则，权力清单制度充分体现了"政府法治论"所主张的民主政府、有限政府、高效政府、责任政府、平民政府等内容。⑥罗亚苍则从权力清单控制的对象分析角度，认为其本质在于规范政府公职人员的行政行为以控制行政权力，实际上是以清单方式列举行政

---

① 程文浩. 权力清单宜定性为行政自制规范[J]. 法学，2016(07)：112-121.

② 尹少成. 权力清单制度的行政法解构[J]. 行政论坛，2016(01)：78-82.

③ 付建军. 清单制与国家治理转型：一个整体性分析框架[J]. 社会主义研究，2017(02)：73-80.

④ 汝绪华，汪怀君. 政府权力清单制度：内涵、结构与功能[J]. 海南大学学报，2017(02)：58-65.

⑤ 董成惠. "权力清单"的正本清源[J]. 北方法学，2017(02)：98-109.

⑥ 王太高. 权力清单："政府法治论"的一个实践[J]. 法学论坛，2017(02)：13-21.

行为。[1]从权力规制的角度来看，胡税根等学者认为权力清单制度事实上确立了以确权规制、用权规制、评权规制和督权规制为要素的政府权力治理的新模式，依据法律、法规限定和确定公共权力的范围、职责和标准，做到依法治权，使权力规制这一治理机制具有足够的合法性。[2]有学者从法理学的角度指出，权力清单的逻辑起点在于对现行行政法律、法规、规章的梳理、确认、清理、归纳，清单编制的过程类似于法律汇编的过程，因此，权力清单的属性是一种"以法律汇编形式"表现的行政指南。[3]苏艺也有类似的看法，他认为就权力的设定依据而言，权力清单具有法律汇编的属性；就权力的运作方式而言，权力清单在不违反规范性法律文件的前提下，还体现一定规则创制的属性。[4]沈志荣等学者从法治的角度思考权力清单制度的本质属性，他们认为地方政府的权力清单改革就是将现行的行政权力，通过清单形式进行法治逻辑的解读，在公开列举的平台上，展示权力现状，思考权力体量，规范权力边界，并进一步规制权力运行、确定权力走向。[5]各学者对于权力清单制度的本质说法不一，但其实质上就是依照法律、法规将权力细化为具体的目录并主动公布权力事项，使行政权力运行规范化、透明化，保障公民权益。

（三）权力清单制度建设和实施中存在的问题

从地方层面来看，有学者认为政府及其职能部门缺少公开清单的主动性、积极性，权力清单内容不完整、不客观、不合法。[6]还有学者认为权力清单划分的依据及标准界限不清晰，推行权力清单的主体权威性不足，另外，权力清单制度中兜底条款有设置权力的"玻璃门"之嫌，缺乏推行权力清单制度的动力。[7]从整体上看，行政机关对权力清单的制定工作的重要性认识不足、存在消极应对的问题，制度本身的规范性不足，无法详尽列出所有权力事项的问题，而且，在保障机制上，存在"立法滞后、监督乏力"的问题。[8]权力清单制度还面临推行的难题，包括技术手段不成熟、相应的责任追究机制的缺位、当前的法律环境不健全、传统政治文化的阻碍等。[9]有学者在考察地方政府权力清单制度建设的现状时发现，权力清单制度在具体推行过程中存在行政权力清理不彻底、划分标准不统一、梳理口径不一致、权力异化变相隐藏以及平台发展不健全等共性问题,影响了公共权力监督的具体成效。

[1] 罗亚苍. 权力清单制度的理论与实践张力、本质、局限及其克服[J]. 中国行政管理, 2015(06)：29-33, 45.
[2] 胡税根, 翁列恩. 构建政府权力规制的公共治理模式[J]. 中国社会科学, 2017(11)：99-117, 206.
[3] 谢明睿. 论行政权力清单编制的模块化路径[J]. 淮海工学院学报, 2017(04)：20-26.
[4] 苏艺. 论行政权力清单的本质属性与实践检验[J]. 行政科学论坛, 2015(04)：43-47.
[5] 沈志荣, 沈荣华. 行政权力清单改革的法治思考[J]. 中国行政管理, 2017(07)：111-116.
[6] 孙彩虹. 权力清单与地方政府职能转变——以苏州市相城区为例[J]. 甘肃社会科学, 2017(02)：36-42.
[7] 赵勇, 马佳铮. 大城市推行权力清单制度的路径选择——以上海市 Y 区为例[J]. 上海行政学院学报, 2015(02)：12-19.
[8] 陈伟, 杨超. 权力清单制度建设中的主要问题及消解路径[J]. 南方论刊, 2015(07)：35-37.
[9] 赵勇. 地方政府权力清单制度的构建——以浦东新区为例的分析[J]. 上海行政学院学报, 2016(06)：54-63.

深层次剖析其原因，主要涉及法律制度缺位、多方利益主体相互博弈、制度变迁路径制约、监督机制失灵以及技术支持不足等方面。[①]不论从整体还是从地方角度分析权力清单制度，都可看出权力清单制度在制度、文化、社会等领域存在着不同方面的问题。本文主要从权力清单制度的制定主体、制度的监督主体及制度本身存在的问题出发分析权力清单制度存在的限度。

（四）权力清单制度建设的路径选择

从对地方的建议来看，有学者从服务政府的角度出发，建议以行政相对人为中心，着重以流程再造为切入点，加强确权流程的科学化、透明化；将权力清单划分为需要对公众公开和需要在政府部门内部公开两种类型；强化宣传和教育，提升公开的积极性和主动性；以法律或行政法规形式对权力清单制度进行明确规定，重构政府与市场间关系，注重配套制度建设以使清单制度得以发挥实效，明晰兜底条款。[②]从制度层面来看，李卉等学者认为要强化权力配置制度建设，加强顶层设计；加强权力运行制度建设，确保权力清单的切实执行；强化民众权利制度建设，突出制衡意识；强化权力监督制度建设，构建问责机制。[③]陈大为认为权力清单要发挥实效，权力清单的对象需全面覆盖，权力清单的编制要规范，内容详细具体，及时公开；且从宏观、中观、微观三个层次对权力清单制度提出了建议，认为应当严格确立原则纪律、汲取各地创新经验并统一全国规范，采取全方位、立体化推进形式，建立审查问责制度；与此同时，协同推进信息化政府建设，以加强配套制度确保该制度的推进，在实施的后续阶段，则需致力于法律约束、改革盲区及制度存在的困境等方面的深入研究。[④]方柏华等学者在考察了浙江省权力清单制度建设的实践后指出，地方政府的权力清单制度建设离不开社会参与，通过公众意见征集、专家团队咨询、听证会等制度安排，可以有效地推动权力清单制度走向科学化和规范化。[⑤]针对权力清单制度存在的问题，学者们从各自角度出发，提出了具有针对性的建议。完善措施的重点主要集中在加强顶层设计、加强监督机制的构建、加强追责问责等方面。

（五）权力清单制度的价值和意义

有学者从简政放权的角度，阐述了权力清单的意义。从改革的现状出发，权力

---

① 蔡小慎，牟春雪. 我国地方政府权力清单制度实施现状与改进对策——基于 30 个省级行政区权力清单分析[J]. 学习与实践，2017(01)：45-53.

② 赵勇，马佳铮. 大城市推行权力清单制度的路径选择——以上海市 Y 区为例[J]. 上海行政学院学报，2015(02)：12-19.

③ 李卉，刘晓峰，余平平. 县乡关系视角下的权力清单制度改革——基于安徽省繁昌县的实证调查[J]. 东岳论丛，2017(06)：64-69.

④ 陈大为. 推行权力清单制度的困境及出路——以法治政府建设为视角[J]. 长白学刊，2017(06)：70-76.

⑤ 方柏华，李黄骏，等. 政治学视域中的权力清单——基于浙江案例的研究[M]. 北京：中国社会科学出版社，2017. 159-180.

清单制度在简政放权以及推动行政体制改革方面产生了重大的影响；建立权力清单制度可以保证简政放权的科学性，为简政放权提供了技术上的帮助，助推我国走出过去简政放权改革中一直面临的"一放就乱、一收就死"的困境，正确处理了政府和市场之间的关系。①杜玥昀认为权力清单制度是基础权力信息的集合，对权力的监督制约产生了重要作用，且成为预防腐败体系的奠基制度。②田洋洋指出，推行权力清单制度是提高政府行政效能和法治化水平的有效手段，也是推动政府职能转变的重要方式，实施权力清单制度已经成为深化政府体制改革的重要突破口。③郭瑞从权力清单的反腐败视角出发，概括了权力清单制度对权力的制约效应，认为其具有从本源出发杜绝腐败产生的机理。④综上，可以看出学界对权力清单价值的讨论有积极的一面亦有消极的一面。公开权力，制定权力清单制度，有助于加大政府信息公开力度、加快建设法治政府的进程。然而，任何制度的推行都不是一蹴而就的，权力清单制度作为一项创新制度，内嵌于中国目前的制度体系中，应当客观看待其在实行中遭遇的困境，既不可夸大其作用，也不可妄自菲薄。应当借力于法律法规的完善、社会监督、政府自身努力等，使权力清单制度能够真正起到其制度设计者预判中的作用，促进政治发展。

三、理论分析与前景展望

（一）地方政府权力清单制度的理论思考

1. 权力清单制度的逻辑起点

权力清理是对行政权力的主体，也即地方政府及其职能部门所拥有的权力进行全面梳理，以厘清其拥有行政权力的家底。各行政主体只有摸清了自身所拥有的权力才能为确权做好铺垫，因此从思维的逻辑进程看，权力清理是构建权力清单制度的逻辑起点，也是制度建设的切入点。在权力清理环节，需要注意以下两个问题：其一，权力清理要求地方政府部门及其行政人员实事求是，一切从实际出发。权力主体要根据部门已拥有的权力状况据实清查，特别是不能因为部门或个人既得利益而故意漏查、瞒查。其二，权力清理的主体应合理安排。推行权力清单制度是政府部门进行的自我改革，在权力清理的过程中，一个政府部门可能会只站在部门立场上产生自利行为，从而很难果断清理模糊不清的行政权力。"一个充分发展的典型政治人格总是以公共利益为名，在充满公共事务的世界中实现他的命运。他总是

---

① 孙曙生. 权力清单制度的法理学透视[J]. 江西社会科学, 2017(01)：179-186.
② 杜玥昀. 权力清单制度的定位与调适[J]. 南京政治学院学报, 2017(03)：90-93.
③ 田洋洋. 权力清单制度对政府治理能力现代化的功能研究[J]. 东南大学学报, 2017(S1)：11-14.
④ 郭瑞. 权力清单视角的深入反腐败研究[J]. 江汉学术, 2016(02)：105-112.

打着集体利益的旗号，把私人动机转移到公共事务上面。"①

2. 权力清单制度的政治定位

推进国家治理体系与治理能力现代化，是当代中国政治发展的重要主题。考察地方政府的权力清单制度，必然要把该制度同国家治理相联系，讨论该制度在国家治理现代化进程中的积极作用。国家治理包括治理体系和治理能力两个方面，两者是一个相辅相成的有机整体，治理体系强调了政治制度和政府结构的静态特征，治理能力体现了治理过程的互动模式和动态特征。②从静态的角度来看，权力清单制度是对政府、市场、社会等领域权力边界与作用范围的确认与调整。从动态的角度来看，权力清单制度是对地方政府过程和行政流程的规范与重构。因此，权力清单制度是在中国共产党领导下的国家治理体系现代化的制度性组成部分，权力清单制度实施效果越好，国家治理体系的效能就越高，国家治理就更加科学化、更加民主化、更加法治化。这一制度的建构与推行，无疑是新时代完善和发展中国特色社会主义制度的重要举措，也是推进国家治理体系和治理能力现代化的重要方略，更是中国共产党领导人民进行现代化国家治理的制度性回应。

3. 权力清单制度的功能导向

第一，简政放权功能。简政放权是全面深化改革的"先手棋"与实现政府职能转变的"当头炮"。21世纪以来，虽然进行了多次行政审批制度改革，但该项改革却始终难以跳出行政审批事项清理、回潮、再清理、再回潮的怪圈。以往行政审批制度改革不理想的根本原因就在于把转变政府职能的希望全部寄托在审批事项的简单增减上，如果政府职能无法实现真正转变，行政审批事项的增减也就无法落到实处。突出表现为："上放下设""一放就乱，一乱就收""企业、公众对政府审批权限的不甚清楚"等。十八大以后，中央的改革思路与着力点显然有了根本转变，首先聚焦的是如何把转变后的政府职能落到实处这个根本问题，政府权力清单制度就是实现简政放权最重要的政府治理工具。针对行政审批事项"上放下设"的顽疾，政府开列出了晒权、确权的"权力清单"药方；针对行政审批事项"一放就乱，一乱就收"的怪圈，开列出了简政放权、放管结合的"责任清单"药方；针对"企业、公众对政府审批权限的不甚清楚"的问题，开列出了符合国际规范的"负面清单"药方。政府权力清单制度可谓"牵住了行政审批制度改革的牛鼻子"，不仅是全面深化改革、全面依法治国的重要抓手，更会成为打造法治政府、创新政府、廉洁政府的重要帮手。

第二，优化权力运行流程功能。以往历次行政管理体制改革中，虽然重视政企

---

①　[美]哈罗德·D·拉斯韦尔. 政治学——谁得到什么？何时和如何得到？[M]. 杨昌裕，译. 北京：商务印书馆，2005.

②　许耀桐，刘祺. 当代中国国家治理体系分析[J]. 理论探索，2014(01)：10-14，19.

分开、政事分开，但却相对忽视了政府职能在机构间的配置，带来一系列严重问题：政府机构职能划分过细，导致综合协调困难，管理成本过高，不便于战略管理；政府部门集决策和执行于一身，存在越位、错位和缺位问题，导致利益固化，难以避免腐败；行政管理体制改革蹒跚于"精简—膨胀"的循环，直接导致行政审批制度改革陷入"清理—回潮"怪圈，这实际上阻碍了政府职能转变。通过全面深入地实施地方政府权力清单制度，优化和公开权力运行流程，简化办事程序，推进政府权力更加规范化、程序化、透明化、责任化，不仅使官员审批有章可循，而且使公众办事有据可依。以负面清单为例，上海对负面清单以外的外资企业已经全部实行了备案管理，备案办理的时间也由原来的 8 个工作日，缩减到 1 个工作日。一个国家要屹立于世界强国之列，不仅要有实力，而且要有魅力。这种魅力就是文化软实力的呈现。"软力量是一种能够影响他人喜好的能力。"①政府权力清单制度的推行极大提升了政府的软实力，必将成为激活企业活力、推动大众创业、万众创新的利器。

第三，降低制度交易成本功能。政府权力天然具有扩张性，在运行中一旦偏离了权力设置的目的，就会出现权力滥用、权力寻租等异化，就会导致政府权力的越位、错位、失位等问题，就会造成政府不作为、乱作为、胡作为等乱象，导致政府职责履行不到位、效率低下、市场机制不能充分发挥作用，大大增加交易成本。理论与实践证明，一国经商环境与该国制度成本高度相关，两者呈反比关系。在影响制度交易成本的诸种因素中，行政审批制度是至为关键的。"在一个制度选择集里，一种制度安排如果比其他的制度安排需要更少的交易费用，这种制度安排就比其他可供选择的安排更有效率。"②政府权力清单制度给权力打造了一个制度的笼子，通过全面推行政务公开，推进决策公开、执行公开、流程公开、服务公开、结果公开。它一方面明确了政府权力的边界，使之科学有效运行；另一方面告诉民众政府每项权力的依据、流程和时限，杜绝了信息不对称造成的权力异化空间，便于群众监督政府权力运行。通过全面深入地实施政府权力清单制度，优化和公开权力运行流程，简化办事程序，使办事的人有章可循，降低了制度交易成本，极大地优化了企业发展环境。

（二）完善权力清单制度的政策建议

1. 加强权力清单制度的顶层设计

第一，加快权力清单制度的标准化。各省梳理、归集、分类、公布清单相差甚远，直接原因就是缺乏统一的标准。因此，推广和深化中需要加强权力清单制度的

---

① [美]约瑟夫·奈. 软实力——世界政坛成功之道[M]. 吴晓辉，译. 北京：东方出版社，2005.

② Douglass C.North. Transaction Costs, Institutions and Economic History [J]. Zeitschrift Für Die Gesamte S taatswissenschaft, 1984, 140(1): 7-17.

顶层设计，出台标准明确、程序严格、运行规范、制约有效、权责分明的清单梳理和公布模式，对权力的名称、分类标准、依据和公开的权力内容、运行流程、责任等内容进行统一。可采取国务院审改办编制或采用成熟省市的权力清单为模板，自上而下参照使用，在全国范围内形成较为统一的权力清单推广模式，为各级政府部门推行权力清单制度划出规定路径选择，提高权力清单制度本身的严谨性、科学性、实用性。

第二，提升权力清单制度的质量。权力清单不是数字游戏，"合并同类项"也不能实现简政放权的真正目的，提升权力清单的"质"比"量"更加具有意义。一是推进各省市权力清单清理中，不断积累经验，逐步确定每级政府应当保留、下放的标准清单，强制各省市对清单中的权力清理下放。二是引入评估机制，对各省市已公布的权力清单、清除下放的权力进行专项评估，科学评价权力清单的"含金量"，对权力清单"水分较多"的省市提出整改要求。三是加大权力清单的事前审核，增加专家论证、公众评价制度，确保应当取消的一律取消、可以下放的尽量下放、应当修正的及时修正。

第三，推进权力清单制度的法制化。回溯以往行政改革的历程，发现容易出现反弹回潮的问题，权力往往改头换面重新回到掌权者的手中，比如说，有的行政许可可能取消了，但是过一段时间它会以便民服务这种方式出现，因此，要避免运动式改革所带来的短视主义和形式主义，对权力清单制度成果予以固化，最根本的方式就是法制化，制定权力清单单行法律、法规，将公布权力清单作为政府的法定职责、将清单内容作为各级政府依法行政的依据、明确违反法定职责的法律责任，提升权力清单的强制力。

2. 完善权力清单制度的配套机制

第一，建立权力清单制度的动态调整机制。市场经济瞬息万变，政府职能需要随之调整以满足社会需要，法律、法规也需要不断修正以适应社会发展。一方面，旧的职能符合社会发展就应该清除，新的经济活动也会催生新的政府职能，政府需要依据清单的实施情况和工作职能的转变，定期对权力清单的内容进行调整；另一方面，在对政府权力清单按照依法行政、职权法定的要求进行合法性、合理性、可行性审查时，也可以发现权力实际运行中的问题，通过优化权力配置、明细权力边界、规范权力流程，不断提升权力运行的实际效果。

第二，建立权力清单制度的补充机制。权力清单的落实，需要一些有益机制的补充，比如责任清单和负面清单。有权必有责、权责相一致，在政府部门公开权力清单的同时，也应将责任清单纳入公开之列公开，敦促政府部门以审慎的态度规范用权，当权力失范时，可以及时追究相关部门责任，对行政相对人的合法权利做出有效的保障。所谓负面清单，相当于投资领域的"黑名单"，列明了企业不能投资的领域和产业，可更加直接地激活市场的活力。正如李克强总理在 2014 年夏季达沃斯论坛的开幕式致辞中说到的，责任就是政府要拿出"权力清单"，明确政府该做什么，做到"法无授权不可为"；给出"负面清单"，明确企业不该干什么，做到"法无禁止皆可为"；理出"责任清单"，明确政府怎么管市场，做到"法定责任必须为"。①将三个清单形成配套的系统工程，共同推进行政体制改革，构建限制权力、激发活力、鼓励创新的社会经济环境。

第三，建立权力清单制度的监督机制。按照职权法定、权责一致的原则，强化对各级政府推行权力清单制度的监督。一是设立专门监督，发挥纪检监察、巡视、审计部门的监督职权，对各级政府权力清单落实情况开展日常或专项监督检查。二是强化流程监督，加快建立政府部门权力信息共享机制和权力运行监督平台，实现权力运行的痕迹化管理，做到权力运行到哪儿，监督要跟随到哪儿。三是引入社会监督，充分利用"互联网+"模式，广泛宣传权力清单，畅通网络监督渠道，鼓励和引导社会公众参与监督，规范权力清单运行。四是强化独立监督，委托第三方社会机构，通过问卷调查、暗访拍摄等形式，调查权力清单的实际执行情况，对发现的问题及时通报曝光。同时要加强责任追究，严格执行党的纪律处分条例，对拒不执行清单、执行清单不到位、失职渎职的问题，严格依法依纪追究当事人、纪检部门和主体部门的责任。

3. 筑牢权力清单制度的法律基础

第一，健全行政组织法。在当前法治政府的建设中，我们应当首先应完善行政组织法架构，将游离于法律之外的"三定"方案内容纳入组织法调整范围，形成较为完备的法律架构；其次，运用修订或解释的方式，对组织法的具体内容进行充实，将中央及各级政府部门的职责、组织、运行规则进行描述，既解决政府部门内部存在多年的职权不清问题，也利于社会公众的监督；再次，应保障组织法的落地，严禁违背组织法的权力逾越，强化对违法权力的监督。

第二，确立行政立法主体有限原则。行政立法主体具有多元化的特点，立法主体应按照《立法法》和《组织法》赋予的行政立法权限进行法律创设，不得逾越法律授权。立法权限的下放，虽体现了法律适用的灵活性，但是也增加了权力风险指数。大量存在的部门立法，因为缺乏权力机关的监督，往往容易形成部门利益实现途径，立法权限的肆意扩大，立法的随意性、利益化，极易导致政策朝令夕改、内部冲突，有悖于对相对人权利保护原则。因此，应从以下方面进行规范，一是树立以人大及其常委会、国务院立法为主的行政立法思路，对于长期普遍适用的行政法律、法规必须由以上部门予以创设，优化行政法律、法规体系；二是授予部门规章、

---

① 李克强出席 2014 夏季达沃斯论坛并致辞[EB/OL].（2014-09-10）. http://www.xinhuanet.com/fortune/zhibo/2014dwslt_zb1/wzsl.htm.

地方性规章的短期立法权限，增强行政管理中的灵活性，对于行政管理中出现的新情况、新问题，可以在不违背上位法的情况下予以短期调整，对于需要长期执行的，应提交权力部门予以立法规范；三是要严格限制部门立法范围，明确部门立法权的创设目的是实现上位法的落地，降低部门立法的法律效力等级。

第三，完善相关行政法律、法规。以权力清单制度的推行为基础，全面开展行政法律、法规的"大起底"，着重清理、修订和废止与上位法相抵触、不符合改革要求和经济社会发展需要的规章、规范性文件；加速完善行政法律体系，按照行政职权类型编制单行法律，填补上位法的空缺，从而对行政职权的界定、执行起到规范作用；还应发挥人大常委会对现有《行政许可法》《行政强制法》等法律的解释作用，例如，对国务院《决定进一步推出深化行政审批制度改革三项措施》提出的"清理并逐步取消各部门非行政许可审批事项"做出法律解释的回应，解决了目前现实中行政许可、行政审批、非许可审批存在的乱象。

四、报告要点

本报告对地方政府权力清单制度的建设和研究情况进行了系统梳理，在此基础上，对权力清单制度建设中需要重点关注的问题和趋势进行了简要分析。本报告要点总结如下：

1. 地方政府权力清单制度建设在多层次、多领域全面展开

地方政府权力清单制度萌生于 2005 年，经过了三个阶段的发展，如今已在省、市、县三个政府层级全面展开，地方政府的职能部门对自己掌握的行政权力进行了较为系统的梳理，形成了权力清单、责任清单、负面清单、权力流程图、政务服务网等行之有效的制度载体。在实践中，各省市的权力清单制度还存在着概念界定模糊、制定标准混乱、制定技术缺乏、法律基础薄弱等普遍性的问题，权力清单制度还有待向基层政府扩展和延伸。

2. 理论界从法学和政治学等学科维度对权力清单制度进行了系统研究

在法学领域，人们围绕着权力清单制度的建构问题进行研究。在政治学领域，人们从国家治理现代化的高度讨论权力清单制度的运行状况。具体而言，理论界主要围绕着权力清单制度的内涵、本质、价值和意义、存在的问题、建设的路径等问题展开研究。总的来看，理论界对于地方政府的权力清单制度有了较为深入的考察，但是现有的研究成果大多拘泥于具体问题的讨论，属于应用性研究的范畴，缺乏对权力清单制度的理论概括。此外，学界的研究视角还较为单一，缺乏多学科交叉的学术尝试。

3. 清单制度是推进国家治理现代化的重要制度工具

从政治学的角度来看，权力清单制度是对地方政府施政过程和行政流程的规范与重构。它是新时代完善和发展中国特色社会主义制度的重要举措，也是推进国家治理体系和治理能力现代化的重要方略，更是中国共产党领导人民进行现代化国家治理的制度性回应。权力清单制度具有简政放权、优化权力运行流程、降低制度交易成本等政治功能，可以极大地提高地方政府的运作效率。在今后一个时期，应该从顶层设计、配套机制、法律基础等方面进一步加强各级地方政府的权力清单制度建设，以便其更好地发挥作用。

4. 地方政府对权力清单制度的理解有待深入

权力清单制度是地方政府强化权力控制的重要手段，在明确界定权力性质、权力范围、权力归属、权力运行过程等方面具有直接作用。在实践层面，权力清单制度建设取得了明显的成效。但是，地方政府对权力清单制度的理解还比较片面，很多地区和部门只是机械地完成上级部署的改革任务，没有从权力清单制度的本质出发，对本地区、本部门的公共权力进行系统梳理，各项清单流于形式，清单的实施缺乏可操作性，清单与其他制度缺乏衔接。因此，需要进一步加强对权力清单制度建设的动态研究，掌握权力清单制度实施中的突出问题，从国家治理现代化的高度提出行之有效的解决办法。

作者单位：天津理工大学马克思主义学院

政务督查研究报告

周　望

　　督查和政务督查，已经成为近年来中国政府治理实践中的一个"热词"，频繁见于政府会议、正式文件、官方新闻和政府工作人员话语中，当前其在各级政府工作任务中的重要性有目共睹。政务督查本身并非新生事物、新鲜词汇，历史上一直存在针对特定政策事项的非周期性政务督查工作，各级政府对此也并不陌生。然而，自 2013 年以来，在新一届中央政府的大力推动下，政务督查已经成为推动政策"落地生根"、打通政策"最后一公里"的日常化机制，各级政府也已将对上迎接督查、自查和对下展开督查作为工作常态。2017 年的《政府工作报告》明确提出："强化督查问责，严厉整肃庸政懒政怠政行为，坚决治理政务失信。"可以说，政务督查工作，是解析中国政府在强化自身执行能力建设、保障深化改革任务落实到位等方面最新进展的极佳观测坐标。

一、2017 年中国政府政务督查发展现状综述

　　在 2017 年，督查工作仍然是党中央、国务院反复强调的一个重点领域（见表 1）。国务院层面、国务院各部委、各级地方政府都开展了极为丰富的政务督查活动。这些督查活动既有面向全局工作的综合性行动，也有针对专门领域的专项行动。各层级、各区域、各领域的政府部门，都在积极地推行各种政务督查实践。政务督查正在逐渐成为中国政府推动政策落实、强化执行问责的一项重要工具。

表1 2017年重要会议和文件中有关"督查"的内容

中央全面深化改革领导小组第三十四次会议（2017-04-18）
"督察既要抓重点改革任务，也要抓面上改革工作，特别是各地区各部门贯彻落实党中央改革部署的情况。要善于抓正面典型，及时发现总结基层创新举措和鲜活经验，以点带面，推动改革落地。督察要在发现问题、解决问题上下功夫，提高督察实效。要深入实际、深入基层，有的问题要一竿子插到底。对重大改革、复杂问题，必要时要'回头看'。对督察发现的问题，要认真研究梳理，列出问题和责任清单，明确时限要求，要坚持有什么问题就整改什么问题，是谁的问题就由谁来负责整改，同时举一反三、由点及面，推动更大范围内整改。要盯责任主体，抓'关键少数'，落实不力、整改不到位的就追究责任。牵头部门和地方是抓改革的责任主体，要加强改革自查，定期跟踪并报告改革落实情况。要搞好督察工作统筹，形成合力。"
国务院有关"政务督查"的部分专门性文件（以时间为序排列）
1.《国务院关于开展第四次大督查的通知》 2.《国务院办公厅关于督查问责典型案例的通报》 3.《国务院办公厅关于西安地铁"问题电缆"事件调查处理情况及其教训的通报》 4.《国务院办公厅关于对2016年落实有关重大政策措施真抓实干成效明显地方予以表扬激励的通报》 5.《国务院办公厅关于对国务院第四次大督查发现的典型经验做法给予表扬的通报》

资料来源：根据中共中央组织部共产党员网"中央全面深化改革领导小组历次会议"（http://www.12371.cn/special/zyqmshggldxzhy/）、中华人民共和国中央人民政府网站"信息公开"板块（http://www.gov.cn/zhengce/content/node_330.htm）中的相关内容整理。

（一）国务院政务督查工作

2017年，国务院层面的政务督查工作，主要包括大督查行动、"放管服"改革专项督查行动等。

1. 2017年国务院大督查行动

2017年5月31日，《国务院关于开展第四次大督查的通知》指出，在一些地方、一些方面，仍然存在工作不落实、政策不落地、改革不深入、进展不平衡的现象，仍有一些干部庸政懒政怠政不作为，影响政策效力和改革红利持续释放。为进一步推动党中央、国务院重大决策部署和政策措施贯彻落实，按照李克强总理在中央经济工作会议上关于今年继续开展国务院大督查的重要讲话精神，国务院决定对各地区和各部门工作开展第四次大督查。

国务院将2017年大督查的预期目标设定为：围绕中央经济工作会议部署和《政府工作报告》提出的任务要求，切实发挥督查抓落实、促发展的"利器"作用，深入了解党中央、国务院重大决策部署贯彻落实情况，进一步强化各地区、各部门抓落实主体责任，推动解决影响政策落实的突出问题，促进稳增长、促改革、调结构、惠民生、防风险政策措施落到实处，确保经济运行在合理区间，推动实现经济平稳健康发展和社会和谐稳定，以优异成绩迎接党的十九大胜利召开。

2017 年 7 月 16 日，国务院派出 18 个督查组，分赴天津、内蒙古、湖北等 18 个省（区、市），对贯彻落实党中央、国务院重大决策部署情况开展实地督查。①

根据工作安排，每个国务院督查组督查 1 个省（区、市），在每个省（区、市）实际督查时间为 8—10 天。实地督查期间，国务院督查组坚持问题导向，深入企业、社区、高校、科研院所、行政办事大厅等基层一线，综合运用实地走访、小范围座谈、一对一访谈、随机抽查、明察暗访、问卷调查等方式，同企业家、创业者、科研人员和基层干部群众进行广泛深入交流，了解掌握实际情况，充分听取意见建议。

为贯彻落实"开门搞督查"的工作要求，主动接受社会监督，从 7 月 15 日起至实地督查结束前，国务院各督查组统一在天津、河北、山西、内蒙古、吉林、黑龙江、江苏、浙江、山东、河南、湖北、湖南、广东、重庆、贵州、云南、陕西、甘肃等 18 个实地督查地区开通督查热线电话，接受群众反映涉企收费、民间投资、创新创业、企业和群众办事、民生保障等方面政策措施不落实、政府管理服务不到位问题线索，以及对政府完善政策、改进工作的意见建议。热线电话号码以公告形式在当地政府门户网站和主要新闻媒体发布。对于群众反映的突出问题，国务院督查组将组织调查核实，督促有关方面立行立改，确保相关政策措施落地生效，切实增强企业和群众的获得感。

（1）督查内容

2017 年国务院大督查的重点内容包括推进供给侧结构性改革、适度扩大总需求、推动新旧动能转换、保障和改善民生、防范重点领域风险等五个方面工作。②具体而言：

其一，推进供给侧结构性改革。2017 年压减 5000 万吨左右钢铁产能，退出 1.5 亿吨以上煤炭产能，淘汰、停建、缓建 5000 万千瓦以上煤电产能，有效处置"僵尸企业"情况。取缔"地条钢"产能情况。加强房地产市场分类调控，推动库存较大的三四线城市去库存，推进 600 万套棚户区住房改造，继续发展公租房等保障性住房，因地制宜、多种方式提高货币化安置比例，加快居住证制度全覆盖情况。促进企业盘活存量资产，推进资产证券化，支持市场化法治化债转股，发展多层次资本市场，加大股权融资力度情况。落实和完善全面推行营改增政策，全面清理规范各类涉企收费特别是地方开展清费工作，落实扩大享受企业所得税优惠的小型微利企

---

① 国务院派出十八个督查组赴地方督查[N]. 人民日报，2017-07-18(02).

② 国务院关于开展第四次大督查的通知[EB/OL]. (2017-05-31). http://www.gov.cn/zhengce/content/2017-05/31/content_5198500.htm.

业范围、提高科技型中小企业研发费用税前加计扣除比例等一系列减税措施，降低企业用能、物流成本等情况。推进农业供给侧结构性改革情况。推进国企国资改革情况。加快完善知识产权保护制度情况。

其二，适度扩大总需求。加快发展服务消费，支持社会力量提供教育、文化、养老、医疗等服务，发展医养结合、文化创意等新兴消费，以及开展质量提升行动，引导企业增品种、提品质、创品牌等情况。2014—2017 年中央预算内投资项目建设中，2017 年完成 8000 亿元铁路建设投资、1.8 万亿元公路水运投资，再开工建设 2000 公里以上城市地下综合管廊，水利、轨道交通、民用和通用航空、电信基础设施等重点项目建设，"十三五"规划纲要确定的 165 项重大工程项目建设等情况。贯彻落实促进民间投资"26 条"政策措施，推进政府和社会资本合作（PPP）情况。促进加工贸易向中西部地区梯度转移，推广国际贸易"单一窗口"，促进外商投资等情况。压减一般性支出，盘活财政沉淀资金情况。

其三，推动新旧动能转换。持续推进大众创业、万众创新，新建一批"双创"示范基地和专业化众创空间，加强对创新型中小微企业支持，打造面向大众的"双创"全程服务体系等情况。加快培育、壮大新兴产业，全面实施战略性新兴产业发展规划，出台、分享经济发展指南和互联网市场准入"负面清单"，支持大中小企业融通发展等情况。推动网络提速降费，全部取消手机国内长途和漫游费，大幅降低中小企业互联网专线接入资费，降低国际长途电话费情况。提升科技创新能力，落实股权期权和分红等激励政策，落实科研经费和项目管理制度改革情况。促进传统产业加快改造提升，推动实体经济优化结构，深入实施《中国制造 2025》，建设"中国制造 2025"试点示范城市（群）和智能制造示范区，推进工业强基、重大装备专项工程，鼓励企业加强技术改造等情况。大型商业银行在 2017 年内完成普惠金融事业部设立情况。全国"放管服"改革专项督查发现的问题整改落实情况。

其四，保障和改善民生。实施高校毕业生就业创业促进计划，开展零就业家庭精准帮扶，2017 年完成城镇新增就业 1100 万人以上等情况。促进义务教育均衡发展情况。推进全国医保信息联网，实现异地就医住院费用直接结算情况。全面启动多种形式的医疗联合体建设试点，扩大分级诊疗试点和家庭签约服务等情况。2017 年再减少 1000 万以上农村贫困人口，完成 340 万人易地扶贫搬迁任务落实情况。强化环境污染防治特别是雾霾治理情况。困难群众基本生活保障情况。提高中央财政自然灾害生活补助标准，2016 年洪涝灾害中倒损民房恢复重建情况。解决农民工工资拖欠问题情况。

其五，防范重点领域风险。防范化解不良资产风险，严密防范流动性风险，有效防控影子银行风险，防范处置债券违约风险情况。稳妥推进地方政府存量债务置换，降低政府债务成本，查处违法、违规融资担保，严控"明股实债"等变相举债行为情况。防范、处置和打击非法集资情况。开展互联网金融风险专项整治等情况。规范企业走出去投资经营行为等情况。

同时，国务院还要对"约法三章"等公开承诺事项、"十三五"规划纲要重要目标任务落实情况开展督查。

（2）督查方式

国务院共采取了 5 种督查方式，多样化、全方位地考查政策实施情况。

一是全面自查。国务院首先要求各地区、各部门围绕中央经济工作会议部署和《政府工作报告》提出的任务要求，对照五个方面督查重点全面开展自查。国务院特别强调，自查工作必须严肃认真，深入总结梳理工作落实情况，切实查找工作中存在的突出问题和薄弱环节，研究提出管用、长效的整改措施，并于 2017 年 7 月 5 日前将自查情况报告报国务院。自查情况报告要坚持问题导向、目标导向，反映问题、提出整改措施及相关建议的篇幅应达到报告总篇幅的 60%。

二是实地督查。国务院要求实地督查要聚焦突出问题，不搞面面俱到。综合考虑东中西部区域经济发展情况，在全面自查基础上，国务院于 2017 年 7 月中旬派出督查组，选择重要经济指标排名相对靠后、重点工作任务进度相对滞后、有关问题相对集中的部分地区进行实地督查。同时，选择《政府工作报告》重点目标任务完成进度较慢、有关督查发现的重点问题整改力度需进一步加大的部分国务院部门，组织开展书面督查。

三是征询社会意见。督查期间，国务院通过中国政府网及其"两微一端"，征询社会各界对落实和完善重大政策措施的意见建议，主动接受社会监督。对反映的具体问题和意见建议，转有关地方、部门核查和研究处理。

四是加强舆论引导。督查过程中，国务院组织中央主要新闻媒体及时报道督查情况，充分反映各地区、各部门工作成效，宣传典型经验做法，释放积极信号，提振信心，同时对不作为等突出问题予以曝光，营造凝心聚力推动发展的良好氛围。

五是强化激励问责。完善激励和问责机制，健全合理的容错纠错机制。督查过程中，国务院会总结推广好的经验做法，发现先进典型。对真抓实干、成效明显的地方加大激励支持力度；对落实不力的严肃追究责任。国务院还将相关督查结果抄送中央组织部。

（3）督查激励

在整个督查工作结束后不久，国务院对执行相关政策措施到位的地方和部门进行了通报表扬。2017 年 10 月 1 日，国务院办公厅发出《关于对国务院第四次大督查发现的典型经验做法给予表扬的通报》，对 22 项地方工作典型经验做法，进行了通报表扬（见表 2）。

表2　2017年国务院大督查中获通报表扬的22项地方典型经验做法

1. 天津市实施百万技能人才培训福利计划为产业转型升级提供人才支撑
2. 天津市向科技型企业选派科技特派员加速科技成果转化
3. 河北省建立全链条服务体系扶持科技型中小企业成长
4. 河北省邯郸市推行"健康小屋"下沉优质医疗资源
5. 山西省实施高速公路差异化收费降低企业物流成本
6. 内蒙古自治区创新电力交易机制减少企业用能成本
7. 吉林省吉林市建设校城融合"双创"基地推动新兴产业发展
8. 黑龙江省建立大学生创业政策支持体系激发大学生创新创业活力
9. 江苏省推行"不见面"审批服务最大程度利企便民
10. 浙江省推进"最多跑一次"改革方便企业群众办事
11. 浙江省舟山市打造远程医疗协作网为海岛群众建设家门口的医院
12. 山东省建设创业大学加快创新人才培养
13. 河南省出台有力扶持政策支持农民工返乡创业
14. 河南省实施"三十五证合一"改革以注册登记便利化激发市场活力
15. 湖北省武汉市综合施策支持民营经济健康发展
16. 湖南省优化营商环境促进民间投资加快发展
17. 广东省推进投资便利化改革激发外商投资活力
18. 重庆市两江新区多措并举推进不动产登记制度改革
19. 贵州省以大数据为载体推动传统产业转型升级
20. 云南省设立驻外商务代表处实现双向贸易投资良性发展
21. 陕西省杨凌农业高新技术产业示范区实施工商登记"微信办照"改革降低企业群众办事成本
22. 甘肃省积极推进电力体制改革助推企业降本增效

资料来源：根据《关于对国务院第四次大督查发现的典型经验做法给予表扬的通报》中的相关内容整理。

2. 国务院办公厅"放管服"改革专项督查

2017年5月8日，国务院办公厅派出10个督查组，就有关地区落实党中央、国务院"放管服"改革政策措施情况开展实地督查。[①]本次实地督查在前期全国31个省级政府（除港澳台地区外）、新疆生产建设兵团和国务院各有关部门自查的基础上，综合考虑各地推进"放管服"改革重点工作任务进展情况，兼顾地区分布，选取北京、湖北等10个省（区、市）开展实地督查，详细了解当地"放管服"改革政策措施落实情况，总结改革成效，发现典型经验，深入查找问题，听取进一步推

---

① 国务院办公厅启动"放管服"改革政策措施落实情况实地督查[EB/OL].（2017-05-08）. http://www.gov.cn/xinwen/2017-05/08/content_5191867.htm.

动"放管服"改革的意见建议。

实地督查由国务院办公厅统筹协调，中央编办、国家发展改革委、财政部、人力资源社会保障部、工商总局等部门有关司局和国办督查室负责同志带队，全面督查本届政府成立以来取消和下放的 618 项国务院部门行政审批事项、取消的 283 项中央指定地方实施行政审批事项、434 项国务院部门职业资格许可和认定事项、323 项行政审批中介服务事项在地方的落实情况。

督查组采取专题座谈、实地检查、随机走访、暗访等方式，认真听取行政审批大厅一线工作人员和办事群众、小微企业和个体工商户、高校和科研院所科技人员的意见建议；现场查看投资项目在线审批监管平台、工商业务登记系统、政务信息共享平台运行情况；逐条核实相关部门提供、群众反映、网络征集、媒体曝光的具体问题线索。对各地积极探索创新、敢于动真碰硬的典型进行表扬，对督查中发现的问题督促抓好整改，对敷衍塞责、延误改革、整改不力的进行严肃问责。

（二）国务院部委专项督查

在 2017 年，除了国务院层面，多个国务院部门也都在各自职责范围内开展了相应的督查活动，其中，比较有代表性的有国务院食品安全委员会、环境保护部等开展的督查活动。

1. 国务院食品安全委员会"全国食品安全"专项督查

国务院食品安全委员会于 2017 年 8 月下旬，陆续派出 14 个督查组，历时三周时间，对全国 31 个省级政府（除港澳台地区外）和新疆生产建设兵团食品安全工作开展督查。[①]此次督查采用听取汇报、核查资料、随机选点、明察暗访、实地检查等方式，了解实情，听取民意。就督查中发现的问题，督查组向各省（区、市）人民政府进行了如实反馈，并提出了整改建议。

这次"全国食品安全"专项督查由国务院食品安全办、教育部、科技部、公安部、农业部、国家卫生计生委、质检总局、食品药品监管总局、国家粮食局等部门负责同志以及国务院食品安全委员会专家委员会的领导同志担任督查组组长，国家发展改革委、工业和信息化部、财政部、环境保护部、商务部等相关部门和地方食品安全办选派了精干力量参加，并邀请了全国人大代表、政协委员和有关专家、新闻媒体参与督查工作。

2. 环境保护部"大气污染防治"强化专项督查

2017 年 4 月 5 日，环境保护部启动对京津冀及周边传输通道"2+26"城市为期

---

① 国务院食安委开展全国食品安全督查[EB/OL]．(2017-09-22)．http://www.gov.cn/hudong/2017-09-22/content_5226989.htm.

一年的大气污染防治强化督查。①此次强化督查是环境保护有史以来国家层面直接组织的最大规模行动。

为推动大气环境质量持续改善,环保部从全国抽调5600名环境执法人员开展督查。强化督查主要包括:相关地方各级政府及有关部门落实大气污染防治任务情况,固定污染源环保设施运行及达标排放情况,"高架源"自动监测设施安装、联网及运行情况,"散乱污"企业排查、取缔情况,错峰生产企业停产、限产措施执行情况,涉挥发性有机污染物企业治理设施安装运行情况等。

环保部要求,强化督查:一要突出压力传导,对地方党委、政府和有关部门大气污染防治责任落实情况开展"系统化"督查,始终保持高压态势。二要坚持问题导向,哪里有问题就到哪里监督检查,并且扭住问题不放,直到问题得到解决。三要明确督查重点,在"督政"方面,要突出县级党委、政府大气污染防治工作责任落实情况;在"督企"方面,要紧盯大型企业的达标排放情况,督促落实排污许可制度和全面达标排放计划,同时严查"散乱污"企业整治和取缔情况。四要强化整改落实,对督查中发现的问题,将责任落实到人,书面反馈整改情况,逐个解决销号;同时责成相关方面进一步调查处理、追究责任,并定期向社会公开。五要保证督查质量,对存在环境违法问题的企业(单位)绝不姑息,及时要求地方环保部门调查取证,依法予以处罚。

3. 环境保护部"冬季供暖"专项督查

2017年12月15日至20日,环保部派出2000多人组成839个组,对京津冀及周边"2+26"城市的"煤改气""煤改电"工作逐村入户进行拉网式全覆盖检查。②此次督查共检查385个县市区,2590个乡镇、街道,25220个村庄(社区),涉及553.7万户。

督查结果显示,已完成改造任务的村庄21516个,涉及474.3万户。这当中有80万户是2016年改造完成的,其余394.3万户是今年完成的。其中,列入2017年度计划的有314.8万户,各地计划外多改造的有79.5万户。此外,山东、山西、河南、河北四省"2+26"城市以外的其他30个城市,开展"双替代"改造150万户左右。

在已完成改造任务的村庄中,共有1208个村庄约42.6万户,进入采暖季以来曾出现气源不足等问题。其中993个村庄,在督查前通过协调增加气源、采取燃煤取暖或使用电热器等临时性措施,已保障群众供暖;剩余215个村庄,经督查组现场驻点督促落实,能增加气源并稳定充足供应的,采取燃气采暖;暂不能保障气源

① 环境保护部启动为期一年的大气污染防治强化督查[EB/OL]. (2017-04-05). http://www.zhb.gov.cn/gkml/hbb/qt/201704/t20170405_409362.htm.

② 环境保护部组织开展京津冀及周边"2+26"城市冬季供暖保障工作专项督查[EB/OL]. (2017-12-24). http://www.zhb.gov.cn/gkml/hbb/qt/201712/t20171224_428550.htm.

的，采取燃煤或使用电热器等临时性措施保障供暖。截至 20 日夜间，居民供暖全部得到保障。

目前，尚未完成改造任务的村庄有 3704 个。其中，继续沿用燃煤采暖的 3288 个；无法继续燃煤取暖、已通过采用电热器等临时性措施保障采暖的 413 个。仍有 3 个村庄（社区）供暖改造设施未完成，且未采取临时性采暖保障措施。经督查组督促，其中 2 个已分别实现燃气和地热供暖。

督查过程中发现居民供暖没有得到保障的情况，环保部要求督查组驻点蹲守，督促当地政府会同有关部门迅即解决，并要先行给居民提供电暖气等临时取暖设备。同时，要加快施工进度，尽快实现正常供暖。

（三）地方政府督查

在 2017 年，地方各级政府开展了丰富的综合性和专项督查活动，包括自查活动和针对下级的督导活动，许多地方政府制订了"年度重点督查事项""年度重点督查工作计划"等。部分地方还结合自身需求和特点，对督查工作的方式方法进行了创新。

在地方层面的督查活动中，河南省人民政府对督查机制所做的调整和优化较为典型。[1]2017 年 3 月 17 日，河南省人民政府办公厅印发《关于印发河南省人民政府集中督查实施方案的通知》，强调要避免多头督查、重复督查，规定在每年的 6 月和 12 月，以省政府名义各组织开展一次集中督查。集中督查经省政府常务会议研究或省长批准后实施，省政府办公厅负责统筹组织，省政府督查室会同省政府相关部门负责具体实施。具体包括：

一是规范督查活动。省政府各部门不得以部门名义对省辖市、县（市、区）政府开展督查活动。省政府各部门以部门名义开展的实地督查活动，要提交督查计划和督查方案，经省政府办公厅备案后方可实施；省政府或省政府批准成立的领导小组（委员会、联席会议）开展的实地督查活动，由领导小组（委员会、联席会议）办公室按程序报省长批准后实施。

二是整合督查力量。省政府办公厅在组织开展集中督查时，加强与省政府部门之间的协调，形成工作合力，避免重复交叉督查，切实减轻基层负担。省政府各部门以部门名义开展实地督查活动时，要围绕中心工作，建立完善统筹协调机制，采取集中时间、集中内容、集中人员的方式开展。

三是改进督查方式。防止督查"形式化""模版化"和走过场，少听汇报、少查文件。坚持集中督查与常态化督查相结合，随机督查与全面督查相结合，明察与暗访相结合。在实地督查中，根据各地、各部门的工作情况，分清重点、区别对待，

① 河南省人民政府办公厅关于印发河南省人民政府集中督查实施方案的通知[EB/OL]. (2017-03-17). http://www.henan.gov.cn/zwgk/system/2017/04/01/010713657.shtml.

提高督查效率。

四是完善督查评价。注重求实求效，不以是否发文、是否开会和发文规格、会议规格高低作为衡量工作落实的标准，重点督查工作推动情况和政策落实效果。要拓展督查成果运用，将督查结果作为被督查单位评先评优和领导干部考核、奖惩的重要依据。建立健全奖惩机制，对工作推动成效明显的地方和部门以适当方式进行表彰，并在资金、项目、用地指标等方面给予政策倾斜，激发调动干部履职尽责的积极性、主动性；对工作落实不力的要进行通报批评，情节严重的，要对相关责任人进行问责。

五是严格履职尽责。在督查工作中，督查人员要严格认真开展督查活动，客观反映督查情况，公正评价被督查单位，不得隐瞒督查中发现的问题。

六是严肃工作纪律。各地、各部门和督查人员要严格遵守中央八项规定精神和省委、省政府 20 条意见，认真落实公务接待管理办法，不得违反廉政规定；督查人员未经批准不得擅自离岗，如遇特殊情况请假，须经省政府办公厅批准。

二、2017 年中国政府政务督查研究现状综述

2017 年度，以"督查""督察"作为检索词，在中国知网进行相应的搜索，可以得到该研究主题在这一整年的基本概况（见表 3）。总体来看，学者们对政务督查工作所取得的进展都表示肯定，但同时也指出了督查过程中存在的一系列问题，并就此提出了相应的对策建议。学者们的共识是，政务督查工作及其制度建设是一个需要付出不懈努力、持之以恒的长期工程。

表3　2017 年"政务督查"研究文献检索统计表

数据库名称	收录时间	覆盖期刊	检索词	检索方式（篇数）				
				篇名	关键词	摘要	主题	全文
中国知网（CNKI）	2017 年 1 月至 2017 年 12 月	所有期刊	督查	304	8	1124	1250	17584
			督察	178	4	650	710	6229

资料来源：中国知网（CNKI）。

就具体研究内容而言，2017 年度关于"政务督查"的各种研究，主要分布在两个方面：一是专业性研究者就督查研究的学术进展进行梳理；二是督查工作实际参与者基于实践经验对进一步做好督查工作的建议。

（一）关于督查研究的学术成果简述

随着有关督查的学术研究成果日趋繁多，有研究者开始对这些研究成果展开梳理、综述和总结。这方面的代表性成果包括：

　　杨国兵以1992—2016 年在中国知网上发表的代表性文献为样本，从文献情况、作者情况、研究议题和研究论域等方面，运用相关指标对中国督查领域研究的主要成果进行评估。他的研究表明：从研究热点来看，督查研究的热点主要集中在督查对象或主体、项目与自身建设等3个方面。督查对象与主体主要涉及党委、政府、企业和事业单位等，占比分别为20.10%、17.49%、14.62%、7.31%；督查项目主要涉及环保、城建、政策、安全等，占比分别为8.62%、7.05%、6.01%、4.18%；督查系统自身建设方面占比为10.97%。从研究趋势来看，一方面，该领域的研究由将督查作为人事管理的领导方法，重点关注对组织干部督查的研究，转变为将其作为决策执行的监督环节，重点关注对决策落实督查的研究，然后再转变为聚焦地方政府某些领域（政务、环保等）督查的研究和督查系统信息化的研究，督查研究关注的领域由督查"人"到督查"事"再到重点督查社会突出问题，顺应了时代的变化要求；另一方面，该领域的研究尽管在不同的年代有不同侧重点，但是研究者一直认为督查是党政部门的中心工作，对政务督查的研究也从未停止。

　　针对这一研究现状，杨国兵进一步提出，中国督查领域的研究时间相对漫长但进展缓慢，研究视阈较为广阔但结构失衡，研究群体多元但学术身份偏低，研究方法多样但学术规范较弱，研究内容较为丰富但并不深入，实践总结充足但理论探索稀缺；未来对督查领域的研究应该稳固基础研究、增强学科交流、坚守学术规范、鼓励实证探讨，倡导专注研究、培育青年学者，注重理论提升、打造学术重镇。[①]

（二）关于督查工作的经验探讨

　　除了学术研究群体，实际参与督查工作的"一线"人员，结合自身经验和体会，对如何进一步做好和优化督查工作，也提出了相应的思考和建议。这方面的代表性成果包括：

　　吉林省通化市人民政府督查室李中华认为，随着信息技术的飞速发展，"互联网+"督查已经成为各级督查部门破解人手少、任务多、要求高、效率低和信息不对称等督查工作难题的不二选择。近年来，各级督查部门都在督查工作实践中探索性地开展"互联网+"督查工作，从督查网络平台建设到专业人才培养都做了大量细致的工作，有效提高了督查工作质量。在看到进步和成绩的同时，更要清醒地看到督查网络平台低层次重复建设、系统功能不完善、各系统之间不兼容、数据不能互联互通等亟待解决的现实问题。要真正发挥"互联网+"督查的全部效能，切实依托互联网改进督查方式，创新督查手段，推进工作落实，着重做好以下几个方面的工作：一是强化"一张网布局"，建立一个从国务院到省、市、县各级政府纵向联通，本级政府所有组成部门之间横向联动，软件设施功能完善，硬件设备兼容配

　　① 杨国兵. 对我国督查研究的计量评估分析——基于1992—2016 年知网的文献样本[J]. 北京工业大学学报(社会科学版)，2017(04)：47-55.

套的互联网督查平台；二是强化"一条线联通"，通过互联网督查平台，将各地各部门抓改革、谋发展、促落实的力量有机联通，形成合力，确保推进政策落地和工作落实全程联动、同频共振；三是强化"一站式反馈"，要坚持以互联网督查平台为依托，大胆变革以往单靠督查通报、督查专报、督查调研报告等反馈督查结果的落后方式，积极发挥互联网方便快捷的优势，从根本上解决督查结果反馈速度慢、形式单、表述难、内容繁的问题，确保督查结果反馈方便快捷、全面客观、准确明了；四是强化"一把手使用"，督查工作的直接服务对象是各级各部门主要领导，各地各部门一把手带头使用互联网督查系统，既是"互联网+"督查向前发展的巨大推力，也是"互联网+"督查普及推广的重要保障；五是强化"一揽子建设"，"互联网+"督查是一项惠及国计民生的系统工程，必须结合电子政务建设，总体规划，统筹推进。①

中共重庆市渝北区委督查室主任李晓宇认为，督查工作要力求深、准、实、快、早。深，就是要更多地深入实地、现场，全面、深入地了解掌握真实情况，防止不利因素干扰；坚持问题导向，善于发现问题、研究问题，并帮助基层解决问题。准，就是要紧紧围绕上级决策部署和领导的关注点，确立督查事项，把握时机开展督查；对收集的情况认真核实，确保掌握的情况准确、真实、可靠；对督查对象做出客观公正的评价，强化督查结果运用。实，就是要真督实查、不走过场，既明察又暗访，督任务、督进度、督成效，查认识、查责任、查作风，摸清实情，喜忧兼报；每次督查前，根据督查的主题和目标认真研究确定督查的重点、方式、流程。快，就是要分清督查事项的轻重缓急，对重要、紧急事项第一时间开展督查，不拖拉、不延误，快督快查，督促决策部署尽快落实和问题尽快解决；及时向领导、上级报告督查情况，该通报的及时通报。早，就是要根据重大决策部署和重要会议、工作安排，提前思考谋划"重点督查什么""如何开展督查""怎样反馈报告"，提前做好人员、资料、后勤保障等准备工作，以便及时展开督查。②

三、展望与分析

2017年，中国各级政府的政务督查工作，在实践和研究方面都取得了积极进展，同时现实发展和理论探索都对彼此产生了有益的启示。政务督查工作在实践中不断发现新问题，对理论研究提出了新的挑战和探索空间；而研究者们在解析政务督查工作的过程中产生的种种思想碰撞，亦对实际工作者提供了崭新的思维方式和具体方案。通过综合这两个方面的各种认识，可以对未来政务督查工作的发展进行前瞻

---

① 李中华. 地方督查工作运用"互联网+"的工作要求[J]. 领导科学，2017(15)：15-16.
② 李晓宇. 督查工作要力求深、准、实、快、早[J]. 领导科学，2017(30)：36-37.

性分析。

1. 注意协调好督查一视同仁和考虑地方具体条件的关系

中国是一个内部差异、差距相当大的超大型国家，现代化、后现代化、前现代化等情景都可见于中国的经济社会实况中。面对千差万别、各自相异的地方生态，需要在强调一视同仁的刚性督查工作中，适度增加一定的弹性机制，更加强调测量精准度。从长远来看，由于区域之间显而易见的非平衡发展状态，任何一个来自中央或上级的政策要真正实现"落地生根"、打通"最后一公里"，仅仅依靠强制性的督查，恐怕是不够和难以持久的。因此，有必要探索实现在刚性督查和充分考虑地方实际之间找到一个更佳的均衡点。政务督查工作本身也需要多样化，相应的标准要根据不同的情况做出适时的调整，要有"多把尺子"而非"一把尺子"。只有具备较高精确度、区分度的督查工作，才能更好地把作用力置于对应方位。

2. 注意协调好政务督查工作和日常监督工作的关系

中国各级政府尤其是基层政府，在面对中央或上级有力推行的一项工作时，习惯于"扩大适用范围"，不加区分地把许多不相关的工作事务混淆在一起。目前，部分地方政府及部门，已经出现了把日常性的监督问责性工作，一概都归为政务督查领域的趋势，以示对此项工作的重视。政务督查成了一个框，什么都往里装。因此，未来有必要对政务督查做出清晰的定义和限定。政务督查必须是对特定政策执行情况的监督、检查和问责，不能也不应该扩大到所有政策的落实情况方面，有必要在政务督查工作和日常监督工作之间，做出较为明确的区分。这既有助于集中资源做好政务督查工作，不致人力、物力、精力分散，同时，也可避免政务督查工作对日常工作的侵扰。

四、报告要点

综合本报告的内容，对报告的要点归纳如下：

1. 实践方面，2017 年，国务院层面、国务院各部委、各级地方政府都开展了极为丰富的政务督查活动。这些督查活动既有面向全局工作的综合性行动，也有针对专门领域的专项行动。各层级、各区域、各领域的政府部门，都在积极地推行各种政务督查实践。国务院层面的政务督查工作，主要包括第四次大督查行动、"放管服"改革专项督查等。多个国务院部门也都在各自职责范围内开展了相应的督查活动，典型的有国务院食品安全委员会开展的"全国食品安全"专项督查、环境保护部开展的"大气污染防治"强化专项督查和"冬季供暖"专项督查。地方各级政府开展了丰富的综合性和专项督查活动，包括自查活动和针对下级的督导活动，许多地方政府制订了"年度重点督查事项""年度重点督查工作计划"等，部分地方还结合自身需求和特点，对督查工作的方式、方法进行了不断创新。

2. 研究方面，2017 年，研究者们对政务督查工作所取得的进展都表示肯定，但同时也指出了督查过程中存在的一系列问题，并就此提出了相应的对策建议。2017 年度关于"政务督查"的各种研究，主要分布在两个方面。第一，专业性研究者就督查研究的学术进展进行梳理。随着有关督查的学术研究成果日趋繁多，有研究者开始对这些研究成果展开统计、综述和总结。第二，督查工作实际参与者基于实践经验对进一步做好督查工作提出建议。除了学术研究群体，实际参与督查工作的"一线"人员，结合自身经验和体会，对如何进一步做好和优化督查工作，提出了相应的思考和建议。

3. 未来展望方面，要进一步实现政务督查工作的深化、细化和具体化，至少需要做好两个方面的重点工作：一是注意协调好督查一视同仁和考虑地方具体条件的关系；二是注意协调好政务督查工作和日常监督工作的关系。

作者单位：南开大学周恩来政府管理学院

雄安新区建设研究报告

薛立强

2017 年 4 月 1 日，中共中央、国务院印发通知，决定设立河北雄安新区，雄安新区横空出世。雄安新区的设立，是以习近平同志为核心的党中央作出的一项重大的历史性战略选择，是继深圳经济特区和上海浦东新区之后又一具有全国意义的新区，是"千年大计、国家大事"。雄安新区的基本功能在于集中疏解北京非首都功能，探索人口经济密集地区优化开发新模式，调整、优化京津冀城市布局和空间结构，培育创新驱动发展新引擎，具有重大现实意义和深远历史意义。随着雄安新区的设立和建设，相关的研究也迅速兴起。

一、雄安新区发展情况综述

截至 2017 年底，雄安新区的设立和发展共经过了五个阶段：

（一）酝酿阶段（2014 年 10 月至 2016 年 2 月）

党的十八大以来，中共中央总书记、国家主席、中央军委主席习近平多次深入北京、天津、河北考察调研，多次主持召开中央政治局常委会会议、中央政治局会议，研究决定和部署实施京津冀协同发展战略。2014 年 10 月，习近平总书记对《京津冀协同发展规划总体思路框架》批示指出：目前京津冀三地发展差距较大，不能搞齐步走、平面推进，也不能继续扩大差距，应从实际出发，选择有条件的区域率先推进，通过试点示范带动其他地区发展。2015 年 2 月，中央财经领导小组第 9 次会议审议研究京津冀协同发展规划纲要。习近平总书记在讲话中提出首都建设要遵循"多点一城、老城重组"的思路，"一城"就是要研究思考在北京之外建设"新城"问题。2015 年 4 月 2 日和 4 月 30 日，习近平总书记先后主持召开中共中央政治局常委会会议和中央政治局会议研究《京津冀协同发展规划纲要》。习近平总书记明确提出，要深入研究论证新城问题，重点打造北京非首都功能疏解集中承载地，在河北适合地段规划建设一座以新发展理念引领的现代新型城区，并提出了 13 个选址方案，雄安区域是其中之一。

（二）准备阶段（2016 年 3 月至 2017 年 3 月）

2016 年 3 月，习近平总书记主持召开中共中央政治局常委会会议，审议并原则通过《关于北京市行政副中心和疏解北京非首都功能集中承载地有关情况的汇报》，确定了新区规划选址，同意定名为"雄安新区"。同年 3 月，安新县、雄县、容城县土地、户口冻结，等待国家统一规划。2016 年 5 月 27 日，中共中央政治局会议审议了《关于规划建设北京城市副中心和研究设立河北雄安新区的有关情况的汇报》，"雄安新区"首次出现在汇报稿的标题之中，设立雄安新区的战略构想逐渐变为现实。这一天也被视为雄安新区规划正式启动的标志性日子。这次中共中央政治局会议上原则通过的《关于研究设立河北雄安新区的实施方案》明确提出了规划编制的要求，为规划编制提供了依据。

2016 年 5 月 28 日上午，河北省委召开专题会，要求和中国城市规划设计研究院等进行对接，启动雄安新区具体规划编制工作。2016 年 7 月，安新县、雄县、容城县停止房产交易。关停售楼部和房屋中介机构，冻结一切房屋过户手续。2016 年 8 月，雄安新区规划编制最终确定为"1+4+54"的规划体系，即以《河北雄安新区规划纲要》为统领，雄安新区总体规划、起步区控制性规划、启动区控制性详细规划及白洋淀生态环境治理和保护规划四个综合性规划为主体，防洪、水系、海绵城市、排水防涝等 22 个专项规划和水资源保障、清洁能源利用、城市住房制度等 32 个专题研究作为基础支撑，形成新区顶层的设计。

2017 年 2 月 23 日，习近平总书记专程到河北省安新县进行实地考察，主持召开河北雄安新区规划建设工作座谈会。他特别强调，规划建设北京城市副中心和河北雄安新区是推进京津冀协同发展的两项战略举措，是历史性的战略选择，是千年大计、国家大事，要坚持用最先进的理念和国际一流水准规划、设计、建设，经得起历史检验。雄安新区将是我们留给子孙后代的历史遗产，必须坚持"世界眼光、国际标准、中国特色、高点定位"的理念，努力打造贯彻新发展理念的创新发展示范区。同年 3 月，安新县、雄县、容城县禁止动土，并声势浩大地打击非法占地和拆除违法建筑，同时进行"打渣除痞"行动。

（三）正式设立（2017 年 4 月 1 日）

2017 年 4 月 1 日，中共中央、国务院发布《关于设立河北雄安新区的通知》，决定设立河北雄安新区。雄安新区规划范围涉及河北省雄县、容城、安新 3 县（含白洋淀水域）及周边部分区域，地处北京、天津、保定腹地，区位优势明显、交通便捷通畅、生态环境优良、资源环境承载能力较强，现有开发程度较低，发展空间充裕，具备高起点、高标准开发建设的基本条件。雄安新区规划建设以特定区域为起步区先行开发，起步区面积约 100 平方公里，中期发展区面积约 200 平方公里，远期控制区面积约 2000 平方公里（见表 1）。

表 1　雄安新区行政区划

行政区	面积	下辖乡镇	政府驻地	备注
雄县	524 平方公里，下辖 6 镇 3 乡 223 个行政村	雄州镇、昝岗镇、大营镇、龙湾镇、朱各庄镇、米家务镇、双堂乡、张岗乡、北沙口乡	雄州镇	高阳县龙化乡、任丘市七间房乡、鄚州镇、苟格庄镇于 2018 年 4 月 20 日移交安新县托管，属雄安新区规划范围
安新县	738.6 平方公里，下辖 9 镇 3 乡 207 个行政村	安新镇、大王镇、三台镇、端村镇、赵北口镇、同口镇、刘李庄镇、安州镇、老河头镇、圈头乡、寨里乡、芦庄乡	安新镇	
容城县	314 平方公里，下辖 5 镇 3 乡 127 个行政村	容城镇、小里镇、南张镇、大河镇、晾马台镇、八于乡、贾光乡、平王乡	容城镇	

　　《关于设立河北雄安新区的通知》还规定了雄安新区建设的工作基调、重点任务和工作要求。具体而言，雄安新区建设的工作基调是：在党中央领导下，坚持稳中求进工作总基调，牢固树立和贯彻落实新发展理念，适应把握引领经济发展新常态，以推进供给侧结构性改革为主线，坚持世界眼光、国际标准、中国特色、高点定位，坚持生态优先、绿色发展，坚持以人民为中心、注重保障和改善民生，坚持保护弘扬中华优秀传统文化、延续历史文脉，建设绿色生态宜居新城区、创新驱动发展引领区、协调发展示范区、开放发展先行区，努力打造贯彻落实新发展理念的创新发展示范区。

　　规划建设雄安新区的七个重点任务：一是建设绿色智慧新城，建成国际一流、绿色、现代、智慧城市；二是打造优美生态环境，构建蓝绿交织、清新明亮、水城共融的生态城市；三是发展高端高新产业，积极吸纳和集聚创新要素资源，培育新动能；四是提供优质公共服务，建设优质公共设施，创建城市管理新样板；五是构建快捷高效交通网，打造绿色交通体系；六是推进体制机制改革，发挥市场在资源配置中的决定性作用和更好发挥政府作用，激发市场活力；七是扩大全方位对外开放，打造扩大开放新高地和对外合作新平台。[①]

---

① 中共中央、国务院决定设立河北雄安新区 [EB/OL].（2017-04-01）. http://www.xinhuanet.com/politics/2017-04/01/c_1120741571.htm.

　　工作要求是：第一，各地区、各部门要认真落实习近平总书记的重要指示，按照党中央、国务院决策部署，统一思想、提高认识，切实增强"四个意识"，共同推进雄安新区规划建设发展各项工作。第二，河北省要积极主动作为，加强组织领导，履行主体责任。坚持先谋后动、规划引领，用最先进的理念和国际一流的水准进行城市设计，建设标杆工程，打造城市建设的典范。要保持历史耐心，尊重城市建设规律，合理把握开发节奏。要加强对雄安新区与周边区域的统一规划管控，避免城市规模过度扩张，促进与周边城市融合发展。第三，各有关方面要按照职能分工，密切合作，勇于创新，扎实工作，共同推进雄安新区规划建设，为实现"两个一百年"奋斗目标和中华民族伟大复兴的中国梦作出新的更大贡献。

　　2017 年 4 月 1 日，中央还宣布，深圳市委书记、市长许勤任河北省委委员、常委、副书记，主管雄安新区规划建设。同日，河北决定成立雄安新区筹备工作委员会及临时党委，组成人员包括：袁桐利任临时党委书记，刘宝玲任临时党委副书记、筹备工作委员会主任，张维亮、党晓龙任临时党委副书记，吴铁、牛景峰、于振海任临时党委委员、筹备工作委员会副主任，翟伟、王纪平任临时党委委员。

（四）筹划建设阶段（2017 年 4 月至 2017 年 8 月）

　　雄安新区正式成立之后，即进入紧张的筹划建设阶段。2017 年 4 月 5 日，河北省委书记赵克志在接受新华社记者专访时表示，雄安新区的定位和职能，需要放在京津冀协同发展重大国家战略的大局中来把握。雄安新区不同于一般意义上的新区，其定位首先是疏解北京非首都功能集中承载地，有效吸引北京人口和非首都功能疏解转移；其次是贯彻落实新发展理念的创新发展示范区，坚持"世界眼光、国际标准、中国特色、高点定位"，建设绿色低碳、信息智能、宜居宜业，具有较强竞争力和影响力，人与自然和谐共处的现代化城市；再次是体制机制创新的高地和高端高新产业集聚地，不是大搞房地产开发，更不是炒房淘金的地方。规划建设雄安新区，河北要积极主动作为，加强组织领导，履行主体责任。特别是把管控作为重要保障，要防患于未然，不能掉以轻心，更不能走弯路，确保新区规划建设科学有序有效推进。推进新区规划建设，既要全力以赴、苦干实干，又要解放思想、改革创新，河北要抓好五个方面工作：一是深入组织传达学习，进一步把思想和行动统一到党中央决策部署上来。4 月 8 日左右，河北省委理论学习中心组举行学习会，集中学习领会习近平总书记重要讲话和中央文件精神。4 月 20 日左右，筹备召开省委全会，制定贯彻落实推进河北雄安新区规划建设的实施意见，对贯彻党中央、国务院决定作出阶段性安排。二是加强规划、土地和房地产管控，继续实施新区"五项"冻结，严禁大规模开发房地产，严肃查处房地产黑中介、炒房团、投机开发商活动，整顿房地产市场和中介机构，切实管住新区及周边地区房价地价。这既是维护新区建设大局的需要，也是维护群众根本利益的需要。三是搞好舆论引导，坚持正确导向，及时正面发声、解疑释惑、回应关切，深入细致做好政策宣传和群众思想工作，避免误读误解，防止过度炒作。四是深化规划编制，坚持先谋后动、规划引领，用先进的理念和国际一流的水准规划设计建设，坚持高标准、高质量组织规划编制，把每一寸土地规划得清清楚楚后再开工建设。五是建立完善工作机构，以改革创新的精神，积极探索与现行体制协调、联动、高效的新区管理方式，组建精简、高效、统一的新区管理机构，并有序实施新区管理托管移交。①

在 2017 年 4 月 6 日召开的"京津冀协同发展工作推进会议"上，时任国务院副总理的张高丽表示，京津冀协同发展是一个重大战略部署，规划建设北京城市副中心和河北雄安新区是推进京津冀协同发展的两项战略举措，将形成北京新的两翼，拓展区域发展新空间；要进一步统一思想认识，坚持"一盘棋"推进，有序疏解北京非首都功能。要严格按照规划方案，扎实推进北京城市副中心建设，继续在交通、生态、产业三个重点领域率先突破，加快建设京津冀全面创新改革试验区和北京全国科技创新中心，大力推进基本公共服务共建共享，更加有力推进脱贫攻坚，科学做好重点区域规划布局。规划建设雄安新区，是以习近平同志为核心的党中央经过认真、谨慎、科学、民主的系统决策，作出的一项重大战略部署，具有重大的现实意义和深远的历史意义。要高标准、高质量、高水平编制新区规划，强化体制改革创新，以对人民高度负责的态度，精心策划、科学有序、稳扎稳打，一步一个脚印，一茬接着一茬干，将雄安新区建设成为绿色生态宜居新城区、创新驱动引领区、协调发展示范区、开放发展先行区。坚决禁止大规模开发房地产，严禁违规建设，严控周边规划，严控入区产业，严控周边人口，严控周边房价，严加防范炒地炒房投机行为，为新区规划建设创造良好环境。②

2017 年 4 月 26 日，雄安新区举行首场新闻发布会，新区临时党委委员、筹委会副主任牛景峰，对新区成立以来的工作以及下一步新区规划编制、建设等工作进行了介绍。据介绍，雄安新区已经对规划、土地、户籍、不动产交易和项目建设进行了严格管控，周边的 11 个县市区也同步采取了管控措施，严厉打击炒房、炒车等违法违规行为。新区临时党委、筹委会，已经接管了雄县、容城、安新三县人事、党务等工作，开始行使规划、建设、国土等管理事权。新区在抓好规划编制工作、有序推进新区建设的同时，派出驻村工作组，围绕即将实施的征地拆迁、搬迁安置、施工建设等工作，深入细致做好新区群众工作。下一步，新区计划将 30 平方公里启

① 新华社记者就雄安新区热点问题专访河北省委书记赵克志[EB/OL]. (2017-04-05). http://www.xinhuanet.com/2017-04/05/c_129525610.htm.
② 张高丽出席京津冀协同发展工作推进会议[EB/OL]. (2017-04-06). http://tv.cctv.com/2017/04/06/VIDESmUfGGxH7EqcIiNrf5SO170406.shtml.

动区的控制性详规和城市设计，面向全球招标，开展设计竞赛和方案征集。①4 月 27 日，国家开发银行（以下简称"国开行"）与河北省政府在石家庄举行高层联席会议并签署《建设河北雄安新区开发性金融合作备忘录》。根据备忘录，双方将按照优势互补、合作共赢、依法依规的原则，在新区规划编制、投融资主体组建、体制机制创新和重大项目融资等方面进一步加强全方位高效务实合作。国开行将发挥"投贷债租证"综合金融优势，支持雄安新区对外骨干交通路网建设、起步区基础设施建设和产业布局、白洋淀环境综合治理和生态修复工作。近期，将提供 1300 亿元资金支持新区起步区相关工作。②

2017 年 6 月 13 日，河北省政府办公厅印发的《河北省综合交通运输体系发展"十三五"规划》提出，河北省"十三五"期间交通运输体系发展的重点任务之一是修建北京至雄安新区的高速公路。③同年 6 月 14 日，中国铁路设计集团有限公司（下称"中国铁设"）宣布，已完成雄安新区铁路网初步规划。据介绍，设计团队将一体化考虑铁路与城市轨道交通、城市公共交通体系，设计综合交通枢纽，以"方便出行"为第一目标，实现最紧密的衔接和最方便的换乘，而且要在新区规划建设中应用中国和世界综合交通枢纽建设中最先进的技术和经验，充分体现"中国技术、中国力量"，将新区综合交通枢纽建成世界标杆。④

2017 年 6 月 21 日，雄安新区管理机构获中央编办批复。根据《中央编办关于设立河北雄安新区管理机构有关问题的批复》，按照"党政合设"和"精简、高效、统一"的原则，设立中共河北雄安新区工作委员会、河北雄安新区管理委员会。同时，2017 年 5 月任河北省委常委的陈刚被任命为雄安新区党工委书记、管委会主任。⑤中共河北雄安新区工作委员会、河北雄安新区管理委员会为省委、省政府派出机构，负责组织领导、统筹协调新区开发建设管理全面工作。雄安新区管理委员会同时接受国务院京津冀协同发展领导小组办公室指导。⑥

2017 年 7 月 18 日，中国雄安建设投资集团有限公司正式成立。该公司的主要

---

① 河北雄安新区举行首场新闻发布会[EB/OL]．(2017-04-27)．http://news.cctv.com/2017/04/27/ARTIT76FUYy4yEHO6WmH5awx170427.shtml.

② 国开行与河北省签署合作备忘录将提供 1300 亿元支持雄安新区[EB/OL]．(2017-04-27)．http://www.xinhuanet.com/money/2017/04/27/c_1120885960.htm.

③ 关于印发河北省综合交通运输体系发展"十三五"规划的通知[EB/OL]．(2017-08-24)．http://www.hebei.gov.cn/hebei/10731222/10751796/10758975/13999016/index.html.

④ 新区铁路网初步规划完成　天津雄安有望 1 小时通达[EB/OL]．(2017-06-14)．http://tj.people.com.cn/n2/2017/0614/c375366-30325546.html.

⑤ 陈刚任雄安新区党工委书记、管委会主任[EB/OL]．(2017-06-22).http://renshi.people.com.cn/n1/2017/0622/c139617-29356558.html.

⑥ 中央编办批复同意设立河北雄安新区管理机构[EB/OL]．(2017-06-23)．http://www.cnr.cn/tj/ztjjj/hb/20170623/t20170623_523815474.shtml.

职能是创新投融资模式，多渠道引入社会资本，开展 PPP 项目合作，筹措新区建设资金，构建新区投融资体系；开展土地一级开发、保障性住房以及商业地产开发建设和经营；组织承担白洋淀环境综合整治和旅游资源开发经营；负责新区交通能源等基础设施、市政公用设施建设和特许经营；参股新区各类园区和重大产业项目开发建设。[①]同年 7 月 22 日，中国铁设集团公布了《新建铁路北京至雄安铁路环境影响评价第一次信息公告》，启动了京雄铁路的环评工作。京雄铁路原为京霸城际，北京段基本走向不变，但河北段调整改走雄安新区。京雄铁路全长 100.283 公里，共设北京西站、北京新机场、固安东站、霸州北站和雄安站五站。[②]同年 8 月 23 日，中国地质调查局、河北雄安新区、河北省国土资源厅、河北省地矿局在雄安新区召开雄安新区地质调查第一阶段成果移交汇报暨四方联席会议。会议指出，自 2017 年 6 月 14 日起，在国土资源部的统筹领导下，由中国地质调查局牵头，省国土资源厅、省地矿局和雄安新区共同参与，在新区及周边部分地区 1770 平方公里范围内，开展了全国最大规模的地质勘查活动，取得一批重要成果，这将为雄安新区规划建设提供重要的数据支撑，为新区建设打下坚实的基础。[③]

（五）建设阶段（2017 年 9 月至今）

2017 年 9 月 9 日下午 2 时左右，随着第一根桩被 5 名工人打入土中，筹备了 5 个多月的雄安新区正式启动建设工程，[④]雄安新区进入建设阶段。9 月 20 日，雄安新区管委会发布消息，雄安新区启动秋冬季合作造林实验，计划造林 1 万亩。据介绍，雄安新区坚持改革创新，正在探索一套适合新区规模的造林经营机制和模式。秋冬季合作造林坚持政府主导、"三变"合作[⑤]、多元发展、共建共享的原则，创新造林经营机制和模式，打造"千年秀林"。在经营机制方面可以通过企业与农户或集体间多要素多方式合作，使资源变资产、资金变股金、农民变股东。[⑥]9 月 29 日，《北京城市总体规划（2016 年—2035 年）》发布，涉及雄安新区的内容有：建设以首都为核心的世界级城市群，实现北京城市副中心和雄安新区"两翼"比翼齐飞。全力支持央属高校、医院向雄安新区疏解。支持市属学校、医院到雄安新区合作办学、办医联体。支持部分在京行政事业单位、总部企业、金融机构、科研院所等向

---

① 中国雄安建设投资集团有限公司正式成立[EB/OL].（2017-08-07）. http://www.xinhuanet.com/fortune/2017-08/07/c_1121445782.htm.

② 新建北京至雄安铁路首次环评 全长 100 余公里[EB/OL].（2017-07-24）. http://society.people.com.cn/n1/2017/0724/c1008-29422884.html.

③ 雄安新区地质调查第一阶段成果移交汇报暨四方联席会议召开[N]. 河北日报，2017-08-24.

④ 雄安新区建设完成"第一签""第一桩"[EB/OL].（2017-09-09）. http://politics.people.com.cn/n1/2017/0909/c1001-29525466.html.

⑤ 即资源变资产、资金变股金、农民变股东。

⑥ 河北雄安新区启动秋冬季合作造林实验工作[EB/OL].（2017-09-20）. http://www.xinhuanet.com/2017-09/20/c_1121697749.htm.

雄安新区有序转移。在雄安新区合作建设中关村科技园区。①

2017年10月6日，雄安新区安置区建设已经进入前期程序，新区管委会将尽最大努力让更多被拆迁居民减少租房周转时间，减少奔波劳碌之累，争取尽可能多地一次性直接搬进漂亮、舒适、现代、绿色、方便的新家。②11月3日，备受瞩目的河北雄安新区9号地块一区造林项目和雄安市民服务中心项目的评标结果在河北省公共资源交易中心网站公示。雄安新区9号地块一区造林项目涉及雄县雄州镇、容城县平王乡两个乡镇8个村，将分两期实施。该项目是雄安新区建设森林城市，实现新区蓝绿交织、清新明亮生态环境的重要举措，将成为城市组团之间的重要生态缓冲区和生态福利空间共享区，形成以近自然林为主，景观游憩相结合的生态景观片林。雄安市民服务中心位于容城县小白塔及马庄村界内，主要承担政务服务、规划展示、会议服务、企业服务等职能，预计2018年2月底完成。③11月8日，阿里巴巴、蚂蚁金服集团与雄安签署战略合作协议。马云表示：阿里巴巴的出发点不是到雄安做生意，而是拿出最先进的技术实力和创新资源，将雄安新区打造成未来城市的标杆和中国样本。此次战略合作，不仅包括城市基础设施、环境、产业层面，还包括城市运营、管理，甚至在创新活力的塑造上也都有密切合作。④11月16日上午10时，随着位于河南省濮阳市渠村乡南湖村沉沙池进口闸闸门提起，黄河水缓缓通过引渠，进入沉沙池2号条渠，引黄入冀补淀工程开始试通水。引黄入冀补淀工程是河北省委、省政府推进生态文明建设的重大战略决策，是改善河北省中东部农业和生态用水状况的重要基础设施，也是雄安新区生态水源保障项目。工程的主要任务是为沿线部分地区农业供水和向白洋淀实施生态补水，缓解沿线农业灌溉缺水及地下水超采状况，改善白洋淀生态环境，并可作为沿线地区抗旱应急备用水源。⑤11月23日，在环保部举行的例行新闻发布会上，环保部环境规划院院长王金南介绍，雄安新区生态环境保护规划编制工作已经基本完成，已进入专家论证以及与新区总规划全面对接阶段。《规划》以白洋淀生态环境保护建设为基础，优化新区布局，以新区环境质量改善来推动整个白洋淀，乃至京津冀的环境质量改善工作。通过坚守生态空间、系统保护修复、改善环境质量、实施绿色先导、打造智慧环保、创新体制机制六个方面，把雄安新区建设成为绿色低碳、信息智能、宜居宜业、具有世

---

① 北京城市总体规划（2016年—2035年）发布[EB/OL].（2017-09-30）. http：//www.gov.cn/xinwen/2017-09/30/content_5228705.htm.

② 雄安安置区建设进入前期程序[EB/OL].（2017-10-06）. http：//politics.people.com.cn/n1/2017/1006/c1001-29573371.html.

③ 河北雄安新区两大项目评标结果进行公示[EB/OL].（2017-11-04）. http：//www.xinhuanet.com/2017-11/04/c_1121904108.htm.

④ 雄安新区与阿里巴巴蚂蚁金服签署战略合作协议[N]. 河北日报，2017-11-09.

⑤ 引黄入冀补淀工程16日起试通水[EB/OL].（2017-11-16）. http：//www.xinhuanet.com/2017-11/16/c_1121967285.htm.

界影响力和竞争力、人与自然和谐共生的现代化绿色新区。①

2017 年 12 月 2 日，京安高速设计方案确定。北京至雄安高速北京段工程范围北起五环路，南至北京市界，全长约 28 公里。建设标准分两段，五环路至六环路段，设计速度为 100 公里/小时，双向六车道；六环路至市界段，设计速度为 120 公里/小时，双向八车道。② 12 月 4 日，中国航天系统科学与工程研究院院长薛惠锋一行到雄安新区开展对接工作，河北省委常委、副省长，雄安新区党工委书记、管委会主任陈刚听取了有关情况介绍，双方就建立联系机制、进一步深入合作等进行了广泛探讨。双方表示，雄安新区愿与中国航天系统科学与工程研究院进一步合作，建立联系机制，加强智库、论坛等平台建设，围绕雄安新区发展的重大问题进行深入研究，提供决策参考和解决方案。并将在军民融合等方面，进行深入探讨与合作。③

二、2017 年雄安新区研究现状综述

来自中国知网的数据显示，2017 年共发表篇名中包括"雄安新区"的中文文献561 篇，其中，期刊文献 245 篇，会议文献 20 篇，报纸文献 296 篇。发表在 CSSCI 期刊及其扩展版等重要期刊上的文献共 29 篇，涉及雄安新区的意义及发展规划问题研究（8 篇）、雄安新区建设的区域协同发展问题研究（9 篇）、雄安新区建设的生态环保问题研究（4 篇）、雄安新区建设的投资及金融问题研究（3 篇）、其他问题研究（5 篇）等研究内容。本报告主要基于 CSSCI 期刊及其扩展版的 29 篇文献来综述 2017 年学界关于"雄安新区"研究的主要观点。具体情况如下。

（一）雄安新区的意义及发展规划问题研究

孙久文指出，设立雄安新区的重大现实与历史意义在于：一是中国改革已经进入深水区，迫切需要探索新的、适合广大地区复制的改革开放经验；二是中国城市化进程处在迅速推进阶段，迫切需要探索人口密集区域城市化的新途径；三是中国的产业发展已经进入了结构转型时期，探索发展高端高新技术产业的区域与城市模式是当务之急；四是中国的资源环境问题已经十分突出，在华北雾霾严重的区域建设一座生态环境优美的智慧城市，将为我国众多的人口密集地区树立典范。④李兰冰

---

① 雄安新区生态环境保护规划编制工作基本完成[EB/OL].（2017-11-23）. http://www.xinhuanet.com/2017-11/23/c_1122002350.htm.

② 北京雄安之间将建高速公路全长 28 公里(图)[EB/OL].（2017-12-07）. http://www.chinahighway.com/news/2017/1148605.php.

③ 中国航天系统科学与工程研究院到雄安开展对接工作[EB/OL].（2017-12-05）. http://hebei.ifeng.com/a/20171205/6203843_0.shtml.

④ 孙久文. 雄安新区的意义、价值与规划思路[J]. 经济学动态，2017(07)：6-8.

认为，雄安新区不同于一般意义的新城建设，它不仅肩负城市自身发展任务，而且承担着拉动河北省产业升级和世界级城市群新增长极的重任。[①]

在关注设立雄安新区的重大历史意义的同时，学者们也非常关注雄安新区的规划问题。孙久文认为，雄安新区的"新"在于管理体制上的革故鼎新、发展模式上的推陈出新以及资源环境上的焕然一新，"特"在于功能规划的专门性、行政地位的独特性以及发展潜力的无限性。[②]杨开忠提出，雄安新区规划建设中要处理好的几个重要关系是：北京城市功能疏解集中承载地和首都功能拓展区的关系；与北京城市副中心和"通大新区"的功能定位关系；人才发展和首都功能拓展的关系；人口、资源、环境、发展的关系；交通与土地利用模式的互动关系。[③]汪玉凯认为，创新驱动是雄安新区建设成功与否的关键所在；在规划与发展中应打造优美环境，谨防大城市病；应为雄安新区量身布局高新、高端产业。[④]田学斌等学者提出，雄安新区要在高等教育、高级人才、科技金融、企业主体、市场环境等领域补齐创新短板，构建政产学研资协同创新网络，培育鼓励创新创业的文化氛围。[⑤]刘士林建议，雄安新区在防范"过度集聚"方面将承受巨大的现实压力，因此，应把防止城市"过度集聚"作为规划编制的头等大事和基本原则。[⑥]刘红玉、胡钦如蓝提出，雄安新区规划应把"贯彻落实新发展理念的创新发展示范区"放在首位，因地制宜找准创新集群和产业集群的主攻方向，科学规划和集聚创新资源，构建好政产学研协同创新运行机制。[⑦]刘茜、毛寿龙认为，雄安新区的发展，在于能否在此地建设有利于发展的公共治理结构，即：从权力的治理到权利的治理；从单一的治理到多中心的治理；从封闭的、强制性、等级性的政府治理到开放的、平等的、竞争的市场治理。[⑧]

（二）雄安新区建设的区域协同发展问题研究

雄安新区地处京津冀腹地，承担着承接北京非首都功能，促进京津冀协同发展的重要任务。自其设立以来，雄安新区建设的区域协同发展问题成为学术界关注的热点问题。具体而言，孟广文等学者认为，雄安新区应重点发挥"技术港（中心）"和"服务港（中心）"作用，突出新模式、新业态的引领功能，有效推动其与京津

① 李兰冰. 雄安新区的历史地位与成长路径[J]. 经济学动态，2017(07)：14-15.
② 孙久文. 雄安新区的意义、价值与规划思路[J]. 经济学动态，2017(07)：6-8.
③ 杨开忠. 雄安新区规划建设要处理好的几个重要关系[J]. 经济学动态，2017(07)：8-10.
④ 汪玉凯. 雄安新区建设的规划分析与发展前瞻[J]. 北京行政学院学报，2017(04)：1-4.
⑤ 田学斌，柳天恩，武星. 雄安新区构建创新生态系统的思考[J]. 行政管理改革，2017(07)：17-22.
⑥ 刘士林. 雄安新区战略解读与战略规划[J]. 学术界，2017(06)：5-12，320.
⑦ 刘红玉，胡钦如蓝. 雄安新区创新驱动发展模式选择——基于两大后发创新城市的借鉴[J]. 河北学刊，2017(04)：143-147.
⑧ 刘茜，毛寿龙. 雄安新区发展的秩序维度[J]. 学术界，2017(06)：13-23，320.

及河北其他地区融合发展。①叶中华、魏玉君认为雄安新区承接人口疏解所需要努力的方向主要有：在政府主导下，加大新区的公共服务建设；通过利益引导机制给予优惠政策，吸引企事业单位迁入；打造连接京津的智慧交通系统，借鉴筑波经验，建设创新科学城。②武义青、柳天恩提出，雄安新区建设北京非首都功能疏解集中承载地需要做好"七个结合"：与雄安新区"千年大计"相结合；与雄安新区"四区"功能定位相结合③；与雄安新区资源环境承载力相结合；与雄安新区空间均衡相结合；与雄安新区建设反磁力中心相结合；与雄安新区辐射带动周边地区相结合；与河北走好发展新路相结合。④李兰冰等学者提出，雄安新区发展路径应是：第一，以承接非首都功能为基点，尽快培育新产业体系；第二，对接京津冀优势创新资源，强力推进创新驱动战略；推进城市治理模式创新，优化制度环境供给。⑤刘秉镰提出，借力雄安新区建设，推动京津冀协同开放的实现路径主要包括：政府治理协同开放，基础设施协同开放，产业协同开放，市场协同开放。⑥郝寿义认为，雄安新区在区域协同发展方面的示范作用在于：在国家级新区发展模式和产业选择上走出一条新路子；在形成和充分发挥国家级新区制度增长极上下功夫；在国家级新区的空间选址方面形成新经验。⑦陶一桃认为，雄安新区的建立是区域梯度发展与反梯度发展路径选择的有机结合，它以实践验证着中国式的区域梯度发展与反梯度发展相结合的路径是富有制度绩效的。⑧

2017年4月20日，南开大学举行"雄安新区与京津冀协同发展：理论及政策"高端论坛，多位学者就雄安新区建设与京津冀协同发展这一主题进行了交流与研讨，有代表性的观点有：肖金成认为，在京津冀协同发展的意义上，雄安新区是北京非首都功能疏解的集中承载地，是北京、天津两个大都市的"反磁力中心"，是京津冀区域新的经济增长极。郭克莎提出，雄安新区的规划建设要有调整空间和机制，要发挥好对京津冀协同发展的作用。陆军认为，雄安新区植入京津冀区域治理体系，既要提防"城市病"也要提防"区域病"。周密、孙哲认为，雄安新区创新中应提高雄安新区的吸收能力，有效聚集创新资源；应以共建共享为核心，打造多层次创新服务体系；应全力打造制度高地，吸引高端创新人才；应利用功能疏解契机，承

① 孟广文，金凤君，李国平，等. 雄安新区：地理学面临的机遇与挑战[J]. 地理研究，2017(06)：1003-1013.

② 叶中华，魏玉君. 雄安新区承接人口疏解的策略分析——基于首尔和东京的经验[J]. 当代经济管理，2017(12)：39-46.

③ 雄安新区"四区"功能定位即：绿色生态宜居新城区、创新驱动发展引领区、协调发展示范区、开放发展先行区。

④ 武义青，柳天恩. 雄安新区精准承接北京非首都功能疏解的思考[J]. 西部论坛，2017(05)：64-69.

⑤ 李兰冰，郭琪，吕程. 雄安新区与京津冀世界级城市群建设[J]. 南开学报(哲学社会科学版)，2017(04)：22-31.

⑥ 刘秉镰. 雄安新区与京津冀协同开放战略[J]. 经济学动态，2017(07)：12-13.

⑦ 郝寿义. 雄安新区与我国国家级新区的转型与升级[J]. 经济学动态，2017(07)：4-5.

⑧ 陶一桃. 雄安新区与中国道路[J]. 深圳大学学报(人文社会科学版)，2017(04)：5-11.

接社会公共服务资源。①彭建强认为，雄安新区是京津冀融合发展的创新突破，肩负着京津冀区域新增长极的功能。洪俊杰提出，在津冀协同发展的背景下，雄安新区的发展应拓宽创新资金的渠道、做好创新人才的集聚、解决创新链上的瓶颈、加大服务业开放步伐。②

（三）雄安新区建设的生态环保问题研究

学界高度关注雄安新区建设的生态环保问题，一些学者提出了自己的观点。杜雯翠、江河认为，应深入挖掘雄安新区得天独厚的自然生态禀赋，在"美丽雄安"建设上树标杆、寻突破。③孟卫东等学者提出，绿色智慧新城建设是雄安新区建设的重要主题。应进一步加强生态环境保护，提高环境承载力，实现可持续发展。④梁世雷、李岚认为，保障雄安新区生态安全的重点和方向是：未雨绸缪防水患、高度重视水荒问题、尽快解决水污染问题。⑤王树强、徐娜认为，提高雄安新区综合环境承载力需要以"减气增水"为目标，将产业升级、治理区域协同和治理方式的市场化作为施政重点。⑥

（四）雄安新区建设的投资及金融问题研究

雄安新区建设必然需要大量的投资，这又会带来相关的金融问题。基于此，一些学者特别关注了雄安新区建设的投资及金融问题。胡继成、鲍静海认为，雄安新区定位的特殊性要求其将绿色发展与绿色金融支持体系相融合，利用互联网思维、大数据思维的新理念拓展未来发展空间，用系统工程思维和方法谋划综合发展。⑦陈建华提出，应从深化金融改革、加强金融创新、优化金融服务、防控金融风险等多层面发力，为雄安新区建设注入活力和动力。⑧杨斌建议，雄安新区新一轮基础建设投资应从传统基础设施建设转向广义社会基础设施建设；应探索不增加债务的融资办法解决资金来源。⑨

（五）其他相关问题研究

除了上述问题之外，学者们还就雄安新区建设中的公务员管理、公共服务建设、土地利用、文化遗产保护等方面展开了一定的研究。主要观点如下：易丽丽认为，

---

① 本刊编辑部，肖金成，郭克莎，等. 雄安新区战略发展的路径选择——"雄安新区与京津冀协同发展：理论及政策"高端论坛专家发言摘编（上）[J]. 经济与管理，2017（03）：6-12.

② 本刊编辑部，王冬年. 雄安新区战略发展的路径选择——"雄安新区与京津冀协同发展：理论及政策"高端论坛专家发言摘编（下）[J]. 经济与管理，2017（04）：6-10.

③ 杜雯翠，江河. 雄安新区国际环保标杆建设的机遇、挑战及路径[J]. 环境保护，2017（12）：39-42.

④ 孟卫东，吴振其，司林波. 雄安新区绿色智慧新城建设方略探讨[J]. 行政管理改革，2017（07）：23-27.

⑤ 梁世雷，李岚. 雄安新区生态安全问题及应对策略[J]. 河北学刊，2017（04）：148-152.

⑥ 王树强，徐娜. 雄安新区生态环境承载力综合评价[J]. 经济与管理研究，2017（11）：31-38.

⑦ 胡继成，鲍静海. 雄安新区建设投融资模式创新探讨[J]. 中国流通经济，2017（12）：108-114.

⑧ 陈建华. 雄安新区建设中的金融[J]. 中国金融，2017（10）：26-27.

⑨ 杨斌. 雄安新区绿色发展与"十三五"基建投资新模式[J]. 福建论坛（人文社会科学版），2017（06）：5-9.

雄安新区创新公务员管理制度的着力点是：人才优先，多轨并行吸纳人才；建立岗位管理制度，进行职位制改革；强化职级晋升激励，进行晋升制度改革；推行聘任制，增加用人制度弹性；以家庭为中心建立福利保障制度。①杨宏山提出，雄安新区建设应以优质公共服务资源集聚为先导，支持雄安新区尽早形成磁场效应；应坚持首都功能的存量疏解与增量疏解并行，以增量疏解为主；应增加保障性住房供给，提高雄安新区的宜居性。②姜鲁光等学者认为，雄安新区应优先农村（含乡镇）集体建设用地的征收与节约集约利用解决；应优先安排占用等级较低的耕地，尽量保护优质高产耕地；应合理确定土地征收与征用时序，优化土地资源管控；应高度关注防洪排水问题。③田林、马全宝认为，雄安新区文化遗产保护利用应坚持自然与人文景观共融的遗产环境保护、科技与文化双轮驱动的活力复兴模式。④范周提出，雄安新区建设需着眼文化资源、产业发展与民生三个现实维度。应在"大文化"视野下进行新文化创新实验区和发展引领区建设；应着力提升新区的产业结构；着力增强民生温度与百姓获得感。⑤

三、雄安新区建设发展展望

规划建设雄安新区意义重大、影响深远。首先，雄安新区作为北京非首都功能疏解集中承载地，与北京城市副中心形成北京发展新的两翼，共同承担起解决北京"大城市病"的历史重任，有利于探索人口经济密集地区优化开发新模式。其次，培育建设现代化经济体系的新引擎，以2022年北京冬奥会和冬残奥会为契机推进张北地区建设，形成河北两翼，补齐区域发展短板，提升区域经济社会发展质量和水平，有利于形成新的区域增长极。再次，建设高水平社会主义现代化城市，有利于调整优化京津冀城市布局和空间结构，加快构建京津冀世界级城市群。最后，创造"雄安质量"，有利于推动雄安新区实现更高水平、更有效率、更加公平、更可持续发展，打造贯彻落实新发展理念的创新发展示范区，成为新时代高质量发展的全国样板。2017年是雄安新区设立并建设的第一年，从4月1日到12月底，虽然只有短短的9个月时间，但建设的步伐是惊人的，建设的成果是丰硕的。党的十九大将雄安新区建设纳入实施区域协调发展战略之中，指出：以疏解北京非首都功能为"牛

---

① 易丽丽. 雄安新区公务员管理制度创新探讨[J]. 国家行政学院学报，2017(06)：87-91，162-163.

② 杨宏山. 雄安新区建设宜实行优质公共服务先行[J]. 北京行政学院学报，2017(04)：9-11.

③ 姜鲁光，吕佩忆，封志明，等. 雄安新区土地利用空间特征及起步区方案比选研究[J]. 资源科学，2017(06)：991-998.

④ 田林，马全宝. 雄安新区文化遗产的保护利用与活力复兴[J]. 人民论坛，2017(24)：138-139.

⑤ 范周. 雄安新区研究的新理论增长点——基于文化、产业、民生的现实维度[J]. 山东大学学报(哲学社会科学版)，2017(05)：1-14.

鼻子"推动京津冀协同发展，高起点规划、高标准建设雄安新区。根据党的十九大的部署，2018 年雄安新区建设将重点做好以下几个方面的工作。

第一，编制出台《雄安新区规划》（以下简称《规划》）。2017 年 12 月 18 日至 20 日召开的"中央经济工作会议"指出：京津冀协同发展要以疏解北京非首都功能为重点，保持合理的职业结构，高起点、高质量编制好雄安新区规划。①可以预见，编制完整的雄安新区规划必然成为 2018 年推进雄安新区建设的一项重要工作。《规划》的出台，将成为指导雄安新区规划建设的基本依据，必然科学构建雄安新区城市空间布局、合理确定城市规模、有序承接北京非首都功能疏解、实现城市智慧化管理、营造优质绿色生态环境、建设宜居宜业城市、打造改革开放新高地、塑造新时代城市特色风貌、保障城市安全运行、统筹区域协调发展等方面发展重要的引领作用。

第二，有序疏解北京非首都功能。设立雄安新区的初衷之一即是疏解北京非首都功能。因此，有序确认并疏解北京非首都功能必然是包括 2018 年在内的整个雄安新区建设期的重要任务，而 2018 年必然是确认北京非首都功能的具体单位并进行相应动员的重要一年。按照北京市与河北省 2017 年 8 月份签署的《关于共同推进河北雄安新区规划建设战略合作协议》，北京市 2018 年将加紧学校、医院等项目在雄安新区落地，大力推进雄安新区中关村科技园建设。此外，北京市与河北省还将在协同推进创新驱动发展、推进交通基础设施直连直通、开展生态环境联防联治、合力推动产业转型升级、协同提供高品质公共服务、加强城市规划技术支持服务、加强干部人才交流等七大方面在雄安新区开展深入合作。

第三，继续推进雄安新区的各项建设。雄安新区建设的规模很大，建设任务很重，前期还要涉及大量土地整理、基础设置建设以及相关的征地、拆迁等工作，这些工作都将在 2018 年有序开展。除此之外，按照中央部署和要求，2018 年雄安新区还将在如下一些方面加大建设力度：建设绿色智慧新城，建成国际一流、绿色、现代、智慧城市；打造优美生态环境，构建蓝绿交织、清新明亮、水城共融的生态城市；发展高端高新产业，积极吸纳和集聚创新要素资源，培育新动能；提供优质公共服务，建设优质公共设施，创建城市管理新样板；构建快捷高效交通网，打造绿色交通体系；推进体制机制改革，发挥市场在资源配置中的决定性作用和更好地发挥政府作用，激发市场活力；全方位扩大对外开放，打造扩大开放新高地和对外合作新平台。②

罗马不是一天建成的，雄安新区也不是一天能够建成的。规划建设雄安新区，

---

① 中央经济工作会议在北京举行[EB/OL]. (2017-12-21). http://politics.people.com.cn/n1/2017/1221/c1001-29719813.html.

② 《规划建设雄安新区的七方面重点任务》[EB/OL]. 中国雄安官网. (2017-12-18).

将是一项长期的、艰巨的工作，需要中央的坚强领导和坚定不移，需要京津冀大力协同，需要相关省区市和地方的大力支持，需要雄安新区建设者们付出艰辛的努力。在大力推进雄安新区建设的同时，需要高度关注雄安新区的人口规模，资源环境承载力，空气、水、土壤等的环境保护，以及雄安新区历史文化资源的保护等工作，真正使雄安新区承载起"千年大计、国家大事"的历史使命。

四、报告要点

本报告要点总结如下：

1. 2017 年 4 月 1 日，中共中央、国务院印发通知，决定设立河北雄安新区，雄安新区横空出世。雄安新区设立以来，中央、河北省，以及其他省市各方面建设的进展很快，建设成果很丰硕。如雄安新区管理机构获中央编办批复，中国雄安建设投资集团有限公司正式成立，雄安新区的造林项目和市民服务中心项目完成招投标，阿里巴巴、蚂蚁金服集团与雄安签署战略合作协议，引黄入冀补淀工程开始试通水，雄安新区生态环境保护规划编制工作基本完成，京安高速确定，等等，都标志着雄安新区建设的迅速展开。

2. 按照党的十九大的决策部署，2018 年以及未来的一段时间，雄安新区建设的任务是：第一，编制出台《雄安新区规划》；第二，有序疏解北京非首都功能；第三，继续推进雄安新区的各项建设。雄安新区建设过程中，需要高度关注人口规模，资源环境承载力，空气、水、土壤等的环境保护，以及历史文化资源的保护等工作。

作者单位：天津商业大学公共管理学院

第四部分

政府公共财政与
政府绩效管理

地方政府预算监督研究报告

周振超

　　《中共中央关于全面深化改革若干重大问题的决定》提出：在推进国家治理体系和治理能力现代化进程中，要"实施全面规范、公开透明的预算制度""加强人大预算决算审查监督"。党的十九大报告指出：建立全面规范透明、标准科学、约束有力的预算制度。为落实党中央决策部署，2017 年，各级地方政府努力推进预算监督的理论和实践创新，推动对预决算全口径的审查和监督。

一、2017 年地方政府预算监督情况梳理

（一）党中央重视和地方党委支持

　　地方政府预算监督所取得的进展，主要得益于党中央的重视。党领导下的预算监督，是预算监督中最基本的一对关系。预算监督中涉及的几乎所有关系都是这一关系的展开。党委重视和支持是落实人大预算权力和提升预算监督能力的最重要政治保障。

表 1　2016—2017 年中央全面深化改革领导小组审议通过的涉及地方政府预算监督的改革方案

会议及时间	审议通过的实施方案
2016 年 12 月 5 日 中央全面深化改革领导小组第三十次会议	《关于深化国有企业和国有资本审计监督的若干意见》
2016 年 12 月 30 日 中央全面深化改革领导小组第三十一次会议	《关于清理规范重点支出同财政收支增幅或生产总值挂钩事项有关问题的通知》

会议及时间	审议通过的实施方案
2017 年 6 月 26 日 中央全面深化改革领导小组第三十六次会议	《全国和地方资产负债表编制工作方案》
2017 年 11 月 20 日 十九届中央全面深化改革领导小组第一次会议	《关于建立国务院向全国人大常委会报告国有资产管理情况的制度的意见》

（二）建立健全法律法规制度

依法加强对政府"钱袋子"的监督是推进国家治理体系现代化的重要内容，也是中国政治发展和法治中国建设的"生长点"。2017 年，各地在建立健全预算审查监督法制、出台预算审查监督的地方性法规、落实执行预算法等方面开展了许多有益探索，详见表 2、表 3。

表 2　2017 年发布或实施的涉及地方政府预算监督的地方性法规

发布部门	发布日期	实施日期	主　题	目　的
湖北省人大	2017-11-29	2017-11-29	《湖北省人大常委会关于进一步推进预算绩效管理的决定》	加强对预算绩效管理的监督,进一步推进全面实施预算绩效管理,切实提高财政资金使用效益,提升公共服务质量和水平,提高人民满意度
上海市人大	2017-06-23	2017-10-01	《上海市预算审查监督条例》	加强预算的审查监督,规范政府收支行为,强化预算约束,发挥预算在促进国民经济和社会发展中的作用
吉林省人大	2017-06-02	2017-06-02	《吉林省预算审查监督条例》（2017 修订）	规范预算审查监督工作,完善预算审查监督工作机制,增强监督实效
贵州省人大	2017-03-30	2017-07-01	《贵州省预算审查监督条例》	加强对预算的审查监督,强化预算约束,促进和保障经济社会健康发展
西安市人大	2017-03-30	2017-05-09	《西安市预算审查监督条例》	加强和规范预算的审查和监督工作,促进经济和社会各项事业的发展

表3　2017 年发布或实施的涉及地方政府预算监督的地方规范性文件

发布 部门	发布日期	实施日期	主　题	目　的
四川省 财政厅	2017-12-25	2017-12-25	《四川省省级国有资本经营预算管理办法》	加强和规范省级国有资本经营预算管理，优化国有资本配置
四川省 政府	2017-01	—	《四川省人民政府办公厅关于进一步加强和改进内部审计工作的意见》	推动健全完善内部审计体系
广东省 政府	2017-11-30	2017-11-30	《广东省人民政府办公厅关于进一步完善省级预算管理的意见》	深化预算管理制度改革
吉林省 财政厅	2017-11-24	2017-11-24	《吉林省省级预算绩效评审专家管理办法》	充分发挥不同领域专家在预算绩效管理工作中的重要作用，提高绩效评审工作质量，规范预算绩效评审专家聘用和管理，确保相关工作客观、公正和公平
上海市 崇明区 人大	2017-10-27	2017-10-27	《上海市崇明区人民代表大会常务委员会预算审查监督办法》	加强区人民代表大会常务委员会对区本级财政预算的审查监督工作，规范政府收支行为，强化预算约束，促进经济和社会事业持续健康发展
辽宁省 财政厅	2017-10-11	2017-10-11	《预算执行动态监控工作督导考核办法》	督导各市加快推进预算执行动态监控工作，实现 2018 年建成地方预算执行动态监控体系。
上海市 财政局	2017-08-17	2017-08-17	《上海市市本级基本支出预算管理办法》	规范和加强市本级基本支出预算管理，保障市级预算主管部门及所属预算单位正常运转的资金需求，提高财政资金使用效益
湖北省 政府	2017-08-16	2017-08-16	《湖北省省级国有资本经营预算管理暂行办法》	加强和规范省级国有资本经营预算管理，优化国有资本配置
福建省 财政厅	2017-08-16	2017-08-16	《福建省财政厅关于进一步加强财政部门和预算单位资金存放管理的实施意见》	进一步规范财政部门和预算单位资金存放行为

发布部门	发布日期	实施日期	主　题	目　的
山东省政府	2017-06-20	2017-07-01	《山东省省级国有资本经营预算管理暂行办法》	加强和规范省级国有资本经营预算管理，优化国有资本配置
吉林省财政厅	2017-06-01	2017-06-01	《吉林省省级国有资本经营预算支出管理暂行办法》	完善国有资本经营预算管理制度，规范和加强省级国有资本经营预算支出管理
黑龙江省财政厅	—	2017-01-01	《省级国有资本经营预算支出管理暂行办法》	完善国有资本经营预算管理制度，规范和加强省级国有资本经营预算支出管理
西藏自治区财政厅	2017-01-01	2017-01-01	《西藏自治区财政支出预算绩效管理暂行办法》	全面推进预算绩效管理工作，强化财政支出的主体意识和责任意识，提高财政资金使用绩效
西藏自治区财政厅	2017-01-01	2017-01-01	《西藏自治区预算绩效专家管理暂行办法》	推进预算绩效管理工作，加快预算绩效管理智库建设，提高绩效评价工作质量和专业化程度，规范预算绩效评价专家聘用和管理，确保预算绩效专家评价工作客观、公正和公平
西藏自治区财政厅	2017-01-01	2017-01-01	《西藏自治区财政支出预算绩效评价结果应用管理暂行办法》	深化预算绩效管理体制改革，加大和规范预算绩效评价结果应用，切实提高财政资金使用效益和管理水平

（三）落实预算监督权，增强人大的监督能力

立法机关对政府预算的监督是建立"约束有力的预算制度"的关键所在。我国各级人民代表大会及其常委会拥有宪法和预算法、监督法等法律赋予的预算监督权。然而，就总体而言，我国各级人大尤其是地方人大在审查监督政府预算中还存在诸多问题，政府花钱要受人大制约和监督的理念尚未全面落实，地方人大缺乏监督政府预算的能力。

为提高人大预算审查监督的针对性和有效性，推进依法理财，2017 年，全国人大出台了《关于人大预算审查监督重点向支出预算和政策拓展的指导意见》《关于推进地方人大预算联网监督工作的指导意见》《关于建立预算审查前听取人大代表和社会各界意见建议的机制的意见》等推进预算监督的指导意见。地方人大也相

继出台相应的意见或办法。

表4　2017 年地方人大出台的涉及地方政府预算监督的办法或意见

省市	时间	主题	目的或主要内容
重庆市	2017 年 12 月	《重庆市人大代表预算审查监督联络员工作办法》	充分发挥市人大代表在预算审查监督中的主体作用，进一步加强市人大及其常委会预算审查监督工作，不断提高预算审查监督质量，增强预算审查监督实效
四川省	2017 年 11 月	《关于建立预算审查前听取人大代表和社会各界意见建议的机制的意见》	省人大财政经济委员会等专门委员会、常委会预算工作委员会，以及省人民政府相关部门等，应通过座谈会、通报会等多种形式，听取人大代表和社会各界关于预算的意见建议
四川省	2017 年 12 月	《中共四川省委办公厅关于转发〈中共四川省人大常委会党组关于完善审计工作和审计查出突出问题整改情况向省人大常委会报告机制的意见〉的通知》	贯彻中央和省委关于强化对政府全口径预算决算的审查监督的精神，落实人大代表以及社会公众对强化审计查出问题整改工作的关切
甘肃省	2017 年 7 月	《甘肃省各级人民代表大会常务委员会监督审计查出问题整改工作办法》	加强和规范审计查出问题整改工作的监督，督促审计整改落实，强化预算约束，提高财政资金使用效益，保障经济社会健康发展
江西省	2017 年 1 月	《江西省人民代表大会常务委员会关于进一步加强审计工作监督的决定》	加强县级以上人民代表大会常务委员会对审计工作的监督，规范审计行为，督促审计机关依法独立行使审计监督职权，维护财经秩序，提高财政资金使用效益，促进廉政建设，保障国民经济和社会健康发展
安徽省	2017 年 7 月	《安徽省省级预算联网监督实施方案》	实现对预算资金的安排、拨付和使用情况及财政政策执行情况进行实时在线全程监督，推动人大预算审查监督由程序性向实质性转变
宁夏回族自治区	2017 年 8 月	《关于推进全区人大预算联网监督工作的实施方案》	计划用 3 年的时间，逐步建成横向联通、纵向贯通的预算联网监督系统
河北省	2017 年 11 月	《关于建立预算审查前听取人大代表和社会各界意见建议的机制的意见》	创新方式，丰富内容，广泛听取人大代表和社会各界意见建议，主动回应关切，不断提高预算编制的合理性、规范性，增强预算审查的针对性、有效性，为省人民代表大会审查批准预算奠定坚实基础

省市	时间	主题	目的或主要内容
河北省	2017 年 10 月	《省政府向省人大常委会报告国有资产管理情况办法》	贯彻落实党的十八届三中全会关于加强人大国有资产监督职能的要求，建立全面规范、公开透明的国有资产管理情况报告制度，切实履行省人大常委会对国有资产管理的监督职责
河北省	2017 年 8 月	《河北省人大常委会办公厅关于财政预决算相关事项备案和报告的工作规程》	落实党的十八届四中全会关于加强备案审查制度和能力建设的要求，健全对政府预算的审查监督工作机制，做好预算相关事项备案审查和报告工作
吉林省	2017 年 7 月	《关于预算审查前听取人大代表和社会各界意见建议的办法》	健全完善人大预算审查监督工作机制，规范预算审查前听取人大代表和社会各界意见建议的工作程序
甘肃省	2017 年 7 月	《甘肃省各级人民代表大会常务委员会监督审计查出问题整改工作办法》	加强和规范审计查出问题整改工作的监督，督促审计整改落实，强化预算约束，提高财政资金使用效益，保障经济社会健康发展
甘肃省	2017 年 11 月	《关于预算审查前听取省人大代表和社会各界意见建议办法》	坚持和尊重人大代表主体地位，充分利用社会各界力量，提高预算编制的合理性、规范性，增强预算审查的针对性、有效性

1. 发挥人大代表在预算审查监督中的作用，扩大参与度

完善人大代表的意见表达机制，给更多的人大代表在预算过程的多个环节上提供意见表达的机会，不断扩大参与主体，增加参与环节，健全参与途径。第一，大会前的初步审查环节，财经委或者有关专门委员会动员人大代表可积极参与；第二，加强人大代表培训。预算报告专业性强，人大代表能看懂报告是履行职责的前提和基础。2017 年，各地纷纷为人大代表安排专门的预算知识讲座和学习。

2. 人大提前介入预算编制

预算编制是整个预算过程的开端。人大要发挥好预算审查监督作用，减少预算修正成本，就需要提前介入预算过程，从预算编制环节便开始入手，这是人大做好预算监督的开端。近几年，地方人大提前介入预算编制已经发展成为人大预算监督一个基本导向。第一，两委要参加政府财政工作会议和部门预算编制工作会议等专题会议，听取财政部门的汇报，了解预算编制的原则、总体安排等信息；第二，财经委或者预算工委组织有财经专业知识或者法律方面知识的人大代表成立初审小组，加强与财政部门的沟通；第三，组织人大代表和专家到政府部门调研，将人大

代表和政府部门的意见转交财政部门。

3. 以预算草案初步审查为主要抓手的预算审查批准

预算草案初步审查实质有效、能提出建设性的审查意见，是人大有效审查预算方案的前提，也是各地人大抓好预算审查批准监督的主要抓手。为做好初审工作，各地进行了诸多努力。如 2017 年云南省通过专家座谈会吸纳 18 名预算审查专家参与预初审。2017 年 11 月 10 日，北京市人大教科文卫体委员会依法对政府相关部门 2018 年预算编制草案进行初步审查。市人大教育、科技、文化、卫生、体育代表小组代表，常委会预算监督顾问、常委会预工委和市财政局等相关代表和人员参加初审会议。[①]

4. 探索使用刚性监督方式

询问、质询、特定问题调查是监督法赋予各级人大及其常委会的权力。在实际运行中，地方人大在审查监督政府预算时很少使用上述刚性的监督方式。在中央的部署下，一些省市把法律赋予的监督权用起来，把听取和审议审计查出突出问题整改情况报告，同开展专题询问等监督形式结合起来监督财政预算。

2017 年 11 月 27 日至 29 日，湖北省十二届人大常委会通过审议报告、满意度测评等方式，对省人民政府关于 2016 年度省级预算执行和其他财政收支审计查出问题整改情况，及《湖北省农村五保供养条例》《湖北省公共资源招标投标监督管理条例》等实施情况进行监督。[②]

2017 年 11 月 30 日，湖南省十二届人大常委会第三十三次会议对省民政厅等 21 个省直部门关于 2016 年度审计查出问题的整改情况进行满意度测评。测评分满意、基本满意、不满意 3 个等级，48 名常委会组成人员现场投票，测评结果即时显示在大屏幕上。最终测评结果显示，21 个省直部门中，审计问题整改情况满意度最高的单位是省档案局，为 97.92%，最低的则为 64.58%。省高院、省检察院、省残联等 6 个部门的满意度也达到 90% 以上。对此次满意度测评结果较差、问题整改不到位的单位，将由省政府督促继续整改，并将整改情况再次向省人大常委会报告。[③]

江苏省淮安市盱眙县人大常委会先后制定了《盱眙县人大常委会县级预算审查监督办法》《关于开展满意度测评工作实施办法》及《盱眙县人大常委会专题询问办法》等相关制度规定，使财政预算审查监督工作有章可循。在盱眙县十七届人大第一次会议上，首次专门对 2017 年度县本级预算草案进行了审查。其间，12 个代表团分别审查了 12 家单位的部门预算，被审单位相关负责人员参加审查并解答了代

① 市人大教科文卫体委员会召开第十八次（扩大）会议暨对口政府部门 2018 年预算初审会［EB/OL］.（2017-11-15）. http://www.bjrd.gov.cn/zdgz/jdgz/jddt/201711/t20171115_177499.html.

② 王馨，朱博，王子路. 我省对审计查出问题狠整改严问责［N］. 湖北日报，2017-12-06.

③ 刘文韬. 21 个省直部门接受审计问题整改情况满意度测评最高 97.92% 最低 64.58%［N］. 湖南日报，2017-12-04.

表们提出的问题。对各代表团提出的问题和建议，县人大财经委随即进行筛选和汇总，交由财政局相关预算单位办理。①

5. 积极探索审计监督与人大监督有机融合的方式

为使人大预算监督和审计监督更好地结合起来，提升监督质量，经过多年努力，对年度预算决算工作进行审计，成为配合预算监督的一个关键环节。2017年，青海省审计厅在《关于2016年度省本级预算执行和其他财政收支审计工作的报告》中，首次以问题清单形式反映被审计单位、问题定性、问题摘要、涉及金额等内容。审计发现问题清单主要包括了省本级预算执行、部门预算执行、重大政策措施落实跟踪、生态环境保护建设项目及专项资金管理使用、政府投资项目、民生等专项资金管理、领导干部经济责任等7个方面的37类具体问题。②

浙江省人大财经委与省审计厅组成联合督查组，对2016年审计工作报告反映问题整改情况进行实地督查。这是浙江省首次组织开展针对审计工作报告反映问题的联合督查。2016年浙江省政府首次向省人大常委会作了有关审计工作报告反映问题整改情况的报告。省人大常委会对部分省直单位负责人就本部门审计整改方面的问题进行了专题质询，要求省政府督促相关单位严格落实审计发现问题的整改。截至2017年3月底，共有7家单位13个问题尚在整改中，为督促这些"进度慢、难度大"问题的整改落实，省人大财经委与省审计厅选取部分应整改未整改事项进行了联合督查。③

2017年7月28日，全国首部规范省、市、县三级人大常委会监督审计查出问题整改工作的地方性法规——《甘肃省各级人民代表大会常务委员会监督审计查出问题整改工作办法》获甘肃省十二届人大常委会第三十四次会议表决通过，并于2017年9月1日起正式实施。④

（四）完善预算监督方式和手段

2017年，各预算监督主体为履行宪法、预算法、监督法赋予的预算监督职能，不断探索改进预决算审查监督的方式方法。

1. 联网监督

推进地方人大预算联网监督工作是2017年的一项重点工作。2017年6月30日，全国人大常委会办公厅印发了《关于推进地方人大预算联网监督工作的指导意见》。2017年7月4日至5日，全国人大财经委、全国人大常委会预算工委、财政部在广州召开座谈会，部署落实预算联网监督在全国推广的工作。

① 王晓琳，王恒亮. 盱眙人大：创新预算监督显实效[J]. 中国人大，2017（20）：52.

② 向旭光. 青海：以清单形式向人大反映审计发现问题[N]. 中国审计报，2017-08-25.

③ 严星，周进俭. 浙江省人大、审计厅对审计整改不到位事项开展联合督查[N]. 中国审计报，2017-06-30.

④ 齐昕. 人大监督与幸福美好新甘肃一路同行——甘肃省十二届人大常委会五年监督工作亮点采撷[N]. 人民之声报，2018-01-24.

　　联网监督是监督手段创新，能够大幅度提高监督的效能和力度。政府与人大共享财政信息后，人大对政府预算进行实时在线监督，将传统的事后监督变为实时、全程监督，大大改变了在预算监督中的信息不对称状况。在联网监督方面，广东走在了全国的前列。2017 年，广东省 21 个地级以上市人大常委会、审计部门都与同级财政国库集中支付系统联网。全省 121 个县区已全部实现了人大与财政联网，联网率达 100%，其中 13 个地级以上市、17 个县区实现了人大与社保部门联网。①

　　在全国人大的部署下，各地相继出台措施推进联网监督。黑龙江省人大常委会办公厅和省政府办公厅联合下发《关于全面实行政府预算执行系统与同级人大联网的通知》。2017 年，广西壮族自治区本级财政国库集中支付、预算编制等系统已与自治区人大开发的预算联网监督系统进行联网，基本实现具备查询、预警、分析和服务等功能。②从 2017 年 10 月起，江苏省级 122 个一级预算单位、777 个二级预算单位每一笔财政资金的支出和使用，省人大常委会都可以即时查看到。该系统是在省财政厅国库集中支付系统上增加"江苏省人大预算联网监督综合查询"窗口，使省级所有预算部门的资金状况一览无余。预算联网监督查询系统的入口端目前主要设在省人大财经委、预算工委，各委员会都可前往查询。③

　　预算联网监督从中央、省级政府层面向市县推进。江苏省金湖县人大常委会研发的财政预算联网监督系统以"国库集中支付系统"和"会计核算系统"两大数据库为基础数据源，可实时采集和查询全县 175 个预算单位的每一笔资金，实现了对财政预决算执行情况的全过程跟踪监督。④黑龙江五常市人大常委会在预算联网监督工作中聘请了第三方专家，第三方的选择严格按照政治可靠、业务突出的原则。通过单位推荐、工作发现等途径，聘请了原审计局局长、原林业局总会计师等具有丰富审计、财政工作经验的专业人士，委托他们对全市预算情况进行检查。13 个预算部门已经全部约谈，838 笔存疑问题中，688 笔问题已经说清，整改 136 笔，正在整改 14 笔。⑤

　　2. 实行政府向人大报告国有资产和重大事项的制度

　　2017 年 5 月，在河北省十二届人大常委会第二十九次会议上，省政府首次向人

　　① 林洪演. 省人大常委会召开全省人大预算联网监督工作座谈会[EB/OL]. (2017-09-28). http://www.rd.gd.cn/xwdt/201709/t20170928_160846.html.

　　② 许丹婷. 打造透明"钱柜"守护"阳光"账本——自治区人大推进地方预算联网监督工作观察[N]. 广西日报, 2018-05-28.

　　③ 江人. 江苏省人大预算联网监督综合查询系统开通，省级国库支付系统向人大开放[N]. 人民权力报, 2017-10-17.

　　④ 王劲松. 江苏金湖：人大监督助理"阳光财政"[N]. 人民日报, 2017-12-20.

　　⑤ 黑龙江五常市人大常委会. "第三只眼睛"监督让"钱袋子"更透明——黑龙江五常市人大常委会预算联网监督实录[EB/OL]. (2017-09-28). http://www.scspc.gov.cn/ysgzwyh/jyjl_627/201709/t20170928_33262.html.

大常委会报告全口径国有资产情况。2017 年 8 月，河北省委全面深化改革领导小组第三十二次会议审议通过了《省政府向省人大常委会报告国有资产管理情况办法》，成为最早出台省政府向省人大常委会报告国有资产管理情况制度的省份之一。①

2017 年 12 月 2 日至 3 日，北京市人大财经办、预算工委首次组织市人大代表参与市发改委拟纳入 2018 年政府重大投资项目——轨道交通 28 号线的事前评估。市人大代表全过程参与论证并独立提出代表意见，市人大预算监督机构列席。北京市发改委高度重视市人大代表参与政府重大投资项目事前评估制度设计，制定了《市人大代表参与政府重大投资项目事前评估实施细则（试行）》，该办法提出政府预算安排的重大投资项目决策要充分听取市人大代表意见，主动接受市人大监督。②

四川省渠县人大常委会制定《渠县人民代表大会常务委员会县级政府性重大投资建设项目监督办法》，对 3000 万元以上投资项目，要求县政府主动报县人大及其常委会审议，自觉接受人大监督；对新开工的 1 亿元及以上投资项目，县人大常委会审议时若有 3 名及以上组成人员同时对某个项目提出异议，则对该项目实行单一表决，提高人大监督的精准性。③

3. 财政部和审计署严查地方财政违规

财政部是监督地方政府"钱袋子"的主管机关之一。2017 年 1 月，财政部向河南省反映了驻马店市利用政府购买服务名义违法违规举债担保问题，提出了处理建议；财政部按照有关法律法规和十八届中央第十轮巡视有关要求，向重庆市反映了个别区县违法违规举债担保问题，并提出了处理建议；财政部按照有关法律法规和十八届中央第十轮巡视有关要求，向山东省反映了济宁市邹城市违法违规举债问题，并提出了处理建议。2017 年 12 月 22 日，财政部通报了江苏、贵州两省处理部分市县违法违规举债担保问题的情况。相关责任人员受到行政开除、行政撤职、降级等严肃问责处理。④

审计署对移送有关部门、单位调查的违纪违法问题线索，定期跟踪了解其查处情况并进行公告。例如，2017 年 5 月已有处理结果的案例是：河南省委原常委、洛阳市委书记陈雪枫涉嫌违规操作造成国有权益损失问题；辽宁省人大常委会原党组成员、副主任王阳涉嫌违规操作造成国有权益损失问题；天津市政府原党组成员、

---

① 赵文强. 河北：三张清单+联网监督，管好国资"账本"[EB/OL]. (2018-07-20). http://www.hbrd.gov.cn/system/2018/07/20/018965202.shtml.

② 财经办、预算工委首次组织市人大代表参与政府重大投资项目事前评估[EB/OL]. (2017-12-05). http://www.bjrd.gov.cn/zwwzcjys/cjgzdt/201712/t20171205_178013.html.

③ 贾炳霞. 渠县人大常委会建成预算执行"在线监督"平台"联合作战"盯住"钱袋子"[N]. 人民权力报，2017-10-31.

④ 曾金华. 严肃问责处理牢守风险底线——财政部通报两省地方政府违法违规举债担保查处情况[N]. 经济日报，2017-12-23.

副市长尹海林涉嫌违规操作造成国有权益损失问题；等等。①

二、2017 年地方政府预算监督研究综述

2017 年，在 CSSCI 期刊上共发表以预算为篇名的文章 94 篇，剔除与政府预算无关的文献后共得 68 篇，比 2016 年增加 18 篇。地方政府预算研究持续跟进，并呈现强化趋势。综合该年度研究文献来看，政府预算研究紧扣时代发展主题，时代意识增强，研究视角拓展、方法创新。

（一）研究主题

2017 年政府预算研究聚焦于以下五个研究主题。

1. 中国特色预算监督理论与实践

预算监督既具有共性又具有个性，基于中国特色社会主义道路实践而形成的预算监督管理，所依托何种监督理论以及呈现出什么样的监督特色，是学界必须解答的理论问题。改革开放 40 年来，我国预算监督在吸取世界各国预算管理监督共性的基础上，形成了中国特色社会主义的预算监督管理制度。其核心要义是在中国特色的人民代表大会制度框架内，依据中国特色的法律体系，对中国特色财政预算进行管理监督。其体系特征有五个方面，分别是：党领导下的目标一致、制度决定的依法行权、覆盖收支的全面管理、服务大局的任务导向、忠诚制度的主体作用等。②

近年来，政府预算管理监督实践中的一大亮点是参与式预算的兴起。经过多年实践，各地参与式预算尽管标准不统一，但是在实践历程、运行机制、技术操作方面存在诸多共同之处，呈现出鲜明的中国特点。一是注重通过民众参与体现民意，二是注重吸收专家意见建议，三是注重从最基层开始实现参与，四是注重激活并发挥基层人大权力，五是注重细化与公开预算信息，六是注重财力保障的充足性。③

2. 强化人大预算监督能力

中国政府预算监督是在人民代表大会制度的根本框架内推进的，强化人大预算监督是其首要内容。目前，我国公共预算治理效果并不理想。问题出现的一个重要原因是人大对公共预算的政治约束存在一定的"虚化"。④人大预算监督弱化与行政主导型预算执行监督制度有关，因此，改革的方向是将预算执行监督制度从行政机关主导向权力机关主导转型。具体改革的路径为审计机关脱离本级政府的领导，直接向权力机关报告工作，地方权力机关应主动监督、积极参与事中监督，防控地

① 审计署移送违纪违法问题线索的查处情况[N]. 中国审计报，2017-06-26(08).
② 邓力平. 中国特色社会主义预算管理监督理论与实践[J]. 财政研究，2017(12)：2-10.
③ 刘斌. 参与式预算的中国模式研究：实践、经验和思路[J]. 经济体制改革，2017(04)：151-155.
④ 赵妮妮，靳连冬. 我国公共预算治理效果缘何打折扣[J]. 人民论坛，2017(11)：58-59.

方政府性债务风险；构建以权力机关为归责主体的预算执行监督结果运用制度，将"屡审屡犯"等现象的处理与权力机关人事任免职能相结合，将违法违纪现象的处理与监察委员会等制度相结合。[①]王维国从职能导向、控权导向、问题导向、创新导向以及治理导向等角度进一步提出了完善人大及其常委会预决算审查监督机制的观点。[②]从现代国家治理的角度讲，人大预算监督走向实质回归的可能路径在于：以审查监督权为总枢纽实现人大权力实体性权力回归、以专题询问为突破口实现人大程序权力性回归、以行政首长问责为连接点实现人大终极性权力回归。[③]

除了聚焦于人大预算监督制度整体提升外，有的学者还关注某一具体制度的改进。王逸帅认为，人大预算草案初审是敦促人大预算监督从形式走向实质的关键支撑。在比较分析的基础上，她发现我国人大预算草案初审的地方实践可以提炼出三种模式，分别是以政策和预算绩效为抓手的人大预算初审模式、以部门预算全覆盖为导向的人大预算初审模式、以项目预算为重心的人大预算初审模式。三种模式各有优缺点，综合改进的对策包括树立系统性的财政预算初审目标理念、健全财政预算初审过程中的多元参与制度、构建具有时代回应性的财政预算初审体系、强化人大预算初审结果的运用。[④]

3. 预算治理法治化

现代国家通过预算治理国家，预算治理成为国家治理现代化的核心命题。预算治理是各种预算权主体动态博弈、妥协的产物。以公共性作为基准的现代预算，可分解为"规范性、民主性、绩效性"三个方面，分别对应法治、共治、善治三个向度。其中，法治具有基础性作用，只有将公共预算纳入法治轨道，才能有效确保预算的民主性和有效性。[⑤]面对当前我国公共预算回归社会、公众参与热情高涨的社会现实，预算治理法治化需构建科学合理、逻辑自洽的回应型预算法体系。回应型预算法是对回应型预算予以法治化的体现，它要求预算法应当积极主动回应公众需要和诉求，并将回应的行为及措施通过制度化方式置换为立法的过程，具备公益导向性、"刺激-回应"性以及适度回应性等特点。从当前我国回应型预算法实践情况来看，完善的路径有三个：一是完善预算公开释明制度，提升预算的可理解性；二是完善预算回应程序和形式，保障预算的可问答性；三是完善预算回应责任制度，实现预算的可问责性。[⑥]

民生性财政预算作为一项重要的公共预算，在执行中面临倾斜性支出于法无据、

---

① 曾凡证. 加强人大对预算执行监督的路径[J]. 法学，2017(12)：104-113.

② 王维国. 完善基于"五个导向"的人大预算审查监督机制[J]. 新视野，2017(02)：22-26.

③ 王桦宇. 论人大预决算审查监督权的实质回归[J]. 法学评论，2017(02)：99-113.

④ 王逸帅. 地方人大财政预算初审及其推进模式的实证研究[J]. 探索，2017(03)：70-81.

⑤ 蒋悟真，郭创拓. 论预算治理的三重维度[J]. 东岳论丛，2017(08)：59-65.

⑥ 王婷婷. 回应型预算法：原理、机制与建构[J]. 东岳论丛，2017(08)：66-73.

重权力轻权利、重指标轻实效的现实困境。破解现实困境，不仅需要国家财政政策支撑，更需要完善的法制保障。具体的法制建设应当从合理厘定民生性财政支出的优先次序、构建民生性财政预算执行民意诉求表达机制、强化民生性财政预算执行的绩效问责与财政激励等方面入手。①不过，相对于预算法层面的制度缺失，地方预算参与的法治化探索则呈现出丰富多元的发展格局，形成了预算决策参与、预算执行参与和预算问责参与三种法治进路。三种法治进路丰富了预算参与的法治实践，但不可否认，它们也存在因外部制度障碍与自身局限带来的运行限度。打通这些限度，仅靠自身努力是不够的，还需要一个自上而下的制度变迁过程，其方向是克服预算参与的制度创新障碍，确立统一的预算参与权利依据，推广可移植的预算参与法治进路。②

4. 公众参与预算的治理逻辑与实践创新

新《预算法》的实施，带动了我国预算实践从"管理型预算"向"治理型预算"的转变，该转变使得公民参与得以凸显。③公民参与预算，不仅是管理技术的革新，更是国家治理体系的创新，其实质属于分权化授权，它通过向公众移交部分决策权和职责，增强公众在地区治理中的参与性，促使政府更加负责。④更为重要的是，公众参与预算"可能激活代议制审查功能"⑤。

公众参与预算改变了传统的政府单向主导格局下的财政因素，是协商民主在预算领域内的集中体现。对于基础治理而言，公众参与预算推动了乡镇政府的权力、机构、职能等要素的变革，形成了协商型组织结构模式。多元的参与式预算实践推动乡镇政府协商型组织结构呈现出三种类型：上议式协商结构、共生式协商结构和下治式协商结构；它们共同的发展趋势是迈向共生式协商结构。⑥

5. 公共预算的软约束及其治理

预算软约束，是当前我国政府预算管理监督中存在的一个突出问题。郭月梅、欧阳洁等利用2011—2015年的省级动态面板数据，运用系统广义矩估计的回归方法证实了预算软约束导致非税收入的增长。⑦此外，1996—2015年中国29个省级面板数据分析表明，预算软约束还会降低地方政府的财政努力程度。⑧

---

① 蒋悟真，王齐睿. 民生财政预算执行的法制保障[J]. 湖南师范大学社会科学学报，2017(05)：84-90.

② 陈治. 地方预算参与的法治进路[J]. 法学研究，2017(05)：53-73.

③ 邓达奇，戴航宁. 良好的预算治理离不开公民参与[J]. 人民论坛，2017(29)：81-83.

④ 刘斌. 参与式预算的治理逻辑及其发展前景[J]. 理论月刊，2017(08)：143-147.

⑤ 韩福国. 参与式预算技术环节的有效性分析——基于中国地方参与式预算的跨案例比较[J]. 经济社会体制比较，2017(05)：52-61.

⑥ 曾维和，张云婷. 参与式预算改革下乡镇政府协商型组织结构创新——基于地方创新的多案例分析[J]. 新视野，2017(03)：56-61.

⑦ 郭月梅，欧阳洁. 地方政府财政透明、预算软约束与非税收入增长[J]. 财政研究，2017(07)：73-88.

⑧ 张蕊. 预算软约束真的会降低地方政府整体财政努力程度吗[J]. 当代财经，2017(06)：36-47.

针对预算软预算问题，有的学者提出了强化国家审计监督的建议，具体包括实现审计全覆盖，推进全口径预算管理；加快绩效审计转型；健全预算绩效管理；健全审计公告制度，倒逼预算信息公开。①有的学者建议从调整预算法的角度入手，思路是建立与总额控制相契合的预算程序，将风险控制引入政府债预算管理过程，强化绩效与预算整合的绩效控制，实现财政可持续目标。②龚旻、甘家武、张帆等通过计量模型研究发现，现行税制和分税制下，不规范的税收优惠政策、投资扩张冲动和专项转移支出依赖是导致公共预算约束软化的重要原因，因此，改革的方向在于构建税制和分税制的内生约束机制。③

（二）研究视角拓展与方法创新

在研究方法上，2017 年政府预算研究的重要变化是量化研究方法大量应用，如博弈论④；在研究视角上的重要拓展体现在大数据时代的政府预算监督管理、测量指标的构建等。

大数据正在重塑现代社会的治理，为全口径政府预算监督和审查提供了一个全新背景：大数据技术变革实现政府预算监督主体多元化、大数据分析新变化实现政府预算监督内容预防化、大数据平台开放共享实现政府预算监督载体智能化、大数据扁平化传递功能实现政府预算监督组织扁平化。⑤如何将大数据应用于政府预算监督？有的学者提出了"互联网+"时代下政府预算编审管理的创新思路，认为应结合编审管理的目标路径，结合服务对象，根据问题导向，找到需要重点完善的方向，先"+互联网"，顺势而为，再"互联网+"。⑥大数据时代对于政府财政治理而言，是一场深刻的"财政革命"，可以改善信息不对称、还权于社会。适应大数据时代，政府财政治理应当运用"制度+大数据"思维，统筹信息、流程与人力等三大要素，具体包括四个方面的内容：完善财政信息管理、确保财政透明与公开、强化激励与监督、构建财政大数据中心。⑦

政府预算研究另一个重要的视角拓展是运用定量研究方法构建有关概念的测量指标。有的学者运用层次分析方法构建了地方人大监督能力的评估指标。该指标体系从工作监督、法律监督、财政监督等三个维度构建，并计算出每个二级指标的权

---

① 池国华，陈汉文. 国家审计推进现代预算管理的路径探讨[J]. 审计研究，2017(03)：30-35，73.

② 陈治. 财政可持续视野下预算控制机制的失效与应对[J]. 法商研究，2017(03)：38-47.

③ 龚旻，甘家武，张帆. 中国公共预算约束软化的体制成因：理论分析与实证检验[J]. 财经理论与实践，2017(01)：122-127.

④ 王蕴波，景宏军，张磊. 我国预算的国家监督模式与公众参与监督模式比较研究——基于博弈论视角的分析[J]. 审计与经济研究，2017(02)：119-127.

⑤ 杨志安，邱国庆. 数据开放、社会参与和政府预算监督[J]. 青海社会科学，2017(06)：125-131.

⑥ 林晓丹. "互联网+"时代如何创新政府预算编审管理[J]. 经济研究参考，2017(41)：18-20，52.

⑦ 马洪范. 大数据时代的财政治理[J]. 地方财政研究，2017(12)：4-9，14.

重。在此基础上，测量了 2012 年市级人大的监督力度，结果发现：监督力指数的最低分为 36.7 分，最高分为 78.9 分，平均分为 49.782 分，标准差为 7.912。进一步的多元回归分析发现：经济发展水平、人大的任期年度和立法权的类型都对市级人大的监督力度产生了显著的影响。[1]有的学者从政府预算管理的视角对我国政府的行政成本进行了测算，他们将一般公共服务支出、公共安全支出和外交支出（不包括对外援助）作为行政成本的指标，研究发现：我国行政成本呈现出总体下降的趋势，但与主要发达国家相比，行政成本偏高。[2]有的学者从政府预算内外双重维度考察了财政分权对居民经济收入不平等的影响，面板数据模型证实：预算内收入分权能够降低居民经济收入不平等；预算内支出在全国层面拉大了居民经济收入不平等，但是在中西部地区却降低了收入不平等；预算外收入分权恶化了经济收入不平等，但预算外支出却缩小了经济收入不平等。该发现为政府预算管理提供了方向：即应建立现代预算制度、建立全口径预算、推行民生政绩考核机制等。[3]

三、展望与分析

（一）提升地方人大的预算监督能力与绩效

完善人民代表大会制度是国家治理体系和治理能力现代化的重要内容。在改革进程中，既要根据形势和任务的需要不断地创新治理体系，也要注意发挥人民代表大会制度这一根本政治制度的作用，开发其功能。

财政资金的使用要讲究绩效，没有绩效无法实现公共政策的目标。人大对政府的预算监督同样要追求绩效，没有绩效就是空转。人大预算监督的目标是促进加快建立全面规范、公开透明的现代预算制度，即监督政府预算是否内容完整、编制科学、执行规范、监督严格、活动公开。就整体而言，各级人大在预算监督中依然存在诸多问题，其中非常突出的现象是，相当一部分地方人大无法实质性审查政府账本，在不同程度上存在监督表面化和形式化的问题，存在绩效不足的现象。例如，在人大对政府决算的审查报告的语言表述上，模糊性语言多于清晰性语言；肯定性、支持性表述多于问题描述；原则性语言多，对策性、创新性语言少；人大每年都会分条提出很多建议意见，但实际情况依然是问题年年重复出现，意见建议年年提。

中国各级人大在预算审查和批准、预算执行、预算调整、决算等各个环节中需要突出绩效导向，提高监督的针对性和实效性。监督权是人大的一项基本权力。审

① 陈川煜. 中国地方人大监督力度评估：指标设计及应用[J]. 厦门大学学报(哲学社会科学版)，2017(03)：107-117.

② 王家合，伍颖. 我国当代行政成本测度与治理——基于政府预算管理的视角[J]. 新视野，2017(03)：80-87

③ 储德银，韩一多，张景华. 中国式分权与城乡居民收入不平等——基于预算内外双重维度的实证考察[J]. 财贸经济，2017(02)：109-125.

查和批准政府预算是人大监督权的重要组成部分，提升人大预算监督能力是为了提高人大的整体绩效。

1. 通过充实预算监督机构的力量、提高专门委员会的专业能力、完善协调机制等各种方式提高监督绩效。看紧"钱袋子"是一项专业性、法律性很强的工作，需要专业人才承担监督任务。第一，提高人大财经委、人大常委会预算工委人员的专业能力，选拔专门人才充实到预算工委队伍，对现有预算工作人员和人大代表定期举办培训班。第二，继续加大力度购买第三方服务，有条件的地方建立预算监督的智库。第三，加大调研力度。有效监督政府预算的基础是人大熟悉预算工作和实际情况，财经委、预算工委要进行多层次、多样化的周密调研，掌握实际情况尤其是第一手材料。第四，增加驻会人员的结构比例，提高财经委和预算工委的履职能力。

2. 加强人大干部与其他系统的交流，既要调入也要调出，进而增强人大工作的活力。人大干部到政府工作一段时间有助于了解政府工作流程，为监督奠定基础。政府部门的干部到人大挂职锻炼能够提升法治素养。

3. 提高专题询问的质量和实效。可在监督和专题询问前，向党委汇报议题和主要内容，争取党委的重视和支持。分管财政的政府负责人应该参加专题询问。专题询问要做好前期准备。专题询问的主体除了人大常委会组成人员，还应当动员和组织人大代表参加。丰富专题询问的形式，除了开会外，还可以采取书面询问的方法，并且在网上公布。专题询问的目的是推动工作。在问的基础上，还要跟踪落实整改工作。地方人大常委会要归纳梳理，形成完整的会议记录，在此基础上提出审议意见，交给政府办理；也要跟踪监督，组织人大代表进行专项检查和调研。政府部门要有整改方案，并且报送整改落实情况。

4. 充分发挥人大代表和各专门委员会的作用。第一，利用微信群等手段定期向人大代表推送有关预算的信息和资料，在人大代表中普及预算审查和批准的知识。第二，在初审环节，尽可能多地安排更多的人大代表参与其中；在大会期间，更好地吸收人大代表的审议意见。"说了也白说"的现象主要是缺乏人大代表意见的反馈处理机制。人大代表审议预算报告的意见具有法律性，对他们的审议意见应该有一个完备的处理机制和工作流程。做好各组发言和审议意见的归纳整理，对人大代表在大会期间的发言，逐条进行书面答复。第三，人大初审政府预算时，邀请相关专门委员会参加并发表意见，预算编制部门做汇报，邀请预算资金相关方共同审议。通过面对面的沟通、交流，促进预算民主。地方人大各专门委员会每个季度分析形势，形成建议，把每个委员的发言汇总交给政府，助力政府工作。第四，提高人大代表和常委会委员的发言质量。发言要肯定成绩和指出问题相结合，能够提出自己独到的见解。

（二）加大预算公开的力度

预算透明是最好的监督。提高地方政府预算透明度、加大公开力度是建立负责任政府的关键。增加财政透明度会降低腐败的概率和机会，确保政府明智地花钱。

1. 各级政府建立专门的网站，向公众提供在线访问收入、支出、预算等信息，提高财政透明度。这对于建立一个为人民服务的政府至关重要。群众有权利知道政府收了多少钱、钱从何处来？政府财政如何运作？政府如何花钱？钱花在了什么地方？绩效如何？因此，需要在网站上公开年度政府预算。每一财政年度都提供详细的收入和拨款支出信息。

2. 建立政府财务报告制度，是建设透明政府、法治政府的需要。人大若能够掌握政府的收入、支出、负债、资产等各方面的情况，利于监督。现在的情况是，一些地方政府自己的财务状况是一笔糊涂账，尚未有建立政府财务报告制度的思维。即使有些地方政府清楚自己的财务，但财务数据和状况，人大和社会公众并不知情。

（三）提高公众监督的力度

预算是政府执政理念、执政方式和执政绩效的直观反映，与老百姓的生活息息相关。预算过程是一个讨价还价的过程，通过预算可满足公众基本需求和公共优先事项。在预算过程中应该收集各种不同意见，允许不同观点的争鸣甚至辩论，最终达成一种妥协和平衡。第一，进一步推进预算公开，在人大网站上统一公布除涉密单位外的所有政府部门预算。第二，扩大公众参与，在网站上公布人大讨论预算会议的时间、主题和地点，允许感兴趣的公众列席。第三，增强预算的回应性，回应人民群众的期待。第四，认真听取政协委员的意见。具体方式是，政协会议秘书处收集意见后集中向代表大会秘书处反馈。

（四）以预算机制调整推动人大预算监督能力提升

预算监督的本质是政治。中国政府过程的特殊性影响和决定了人大对政府的预算监督。中国各级人大尚未有改变政府预算的能力，一个可行的目标是争取党委重视和政府尊重、在政府部门预算中树立权威。人大监督政府预算不是为监督而监督，目的是在党的领导下推动现代化建设事业的发展。人大和政府总体上是相互配合、相互支持、相互理解的关系。人大预算监督的角色定位是寓支持于监督。

地方人大的预算监督权有效运转，重要的是利用已有的制度空间进行创新，不断进行机制创新，用机制创新和一个个具体的行动推动预算权力结构逐步调整。中国的很多问题不是出在体制和制度上，而是体制和制度的不健全、不到位造成的，即源于具体的"机制"。中国政治是一个全新的政治实践和政治探索。从 1999 年预算改革开始，"钱袋子"权力开始兴起，预算过程中各个参与者的权力关系不断被重构。这既是制度安排的结果，更是行为实践的结果，是通过一个又一个对具体机制的探索和完善实现的。要继续沿着以机制调整促进体制变革的实践路径，通过健全监督机制、做实监督程序、改进监督方式、规范权力关系，因时而变、随事而制，通过一个个微小调整、点滴改良，不断增强人大监督的刚性力。

四、报告要点

本报告重点对2017年度地方政府预算监督进展和研究情况进行了系统梳理，在此基础上，对地方政府预算监督中需要重点关注的问题和趋势进行了简要分析。

本报告要点总结如下：

1. 人大监督政府预算不仅仅是人大和政府之间的关系，还是国家治理体系各主要主体之间的关系。提升人大的预算监督能力涉及国家治理体系中各权力结构之间关系的重构。人大在监督政府"钱袋子"方面是否有效、有为和有位，取决于人大在政治生活中的总体定位、法律规则、预算权力结构、监督手段和方式、自身能力等诸多因素。

2. "有效果比有道理更重要"，监督地方政府预算关键是要提高监督质量和效果。扩大对地方政府预算审查范围、提升审查的广度和深度，一个可行的思路是在技术手段上多下些功夫，充分激活和开发已有的制度安排和法律规则。利用互联网增强人大预算监督工作的效能和力度是2017年的一个亮点性工作。

3. 回顾相关研究的历程和现状，在看到成就的同时，也应当注意到一些有待推进之处：第一，研究人大监督权的文献多，研究人大预算监督能力的文献少，尤其是把地方人大的预算监督能力作为一个整体，集中进行专题研究的尚不多见，系统研究的论著还没有；第二，研究中使用的概念、分析框架来自西方的多，基于中国经验提炼的原创性概念和分析框架少；第三，在研究视角上，大多数成果集中在法学、财政学和经济学领域，来自政治学的成果少。理论研究的重要目标之一是在多掌握客观事实的基础上，从中观的角度发现事实背后的基本关系和"深层次结构"。

作者单位：西南政法大学政治与公共管理学院

中央对地方专项转移支付研究报告

史普原

依照最新的《中央对地方专项转移支付管理办法》，中央对地方专项转移支付是指"中央政府为实现特定的经济和社会发展目标无偿给予地方政府，由接受转移支付的政府按照中央政府规定的用途安排使用的预算资金"[①]。它具有两大核心特征：中央目标导向以及对地方政府的调动，后者往往通过配套资金等实现。按照事权和支出责任划分，专项转移支付分为委托类、共担类、引导类、救济类、应急类等五类。在资金分配上，大致存在因素法、项目法、因素法与项目法相结合三类方法。

中央专项转移支付是分税制以来，在央地财权与支出存在不对称的现实背景下，协同实现国家治理的主要手段之一。运行至今，在取得一系列重大成就的同时，也存在中央与地方财政事权和支出责任划分不尽合理；中央和地方提供基本公共服务的职责交叉重叠；有的财政事权和支出责任划分缺乏法律依据，法治化、规范化程度不高等突出问题。进入新时代以来，如何建立健全现代财政制度，推动国家治理体系和治理能力现代化，成为党中央和国务院关心的重大事项。

2013 年，中共中央在《关于全面深化改革若干重大问题的决定》中就提出，"中央出台增支政策形成的地方财力缺口，原则上通过一般性转移支付调节。清理、整合、规范专项转移支付项目，逐步取消竞争性领域专项和地方资金配套，严格控制引导类、救济类、应急类专项，对保留专项进行甄别，属地方事务的划入一般性转移支付"。2014 年，国务院和有关部委先后颁布《关于深化预算管理制度改革的

[①] 专项转移支付预算资金来源包括一般公共预算、政府性基金预算和国有资本经营预算。与另外两类相比较，一般公共预算目前具有更强的公开性与透明性，本报告主要分析的是这类。

决定》《关于改革和完善中央对地方转移支付制度的意见》等，予以进一步明确。近两年（2016—2017年）来，党中央、国务院和财政部等进一步深化了对包括转移支付在内的财税体制的改革，取得了不少成绩，当然也存在着不少"前进中的问题"。本报告首先从制度建设、基本结构等方面，梳理中央对地方专项转移支付体系现状，其次分类梳理最近两年（2016—2017年）的相关研究，最后做一些展望和提炼。

一、中央对地方专项转移支付体系现状

（一）中央对地方专项转移支付制度建设

近两年来，中央花费较大力气在专项转移支付制度建设方面做出改进（见表1），构成治理现代化的重要支撑，突出体现在如下几个层面。

第一，从根本上理顺中央与地方关系，为中央对地方专项补助体制提供基础保障。2016年，《关于推进中央与地方财政事权和支出责任划分改革的指导意见》的发布，可以说是一个重大进步。文件提出了央地事权与责任划分的五大原则，分别是体现基本公共服务受益范围、兼顾政府职能和行政效率、实现权责利相统一、激励地方政府主动作为，以及做到支出责任与财政事权相适应。文件还指出，进一步完善中央对地方转移支付制度，清理、整合与财政事权划分不相匹配的中央对地方转移支付，严格控制引导类、救济类、应急类专项转移支付，对保留的专项转移支付进行甄别，属于地方财政事权的划入一般性转移支付。

第二，进一步理顺市场与政府专项转移支付项目的关系。《关于深化投融资体制改革的意见》指出，政府投资资金只投向市场不能有效配置资源的社会公益服务、公共基础设施、农业农村、生态环境保护和修复、重大科技进步、社会管理、国家安全等公共领域的项目，以非经营性项目为主，原则上不支持经营性项目。《中央预算内投资补助和贴息项目管理办法》明确表明，投资补助和贴息资金重点用于市场不能有效配置资源、需要政府支持的经济和社会领域。

表1　中央有关专项转移支付文件梳理（2016—2017年）

发布时间	发布机构	文件名称	相关内容
2015年12月	中共中央、国务院	《关于落实发展新理念加快农业现代化 实现全面小康目标的若干意见》	发挥规划引领作用，完善资金使用和项目管理办法，多层级深入推进涉农资金整合统筹，实施省级涉农资金管理改革和市县涉农资金整合试点，改进资金使用绩效考核办法

发布时间	发布机构	文件名称	相关内容
2016 年 1 月	财政部	《关于征收工业企业结构调整专项资金有关问题的通知》	专项资金全额上缴中央国库，纳入一般公共预算管理。任何地方、单位和个人均不得违反本通知规定减征、免征或者缓征专项资金，也不得自行改变专项资金的征收对象、范围和标准
2016 年 4 月	国务院办公厅	《关于支持贫困县开展统筹整合使用财政涉农资金试点的意见》	中央和省级财政优化转移支付结构，明显加大对贫困地区的转移支付力度，扩大一般性转移支付规模和比例，提升贫困县财政保障能力。清理整合目标接近、资金投入方向类同、资金管理方式相近的专项转移支付，推进部门内部资金的统筹整合使用。对具有地域管理信息优势的项目，主要采取因素法分配相关转移支付资金，便于贫困县统筹安排使用
2016 年 6 月	财政部	《关于农业综合开发积极支持贫困县统筹整合使用财政涉农资金试点工作的通知》	各级农发机构要立足和服务"三农"、财政改革发展大局，打破本位主义观念，不折不扣地贯彻落实国务院和财政部关于贫困县整合资金试点的决策部署，将资金进一步向贫困地区倾斜，明确一定比例用于贫困村
2016 年 7 月	中共中央、国务院	《关于深化投融资体制改革的意见》	进一步明确政府投资范围。政府投资资金只投向市场不能有效配置资源的社会公益服务、公共基础设施、农业农村、生态环境保护和修复、重大科技进步、社会管理、国家安全等公共领域的项目，以非经营性项目为主，原则上不支持经营性项目。建立政府投资范围定期评估调整机制，不断优化投资方向和结构，提高投资效率
2016 年 8 月	国务院	《关于推进中央与地方财政事权和支出责任划分改革的指导意见》	进一步完善中央对地方转移支付制度，清理、整合与财政事权划分不相匹配的中央对地方转移支付，增强财力薄弱地区尤其是老少边穷地区的财力。严格控制引导类、救济类、应急类专项转移支付，对保留的专项转移支付进行甄别，属于地方财政事权的划入一般性转移支付
2016 年 9 月	财政部	《关于印发普惠金融发展专项资金管理办法的通知》	中央财政用于支持普惠金融发展的专项转移支付资金，包括县域金融机构涉农贷款增量奖励、农村金融机构定向费用补贴、创业担保贷款贴息及奖补、政府和社会资本合作（PPP）项目以奖代补等 4 个使用方向 专项资金采取因素法分配，由中央财政按年度将预算指标定额切块下达至省级财政部门

续表

发布时间	发布机构	文件名称	相关内容
2016 年 12 月	财政部、水利部	《关于印发中央财政水利发展资金使用管理办法的通知》	中央财政水利发展资金，是指中央财政预算安排用于支持有关水利建设和改革的专项资金。中央对各省（自治区、直辖市、计划单列市，以下统称省）分配水利发展资金时，主要采取因素法。对党中央、国务院明确的重点建设项目以及水利建设任务较少的直辖市、计划单列市，可采取定额补助
2016 年 12 月	中共中央、国务院	《关于深入推进农业供给侧结构性改革 加快培育农业农村发展新动能的若干意见》	发挥规划统筹引领作用，多层次多形式推进涉农资金整合。推进专项转移支付预算编制环节源头整合改革，探索实行"大专项+任务清单"管理方式
2016 年 12 月	国家发展改革委	《中央预算内投资补助和贴息项目管理办法》	投资补助和贴息资金重点用于市场不能有效配置资源、需要政府支持的经济和社会领域。凡使用投资补助和贴息资金的项目，要严格执行国家有关政策要求，不得擅自改变主要建设内容和建设标准，不得转移、侵占或者挪用投资补助和贴息资金
2016 年 12 月	国务院办公厅	《关于完善支持政策促进农民持续增收的若干意见》	加大财政涉农资金整合力度，提高资金使用效益。创新投融资模式，充分发挥财政资金的杠杆作用，撬动更多社会资本投向农业、农村。对财政资金投入农业、农村形成的经营性资产，鼓励各地探索将股权量化到村到户，作为村集体或农户持有的股权，让农民长期受益
2017 年 1 月	财政部、住房城乡建设部	《关于印发中央财政城镇保障性安居工程专项资金管理办法的通知》	专项资金采用因素法，按照核定的各地区年度租赁补贴户数、城市棚户区改造套数、绩效评价结果等因素以及相应权重，结合财政困难程度进行分配
2017 年 2 月	财政部、国务院扶贫办	《关于做好 2017 年贫困县涉农资金整合试点工作的通知》	各省要创造条件加大力度，鼓励试点贫困县推动实质整合，即根据脱贫攻坚实际需要，尽可能将纳入整合范围的各类资金在"大类间打通""跨类别使用"。试点贫困县要认真记好资金整合账，对于用途发生调整的资金，要按程序及时调整预算指标，按实际用途列相应支出科目。试点贫困县要将整合资金尽快分解下达到责任部门或项目主体，加快项目实施并切实加强资金使用管理

续表

发布时间	发布机构	文件名称	相关内容
2017 年 2 月	国务院办公厅	《关于创新农村基础设施投融资体制机制的指导意见》	改进项目管理和绩效评价方式。建立涵盖需求决策、投资管理、建设运营等全过程、多层次的农村基础设施建设项目综合评价体系。对具备条件的项目，通过公开招标、邀请招标、定向委托、竞争性谈判等多种方式选择专业化的第三方机构，参与项目前期论证、招投标、建设监理、效益评价等，建立绩效考核、监督激励和定期评价机制
2017 年 3 月	财政部、国务院扶贫办、国家发展改革委、国家民委、农业部、林业局	《中央财政专项扶贫资金管理办法》	中央财政专项扶贫资金应当围绕脱贫攻坚的总体目标和要求，统筹整合使用，形成合力，发挥整体效益。中央财政专项扶贫资金的支出方向包括：扶贫发展、以工代赈、少数民族发展、"三西"农业建设、国有贫困农场扶贫、国有贫困林场扶贫 中央财政专项扶贫资金主要按照因素法进行分配。资金分配的因素主要包括贫困状况、政策任务和脱贫成效等。
2017 年 4 月	财政部、农业部	《关于印发农业生产发展资金管理办法的通知》	农业生产发展资金是中央财政公共预算安排用于促进农业生产、优化产业结构、推动产业融合、提高农业效能等的专项转移支付资金 农业生产发展资金主要按照因素法进行分配。资金分配的因素主要包括工作任务（任务清单）和工作成效等
2017 年 4 月	财政部、农业部	《关于修订农业资源及生态保护补助资金管理办法的通知》	农业资源及生态保护补助资金是中央财政公共预算安排用于农业资源养护、生态保护及利益补偿等的专项转移支付资金 农业资源及生态保护补助资金实行"大专项+任务清单"管理方式，除用于约束性任务的资金不允许统筹以外，各省可对其他资金在本专项的支出方向范围内统筹使用，并应当全面落实预算信息公开
2017 年 5 月	农业部、财政部	《关于做好 2017 年中央财政农业生产发展等项目实施工作的通知》	按照中央 1 号文件要求，推进专项转移支付预算编制环节源头整合改革，进一步创新和完善资金管理使用机制，从 2017 年开始，中央财政农业生产发展资金、农业资源及生态保护补助资金实行"大专项+任务清单"的管理方式，按照"放管结合、效益为先"的原则，在推进项目资金整合的同时，下放资金使用管理权限，切实提高省级部门统筹使用资金的能力和空间，确保中央宏观调控与地方自主统筹平衡兼顾，切实提高政策的精准性和实效性，提高资金使用效率

发布时间	发布机构	文件名称	相关内容
2017 年 6 月	财政部	《关于取消工业企业结构调整专项资金的通知》	取消专项资金后，财政部将按照国务院决策部署和有关政策规定，通过工业企业结构调整专项奖补资金对钢铁、煤炭行业化解过剩产能过程中的职工安置工作予以支持
2017 年 7 月	财政部、农业部、水利部、国土资源部	《关于印发中央财政农业生产救灾及特大防汛抗旱补助资金管理办法的通知》	救灾资金是中央财政预算安排的用于支持应对农业灾害的农业生产救灾、应对水旱灾害的特大防汛抗旱和应对突发地质灾害发生后的地质灾害救灾三个支出方向的专项补助资金 救灾资金主要按照因素法分配
2017 年 12 月	国家发展改革委	《关于下放政府出资水利项目审批事项的通知》	投资限额以上，即使用中央预算内投资等中央资金 5 亿元及以上，或使用中央预算内投资等中央资金的总投资 50 亿元及以上项目中符合经批准的行业和专项发展建设规划以及产业政策要求、有关方面意见一致的项目，由目前的国家发展改革委审批后报国务院备案，改为下放省级发展改革部门审批，并在审批后及时报国家发展改革委备案
2017 年 12 月	国务院	《关于探索建立涉农资金统筹整合长效机制的意见》	中央涉农资金以党中央、国务院有关决策部署和相关法律法规为依据，根据预算法等相关规定按程序设立。进一步完善现行涉农资金管理体系，按照涉农专项转移支付和涉农基建投资两大类，对行业内交叉重复的中央涉农资金予以清理、整合
2018 年 1 月	中共中央、国务院	《关于实施乡村振兴战略的意见》	优化财政供给结构，推进行业内资金整合与行业间资金统筹相互衔接配合，增加地方自主统筹空间，加快建立涉农资金统筹整合长效机制

第三，进一步加大对地方政府的放权力度。突出体现在对专项转移支付比例的控制，以及将因素法作为主要的分配方式等方面。《关于中央财政水利发展资金使用管理办法》指出，分配水利资金主要使用因素法。《普惠金融发展专项资金管理办法》也指出，专项资金采取因素法分配，由中央财政按年度将预算指标定额切块下达至省级财政部门。地方财政部门根据中央财政下达的预算指标，按照有关要求安排使用。《农业生产发展资金管理办法》表明，其资金主要按照因素法进行分配。资金分配的因素主要包括工作任务（任务清单）和工作成效等。工作任务（任务清单）分为约束性任务和指导性任务两类。《关于下放政府出资水利项目审批事项的通知》则明确了水利方面的放权事宜。

第四，加强规划引领作用，推动专项资金使用更加规范、透明与公开。《关于落实发展新理念加快农业现代化　实现全面小康目标的若干意见》指出，发挥规划引领作用，完善资金使用和项目管理办法。《关于深化投融资体制改革的意见》指明，根据国民经济和社会发展规划及国家宏观调控总体要求，编制三年滚动政府投资计划，明确计划期内的重大项目，并与中期财政规划相衔接，统筹安排、规范使用各类政府投资资金。《关于完善支持政策促进农民持续增收的若干意见》指出，凡不涉及保密要求的投资补助和贴息项目，均应采取适当方式向社会公开。

第五，围绕扶贫、"三农"等重点领域，进一步推动专项资金统筹整合，建立长效机制。《关于做好 2017 年中央财政农业生产发展等项目实施工作的通知》明确，补助资金实行"大专项+任务清单"的管理方式，以"放管结合、效益为先"的原则，在推进项目资金整合的同时，下放资金使用管理权限，切实提高省级部门统筹使用资金的能力和空间。《中央财政专项扶贫资金管理办法》指出，应当围绕脱贫攻坚的总体目标和要求，统筹整合使用，形成合力，发挥整体效益。《关于做好 2017 年贫困县涉农资金整合试点工作的通知》要求，根据脱贫攻坚实际需要，尽可能地将纳入整合范围的各类资金在"大类间打通""跨类别使用"。《关于探索建立涉农资金统筹整合长效机制的意见》进一步指出，要完善现行涉农资金管理体系，按照涉农专项转移支付和涉农基建投资两大类，对行业内交叉重复的中央涉农资金予以清理、整合。中央涉农资金在建立大专项的基础上，实行"大专项+任务清单"管理模式。

第六，完善自上而下督查与自下而上评价的双向机制。《中央预算内投资补助和贴息项目管理办法》要求，国家发展改革委按照有关规定对投资补助和贴息项目进行稽查。财政、审计、监察等部门依据职能分工进行监督检查。《关于创新农村基础设施投融资体制机制的指导意见》明确，改进项目管理和绩效评价方式，建立涵盖需求决策、投资管理、建设运营等全过程、多层次的农村基础设施建设项目综合评价体系。

第七，撬动社会资本，发挥专项资金的引导作用。《普惠金融发展专项资金管理办法》表明，中央财政用于支持普惠金融发展的专项转移支付资金，包括政府和社会资本合作（PPP）项目以奖代补等 4 个使用方向。《关于完善支持政策促进农民持续增收的若干意见》指出，要加大财政涉农资金整合力度，提高资金使用效益；创新投融资模式，充分发挥财政资金的杠杆作用，撬动更多社会资本投向农业、农村。对财政资金投入农业、农村形成的经营性资产，鼓励各地探索将股权量化到村到户，作为村集体或农户持有的股权，让农民长期受益。

（二）专项转移支付规模与结构

中央财政支出主要分为两大部分：本级支出，以及对地方税收返还与转移支付。其中，对地方的转移支付分为一般转移支付与专项转移支付。在一般转移支付中，均衡性转移支付是地方基本可以统筹的部分，但除此之外的一般转移支付绝大多数仍然由中央指定了用途，即所谓"一般资金的专项化"，因此本文分开进行统计（见表2）。

表2　近年来中央财政支出规模与占比（2014—2017年）

年份	本级支出		对地方税收返还		对地方均衡性一般转移支付		对地方非均衡一般转移支付		对地方专项转移支付	
	亿元	%	亿元	%	亿元	%	亿元	%	亿元	%
2014	22570.10	30.40	5081.60	6.90	10161.30	13.70	17407.20	23.40	18941.10	25.60
2015	25542.15	31.70	5018.86	6.20	18471.96	22.90	9983.06	12.40	21623.63	26.80
2016	27403.85	31.60	6826.84	7.90	20709.97	23.90	11154.96	12.90	20708.93	23.70
2017	29857.15	31.50	8022.83	8.50	22381.59	23.60	12764.00	13.40	21883.36	23.00

注：数据来源于2014—2017年财政决算数据。

2014—2017年中央财政支出结构比较情况如图1所示。

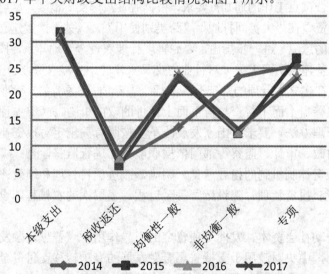

图1　近年来中央财政支出结构比较（2014—2017年）

由图1我们看到：其一，中央本级支出近年来维持在稍高于30%的数值，而70%左右的资金是通过地方政府实现的，这是中国财政体制的一个重要特色。

其二，税收返还在2016年由于税制改革，有所提升，之前基本处于下降状态。

其三，由于近年来中共中央和国务院均明确要求压缩专项转移支付比例，从数字来看，近年来的确大体呈下滑趋势。

其四，一般转移支付中的两类数字则有一定的"戏剧性"，即2015年至2017年的均衡性一般转移支付比例，大致与2014年的非均衡一般转移支付比例持平，反之亦然。细究其原因，我们发现均衡转移支付"大口径"与"小口径"的区别，这在某种程度上是财政部为应对上级压力而做出的"数字游戏"。与 2014 年相比，2015 年的均衡转移支付增加了多个类别，其中，较大数额的有：资源枯竭城市转移支付、城乡义务教育补助经费和农村综合改革转移支付三个类别，三者当年合计 1734.02 亿元。2017 年，"小口径"均衡转移支付，即真正的"非专项"转移支付仅有 12409.00 亿元，占比 13.1%，与 2014 年相比有所下滑。综合来看，我们认为，"准专项"（对地方非均衡一般转移支付）与专项转移支付当前大致平衡，合计约占中央财政支出的"半壁江山"。

表 3　2017 年专项转移支付分类规模与占比

资金类别	数额（亿元）	占比（%）
农村义务教育薄弱学校改造补助资金	355.50	1.6
学生资助补助经费	392.63	1.8
支持地方高校改革发展资金	340.75	1.6
困难群众救助补助资金	1326.63	6.1
就业补助资金	438.78	2.0
优抚对象补助经费	404.24	1.8
退役安置补助经费	397.71	1.8
公共卫生服务补助资金	587.25	2.7
节能减排补助资金	339.13	1.5
工业企业结构调整专项奖补资金	299.37	1.4
林业生态保护恢复资金	410.15	1.9
农业生产发展资金	1912.08	8.7
林业改革发展资金	464.23	2.1
水利发展资金	651.53	3.0
目标价格补贴	588.26	2.7
农业综合开发补助资金	365.00	1.7
车辆购置税收入补助地方	2781.95	12.7
政府还贷二级公路取消收费后补助资金	300.00	1.4
中央财政城镇保障性安居工程专项资金	1338.38	6.1
基建支出	3942.36	18.0
其他支出	4247.43	19.4
合计	21883.36	100

注：数据来源于《2017 年中央对地方税收返还和转移支付决算表》。

那么，专项转移支付大致有哪些类别，规模与结构如何呢？以2017年为例，我们统计了较大数额的子类别支出（见表3），发现有如下几个特征：首先，农林水类事务支出依然占比最高，仅"农业生产发展资金"一个小类就占比8.7%。其次，扶贫类资金占比也很高。其实农林水类资金有相当部分具有扶贫性质，更加明确的有"困难群众救助补助资金"，占比6.1%。再次，还有一部分与财税体制改革相伴随，比如"车辆购置税收入补助地方"占比12.7%。最后，国家发展改革委负责的"基建支出"被单列出来，占比五分之一左右。国家发展改革委是财政部之外具有预算分配权的主要机构，这也是中国财税体制的重要特色。由一个专门机构负责基础设施建设，一定程度上能够反映出我们这样一个发展中与转型国家的灵活性与"集中力量办大事"的优势，比如保障性安居工程、水利与农业设施、支持边疆与少数民族地区发展以及公共卫生事业等事关改革全局的项目占比很高（见表4）。

表4　2017年专项转移支付基建大类各项规模与占比

类别	数额（亿元）	占比（%）
"一带一路"建设中央基建投资	34.23	0.9
京津冀协同发展中央基建投资	56.25	1.4
长江经济带发展中央基建投资	20.00	0.5
保障性安居工程中央基建投资	855.89	21.7
水利中央基建投资	812.68	20.6
农业中央基建投资	234.30	5.9
易地扶贫搬迁等"三农"建设中央基建投资	289.37	7.3
交通运输中央基建投资	62.14	1.6
其他基础设施中央基建投资	19.50	0.5
支持边疆、少数民族地区发展中央基建投资	270.52	6.9
基础科研和自主创新中央基建投资	4.10	0.1
产业结构调整和制造业转型升级中央基建投资	179.23	4.5
教育中央基建投资	176.71	4.5
卫生中央基建投资	242.51	6.2
社会服务中央基建投资	52.89	1.3
文化、体育和旅游等中央基建投资	85.22	2.2
公共安全体系中央基建投资	197.51	5.0
节能减排和环境保护中央基建投资	134.11	3.4
生态建设中央基建投资	125.64	3.2
其他投资	89.57	2.3
合计	3942.37	100

注：数据来源于《2017年中央基本建设支出决算表》。

二、中央对地方专项转移支付研究现状综述

当前的相关研究大致可分为三个重要方向：第一，在中国当前的政府组织结构和财政体制下，一般与专项转移支付各自的适用性如何？各自的边界在哪里？第二，专项转移支付的目标意图达到了吗？尤其是其核心目的——通过中央指定用途来调动地方政府支出是否实现了？第三，在具体的实践分配环节，有哪些机制？是否规范合理？我们分别展开梳理。

（一）一般还是专项：转移支付结构研究

第一，"专项派"。这些学者倾向于认为，当前制度条件下，专项转移支付更适合。杨志勇明确指出，专项转移支付能解决许多一般性转移支付所不能解决的问题，特别是一些基本公共服务水平（最低转移支付所对应的公共服务水平）提高问题，例如义务教育、卫生健康服务等。[1]

马光荣等基于 1997 年至 2009 年县级层面数据和中央对国家级贫困县资格的划分，采用断点回归方法估计一般性转移支付和专项转移支付对地方经济增长的影响，结果显示：两类转移支付资金对地方经济增长都有正向作用，但是专项转移支付拉动经济增长的效果大于一般性转移支付。[2]

李万慧也认为中国现阶段财政转移支付结构的合理选择应以专项补助为主，无条件补助为辅。这是因为，中国财政转移支付改革受两个条件的约束，一个是财政收入过度分权的现状构成我国财政转移支付结构改革的首要约束条件，另一个是中国财政支出结构不合理的现状构成财政转移支付改革的首要约束条件。[3]

这派学者批驳了"一般派"，指出在我国财政管理不够规范，对地方政府监管还十分有限的情况下，盲目扩大一般性转移支付比例，一方面可能会大大削弱中央政府宏观调控能力，另一方面缺少专项转移支付对地方公共服务的约束，可能使地方政府的公共支出责任处于一种放任状态。[4]

第二，"一般派"。这派学者明确指出，一旦转移支付主要通过明确规定用途的专项转移支付来划拨，上级必然不如地方政府了解本地情况，转移支付肯定难以符合当地实际需要。特别是快速转型过程中地方公共服务需求的变化很快，专项支付就不得不经常调整，但调整又肯定存在滞后，容易造成严重浪费；专项支付掌握在各部委手上，而后者审批项目程序复杂、内容交叉，资金也难以整合，就进一步

---

① 杨志勇. 理解中国政府间财政关系[J].china Economist, 2017(01)：40-57.
② 马光荣，郭庆旺，刘畅. 财政转移支付结构与地区经济增长[J]. 中国社会科学, 2016(09)：105-125, 207-208.
③ 李万慧. 中国财政转移支付结构辨析及改革方向展望[J]. 地方财政研究, 2016(11)：48-52.
④ 鲍曙光. 我国财政转移支付财力均等化效应研究.[J]中央财经大学学报, 2016(03)：3-11.

加大了浪费；更为严重的是，由于专项资金灵活性远远大于一般性转移支付，地方会出现"跑部钱进"的强激励，甚至可能出现从中央到地方、从审批者到跑项目者的群体性腐败。专项转移支付过多的另一个严重后果，是加大了地方政府的"预算软约束"问题。中央部委在设定具体专项转移支付政策目标时，一般难以准确估算不同地区实现该目标的实际成本。在这种情况下，地方就可能有人为夸大政策执行成本的倾向，并以执行中央部委政策为借口扩大支出规模。中央各部委为强化对地方对口部门的控制力，必然会尽量争取本部委的专项转移支付，结果是中央部委联合地方对口行政部门一起向中央财政施加压力。同时，地方也借机联合中央部委倒逼中央给地方财政补缺。这就不可避免地带来中央部委与地方的"共谋"[1]。

具体从地方政府的角度来看，也是如此。当前转移支付制度仍存在专项转移支付资金占比偏大且资金安排较为分散的问题，不符合基层实际需要，也不利于县级统筹财力，而且部分专项转移支付要求基层配套较多，加剧了地方财政收支矛盾。由于转移支付制度不够合理，造成县级真正可支配财力较少，一些地方为了完成当地基础设施建设任务，在没有预算安排的情况下，挤占、挪用专项转移支付资金垫付项目建设款，造成大额暂付款挂账，也在账面上形成无法收回的财政结转结余资金。此外，部分专项转移支付资金下达时间较晚，资金层层下达到基层时，接近年底或错过项目最佳实施时点，影响支出进度，造成资金沉淀。[2]

因此，学者们认为，应该增加一般性转移支付的比重，因为这样客观上能够增加地方的财政收入，对地方政府的激励效应较为明显，可以让地方政府付出更高的财政努力，且是一种较为公平的财政转移支付方式[3]。

第三，"双面否定派"。这派学者认为，一方面，一般性转移支付中的均衡性资金占比偏小，在均衡地区间财政能力方面效果甚微；另一方面，相当部分的专项转移支付被行政性分割，呈现"小、散、乱"特征，难以发挥专项资金引导及矫正地方政府行为的作用，反而助长了"跑部钱进"、寻租设租乃至"鞭打快牛"等反向激励。[4]

（二）政策目标与对地方政府的影响研究

第一，专项转移支付是否达到目标，学界存在争议。在肯定的方面，赵海利发现，义务教育专项转移支付在促进义务教育投入均衡方面发挥了很好的作用。[5]究

---

① 陶然，王瑞民，刘明兴. 中国地方财政体制演变的逻辑与转型[J]. 中央社会主义学院学报，2017(06)：31-41.

② 广西财政厅课题组. 县级财政运行存在的问题与建议——以广西A、B两县为例[J]. 经济研究参考，2016(70)：11-17.

③ 李军林，崔琳，姚东旻. 合约视角下中国政府间转移支付作用分析[J]. 社会科学战线，2017(03)：58-69.

④ 尹振东，汤玉刚. 专项转移支付与地方财政支出行为——以农村义务教育补助为例[J]. 经济研究，2016(04)：47-59.

⑤ 赵海利. 义务教育专项转移支付与投入均衡——基于浙江省的数据分析[J]. 教育研究，2017(09)：46-54.

其原因，一方面，义务教育专项转移支付资金分配具有明显的扶弱能力，整体而言，经济发展水平越高，享有的义务教育专项转移支付份额越低；另一方面，义务教育专项转移支付产生了激励地方政府增加义务教育投入的示范效应，获得的义务教育专项转移支付越多，义务教育投入增速越快。两股力量方向一致，带动经济欠发达地区义务教育投入快速增加，加速了义务教育投入均衡进程。

此外，在县级层面，无论是一般性转移支付还是专项转移支付，其分配效应都更多地促进了财政供养人口财力均等化，其目的更多是"保运转"与"搞建设"，而其对辖区人口公共服务的均等化效应则相对微弱。一般性转移支付对公共服务的均等化效应在2005年以后才逐渐显著。专项转移支付则总体上扩大了地区公共服务不均等。此外，转移支付的不断增加加剧了不同层级政府间的纵向财力不均等。①

在否定的一方，缪小林等根据专项转移支付对城乡公共服务差距影响的实证结果，揭示出我国专项转移支付具有"粘蝇纸效应"，并且违背了中央专项转移支付依赖于中央支出导向的理论观点。②一个可能的原因是，在我国政府间事权和支出责任尚未划分清晰的背景下，中央专项转移支付使用方向的决策机制被弱化。尽管专项转移支付是由中央指定用途，但具体方向和领域往往取决于地方政府专项资金逐级向上申报的各环节，是否能够回归于中央支出方向定位，要取决于各申报审批环节的约束机制。

郑方辉等运用政府绩效评价的理念与方法，对广东省三项省级补助性财政专项资金绩效第三方评价结果的研究发现，政策目标的实现程度与预期存在较大差距，目标出现走样。③究其原因在于：理论源头存在悖论、专项设立论证不足、绩效目标流于形式、主体责任缺位错位、政策社会认同度低等。还有学者表明，中央政府自2000年以来通过加大专项转移支付力度来匹配地方的财力和事权。然而，筹资的集权并没有带来城市低保的扩张，反而招致一定程度的紧缩。④除政府偏好发展社会保险而带来的挤出效应外，社会阶层间互联网政治参与差异、分权及地方政府竞争是阻碍地方发展城市低保的重要原因；缺乏有效问责配合的筹资集权无法解决地方政府进行收入再分配的激励不足问题。

有学者甚至表明，中国纵向的转移支付制度，无论是筹资机制还是分配机制，不仅未能激励地方政府提高社会性公共品供给，强化地区间竞争对地方政府支出的

---

① 王瑞民，陶然. 中国财政转移支付的均等化效应：基于县级数据的评估[J]. 世界经济，2017(12)：119-140.

② 缪小林，王婷，高跃光. 转移支付对城乡公共服务差距的影响——不同经济赶超省份的分组比较[J]. 经济研究，2017(02)：52-66.

③ 郑方辉，邓霖，林婧庭. 补助性财政政策绩效目标为什么会走样？——基于广东三项省级财政专项资金绩效第三方评价[J]. 公共管理学报，2016(03)：122-134，159.

④ 彭宅文. 财政转移支付、地方治理与城市低保发展——基于省际面板数据的实证分析[J]. 公共行政评论，2017(03)：71-98，215.

约束力,而且超过门槛值的支出补助显著降低了地方政府的社会性公共品供给水平,尽管较高的转移支付筹资水平和专项补助方式有助于提高地方政府社会性公共品供给激励,但又背离分权改革要求。[①]

第二,对地方政府财政努力的影响。葛乃旭与杨留花基于我国 2000 年至 2007 年省级动态面板数据模型的实证研究发现,税收返还和均衡性转移支付对地方财政努力均存在明显的负效应,只有专项性质的转移支付对地方财政努力存在激励作用。[②]有学者发现,专项转移支付尤其可能刺激地方财政支出。[③]地方财政收入对地方财政支出的因果性影响取决于地方财政收入来源——自有财政收入尤其是税收收入对地方财政支出具有负的因果性影响,非自有财政收入则对地方财政支出产生正的因果性影响,其中,专项转移支付收入的正影响尤为突出,这主要源于非自有财政收入的成本转嫁效应。地方政府存在较明显的支出偏向,尤其表现在增量支出上对教育和社会保障的关注较弱,且与总支出相比,各类财政收入对教育和社会保障支出的影响力度较小。与其他地区相比,非自有财政收入特别是专项转移支付收入对财政总支出的正影响在东部地区更为突出。

第三,对地方政府财力均等化的影响。有学者运用基尼系数分解法,实证分析我国财政转移支付和税收返还大规模变动对地方财力均等化的影响。[④]结果表明,一般性转移支付的财力均等化效果明显,专项转移支付扩大了区际财力差距,部分抵消了一般性转移支付的效果。均等化效果不明显原因在于:我国的一般性转移支付有三分之一难以支出到基本公共服务领域,弱化了应有的“均等化”效果;贫困地区往往因为拿不出配套资金而失去专项补助,使得专项转移支付难以发挥“均等化”作用;报批制度有利于发达地区获取更多补助,进一步弱化了转移支付的“均等化”效果。

第四,对地方政府经济增长的影响。学者研究表明,项目制显著地促进了地区经济增长,专项补助占比每提高 1 个百分点,地级市人均 GDP 增速提高 0.0517 个百分点;项目制主要通过政府引导固定资产投资来牵引地区经济增长。[⑤]这说明项目制有利于中央部委自上而下激励地方政府致力于经济发展,为这一时期中国经济高速增长提供了制度解释。然而,项目制也存在明显的负面效应,不仅增加了地

---

① 李永友,张子楠. 转移支付提高了政府社会性公共品供给激励吗?[J]. 经济研究, 2017(01): 119-133.

② 葛乃旭,杨留花. 政府间转移支付对地方财政努力影响研究——基于动态面板数据模型分析[J]. 地方财政研究, 2016(07): 46-53.

③ 郭婧,贾俊雪. 地方政府预算是以收定支吗?——一个结构性因果关系理论假说[J]. 经济研究, 2017(10): 128-143.

④ 吴强,李楠. 我国财政转移支付及税收返还变动对区际财力均等化影响的实证分析[J]. 财政研究, 2016(03): 27-38.

⑤ 郑世林,应珊珊. 项目制治理模式与中国地区经济发展[J]. 中国工业经济, 2017(02): 24-42.

方政府财政支出缺口，还拉大了城乡及地区之间的差距。其所引致的带有附加条件的地方项目竞争，使得地方政府背上了沉重的财政负担，并形成了"强者愈强、弱者愈弱"的区域经济发展格局。

当然，也有学者表明，虽然项目体制是进入 21 世纪中国经济高速发展的重要解释之一，但它仍然是一种"半计划、半市场"的经济体制，也是以政府项目垄断权为主导的粗放经济发展模式，其从市场决定领域退出势在必行。①

（三）具体分配与实践运作研究

第一，在分配环节，不够公开透明，随意性较强。有研究指出，在政府预算编制较粗的情况下，每年的中央专项补助分配只能由财政部主管业务司会同有关部委协商或由财政部单独完成，多为闭门造车，并通过各级财政之间的指标文件形式运转。②其附带的各地资金分配明细表绝大部分注明"不发地方"字样，不公开透明，各地分配了多少资金互相之间不知晓。中央专项补助资金分配透明度不高，缺乏应有的监督和制约，不可避免地脱离实际，成为腐败滋生的温床。

并且，项目市场化部分投资效率低，公共部分绩效考核缺失。从审批和资金分配看，通常都是短期内报上来一大批项目，经打分之后大部分的项目都会入选，然后按照项目总资金量分配每个项目的经费，基本没有连续的项目库来保证可持续性。申请者必须承受巨大的财力和时间成本，而审批、审计和监督机关工作人员疲于应对，这给寻租和腐败提供了巨大的空间。③

第二，在具体分配上，并非严格按照项目管理办法展开，而是掺杂了大量的人格化与行政因素。史普原认为这与中央部委及其下属部门的分配权力过大，并且缺少制约有关。④中国在实行分税制之后，由于各部委掌握的资源随中央财权的集中越来越多，最重要的是通过项目申报的专项转移支付，因为存在转移支付制度不够明确与科学的问题，导致部长的偏好对专项转移支付的分配产生了重大的影响。杨千钰、曾端仪使用 2003 年国务院主要部委部长的更换作为自然实验，运用倾向得分匹配与双重差分的方法估算了部长的政治关联对其来源地的专项转移支付的净效应，通过排除其他控制变量的影响，得出部长来源地的专项转移支付会随着部长的上任而增加的结论。⑤

这与范子英、李欣更为细致的研究"异曲同工"，他们发现：新任部长的政治关联效应会使其来源地的地级市获得的专项转移支付增加 2 亿元，如果是重要部委

① 郑世林. 中国政府经济治理的项目体制研究[J]. 中国软科学，2016(02)：23-38.
② 陈莹莹. 专项转移支付改革的观点综述[J]. 经济研究参考，2016(71)：46-53.
③ 付敏杰. 分税制二十年：演进脉络与改革方向[J]. 社会学研究，2016(05)：215-240，245-246.
④ 史普原. 政府组织间的权责配置——兼论"项目制"[J]. 社会学研究，2016(02)：123-148，243-244.
⑤ 杨千钰，曾端仪. 部长的政治关联效应对地方财政转移支付分配的影响——基于 PSM-DID 的研究方法[J]. 金融经济，2017(10)：101-104.

的部长，该效应上升至 9.4 亿元，相当于在原有水平上增加 130%；政治关联效应在部长的一个任期之内是非线性的，呈现先上升后下降的"倒 U 型"的趋势；增加政治关联和减少政治关联的效应是非对称的，部长卸任并没有伴随着专项转移支付的显著减少；政治关联效应仅体现在正部长方面，副部长对其来源地获得的财政资源影响不大。[①]

还有学者基于民政部门数据，发现地方行政辖区数量、民政部门职工数量和民政部门省内分权等行政性因素均显著影响地方政府接受的中央专项补助，表明部门和官僚利益已经渗透于民政专项资金的配置过程。[②]

第三，资金使用不规范。在专项资金使用方面，存在着大量问题，主要包括：（1）混淆、挪用专款。一些部门领取到专款后，违反规定改变专款用途，将专款用于其他项目，形成资金的混淆挪用。（2）削减、挤占专款。一些部门以业务费不到位、公务费不足，难以开展工作为由，擅自将专款用于招待费、职工发放奖金福利、单位购车等与专项资金无关的机关日常经费支出，形成专项资金的规模、额度被人为地削减、挤占。（3）层层截留专款。专项资金下拨后，主管部门以各种名义扣拨专项资金，层层截留，向下级单位拨款不及时，导致财政专项资金滞留闲置。（4）设法回流专款。有的专项资金主管部门将资金下拨后，又以各种名义向项目单位回收或者摊派收费，间接地"回流"下拨的专款。（5）长期闲置专款。一些专项资金因各种原因被主管部门长期闲置，形成专项资金沉淀，导致资金未能发挥效益。[③]

三、展望与分析

（一）需要进一步注意的问题

尽管我国在专项转移支付的预算与分配改革等方面取得了一些成绩，但也要看到尚有很长的路要走。相关研究已经框架性地指出了相关问题，具体展开来看，主要问题如下[④]。

第一，一般转移支付中，实际被指定用途的"准专项资金"较高。2016 年，一般性转移支付的 7 大类 90 个子项中，有 66 个具有指定用途，安排预算总额比上年增长 13%；体制结算补助和固定数额补助中有 76%指定了用途。2017 年，一般性转移支付中有 37 项 12434.42 亿元资金指定了用途，加上专项转移支付，地方无法统

① 范子英，李欣. 部长的政治关联效应与财政转移支付分配[J]. 经济研究，2014（06）：129-141.
② 陈志广. 中央民政专项转移支付配置：地方行政力量的作用[J]. 当代财经，2017（11）：36-46.
③ 邹丰朗. 县域视角下的财政转移支付制度探析——以湖北省老河口市为例[J]. 财政科学，2017（02）：147-153.
④ 审计署. 国务院关于 2016 年度中央预算执行和其他财政收支的审计工作报告[EB/OL]. （2017-06-23）. http：//www.audit.gov.cn/n5/n26/c96986/content.html.；审计署. 国务院关于 2017 年度中央预算执行和其他财政收支的审计工作报告[EB/OL]. （2018-06-20）. http：//www.audit.gov.cn/n5/n26/c123614/content.html.

筹使用的资金占比仍达 60%。

第二，专项资金的"粘性"较强，退出机制不够完善。财政部上报 2016 年专项转移支付有 94 个，其中 84 个未明确实施期限或退出条件，已明确期限的 10 个中有的未按期退出。清理、整合也不到位，94 个专项转移支付在执行中实际细分为 279 个具体事项，部分专项整合后仍按原渠道、原办法分配和管理。2017 年，76 项专项转移支付中，52 项未明确规定实施期限或退出条件，支出项目只增不减的格局尚未根本改变。定期评估覆盖面较窄，2017 年仅对 32 项专项转移支付开展评估，其中 11 项评估内容不完整。

第三，专项资金依然过于分散，有待进一步统筹使用。2016 年，部门层面，财政部、国家发展改革委在其管理的专项转移支付中，设立水污染防治等 4 个相同或类似专项，分别安排预算 276.8 亿元、80.7 亿元。部门内部司局层面，国家发展改革委投资司、农经司在不同专项中同时安排林区、垦区配套基础设施投资补助，地区司、环资司同时安排污水和垃圾处理设施建设补助。2017 年，仍然普遍存在多本预算安排，如对旅游基础设施建设等事项，一般公共预算和政府性基金预算分别安排 24.6 亿元、29.76 亿元；多个部门安排，如对 11 类具体事项，财政部、国家发展改革委分别安排 1570.6 亿元、472.6 亿元；多个专项安排，财政部 2 项专项转移支付和国家发展改革委 2 个投资专项，均安排资金用于高标准农田建设；国家发展改革委 2 个投资专项安排同一地区重大项目前期工作经费，涉及 1950 万元。

（二）进一步推进中央对地方专项转移支付改革的建议

第一，进一步捋顺"块块""条条"与"条块"关系。首先，继续减少中央与地方共管事项，进一步"确权"。共同事权只能在表面上说明中央与地方的共同责任，但在多个中央部门、多个地方层级共存的情况下，共担事项过多，很可能导致"三个和尚没水吃"，互相推诿责任，也不利于责任考核与追究。因此，应进一步减少共管事项，在共管事项中应明确权责配置。其次，捋顺国家发展改革委与财政部的关系。我们看到，国家发展改革委的基建支出是单列的，因为其掌握着预算分配权，财政部无权干涉，这是由我国长期以来的投资体制导致的。但运行下来，在与财政部的职能区分、具体项目安排上均存在着一定的龃龉。在基层看来，投资主管部门——国家发展改革委，与资金主管部门——财政部两者存在着"两个婆婆"问题，加大了地方政府的配合难度。再次，捋顺"条块"关系。专项资金的勃兴，导致"条块"关系进一步复杂化，因为地方"块块"一方面需要下属"条条"去"跑项目""要资金"，弥补财政漏洞，实现辖区公共服务支出；另一方面也需要它们去实现本级政府的政治和行政目标，这会加剧"职责同构"以及与之伴随的组织负担。

第二，推动"大专项"或者整块转移支付改革。"大专项"的来源包括：首先，均衡性转移支付的主要目的是均等化，与专项资金有根本性区别。目前均衡性资金与专项资金在名目上混杂不清，模糊了政策意图，也不利于下级政府的政策预期。建议将有明确用途、依然在一般转移支付（甚至大量在均衡转移支付中的所谓"大口径"）中的资金转为专项支出。其次，过于碎片化的项目支出不仅不利于掌握更多地方信息的地方政府统筹，而且加大了其行政负担，也不利于预算与分配的透明化、规范化。因此，建议借鉴发达国家"整块补助"（Block Grants）的经验，根据公共服务的基本特质，划分更广一点的类型，一方面有助于减少不断设置项目、跑项目带来的设租与寻租，另一方面有助于发挥地方政府的信息优势，有利于调动"条条"与"块块"两个积极性。

第三，更加科学、合理地理解转移支付结构，建议分地区、分类型地渐进调整，不必一味强调一般转移支付的占比。60%的一般资金占比当前在某种程度上成了硬性任务，这种"一刀切"的做法有悖科学性，反而可能造成"数字出官"等一系列新问题。一般转移支付的优势在于利于地方统筹，利于发挥均等化公共服务的职能，但是在中央对地方考核目前依然侧重于经济增长的条件下，一味扩大一般资金，可能会导致"公平"有余，而"效率"不足，也不利于全国层面的灵活配置。专项转移支付的特征在于有利于站在全国角度的公共物品提供，也有更强的灵活性，不过也可能导致实际配置者——中央部委与地方政府的"共谋"，导致专项资金的无谓膨胀。建议分地区、分类型地合理配置，比如，根据财政收入结构依赖中央财政补助的程度、公共产品的正外部性程度（比如农业类、生态类往往较高），划分出不同的子类型，有针对性地确定其转移支付结构。

第四，继续围绕重点领域、地方政府的枢纽环节，进行资金统筹使用。首先，省级政府是中央与地方之间的重要枢纽，建议中央政府对省级政府的考核体制更加全面化，强化其多方面的责任，特别是公共服务的统筹责任，同时赋予其更多的统筹资金权限。这样有助于摆脱对地方政府"铁板一块"的理解，对中国这样一个大国而言，发挥省级政府作为类似于"财政联邦主义"下的州的作用，有利于央地关系优化。其次，继续围绕"三农"、扶贫等重点领域，在试点基础上，加快政策铺开，同时加大审计和监管力度，推动重点领域的率先突破。

第五，提高社会在专项资金全环节的参与。对于业界和学界广泛关注的专项目标"瞄不准"问题，我们认为，问题的根子在于社会参与不够。为什么提供专项？提供什么样的专项？作为项目最终受益者的社会方没有太大话语权，这就导致从项目决策、资金监管、建设投用、后期管理等全环节领域，社会声音缺乏。专项资金的使用绝不单纯是中央与地方关系的调整，更绝不单纯是一般与专项比例的问题，根本上是国家与社会的关系。建议接下来从源头上加大社会参与，这样不仅能够调动社会监督，降低中央对地方的监管压力，而且有助于专项资金的长期效益。换句话说，这才是"治本之策"。

四、报告要点

本报告要点有如下几个方面。

1. 2016 年至 2017 年，中央对地方专项转移支付体系取得了较大成绩。第一，从根本上理顺了中央与地方关系，为中央对地方专项补助体制提供了基础保障。提出了央地事权与责任划分的五大原则，分别是体现基本公共服务受益范围、兼顾政府职能和行政效率、实现权责利相统一、激励地方政府主动作为，以及做到支出责任与财政事权相适应。第二，进一步理顺市场与政府专项转移支付项目的关系。政府投资资金只投向市场不能有效配置资源的社会公益服务、公共基础设施、农业农村等公共领域的项目，以非经营性项目为主，原则上不支持经营性项目。第三，进一步加大对地方政府的放权力度。突出体现在对专项转移支付比例的控制，以及将因素法作为主要分配方式等方面。第四，加强规划引领作用，推动专项资金使用更加规范、透明与公开。编制三年滚动政府投资计划，明确计划期内的重大项目，并与中期财政规划相衔接，统筹安排、规范使用各类政府投资资金。第五，围绕扶贫、"三农"等重点领域，进一步推动专项资金统筹整合，建立长效机制。根据脱贫攻坚、"三农"实际需要，尽可能将纳入整合范围的各类资金在"大类间打通""跨类别使用"。第六，完善自上而下督查与自下而上评价的双向机制。建立涵盖需求决策、投资管理、建设运营等全过程、多层次的农村基础设施建设项目综合评价体系。第七，撬动社会资本，发挥专项资金的引导作用。创新投融资模式，充分发挥财政资金的杠杆作用。

2. 中央对地方专项转移支付还存在诸多问题。第一，真正的目标是否实现，存在着较大争议。由于社会参与不足、决策与分配等环节过长、央地权责模糊等诸多原因，专项目标至少在相当多领域被大打折扣。第二，专项资金的"粘性"较强，退出机制不够完善，违背了项目临时性、灵活性、目标导向的基本特性。第三，专项资金依然过于分散，有待进一步统筹使用。第四，在分配环节，不够公开透明，随意性较强。在具体分配上，并非严格按照项目管理办法展开，而是掺杂了大量的人格化与行政因素。此外，还广泛存在挪用、挤占、截留、闲置等诸多专款使用问题。第五，一般转移支付中，实际被指定用途的"准专项资金"较高，导致地方政府难以在实质意义上统筹使用。

3. 在成绩和问题分析的基础上，我们提出如下建议：第一，进一步理顺"块块""条条"与"条块"关系。继续减少中央与地方共管事项，进一步"确权"；捋顺投资主管部门→国家发展改革委与资金主管部门→财政部的关系；减轻"职责同构"

带来的组织负担。第二，推动"大专项"或者整块转移支付改革。借鉴发达国家"整块补助"（block grants）的经验，根据公共服务的基本特质，划分更广一点的类型，调动"条条"与"块块"两个积极性。第三，更加科学、合理地理解转移支付结构，建议分地区、分类型地渐进调整，不必一味强调一般转移支付的占比。第四，继续围绕重点领域、地方政府的枢纽环节，进行资金统筹使用。尤其需要重视省级政府作为央地枢纽的作用。第五，从源头上加大社会参与，这样不仅能够调动社会监督，降低中央对地方的监管压力，而且有助于专项资金的长期效益。换句话说，这才是"治本之策"。

作者单位：浙江大学社会思想研究所

地方政府债务研究报告

于学深

　　党的十九大报告提出，从现在到 2020 年是全面建成小康社会决胜期，要紧扣我国社会主要矛盾变化，突出抓重点、补短板、强弱项，特别是要坚决打好防范化解重大风险、精准扶贫、污染防治的攻坚战，使全面建成小康社会得到人民认可、经得起历史检验。习近平总书记多次就此发表重要讲话、作出重要指示，强调防范化解金融风险，事关国家安全、发展全局、人民财产安全，是实现高质量发展必须跨越的重大关口；强调各级地方党委和政府要树立正确政绩观，严控地方政府债务增量。2017 年，中央持续推进地方政府债务管理，强化政府债务限额管理，规范地方政府举债融资，坚决制止违法违规融资行为，严格依法依规问责处理，开展地方政府债务风险评估和预警，有效防范政府债务风险。

　　目前，我国地方政府债务的范围，主要包括地方政府债券，以及清理甄别认定的 2014 年末非政府债券形式存量政府债务。在《国务院关于加强地方政府性债务管理的意见》以及新修订的《中华人民共和国预算法》（以下简称《预算法》）规定中，明确了政府和企业责任，政府债务不得通过企业举借，地方政府只能通过发行地方政府债券方式举债，并将政府债务分类纳入预算管理。本文通过对 2017 年地方政府债务规模、结构以及财政赤字率等指标进行分析，客观评价地方政府债务管理所取得的成绩，深入分析地方政府债务管理仍面临的问题，并对进一步加强政府债务管理改革做展望分析，并提出措施建议。

一、2017 年地方政府债务管理情况梳理

（一）地方政府债务的规模与结构

1. 地方政府债务限额

2014 年 8 月全国人大常委会审议通过的新预算法以及 2014 年 9 月印发的《国务院关于加强地方政府性债务管理的意见》，赋予了地方政府依法适度举债的权限，明确地方政府债务规模实行限额管理，地方政府举债不得突破批准的限额。第十二届全国人大常委会第十六次会议审议通过的《国务院关于提请审批 2015 年地方政府债务限额的议案》指出，经清理、甄别和核查，2014 年末全国地方政府债务余额为15.4 万亿元，2014 年末地方政府债务余额如数计入 2015 年地方政府债务限额，加上当年新增限额 0.6 万亿元，确定 2015 年地方政府债务限额为 16 万亿元。由此，地方政府举债设定了"天花板"。

2017 年 3 月，第十二届全国全国人民代表大会第五次会议审议批准国务院提出的《关于 2016 年中央和地方预算执行情况与 2017 年中央和地方预算草案的报告》，在 2016 年地方政府债务限额基础上，新增债务限额 1.63 万亿元，批准 2017 年全国地方政府债务限额为 18.82 万亿元。其中，一般债务限额 11.55 万亿元，专项债务限额 7.27 万亿元。

表 1　2014 年以来地方政府债务情况表　　　　　　　（单位：亿元）

年份	地方债务总限额			新增债务限额		地方债务余额		
	一般债务余额限额	专项债务余额限额	合计	一般债务限额	专项债务限额	一般债务余额	专项债务余额	合计
2014 年	—	—	—	—	—	94272	59802	154074
2015 年	99272	60802	160074	5000	1000	92619	54949	147568
2016 年	107189	64685	171874	7800	4000	97868	55296	153164
2017 年	115489	72685	188174	8300	8000	103322	61384	164706

资料来源：根据历年财政部公开的预算报告相关数据整理。

2. 地方政府债务余额

2017年末，全国政府债务余额为29.95万亿元，中央财政国债余额为13.48万亿元，控制在全国人大批准的债务限额14.14万亿元以内；地方政府债务余额为16.47万亿元，控制在全国人大批准的18.82万亿元债务限额以内。

从同期比较看，截至 2017 年末，全国地方政府债务中一般债务余额 10.33 万亿元，专项债务余额 6.14 万亿元，比上年分别增加 0.54 万亿元和 0.61 万亿元，全国地方政府债务规模同比增长 7.5%。

从区域分布看，截至 2017 年末，我国东部、中部、西部地区债务余额分别为 6.63 万亿元、4.61 万亿元和 5.22 万亿元，占比分别为 40%、28% 和 32%，与上年基本持平，其中地方政府债务规模前五名分别为江苏、山东、浙江、广东、四川，债务余额分别为 12024 亿元、10197 亿元、9239 亿元、8986 亿元和 8503 亿元，见图 1。

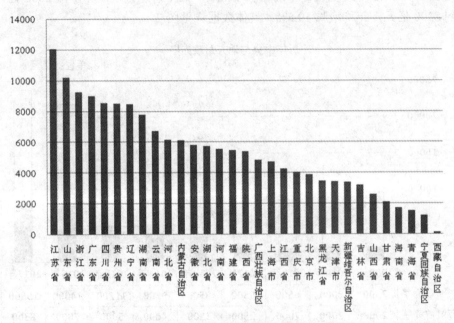

图 1　2017 年地方政府债务余额情况（分地区）

资料来源：根据 2018 年中央预算草案相关数据整理。

3. 政府债务率

截至2017年末，全国地方政府债务余额为16.47万亿元，如果以债务率（债务余额/综合财力）衡量地方政府债务水平，2017年地方政府债务率为76.5%，低于国际通行的警戒标准。加上纳入预算管理的中央政府债务13.48万亿元，全国政府债务29.95万亿元。按照国家统计局公布的我国2017年 GDP 初步核算数据82.71万亿元计算，我国政府债务的负债率（债务余额/GDP）为36.2%，比2016年降低了0.5个百分点，低于欧盟60%的警戒线，也低于主要市场经济国家和新兴市场国家水平。2018年，经全国人大批准，新增中央政府债务限额1.55万亿元、地方政府债务限额1.63万亿元，随着2018年 GDP 的增长和地方财政收入的增加，预计到2018年末负债率不会出现大的变化。今后，我国 GDP 和地方财政收入仍继续保持中高速增长，也为地方政府债务风险防控提供了根本支撑。

4. 财政赤字和赤字率

（1）财政赤字。为应对 2008 年国际金融危机，我国自 2009 年重启积极财政政策，通过适当扩大财政赤字规模，有力支持国家重大战略、重大改革、重大政策的落地实施。2009 年以来，我国财政赤字规模逐年快速增长，由 2009 年的 9500 亿元增加到 2017 年的 23800 亿元，年均增长 12.2%，其中，地方财政赤字由 2000 亿元增加到 8300 亿元，年均增长 19.5%。具体数据详见图 2。

历年中央与地方财政赤字

单位：亿元

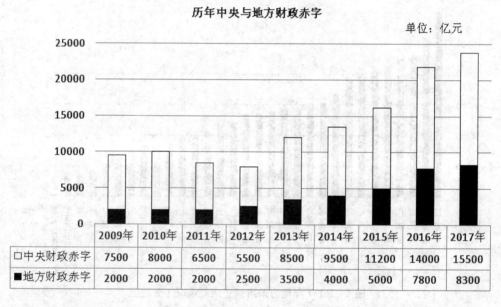

	2009年	2010年	2011年	2012年	2013年	2014年	2015年	2016年	2017年
□中央财政赤字	7500	8000	6500	5500	8500	9500	11200	14000	15500
■地方财政赤字	2000	2000	2000	2500	3500	4000	5000	7800	8300

图 2　历年中央与地方财政赤字

（2）赤字率。2017 年国务院《政府工作报告》提出，财政政策要更加积极有效，赤字率继续按 3% 安排，全国财政赤字 2.38 万亿元，比上年增加 2000 亿元。其中，中央财政赤字 1.55 万亿元，地方财政赤字 8300 亿元。按地区划分，东部地区赤字 6355 亿元，赤字率 1.47%；中部地区赤字 5470 亿元，赤字率 2.18%；西部地区 4475 亿元，赤字率 2.62%，见图 3。

如图 3 所示，赤字率排名前五位的省份多数集中在西部地区，分别为青海（7.38%）、甘肃（4.43%）、海南（4.35%）、新疆（4.24%）、宁夏（3.91%）。直辖市中，北京赤字率最低（1.87%），重庆赤字率最高（2.81%），上海、天津赤字率分别达到 1.97%、2.73%，比上年分别上升 1.15 和 0.69 个百分点。

2017年分地区财政赤字率 (%)

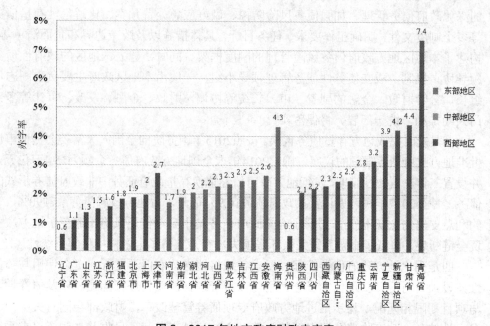

图3　2017年地方政府财政赤字率

资料来源：根据公开的各省市财政赤字与年度 GDP 数据计算。

（二）地方政府债务管理主要举措

2017 年，各级财政部门全面贯彻党的十九大精神和党中央、国务院决策部署，坚持新发展理念，按照高质量发展的要求，将防范、化解地方政府债务风险作为当前财政管理工作的重中之重，依法健全规范地方政府举债融资机制，既要开好"前门"，稳步推进政府债券管理改革，强化政府债券资金绩效管理，提高政府债券资金使用效益，发挥政府规范举债的积极作用，支持补齐民生领域短板；又要严堵"后门"，守住国家法律"红线"，坚守财政承受能力底线，加大财政约束力度，硬化预算约束，坚决制止和查处各类违法违规或变相举债行为，促进经济社会健康持续发展。

一是强化政府债务预算约束。实行债务规模控制，提请全国人大及其常委会批准 2017 年地方政府债务限额，要求地方政府举债不得突破批准的限额，依法设置地方政府债务的"天花板"。政府债务收支分类纳入一般公共预算和政府性基金预算管理，建立跨年度平衡机制，主动接受人大监督，并将经人大审议通过的政府债务限额、余额、类别、举借、使用、偿还全部向社会公开。印发《新增地方政府债务限额分配管理暂行办法》，根据财力水平、融资需求、资金效益、公平公开透明等原则，合理确定各级政府债务限额，实现不同地区地方政府债务限额与其偿债能力相匹配，切实规范新增地方政府债务限额分配管理。

二是健全债务管理制度机制。各省市按照财政部文件要求，分别出台了本地区的深化政府债务管理、加强债务风险防控、做好应急处置预案、化解隐性存量债务等多个制度文件，明确工作要求、任务目标、具体措施以及政策边界和负面清单等，构建了本地区地方政府债务风险管理的制度框架。同时，建立本地区的政府性债务领导协调机制，成立债务性债务管理领导小组，一般由本地区政府主要负责同志任组长，分管财政、金融的副省（市）长统筹协调，财政、金融、发改、审计等多部门共同推动，统一部署、督促落实。

三是及时完成地方存量债务置换。按照2015年国务院向全国人大常委会提请审议批准地方政府债务限额的议案，确定2014年末全国地方政府债务余额为15.4万亿元，并设置三年左右的过渡期，发行地方政府债券置换存量政府债务中非政府债券形式的债务。截至2017年底，累计置换政府债务10.9万亿元，占地方政府债务余额90%，节约利息支出约1.2万亿元，缓解了存量政府债务集中到期偿还风险，避免了地方政务资金链断裂，降低了金融系统呆账坏账损失，有力支持了金融机构化解系统性风险。

四是强化地方政府债券管理。要求各地将地方政府债券发行、资金使用与公益性建设项目对应，实现债券资金使用与项目管理、偿债责任相匹配，以及债券期限与项目期限相匹配。稳步推进地方政府专项债券管理改革，财政部会同有关部门印发土地储备、政府收费公路专项债券管理办法，试点发行项目收益与融资自求平衡的专项债券品种，开好规范举债的"前门"。

五是坚决制止违法违规担保融资行为。财政部印发了《关于进一步规范地方政府举债融资行为的通知》《财政部关于坚决制止地方以政府购买服务名义违法违规融资的通知》等文件，要求各省级政府全面组织开展地方政府融资担保清理整改，明确金融机构不得要求或接受地方政府及其所属部门以担保函、承诺函等形式提供担保，严禁地方政府利用 PPP、政府购买服务以及各类政府投资基金等方式违法违规变相举债。组织核查部分市县和金融机构违法违规融资担保行为，严格依法依规问责处理，相关责任人要给予撤职、行政降级、罚款等处分。公开曝光处理结果，发挥警示教育作用。同时，继续开展地方政府债务风险评估和预警，督促指导地方有效防范政府债务风险。

二、2017年地方政府债务研究综述

2017年，许多专家、学者对地方政府债务研究主要集中在地方隐性债务、违规融资举债、化解债务风险等方面，研究重点更加具有针对性，为地方政府债务管理提供了丰富的经验借鉴。

杨志勇认为当前一些地区仍然存在违规融资举债问题，其主要通过政府与社会资本合作（PPP）、政府投资基金、政府承诺担保等方式操作。提出应当明确财政部门在地方政府债务管理中的主要责任，采取多部门联合监管，实现地方债的综合治理。①

林双林通过对 2017 年地方政府债务情况分析，提出应对日益增长的地方政府债务造成的风险积累要多措并举：一是设置地方政府债务警戒线，对高负债地区应减少或停止新增债务；二是完善债务偿还机制，硬化财政约束，明确偿还责任，"谁举债、谁还债"；三是提高债务资金使用效率，加强项目监管，对资金使用效率和效果要及时评估。②

赵全厚通过对地方政府债务风险进行分析，发现目前政府债务风险预警指标偏重于显性债务，缺乏对隐性债务风险指标监测，需要将债务风险预警机制扩展到隐性债务方面，并提出强化对地方政府事权及履职绩效的监测评估、关注地方政府投融资行为、构建完善的地方政府综合财务报告制度、探索不同类别债务的风险刚性等 4 项具体措施。③

辜胜阻通过对地方政府债务问题进行调研、分析，提出应着力构建地方政府债务长效管理机制，通过改革完善财政体制、完善市场机制、健全法律法规体系、完善政府考核问责机制、规范政府举债融资行为、强化债务监督管理等措施，不断增强地方政府财政实力，减轻债务压力，妥善处理好地方政府债务存量并严格控制债务增量，为防控地方政府债务风险筑牢"防火墙"。④

刘世锦认为处理地方债问题要立足长远、标本兼治，要稳杠杆、软着陆，并以此为契机，解决那些长期以来未解决的深层次体制问题，提出两项措施：一是要强化各级政府和国企的预算约束；二是要重视探索公共产品投资的长效机制。⑤

乔宝云认为化解地方债风险需要标本兼治，要高度重视隐性债务风险，必须深化财税体制改革、地方政府治理体制改革和金融管理体制改革，从根本上解决问题。⑥

于长革认为防控和化解地方政府债务风险，必须从根源入手，加大改革力度，通过一系列实质性的配套改革彻底根除相关问题和隐患，这需要完善目前对官员晋升的考核机制，明确界定政府职能和财政支出范围，变"万能政府"为"有效政府"，调整和完善政府间财政关系，完善地方税体系，规范政府债务管理，防控财政风险，

① 杨志勇. 应明确财政部门在地方债管理中的主要责任[N]. 21 世纪经济报道，2017-05-09(004).
② 林双林. 多措并举管控地方债风险[N]. 中华工商时报，2018-02-28(003).
③ 赵全厚. 健全地方政府债务风险的识别和预警机制[J]. 改革，2017(12)：29-32.
④ 辜胜阻. 我国地方政府债务的突出问题及其治理思路[J]. 江海学刊，2017(06)：82-88，238.
⑤ 刘世锦. 防范地方债风险要标本兼治，建立长效机制[N]. 21 世纪经济报道，2018-02-02(004).
⑥ 乔宝云. 化解地方债风险需要标本兼治[N]. 中国财经报，2018-03-27(005).

加快推进政府投融资体制改革。①

李红霞从规避和防范地方债风险的角度出发，提出在完善分税制财政体制改革的基础上，应进一步规范地方债发行机制，提高地方债务透明度，完善地方债信用评级并加大地方债监管力度，有效实现地方债风险预警与防范，保证实现国家的长治久安。②

三、展望与分析

（一）需要进一步注意的问题

2017 年，中央和各级地方政府进一步加强地方政府性债务管理，坚决制止违法违规举债融资行为，初步实现对当前地方政府主要违法违规融资行为的监管政策全覆盖。由于一些体制机制性矛盾和问题还未解决，如政府和市场边界未能清晰界定，政府支出范围和标准缺乏明确规定，中央与地方事权和支出责任相适应的财政体制尚未建立，个别地方政府继续通过融资平台公司、PPP、政府投资基金、政府购买服务等方式违法违规或变相举债，风险不容忽视。

1. 债务规模总体较大。主要表现在：一是存量债务规模较大。2017 年地方政府债务余额为 16.4 万亿元，占地方一般公共预算收入的 105.1%，比 2016 年末净增加1.15 万亿元，增长 7.5%，债务规模总体保持缓慢上升态势。二是新增债务需求仍然较大。2017 年地方政府债务新增限额 16300 亿元，比上年增加 4500 亿元，除宁夏新增债务限额同期减少 232 亿元外，其余各省市新增限额均有所提高，尤其是债务规模较大的江苏、上海、山东等省市新增限额增幅较大。

2. 部分省市偿债能力弱化。由于近年来房地产市场走弱，土地出让收入大幅下滑，加强宏观调控和金融监管后，银行理财、信托产品等"影子银行"渠道也日益收紧，各级地方财政在剔除促发展、保民生以及中央各类政策、项目配套资金等支出后，能够安排用于还债的资金较为有限。通过 2017 年财政赤字率和债务余额、新增债务限额等数据比较分析，如辽宁、内蒙古、贵州等地区由于债务规模较大，新增债限额规模相对较小，反映出部分省份的债务负担相对较重。

3. 地方变相举债时有发生。一些地方政府继续通过融资平台变相举债，部分PPP 项目、政府投资基金存在回购合作方投资本金、承诺保底收益等变相举债行为。一些地方违规扩大政府购买服务范围，将原则上应通过既有预算资金购买的公共服务，扩大为通过未来年度资金购买当前建设工程，实质上是变相举债。部分金融机构发放贷款时仍要求地方政府提供担保承诺，个别开发性、政策性金融机构要求地

① 于长革. 防控地方债风险需再加力[N]. 经济日报，2017-09-22(013).
② 李红霞. 新形势下地方政府性债务风险与防范[J]. 地方财政研究，2017(06)：82-88.

方政府为专项建设基金本金回购提供担保。

4. 隐性债务风险不容忽视。由于各地对哪些债务应当纳入地方政府隐性债务尚无统一标准，一部分没有纳入地方财政预算、需要由地方政府承担最终偿还责任的债务并未纳入地方政府债务统计范围，形成了一定规模的地方政府隐性债务。地方政府隐性债务的来源途径多样，多采取政府购买服务、PPP 项目、政府给企事业单位担保等方式。当前，地方政府隐性债务的规模、期限、利率、资金投向、融资渠道等信息均不公开、不透明，不利于市场判断此部分债务的风险程度，并且大部分隐性债务资金投向的是交通、水利等公益性项目，收益率偏低，政府往往通过"借新还旧"的方式来维持资金周转，进一步增加了地方政府债务的风险系数。

5. 债务风险防控有待加强。目前，各地尚未建立全面规范的地方政府债务统计制度，各部门的债务统计口径和确认标准并不统一，有的认为部分或有债务应当归为政府负有偿还责任的债务，有的提出或有债务中确需政府履行偿债责任的债务没有落实还款来源。除已经统计的融资平台等或有负债外，社会保险欠账、国有企业历史遗留问题等也可能转化为政府债务。同时，融资平台债务规模往往在地方政府债务中占比较高，由于融资平台大多资产负债率高，持续融资能力不足，在当前金融严监管的形势下，融资平台债务向政府转移的风险加大，需要引起高度关注。

6. 政府信息公开有待完善。目前，政府向人大提交审议的债务信息没有明确标准，对外公开的数据主要包括新增债务、置换债务、余额限额等总量数据，缺少债务资金支出的具体项目、偿债计划、限额分配机制等人大代表和委员关心的详细内容，人大监督难以开展实质性审查。同时，对政府或有债务情况是否向人大报告也没有明确规定，债务信息对社会公开的内容标准还未统一。

（二）下一步措施建议

1. 严格政府债务限额管理和预算约束。合理确定各级政府债务规模上限，债务举借严格控制在限额以内。建立健全政府投资项目决策、立项、评审、预算、执行、监督、绩效等程序，凡利用财政资金、政府融资和以财政资金作为还款来源筹措资金实施的政府投资项目，决策立项之前项目主管部门要与同级财政部门协商一致。各级政府债务的发行举借、分配使用、本息偿还等要全部纳入预算管理，接受人大审查和监督，并向社会公开。

2. 建立规范的政府举债融资机制。除发行政府债券外，各级政府及其部门不得以任何方式举借政府债务，不得以文件、会议纪要、领导批示等任何形式，要求或决定企业为政府举债或变相为政府举债。构建市场化运作的融资担保体系，政府出资的担保公司依法依规提供融资担保服务，政府依法在出资范围内对担保公司承担责任。用足用好债券政策，稳步推进土地储备、棚户区改造等项目收益与融资自求平衡的专项债券品种。

3. 积极稳妥化解融资平台存量债务和隐性债务。逐笔清理、核实融资平台公司举借的各类债务，合理区分债务性质。依法完善相关手续，按照分类处置、逐步消化的原则，对已认定的限额内存量政府债务，通过发行政府债券予以置换；对限额外存量隐性债务，综合采取引入社会资本建设运营、注入资源资产、授予特许经营、资产证券化等方式，最大限度降低债务负担；对经营性存量债务，由融资平台公司自行偿还；对融资平台公司后续新增的各类融资，全部采取市场化方式，不得接受政府及所属部门担保、承诺或兜底。

4. 推动融资平台公司市场化转型。坚持运用市场机制和改革创新，推进融资平台公司转型升级。抓紧制定融资平台整合方案，结合国企改革加强考核，鼓励平台公司引进战略投资者，完善法人治理结构，实行健全市场化经营、自负盈亏机制，提高企业核心竞争力。统筹资源资产，整合重组、做实做强区域内融资平台，逐步将平台数量压缩控制到一至两家，改变资源分散、资信偏低的现状。严格实施融资平台名录制管理，平台公司按照规定程序对其投资项目、融资计划、财务报表等报同级主管部门审定，并报同级政府备案。

5. 健全动态监测和联合监管机制。建立地方政府债务大数据管理平台，动态监测融资平台公司举借债务情况以及政府中长期支出事项，分类设置预警指标和风险区间，全面分析评估债务数据和风险状况，加强风险评估和预警结果应用，对债务高风险地区实施预算约束机制，督促高风险地区实施一系列增收、节支、资产处置等短期和中长期措施安排，使债务规模和偿债能力相一致，恢复财政收支平衡状态。建立财政、发改、审计、金融、人行、银监、证监等部门联合监管机制，对政府部门、融资平台公司、金融机构的违法违规举债融资行为加强跨部门联合惩戒，形成监管合力，对于出现的违规举债问题，坚决查处、严肃问责。

6. 推进政府债务信息公开透明。建立统一的政府债务信息公开机制，规范债务信息公开内容、公开时间和公开渠道。推进各地区公开本地政府债务的种类、规模、结构、期限、层级、债权人等信息，及时公开地方政府债券发行主体、综合财力、资产负债等基础数据，形成市场对地方政府发行债券的约束机制。加强各级政府债务风险评估和监督预警，强化上级政府对下级政府的监督检查，按照法治化原则分类处置风险事件，依法实现债权人和债务人合理分担风险。

四、报告要点

本报告重点对 2017 年地方政府债务管理和研究情况进行了系统梳理，在此基础上，对地方政府债务管理中需要重点关注的问题和趋势进行了简要分析。本报告要点总结如下。

1. 党的十九大报告提出要坚决打好防范、化解重大风险的攻坚战，而地方政府债务风险是现阶段我国重大风险的主要来源之一。2017 年，中央持续加大对地方政府债务风险的管控力度，取得了一些新的进展。一是强化政府债务预算约束，坚决制止无序举债搞建设，规范举债融资行为，实行政府债务限额管理，依法设置地方政府债务的"天花板"，主动接受人大监督，将经人大审议通过的政府债务限额、余额、类别、举借、使用、偿还全部向社会公开。二是健全债务管理制度机制，各省市陆续出台了本地区的深化政府债务管理、加强债务风险防控、做好应急处置预案、化解隐性存量债务制度文件，建立起本地区政府性债务领导协调机制，增强政府债务风险应急处置能力。三是组织完成地方存量债务置换，累计置换政府债务 10.9 万亿元，缓解了存量政府债务集中到期偿还风险，降低了金融系统呆账坏账损失，支持金融机构化解系统性风险。四是稳步推进地方政府专项债券管理改革，印发土地储备、政府收费公路专项债券管理办法，试点发行项目收益与融资自求平衡的专项债券品种。五是坚决制止违法违规担保融资行为，印发了进一步规范地方政府举债融资行为、坚决制止地方以政府购买服务名义违法违规融资等文件，组织核查部分市县和金融机构违法违规融资担保行为，对地方政府利用 PPP、政府购买服务以及各类政府投资基金等方式违法违规变相举债相关责任人依法依规问责处理。

2. 2017 年地方政府债务风险总体有所下降，但当前也出现了一些新问题，局部地区风险不容忽视，如果处理不当，容易引发区域性系统性风险。一是债务规模总体较大，面对经济下行压力，地方政府对新增债务需求仍较为迫切；二是部分省市偿债能力弱化，由于债务规模较大，在落实保民生、促发展等各项政策后，安排用于偿债的资金较为有限，导致债务负担相对较重；三是地方变相举债行为时有发生，一些地方违规扩大政府购买服务范围，个别金融机构仍要求地方政府为专项建设基金提供回购承诺；四是隐性债务风险不容忽视，各地对哪些债务应当纳入地方政府隐性债务尚无统一标准，一些省市采取政府购买服务、PPP 项目、政府担保等方式融资，形成了一定规模的隐性债务；五是风险防控机制有待加强，地方政府债务统计制度尚需规范，明确统计口径和确认标准，要高度重视融资平台债务转移政府风险；六是政府信息公开有待完善，人大审查政府债务情况没有明确标准，对外公开数据缺少详细具体内容。

3. 要把握好地方政府债务管理的基本原则，处理好防风险与稳增长的关系。举借地方政府债务一定程度上弥补了地方财力不足，有效地保障了地方经济社会发展的资金需求，对稳定经济起到了积极作用。加强地方政府债务管理，既要防范区域性系统性风险，又要正确看待举借政府债务所发挥的积极作用。

4. 为进一步完善地方政府债务管理，建议重点做好以下几个方面工作：一是严格政府债务限额管理和预算约束，合理确定各级政府债务规模上限，建立健全政府投资项目决策、立项、评审、预算、执行、监督、绩效等程序，政府债务要分门别类纳入预算管理，接受人大审查和监督；二是建立规范的政府举债融资机制，不得违规变现举债，构建市场化运作的融资担保体系，稳步推进土地储备、棚户区改造等项目收益与融资自求平衡的专项债券品种；三是积极稳妥化解融资平台存量债务和隐性债务，清理核实各类债务，合理区分债务性质，按照分类处置、逐步消化的原则，分类处置化解隐性债务；四是推动融资平台公司市场化转型，坚持运用市场机制和改革创新，鼓励平台公司引进战略投资者，完善法人治理结构，实行健全市场化经营、自负盈亏机制，提高企业核心竞争力；五是健全动态监测和联合监管机制，加强风险评估和预警结果应用，对债务高风险地区实施预算约束机制，对政府部门、融资平台公司、金融机构的违法违规举债融资行为实施跨部门联合惩戒；六是推进政府债务信息公开透明，细化政府债务信息内容，加强人大对政府债务审查监督，重点审查地方政府债务纳入预算管理的情况。

作者单位：天津市财政局预算处

中国政府绩效管理研究报告

翟　磊

政府绩效管理是一项需要常抓不懈、不断深化的重要工作。党的十八大报告提出应"创新行政管理方式，推进政府绩效管理"，党的十九大报告进一步明确了"建立全面规范透明、标准科学、约束有力的预算制度，全面实施绩效管理"的目标，为我国绩效管理工作的推进明确了方向。

一、2017 年中国政府绩效管理发展现状综述

2017年中国政府绩效管理实践发展的主要内容在于不断深化预算绩效管理改革，从绩效管理过程、绩效管理对象、绩效管理的多元主体参与等方面深化改革，并通过对实践创新经验的总结，逐渐形成体系。此外，加大绩效考核激励力度，充分发挥激励机制的作用，也是2017年政府绩效管理实践创新的亮点。

（一）深化预算绩效管理改革

财政绩效评价是预算绩效管理的重要手段，也是政府绩效管理的重要内容。自党的十六届三中全会明确提出"建立预算绩效评价体系"以来，随着财政预算绩效管理和绩效评价工作的推进，"花钱必问效，无效必问责"的管理机制得到普遍认可。2017 年中央财政推动重点评价和全面自评"点面"结合，绩效评价资金规模超过 1 万亿元，并且预算透明度明显增强，绩效目标、绩效自评和重点绩效评价结果的公开得到全国人大、审计部门高度认可。[①]

---

① 齐小乎. 预算绩效管理"中国经验"呼之欲出[N]. 中国财经报，2017-09-26.

1. 中央部门项目自评全覆盖

绩效自评是对财政资金使用效果的信息反馈，2017 年财政部首推中央部门项目绩效自评全覆盖，即统一要求中央部门在 2016 年预算执行完成后，组织对本部门及所属预算单位的所有项目开展绩效自评，确保绩效自评覆盖率达到 100%。[①]项目绩效自评采取打分评价的形式，满分为 100 分，一级指标及权重如表 1 所示。各部门在统一的一级指标框架下，根据各项指标重要程度确定项目的二级绩效指标和三级绩效指标的权重。

表 1 　中央部门项目支出绩效指标及权重

一级指标	权重
产出指标	50 分
效益指标	30 分
服务对象满意度指标	10 分
预算资金执行率	10 分

在绩效自评的基础上，最终选择 99 个中央部门 111 个一级项目自评结果，随同部门决算草案一并提交全国人大常委会审议，此举成为我国预算绩效管理的又一重大突破。[②]

2. 签订重点项目绩效责任状

2017年提交第十二届全国人大五次会议审议的2017年中央部门预算（草案）中，增加了教育部、文化部、卫计委、水利部、交通部、科技部、环保部、国家统计局、国家林业局等10个部门的10个重点项目的内容，涉及金额超过1500亿元。[③]从提交的项目内容看，不仅详细载明了项目概述、立项依据、实施主体、实施方案、实施周期、三年支出计划和年度预算安排，还包括了项目的绩效目标和指标等。[④]绩效目标细化量化了预算资金全年的使用方向，为年度过程中的督查和年度终了的绩效评价提供了重要依据，对于确保各项工作任务落到实处、收到实效具有重要意义。这一做法全面扩展了人大代表审议部门预算的广度和深度，成了2017年代表审议中央财政预算的一大亮点。

3. 绝大部分省份已设立预算绩效目标

广东是最早开展预算绩效管理的省份，2017 年其向省人大报送的部门预算，500

---

① 齐小乎. 支出问效提升政府公信力——财政部及中央部门预算绩效管理改革纪实[N]. 中国财经报, 2017-01-16.
② 齐小乎. 中央部门项目支出预算绩效自评覆盖率达 100%[N]. 中国财经报, 2017-06-27.
③ 齐小乎. 预算管理更上层楼[N]. 中国财经报, 2017-07-04.
④ 齐小乎. 中央部门预算草案首次反映到项目，10 部门提交重点项目绩效"责任状"[N]. 中国财经报, 2017-03-07.

万元以上的支出项目都设立了总体绩效目标。2017 年，湖北省首次向省人大报送重点绩效评价报告，要求关系到民生的重点项目，都要进行绩效评价。北京市政府 2017 年在设置绩效目标的基础上更进一步，要求 196 个政府部门，所有 500 万元以上项目的绩效目标，都实现向社会公开①，并规定绩效目标审核不通过，一律不能批复项目预算，绩效评价结果低于"一般"的，将核减下年度的预算资金。

4. 预算绩效管理制度化

2017 年，广东省在已经制定《广东省省级部门预算项目支出绩效目标管理规程》等一系列规程和办法的基础上，研究拟订《广东省预算绩效管理办法》，全面阐述预算绩效管理的含义、对象、内容、职责分工和管理要求，强化预算绩效管理的法制基础。形成了"一个办法+X 个规程+X 个细则"的预算绩效管理总体制度框架②，并按照"层级配套、功能协调、覆盖到位"的要求，抓好建章立制，建立了完善的预算绩效管理制度体系。

（二）优化预算绩效管理过程

绩效管理是一场深刻的刀刃向内的自我革命③，预算绩效管理使财政预算正从"记账单"向"成绩单"转变。2017 年预算绩效管理的全过程得到了进一步优化，从预算目标设定到绩效评价结果的应用，形成了较为完善的系统。

1. 建立全过程绩效评价指标体系

鉴于不同部门、不同项目具有差异性的特点，预算绩效评价指标也须根据部门和项目的实际情况进行差异化调整。为此，财政部会同有关部门设计了覆盖投入、过程、产出、效果等资金使用全生命周期的项目绩效评价指标体系，力求做到全面、科学、客观。投入包括项目立项、资金落实情况，过程包括业务管理、财务管理情况，产出是指使用财政资金完成的工作任务数量、质量、成本和时效，效果是指项目实施带来的经济效益、社会效益、生态效益、可持续影响以及服务对象（社会公众）的满意度。④全过程绩效管理的基本思路可以归纳为两个层面、四个阶段，如图 1 所示。其中，两个层面是指业务层面和资金层面，绩效考核指标主要围绕这两个层面展开，四个阶段分别为目标管理、过程管理、绩效评价和结果应用。全过程绩效管理一方面使绩效评价从"事后"向"事前"和"事中"延伸，另一方面强化绩效评价结果的应用，并形成闭环式的持续改进路径。

① 李丽辉. 中央财政重点民生政策和重大专项支出建立绩效评价常态机制 国家的钱不许乱花[N]. 人民日报, 2017-07-12.

② 广东省财政厅办公室. "四三二一"推进预算绩效管理向纵深发展[EB/OL]. (2018-09-12). http: //zwgk.gd. gov.cn/006939991/201709/t20170912_722345.html.

③ 齐小乎. 预算管理更上层楼[N]. 中国财经报, 2017-07-04.

④ 齐小乎. 预算管理更上层楼[N]. 中国财经报, 2017-07-04.

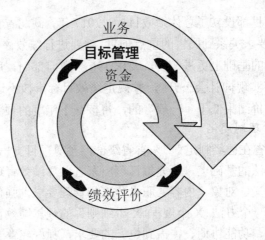

图 1　全过程绩效管理的基本思路

　　在地方政府层面，浙江省在中央重点专项转移支付监管工作中明确了绩效管理的"闭环管理"思维和监管目标，在预算申报环节根据授权开展绩效目标审核、主动收集绩效目标，在预算执行环节监控预算支出运行是否符合既定的绩效目标，在绩效评价环节客观公正地评价绩效目标的实现程度。[①]广东省从预算绩效管理中的目标管理、绩效监控、绩效评价、结果应用管理等四个重要环节入手，构建了"事前绩效审核、事中绩效督查、事后绩效评价、评价结果应用"的预算绩效管理框架。[②]上海市在实施闭环管理的基础上，还结合项目的特点开展了分类监管，对于为期 1 年的项目，或 1 年以上已完工验收而未办理竣工决算的项目，采取绩效评价的标准模式；对于为期 1 年以上的项目，中期拟采取预算执行监控的模式，以便在同样达到目的的情况下节约人力成本。[③]

　　2. 从预算审核开始强化绩效管理

　　河北省将财政预算审核由过去审项目、审额度为主，转变为先审绩效、再定额度。改变了以往预算安排就事论事、"一事一议"的状况。财政预算审核先审部门职责、绩效目标指标与政府工作部署的匹配性，特别是省内各级党委、政府重大决策部署的落实情况，再审各项工作活动绩效目标指标的科学性，然后审核预算项目与职责活动的关联性、立项的必要性。偏离政府工作部署和部门总体绩效目标的项

---

　　① 浙江专员办. 以绩效管理为核心 提高专项转移支付监管成效[EB/OL]. (2017-09-14). http：//www.mof.gov.cn/zhengwuxinxi/caizhengxinwen/201709/t20170914_2698947.htm.

　　② 广东省财政厅办公室. "四三二一"推进预算绩效管理向纵深发展[EB/OL]. (2017-09-12). http：//zwgk.gd.gov.cn/006939991/201709/t20170912_722345.html.

　　③ 上海专员办. 加强中央专项资金预算绩效管理的思考[EB/OL]. (2017-11-24). http：//sh.mof.gov.cn/lanmudaohang/dcyj/201711/t20171124_2756078.html.

目不能安排，绩效指标不明确的不能安排，绩效偏低的少安排或不安排。将绩效评价由过去的项目评价一个层级，转变为预算项目绩效评价、工作活动绩效评价、部门职责绩效评价、部门整体支出绩效评价四个层次[①]。这种先审定绩效目标再定预算额度的方式是从工作效果倒推工作任务，再根据工作任务量确定预算的方式，确保了财政资金与工作实绩之间的匹配性。

3. 多元主体参与绩效评价

2017 年，财政部和各地方财政进一步拓宽了预算绩效评价的参与主体，完善了相关组织办法。财政部在组织预算绩效评价时，委托财政部预算评审中心和驻各地财政监察专员办事处具体实施的同时，还聘请了有关领域专家、第三方机构参与，确保了评价过程和结果的客观性、公正性和专业性[②]。宁夏在开展农村义务教育学生营养改善计划专项资金绩效评价时，综合采用了问卷调查、座谈会、实地调研、电话访问和互联网检索等方式[③]，参与主体覆盖了该专项资金的主要相关利益主体。广东省实行第三方专家全程参与机制，在绩效目标审核、绩效自评、重点评价等重点工作中，充分借助第三方机构的力量；在工作程序上，严格按照《预算绩效管理委托第三方实施工作规程（试行）》等规定，规范引入第三方工作程序；在工作业务上，以《预算绩效管理委托第三方实施业务指南》为范本，帮助第三方机构了解预算绩效管理基础概念、操作流程、常见问题、典型案例和注意事项等，有针对性地指导第三方机构开展具体工作；在工作质量上，建立第三方评价的监督和考核机制，考核评估结果与委托服务费用支付以及以后年度选取承担预算绩效管理工作资格挂钩[④]。北京市绩效评价过程除往年邀请的人大代表和政协委员外，2017 年还邀请了高校代表、企业代表、媒体代表和 50 多位市民代表，并增加了全程网上直播，16 个区的区长和 60 个市级行政机关负责人汇报时，既说2016 年成绩也坦陈当前存在的问题，进而直面问题梳理 2017 年工作思路，体现了更加务实的工作作风[⑤]。

4. 预算绩效信息公开

地方政府2017年在预算绩效信息公开方面取得了较大进展。第一是预算绩效向人大公开。接近一半的省份已经将省本级项目支出绩效目标上报同级人民代表大会审议，并随同部门预算一并批复。其中，河北、湖北、湖南、广东、海南、云南等

---

① 李存才，智荣卿，何菲. 打造全过程绩效预算管理新机制[N]. 中国财经报，2017-11-17.

② 齐小平. 预算管理更上层楼[N]. 中国财经报，2017-07-04.

③ 宁夏专员办. 四举措推动财政资金绩效评价工作[EB/OL]. (2018-05-30). http://nx.mof.gov.cn/lanmudaohang/dcyj/201709/t20170927_2713222.html.

④ 广东省财政厅办公室. "四三二一"推进预算绩效管理向纵深发展[EB/OL]. (2017-09-12). http://zwgk.gd.gov.cn/006939991/201709/t20170912_722345.html.

⑤ 王英. 围绕人民群众获得感 创新政府绩效考评[J]. 北京观察，2017(03)：49.

省已经覆盖所有省本级部门预算项目支出和省对下转移支付项目；辽宁覆盖91%的省本级项目，广西覆盖一级预算单位200万元以上的本级部门预算项目和全部转移支付项目；北京、山西分别覆盖500万元以上和300万元以上的部门预算项目支出；江西、河南、重庆、四川等省覆盖部分重点项目或重点部门①。二是向公众公开。北京、天津、江苏、厦门、湖北、广东、四川等省市将项目绩效目标、重点项目绩效评价报告（或结果）等在党政网、财政部门或有关部门门户网站公开。

5. 预算绩效评价结果应用

预算绩效评价的目的是为了应用，在财政资金总量一定的情况下，依据绩效评价结果将财政资金集中投入绩效较好的项目中，有利于充分发挥财政资金效益②。2017年1月20日，财政部和住房城乡建设部重新制定的《中央财政城镇保障性安居工程专项资金管理办法》发布实施，绩效评价结果成为该专项资金因素法分配的三大因素之一，对预算年度内各地区城镇保障性安居工程资金管理、项目管理、项目效益和居民满意度情况进行客观、公正的评价。绩效评价结果将作为各级财政部门会同同级住房城乡建设部门分配以后年度城镇保障性安居工程资金、制定调整相关政策以及加强保障性安居工程建设和运营管理的参考依据③。

在地方政府层面，广东省建立了绩效评价结果反馈和整改机制，定期将评价结果按程序反馈被评价单位，并向被评价单位印发评价情况通报；结合强化资金管理和提高资金使用效益的要求提出有针对性的合理化建议，形成《评价结果应用建议书》，并跟踪整改落实情况。湖北省则要求在绩效评价结束后20日内，省财政厅和省直部门以正式文件或函件的形式，将评价项目绩效情况、存在的问题及相关建议反馈给被评价部门和单位，要求被评价部门或单位自收到绩效评价反馈文件之日起90日内落实整改，并要求省财政厅和省直部门建立整改跟踪机制④。

（三）推进专项资金绩效管理

财政专项资金作为政府资源配置方式的一种，使基层政府除了被动接受来自上级的指令外，还可以通过竞争来获得上级政府的项目支持，激励地方政府构建自下而上竞争的社会治理机制，从而提高整个政府的绩效⑤。2017年，财政部与专项资金管理部门协同，推出了三项专项资金绩效评价办法，分别为《财政专项扶贫资金

---

① 齐小平. 中央部门预算草案首次反映到项目，10部门提交重点项目绩效"责任状"[N]. 中国财经报，2017-03-07.

② 山东专员办. 影响绩效评价结果的几个要素[EB/OL]. (2018-05-30). http://sd.mof.gov.cn/lanmudaohang/dcyj/201705/t20170512_2599262.html.

③ 绩效评价结果成为安居工程资金分配要素[EB/OL]. (201702-04). http://www.mof.gov.cn/zhengwuxinxi/caijingshidian/zgcjb/201702/t20170204_2529230.html.

④ 李经峰，何功华. 湖北预算绩效管理"提质增效"[N]. 中国财经报，2017-03-02.

⑤ 张学博. 项目治国和政府绩效：从县乡村治理切入[J]. 学术界，2017(01)：74-83，322-323.

绩效评价办法》《水污染防治专项资金绩效评价办法》和《中央财政水利发展资金绩效管理暂行办法》，进一步完善了财政专项资金绩效管理的制度，对于专项资金使用效果的提升具有积极意义。

1. 财政专项扶贫资金绩效评价办法

财政部、国务院扶贫办于 2017 年 9 月修订、印发《财政专项扶贫资金绩效评价办法》，对脱贫攻坚期内财政专项扶贫资金分配、使用、管理等工作绩效的评价做出全面规定，绩效评价结果的运用主要有以下几种形式：将财政专项扶贫资金绩效评价结果纳入省级党委和政府扶贫开发工作成效考核，并通过中央财政专项扶贫资金，对工作成效考核综合评价好的省份进行奖励；将绩效评价结果作为财政专项扶贫资金分配的因素之一，对绩效评价结果为优秀和良好的省份，分东、中、西部给予差别化奖励；依据财政专项扶贫资金绩效评价结果，对贫困县涉农资金整合成效好的省份进行奖励①。

2. 水污染防治专项资金绩效评价办法

2017 年 3 月，财政部、环境保护部印发了《水污染防治专项资金绩效评价办法》，绩效评价的主要内容包括专项资金支持项目完成情况、专项资金管理、年度方案绩效目标设定及完成情况等方面，如表 2 所示。

表 2　水污染防治专项资金绩效评价指标体系②

一级指标	分值	二级指标	分值
资金管理	25	资金分配	10
		资金使用	5
		资金管理	10
项目管理	20	项目进展	10
		PPP 应用	5
		项目管理	5
产出和效益	55	水环境质量目标	30
		水污染防治重点工作	15
		经济社会效益指标	5
		满意度指标	5

① 曾金华. 扶贫资金绩效有了更准"标尺"衡量[N]. 经济日报, 2017-09-25.
② 财政部，环境保护部. 关于印发《水污染防治专项资金绩效评价办法》的通知[EB/OL]. (2017-03-03). http://jjs.mof.gov.cn/zhengwuxinxi/zhengcefagui/201704/t20170421_2585264.html.

3. 中央财政水利发展资金绩效管理暂行办法

2017 年 5 月，财政部、水利部制定了《中央财政水利发展资金绩效管理暂行办法》（以下简称《办法》），《办法》规定，水利发展资金绩效管理工作按照分级负责、权责统一、公平公正、程序规范的原则进行。财政部负责绩效管理的总体组织和指导工作，水利部协同负责绩效管理的组织和指导工作，地方财政部门负责本地区绩效管理总体工作，地方水利部门负责本地区绩效管理具体工作[1]。

（四）加大绩效考核激励力度

2017 年 5 月，财政部根据国务院办公厅《关于对 2016 年落实有关重大政策措施真抓实干成效明显地方予以表扬激励的通报》以及《财政管理绩效考核与激励暂行办法》，下达了省（区、市）财政管理绩效考核奖励资金[2]。参与考核的包括全国 36 个省（直辖市、自治区、计划单列市，以下简称省）。考核内容主要是地方财政管理工作完成情况，具体包括预算执行进度、收入质量、盘活财政存量资金、国库库款管理、地方政府债务管理、预算公开、推进财政资金统筹使用等 7 个方面[3]。

根据考核等情况，获得奖励的有 7 个市、24 个县，覆盖北京市、江苏省、浙江省、安徽省、厦门市、山东省、湖北省、深圳市、陕西省、新疆维吾尔自治区。财政部按照东部地区每个市奖励 2500 万元、每个县奖励 1500 万元，中西部地区每个市奖励 3000 万元、每个县奖励 2000 万元的标准，总体安排奖励资金合计 6.15 亿元。

二、2017 年政府绩效管理研究现状综述

2017 年公开发表的政府绩效管理类期刊论文总量继续小幅度下降，以"政府绩效"为关键词在 CNKI 进行期刊论文检索，可以发现 2017 年度的论文数量下降至 285 篇，其中 CSSCI 检索论文 90 篇，与 2015、2016 年基本持平，如图 2 所示。

① 财政部，水利部. 关于印发《中央财政水利发展资金绩效管理暂行办法》的通知[EB/OL]. (2017-04-18). http://www.mof.gov.cn/mofhome/nongyesi/zhengfuxinxi/czpjZhengCeFaBu_2_2/201705/t20170502_2591182.html.
② 中华人民共和国财政部. 关于下达财政管理绩效考核奖励资金的通知，[EB/OL]. (2017-05-05). http://www.mof.gov.cn/gp/xxgkml/yss/201705/t20170509_2596490.html.
③ 中华人民共和国财政部. 财政管理绩效考核与激励暂行办法，[EB/OL]. (2016-11-24). http://yss.mof.gov.cn/zhengwuxinxi/zhengceguizhang/201705/t20170509_2596409.html.

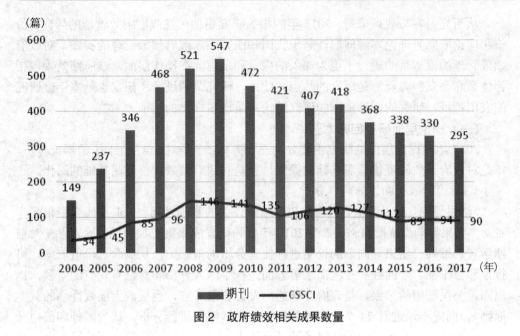

图 2　政府绩效相关成果数量

数据来源：中国知网检索，检索日期 2018-06-24。由于收录论文数量在不断动态变化过程中，因此本年度与上年度检索结果可能存在差异。

从成果类型来看，除了期刊论文外，学术论文对于政府绩效始终较为关注，2017年度以"政府绩效"为关键词通过 CNKI 平台共检索到 155 篇硕博论文。具体成果类型如图 3 所示。

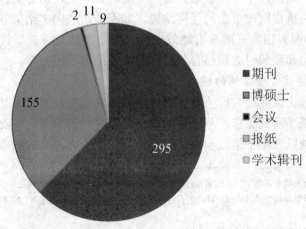

图 3　2017 年政府绩效成果类型及数量（单位：篇）

从研究内容与观点来看，2017 年的相关研究更加关注政府绩效管理的导向、价值和理论取向等理论本源问题，基于我国和西方国家政府绩效管理的实践，对政府绩效管理的根本目的进行了更为深入的探讨和反思。在操作层面，政府绩效管理指标体系和公众参与仍然是研究的热点。此外，研究范围进一步拓宽也是本年度研究的突出特征，研究的理论依据和研究结论均呈现多样化的特征。

（一）理论层面研究回归本源

2017 年度理论层面的研究主要分为三个方向：一是对"结果导向"的辩证分析，二是对政府绩效管理价值观基础的探究，三是对政府绩效评价理论基础的深化。

1. 对"结果导向"的辩证分析

"结果导向"和"过程导向"是政府绩效评估的基础性问题。前期研究中很多学者对"结果导向"持批判态度，而 2017 年度的研究成果则更加理性。周志忍在对前期学者们批判"结果导向"的论文进行梳理分析的基础上，从概念、价值取向、可行性和公平性、片面性和社区需求等方面进行了深入分析和对已有观点的辩驳，提出满足公民期望的结果，是政府管理的出发点和落脚点，也应成为绩效评估的基本原则[①]。尚虎平通过对 74 个政府绩效评价的实践案例进行分析，认为国外和国内开展"结果导向"绩效评价的前提条件具有较大差异，这些差异性包括公民主义、政治-行政两分体制、管理工具的路径依赖性、依法行政传统、绩效预算与绩效评估的协同作战、绩效评价的非人格化等[②]。因此，我国虽然在"链式工具"的环节上复制了西方通行的做法，但却无法有效应对中国政府绩效的本土性特质，同时，还平移了西方政府绩效评估本身存在的符号性、象征性、辩护性等原生问题[③]。还有观点认为我国当前的绩效评价并不是"结果导向"的，姚东旻等从控制权分配和评价体系激励两个方面剖析了中国绩效预算的实质，认为上述两方面都无法在制度上激励预算管理者更重视财政资金的使用结果，即不能达成向"结果导向"预算模式的转变[④]。综上，西方国家开展政府绩效评估时采用"结果导向"具有其合理性，中国在借鉴其理念和经验时必须结合国情，而不能简单"照搬"。

2. 对政府绩效管理价值的辨析

公共价值理论认为公共价值是绩效达成的判断标准，王学军基于这一理论对绩效损失问题开展了研究工作，从政策初衷与结果之间的偏差、评价工具方法与真实情况之间的偏差以及由于信任与合法性等价值层面的内容政府绩效评价的认可偏差

① 周志忍. 为政府绩效评估中的"结果导向"原则正名[J]. 学海，2017(02)：15-25.

② 尚虎平. "结果导向"式政府绩效评估的前提性条件——突破我国政府绩效评估简单模仿窘境的路径[J]. 学海，2017(02)：26-34.

③ 尚虎平. 我国政府绩效评估的总体性问题与应对策略[J]. 政治学研究，2017(04)：60-70，126-127.

④ 姚东旻，任芳放. 中国绩效预算是结果导向吗?——基于政府绩效文告的文本分析[J]. 经济研究参考，2017(51)：12-25.

等方面展开研究。[①]郑方辉等认为作为预算民主的实现形式，财政绩效评价内置了预算民主的要求，带有强烈的价值导向。[②]张岩鸿认为当前我国绩效评估效果不佳的深层次原因是地方政府将绩效评估只看作工具性应用，忽略甚至背离了其对自身建设服务型政府和法治政府的价值引导功能。[③]郭斌从技术取向出发，探讨了当前我国"政府主导"的绩效评估带来的用政府价值标准来作为评判政府行为的基本准绳的问题。[④]秦晓蕾提出功利性的目标导向导致了乡镇政府绩效考核制度的价值偏离分配正义，更深层次上导致了政府与民众民主话语平台的断裂。[⑤]由此可见，学者们普遍认同政府绩效评估的公共价值导向，这也是研究政府绩效的第三方评价以及公众参与的价值基础。

3. 政府绩效评估的理论取向

结合 2017 年多个地方政府经济统计数据"挤水分"的实践，尚虎平认为西方政府绩效评估是"晚期资本主义"萌生的一种"成绩社会""绩效社会"意识形态。[⑥]因此，我国不能以"工具主义"的逻辑简单平移西方政府绩效评估，必须将政府绩效评估融入中国特色社会主义本质来破解"源问题"。谭融等结合后发国家的实际情况，对政府绩效和政治合法性之间的关系进行了讨论，认为不同政体下政府绩效与政治合法性的相互关系并非简单的线性、静态关系，而是多种因素相互作用的结果。[⑦]龙凤钊将政府绩效管理的理论取向概括为三种类型：技术理性导向、政治理性导向和法律理性导向，[⑧]并提出当前我国有关政府绩效管理的研究主要停留在技术理性导向，未来要解决技术层面出现的系统性问题，根源在于要在绩效管理领域贯彻法治意识，解决技术理性的"偏离"和政治理性的"异化"问题。

此外，2017 年政府绩效管理领域理论层面的研究还包括对政府绩效管理模式和体系的梳理与归纳，尚虎平将其归纳为纪委主管模式、政府部门主管模式、审计部门主管模式、人事部门主管模式、组织部门主管模式、本级政府直管模式、绩效考

---

① 王学军. 政府绩效损失及其测度：公共价值管理范式下的理论框架[J]. 行政论坛，2017(04)：88-93.

② 郑方辉，廖逸儿，卢扬帆. 财政绩效评价：理念、体系与实践[J]. 中国社会科学，2017(04)：84-108，207-208.

③ 张岩鸿. 地方政府绩效评估的系统反思与未来进路[J]. 甘肃行政学院学报，2017(01)：13-21，126.

④ 郭斌. 地方政府绩效评估价值偏差及其消解——基于商谈民主的视角[J]. 西北大学学报(哲学社会科学版)，2017(03)：137-142.

⑤ 秦晓蕾. 我国乡镇政府绩效考核控制、博弈中的异化及改革路径[J]. 江苏社会科学，2017(03)：125-133.

⑥ 尚虎平. 西方政府绩效评估兴起的意识形态基础及其在我国的误用——对"意识形态终结论"的批判[J]. 经济社会体制比较，2017(05)：146-156.

⑦ 谭融，王子涵. 论后发国家政府绩效与政治合法性的相关性[J]. 天津师范大学学报(社会科学版)，2017(06)：7-13，54.

⑧ 龙凤钊. 技术理性、政治理性和法律理性：政府绩效管理的理论取向[J]. 中共天津市委党校学报，2017(01)：66-74.

核办管理模式 7 种类型①。孙洪敏提出政府绩效管理体系是由评价主体、评价内容、评价程序和评价方法四个维度构成的，未来将呈现评价主体的公众趋向、评价内容的民生趋向、评价程序的法理趋向以及评价方法的实证趋向等特征②。白皓等则结合国土资源部绩效管理的实际，构建了由价值体系、组织和制度环境体系、技术体系组成的具有部门特色的政府绩效管理体系③，为后续的操作层面的研究工作奠定了基础。

（二）操作层面研究注重问题导向

2017 年度操作层面的研究工作具有突出的问题导向意识，主要研究内容包括优化评价指标体系、完善社会参与机制、推广公共服务绩效评价以及拓展政府绩效评价应用领域。

1. 优化评价指标体系

政府绩效评价指标体系的科学化一直是理论界的重点领域之一。刘朋朋等通过对学术界和实务界构建的指标体系的特征进行比较分析，发现两类指标体系的特征具有显著的差异性，认为我国地方政府指标体系的构建尚未处理好应用性与科学性的问题，基本技术路径不成熟、绩效结构逻辑性不强等问题依旧突出④⑤。对于县级领导班子的绩效考核指标体系，潘国林认为当前还存在指标高度雷同、缺乏针对性、指标内容重经济化、重"显性"轻"隐性"等问题⑥。徐阳在对我国 2012 年以来有关政府绩效评价指标的研究进行梳理的基础上，认为学界在公共服务等政府对外职能管理领域的指标构建中取得了尤为显著的研究成果，但目前的研究偏重于单一的外部视角，缺乏整体视角和内部视角⑦。

针对当前存在的各种问题，学者们从不同角度提出了优化政府绩效评价体系的对策建议。尚虎平等重点研究了政府潜绩，将其划分为预潜绩、配置效率型潜绩、X-效率型潜绩、可持续性潜绩、情境性潜绩等几种类型⑧，提出了政府潜绩的评价指标体系。杨婷等借助平衡计分卡方法，对考核指标从顾客服务维度、内部流程维度、学习与创新维度以及财务维度四个方面配置考核指标。⑨潘国林等提出应注重考核评价指标的差异性、阶段性，推动绩效考核的法律化和制度化建设，完善公众

① 尚虎平. "结果导向"式政府绩效评估的前提性条件——突破我国政府绩效评估简单模仿窘境的路径[J]. 学海，2017(02)：26-34.

② 孙洪敏. 地方政府绩效管理评价体系趋向性研究[J]. 学术界，2017(08)：16-30，322.

③ 白皓，易苏欣怡. 构建政府绩效管理体系实践路径分析[J]. 中国行政管理，2017(11)：157-159.

④ 刘朋朋. 中国地方政府综合绩效评估指标体系设计的比较研究[J]. 中共福建省委党校学报，2017(11)：58-65.

⑤ 刘朋朋，负杰. 地市级政府绩效评价中经济发展指标的省域比较研究[J]. 重庆社会科学，2017(06)：83-91，2.

⑥ 潘国林. 我国县级领导班子绩效考核指标体系研究[J]. 湖北社会科学，2017(12)：33-38.

⑦ 徐阳. 政府绩效评估指标的研究轨迹[J]. 重庆社会科学，2017(03)：18-24.

⑧ 尚虎平，雷于萱. 政府潜绩评估的内容维度及评估指标的实证筛选研究[J]. 南京社会科学，2017(08)：97-107.

⑨ 杨婷，沈杰. 我国地方政府绩效考核评估体系研究[J]. 技术经济与管理研究，2017(04)：3-7.

参与制度，落实问责机制，利用好绩效考核结果等对策建议。①张岩鸿认为应以引导各级地方政府推进服务型政府建设为价值取向，以逐步推进外部问责与服务为重点，以反映核心共性职能和特殊性职能的公共类产品绩效为测度内容，结合其实践的差异性实现地方政府绩效评估的差异化设计。②

2. 完善社会参与机制

政府绩效评价的"公众满意度"目标已得到学者们的广泛认可，从逻辑关系来看，以公众满意度为衡量标准的政府绩效评估需要在评估过程中引入公民参与，这也是研究政府绩效管理中公民参与问题的出发点和基础。戴胜利等提出了各类非政府主体参与政府绩效考核的思路，认为组织落实群体中应包含专业评估机构，信息来源群体中应包含企业、民众、媒体和学术研究类组织，考核结果应用主体群应包含服务对象和外部组织。③基于对南京市"万人评议机关"的分析，秦晓蕾提出这种方式的实质是通过公民参与行使民主权利，并监督政府对公民负责以获取公民信任的交换正义。④方振邦等在对政府绩效管理流程进行划分的基础上，分析公民如何参与绩效计划、绩效监督、绩效评价与绩效反馈等地方政府绩效管理的环节。⑤代凯认为应当通过建立公众参与政府绩效管理的双向动力机制等方式，提升公众参与的实际效果。⑥相对于公民个人的参与，第三方主体参与政府绩效评估则更具有系统性和规范性。当前我国政府绩效存在第三方评价意识普遍淡薄、缺少法律保障和资金保障、评估机构专业性和权威性不强等很多问题，⑦应通过中立的评价过程，公布评价结果，形成"公众参与动力—政府倍感压力—产生改进绩效需求"的激励和驱动机制，回应社会祈求，凝结民间合力和动能⑧。

3. 推广公共服务绩效评价

广东省作为我国推进基本公共服务均等化改革试点省，首次将较为系统的公众满意度评价作为绩效管理的重要方式引入基本公共服务均等化综合改革中。然而，陈娟等通过比较分析发现广东省衡量公共服务满意度的主客观指标之间存在显著的差异，并提出了提升公共服务均等化满意度的对策建议。⑨尚虎平将多元提供的公

---

① 潘国林. 我国县级领导班子绩效考核指标体系研究[J]. 湖北社会科学，2017(12)：33-38.

② 张岩鸿. 论地方政府绩效评估的差异化设计[J]. 天津行政学院学报，2017(02)：18-25.

③ 戴胜利，张伟. 地方政府绩效考核主体群的界定及分工探析[J]. 管理世界，2017(10)：176-177.

④ 秦晓蕾. 地方政府绩效评估中的有效公民参与：责任与信任的交换正义——以南京市"万人评议机关"15年演化历程为例[J]. 中国行政管理，2017(02)：35-41.

⑤ 方振邦，姜颖雁. 地方政府绩效管理中的公民参与研究[J]. 天津行政学院学报，2017(02)：10-17.

⑥ 代凯. 公众参与政府绩效管理：困境与出路[J]. 中共天津市委党校学报，2017(02)：90-95.

⑦ 朱霞，李莹. 第三方地方政府绩效评价的现状、问题及对策[J]. 会计之友，2017(19)：115-117.

⑧ 郑方辉，谢良洲. 独立第三方评政府整体绩效与新型智库发展——"广东试验"十年审视[J]. 中国行政管理，2017(07)：153-155.

⑨ 陈娟，吴昊. 基本公共服务均等化公众满意度影响因素分析[J]. 学术探索，2017(04)：46-51.

共服务项目、外包公共服务项目、购买公共服务统一纳入"公共项目"的规制范畴，借鉴美国出台的《项目评估与结果法案》思路，提出了通过对公共项目进行绩效评估，来保证公共服务、公共项目、公共产品实现预期绩效的思路。①马亮等选择了大学和某研究机构开展的公共服务绩效评估项目，对其评价结果进行比较分析，提出了第三方开展公共服务绩效评估的改进对策以及政府如何选择使用这些机构的评估结果的建议。②

此外，学者们还在政府绩效评估方法创新③、政府绩效管理法治化④⑤、公务员效评价⑥⑦和政府绩效审计⑧⑨⑩方面取得了一系列研究成果。

三、展望与分析

随着国家和各级地方政府对预算绩效管理工作重视程度的提升，2017年该项工作不断推进并取得了一系列创新性成果。基于十九大提出的"建立全面规范透明、标准科学、约束有力的预算制度，全面实施绩效管理"的目标，未来应从如下四个方面进一步推进预算绩效管理工作。

（一）国家层面统筹建立各部门预算绩效评价标准体系

由于政府各部门职能与工作内容具有显著差异性，因此，既不能简单化地制定统一的预算绩效评价指标体系，导致与各部门实际工作不接轨，也不能由各部门各自为政，导致预算绩效评价结果不具有可比性。2017年度，中央部门预算绩效自评已实现100%覆盖，自评指标中包含定量与定性指标两类，其中，定性指标根据指标完成情况分为达成预期指标、部分达成预期指标两类，并具有一定效果、未达成预期指标与效果较差三档，分别按照该指标对应分值区间100%—80%（含80%）、80%—50%（含50%）、50%—0%合理确定分值。由于定性指标评价的主观性较强，

① 尚虎平，杨娟. 公共项目暨政府购买服务的责任监控与绩效评估——美国《项目评估与结果法案》的洞见与启示[J]. 理论探讨，2017(04)：38-45，2.

② 马亮，杨媛. 城市公共服务绩效的外部评估：两个案例的比较研究[J]. 行政论坛，2017(04)：94-101.

③ 邓群钊等. 五大发展理念绩效下政府规模效率评价[J]. 南昌大学学报(理科版)，2017(04)：403-408.

④ 冉敏，刘志坚. 基于立法文本分析的国外政府绩效管理法制化研究——以美国、英国、澳大利亚和日本为例[J]. 行政论坛，2017(01)：122-128.

⑤ 程晟. 探究政府绩效管理法制化的实践模式——杭州的实证分析[J]. 领导科学，2017(08)：19-21.

⑥ 尹艳红. 地方党政领导干部绩效考核的创新实践[J]. 中国党政干部论坛，2017(01)：24-28.

⑦ 张宝生，祁晓婷. 基于胜任力的地方政府在职公务员绩效评估研究[J]. 科研管理，2017(S1)：171-175.

⑧ 张阳，蔡祺. 政府绩效审计技术、执行和结果应用——基于"活系统理论"的分析[J]. 南京审计大学学报，017(04)：93-100.

⑨ 何新容. 国家治理视角下的绩效审计问责制度构建[J]. 南京审计大学学报，2017(02)：85-93.

⑩ 彭兰香，李烨丹，丁立. 基于霍尔三维结构的政府绩效审计优化研究[J]. 会计之友，2017(18)：114-118.

2017 年度出现了多个部门自评分数接近满分的情况，影响了绩效评价结果的客观性与可比性。2017 年中央各部门和部分省级政府已经制定了各自的部门预算绩效评价体系，未来应当在此基础上，由中央各部门与财政部协同，开展预算绩效评价体系的标准化建设，包括评价指标体系和评价方法的标准化，尤其是主观指标的操作化和标准化，从而指导和规范中央及地方政府的预算绩效评价工作。

与此同时，还应进一步完善绩效评价的主体构成，其中自评是各部门对本部门工作绩效的评价，评价主体与评价对象的统一的优点在于信息资料便于获取，但也容易由于部门利益导致评价结果过于乐观。由专门部门或独立第三方负责绩效评价虽可以有效避免上述问题，但又会带来机构膨胀和增加财政支出等问题。因此，如何调整部门绩效评估的主体构成，以及如何协调其评估工作职责等尚有待进一步研究。

（二）全面建立财政专项资金绩效管理办法

各级财政专项资金是根据发展的实际需要确定的具有明确用途的资金，要求单独核算、专款专用，也是开展预算资金绩效管理的重点领域。专项资金的性质决定其目的就是为了完成某一专项任务，因此其绩效目标以及管理部门具有很大的差异性。这也是财政部需要会同专项资金管理部门针对不同专项资金制定专门的绩效评价办法的原因。这种方式就带来了评价指标、评价方法碎片化，以及评价结果不具有可比性等问题。以 2017 年印发的两个与水相关的绩效管理办法为例，《中央财政水利发展资金绩效管理暂行办法》是财政部与水利部共同印发的，《水污染防治专项资金绩效评价办法》则是由财政部与环境保护部共同印发的，两个办法中的绩效评价指标具有较大差异性，但就一级指标来看，中央财政水利发展资金绩效评价指标体系包含了项目决策（10 分）、项目管理（30 分）、产出指标（40 分）、效益指标（15 分）、满意度指标（5 分）五项一级指标，而水污染防治专项资金绩效评价指标体系则包含了资金管理（25 分）、项目管理（20 分）、产出和效益（55 分）三个一级指标。指标体系的差异必然导致评价结果之间的不可比，从而无法从宏观层面对不同类型专项资金的绩效差异进行横向比较，也就无法为财政资金在不同专项之间的合理配置提供依据。

2017 年国家和各级地方政府均已制定了一系列专项资金的绩效管理办法，未来应当在两个方向进一步推进：一是全覆盖，实现对所有类型专项资金绩效管理办法的全面覆盖，使实际工作有据可依；二是重协同，在制定专项资金绩效管理办法时，应充分实现中央与地方的协同和各地方政府间的协同，在文本结构、管理办法等方面增强一致性。

（三）研究提出系统化的多元主体参与机制

政府绩效评价的过程中应引入多元主体参与，这一观点已得到学术界普遍认同。

在各个不同阶段，参与的主体、目标与方式亦有差异。当前的多元主体参与实践集中于两个领域，一是绩效评价中的满意度调查，二是绩效评价结果公开，且参与主体以公民个人为主。从目前的参与现状可以看出，绩效评价指标与方法设定阶段的多元主体参与机制尚存在不足，应通过更有效的机制设计，在指标与方法设定过程中借力、集智，从而增强评价指标和评价方法的科学性和有效性。参与主体方面，应加强学者、智库机构与政府间的合作，在对相关实践进行系统梳理和对政府预算管理过程进行优化的基础上，结合相关理论和我国的实际，研究提出社会公众、企业、社会组织以及第三方评价机构参与政府预算绩效管理的系统化思路和具体实施路径，充分发挥各类主体的作用，实现预算绩效管理对公共价值的追求。

在探讨多元主体参与政府绩效评价问题时，也必须充分考虑成本、可行性与必要性问题，从实效性角度出发进行考量，选择适合的参与主体和参与方式。

（四）加强预算绩效评价结果的应用

绩效评价的目的不仅是对已完成工作所取得成效的客观评价，更为重要的是为了指导未来工作的开展。在评价指标体系和预算管理体系逐步完善的基础上，应进一步对其结果应用进行研究，具体包括三个层面。其一是为财政预算资金的有效配置提供依据，根据部门间、项目间、专项资金间的横向绩效比较，在预算资金配置中向绩效水平高的部门、项目倾斜。这就要求政府及学者在充分考虑跨部门、跨领域、跨层级的差异性的基础上，增强评价指标体系的科学性以及不同评价指标体系的可比性。其二是不断提升政府管理能力与管理水平，通过预算绩效目标设定、过程管理以及绩效评价，找出当前政府管理工作中存在的问题，并实现持续改进。其三是奖优罚劣，在预算结果反馈和整改以及激励机制建设等方面采取有效的措施，构建对机构和对个人两个层面的奖惩机制，从而激发和调动机构及人员的工作积极性，更好地发挥主观能动性，进一步提升工作绩效。

四、报告要点

综合本报告的内容，将要点归纳为如下几个方面。

1. 财政预算管理工作得到全面推进

随着财政预算绩效管理和绩效评价工作的推进，"花钱必问效，无效必问责"的管理机制得到普遍认可。2017 年，财政预算绩效管理的领域不断拓展，中央部门实现了项目自评全覆盖，并签订重点项目绩效责任状，绝大部分省份也已经开展了预算绩效评价工作。与此同时，财政预算绩效的全过程管理体系也不断完善，具体体现在：建立了全过程绩效评价指标体系，从预算审核开始强化绩效管理，评价过程中引入多元主体参与机制，加强了预算绩效信息公开和预算绩效评价结果应用等。

2. 多元主体参与问题受到理论与实践领域的共同关注

在实践领域，2017 年参与到政府绩效评价工作中的主体类型不断增加，包括人大代表和政协委员、主要相关利益主体、高校代表、企业代表、媒体代表、市民代表以及第三方机构等，广泛采用了问卷调查、座谈会、实地调研、电话访问和互联网检索等方式。在理论研究领域，相关研究集中于两个层面，一是社会公众以个人身份参与政府绩效管理，二是第三方组织参与政府绩效管理。

3. 理论研究回归本源

2017 年度理论层面的研究主要分为三个方向：一是对"结果导向"还是"过程导向"的辩证分析，认为西方国家开展政府绩效评估时采用"结果导向"具有其合理性，中国在借鉴其理念和经验时必须结合国情，而不能简单"照搬"；二是对政府绩效管理价值观基础进行探究，研究结论普遍认同政府绩效评估的公共价值导向；三是对政府绩效评价理论基础的深化，认为要解决技术层面出现的系统性问题，根源在于要在绩效管理领域贯彻法治意识，建设法治型的绩效管理，解决技术理性的"偏离"和政治理性的"异化"问题。

4. 财政预算管理工作仍待进一步推进

根据十九大报告提出的要求，应全面实施财政预算管理，不断深化该领域的创新与改革。可以从统筹建立各部门预算绩效评价标准体系、全面建立财政专项资金绩效管理办法、研究提出系统化的多元主体参与机制和完善预算绩效评价结果的应用方案等方面入手，完善制度与规范体系，充分发挥预算绩效管理的作用。

作者单位：南开大学周恩来政府管理学院

第五部分

政府治理方式
变革与城市治理

城市基层治理发展研究报告

孙 涛

随着我国城市化进程加快和工作生活信息化程度的加强，原有以行政管辖为主的城市基层治理模式受到人口大规模流动所引发的公共服务需求多样化、复杂化的挑战，寻求动态、科学、有效的公共产品与服务解决方案，探索新的基层治理模式成为提升现代社会治理能力的抓手，并关系到社会稳定、文化传承以及民众的政治认同。2017 年，城市基层治理以"社区制"治理模式为基础继续拓宽探深，突出前瞻性和定制性特征，侧重提升城市生活功能，在增进多元主体互动、提高自主性和丰富多样性等方面进行了诸多有益尝试，但实践过程也暴露出当前多元主体定位还缺少法律、法规明确，并由此引发了结构性矛盾等问题。通过整顿、规范和纠偏纠错，城市基层治理将更加强调内涵式发展，引领城市整体价值提升。

一、2017 年城市基层治理发展情况

从追求发展的速度到强调发展的质量，从片面关注经济发展到全面关注人的体验、强调以人为核心的城镇化发展，中国城市功能逐渐实现从生产到生活和生态的侧重点转移。城市基层治理因此面临一次从价值、理念到主体结构、机制及工具的全面而深刻的变化。2017 年，城市基层治理体系愈加完善，前期发展成果得到稳固，新思想、新模式、新方法在各地不断涌现，纠偏纠错时刻跟进，治理实效更加凸显。

（一）社会力量迅速发展，多元主体互动走向常态化

自中华人民共和国成立到20世纪80年代，在"动员型集体主义"的发展模式下，我国形成了以"国家-单位-个人""国家-街居制-个人"和跨单位组织为核心内容的"两纵一横"的社会治理体系结构。[①]进入后单位时期，市场主体、群众性自治组织、非营利组织楔入传统由政府机构单一构成的城市基层治理结构，治理主体的多元交错与互动成为社会治理机制的突出特征。2017年，以社会组织和群众性自治组织为建设重点，多元主体互动在城市基层治理中更加频繁，合作治理已经成为广泛共识并逐渐走向常态化。

截至2017年底，全国共有社会组织76.2万个，比上年增长8.4%；吸纳社会各类人员就业864.7万人，比上年增长13.2%。其中，共有社会团体35.5万个，比上年增长5.6%，各类社会团体占比见图1；共有各类基金会6307个，比上年增长13.5%，各类社会基金会占比见图2；共有民办非企业单位40.0万个，比上年增长11.0%，各类民办非企业占比见图3。

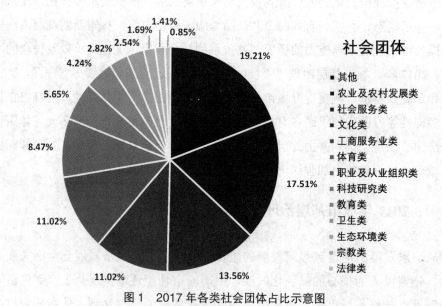

图1　2017年各类社会团体占比示意图

资料来源：《2017年社会服务发展统计公报》，见民政部网站，2018-08-02。

---

① 田毅鹏，薛文龙．"后单位社会"基层社会治理及运行机制研究[J]．学术研究，2015（02）：48-55.

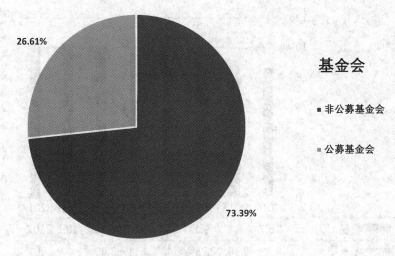

图 2　2017 年各类基金会占比示意图

资料来源：《2017年社会服务发展统计公报》，见民政部网站，2018-08-02。

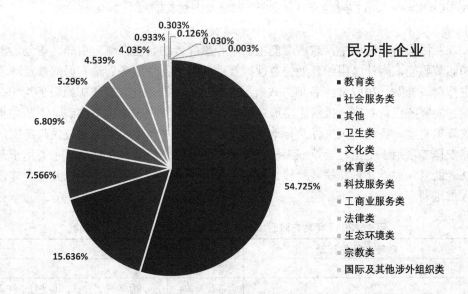

图 3　2017 年各类民办非企业占比示意图

资料来源：《2017年社会服务发展统计公报》，见民政部网站，2018-08-02。

截至 2017 年底，基层群众性自治组织共计 66.1 万个，其中居委会 10.6 万个，比上年增长 3.1%；居委会成员 56.5 万人，比上年增长 4.7%。近年来居委会数量增长情况见图4。

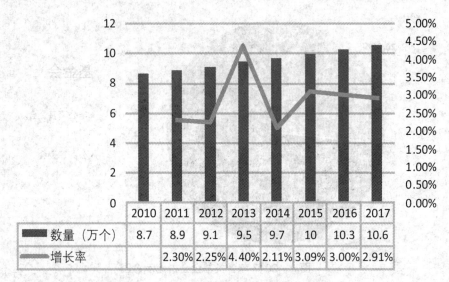

图 4 　2010—2017 年居委会数量增长情况

资料来源：《2017 年社会服务发展统计公报》，见民政部网站，2018-08-02。

　　在协同治理过程中，政府部门主要履行掌舵者的角色，侧重引导、规划、激励和监督职能，为社区组织开展公益性、互助性、志愿性服务营造良好的政策环境并进行财政补贴。2017 年，各地方政府围绕志愿服务法治化、发展志愿服务组织、实施志愿服务记录制度、推进志愿服务信息化建设、深化志愿服务实践，不断完善相关政策制度，各地政策文件及行动简况见表 1。2017 年中央财政通过民政部部门预算安排专项用于支出社会组织参与社会服务的补助资金共 1.9 亿元，主要用于开展扶老助老、关爱儿童、扶残助残、社会工作等领域的社会服务活动以及能力建设和人员培训。[1]

表 1 　2017 年地方政府出台志愿服务相关政策文件及行动简况

政策文件与行动	地　区
本地志愿服务条例	天津、辽宁
宣传贯彻《志愿服务条例》的通知	北京、天津、山西、内蒙古、吉林、黑龙江、江苏、安徽、福建、河南、湖北、湖南、重庆、云南等
关于支持和发展志愿服务组织的专项意见	北京、黑龙江、江西、湖南、广东、广西、四川、宁夏、新疆等

---

　　[1] 2017 年中央财政支持社会组织参与社会服务项目实施方案[EB/OL]. (2017-02-07). http://www.mca.gov.cn/article/gk/wj/201702/20170215003176.shtml.

政策文件与行动	地　区
《重庆市志愿服务记录办法》	重庆
《广西壮族自治区志愿服务办法（试行）》	广西
《志愿服务评估通用要求》	甘肃
关于在全省（市）推广使用全国志愿服务信息系统的通知	内蒙古、安徽、重庆、贵州等地
推进社区、脱贫攻坚、助残、健康等领域志愿服务发展	北京、江苏、山东、重庆、甘肃等地
推进公共文化设施开展学雷锋志愿服务	江西、重庆、贵州等地
开展志愿服务宣传交流与项目大赛	江苏、山东、广东、贵州等地

　　资料来源：参见《民政部办公厅关于 2017 年度社会工作和志愿服务法规政策规划落实情况的通报》，见民政部网站，2018-02-08。

（二）以社区为治理单元，促进和规范城市基层治理的政策法规不断完善

　　从"单位制"向"社区制"的治理模式转型是城市基层治理深刻变化的核心特征。作为社会结构的细胞和基层社会相对稳定的存在形态，社区已经成为新的治理单元。2017 年，国务院办公厅、民政部、人力资源社会保障部等部委大力促进和规范社区治理，从优化治理主体结构、创新资源配置方式、试点探索改革等角度改善社区治理体系，进一步撬动整体性治理与发展，不仅关注社区物质环境建设，更强调对社会环境的优化以及对价值理念的引导，中央政府出台相关重要法规及政策文件情况详见表 2。

表 2　2017 年中央政府发布关于社区治理的重要法规和政策文件简况

文件名	发布部门	时间
关于进一步引导和鼓励高校毕业生到基层工作的意见	国务院办公厅	2017 年 1 月
中央财政城镇保障性安居工程专项资金管理办法	财政部	2017 年 1 月
关于确认第二批全国社区治理和服务创新实验区结项验收结果的通知	民政部	2017 年 1 月
关于创新政府配置资源方式的指导意见	国务院办公厅	2017 年 1 月
关于加强禁毒社会工作者队伍建设的意见	公安部	2017 年 2 月
2017 年中央财政支持社会组织参与社会服务项目实施方案	民政部	2017 年 2 月
关于做好第一批中央财政支持开展居家和社区养老服务改革试点工作的通知	民政部 财政部	2017 年 3 月

文件名	发布部门	时间
中央财政支持开展居家和社区养老服务改革试点工作绩效考核办法	民政部 财政部	2017 年 3 月
关于加强和完善城乡社区治理的意见	国务院办公厅	2017 年 5 月
关于赋予村（居）民委员会统一社会信用代码有关事项的公告	民政部	2017 年 8 月
国务院关于修改《物业管理条例》的决定	国务院办公厅	2017 年 8 月
关于积极推行政府购买服务加强基层社会救助经办服务能力的意见	民政部	2017 年 9 月
关于加快精神障碍社区康复服务发展的意见	民政部 财政部 卫生计生委 中国残联	2017 年 10 月
关于推进社会组织统一社会信用代码制度建设和信息共建共享有关事项的通知	民政部	2017 年 11 月
关于确定第二批中央财政支持开展居家和社区养老服务改革试点地区的通知	民政部	2017 年 11 月
关于大力培育发展社区社会组织的意见	民政部	2017 年 12 月

资料来源：根据中国政府网及各部委网站"政策法规"栏目相关内容整理。

　　在中央顶层设计号召下，地方政府也积极响应并因地制宜地推出一系列相关政策文件（见表 3），凸显了不同地方的阶段发展侧重。

表 3　2017 年地方政府发布关于社区治理的部分重要法规和政策文件简况

文件名	地区	时间
上海市大型居住社区外围配套建设"十三五"规划	上海	2017 年 1 月
江苏省政府办公厅关于推进众创社区建设的实施意见	江苏	2017 年 1 月
关于推进乡镇（街道）和行政村（社区）安全生产管理规范化建设的指导意见	河南	2017 年 1 月
改善城乡居民居住条件相关工作安排和方案	天津	2017 年 3 月
关于加快推进居家社区养老服务十条措施的通知	福建	2017 年 6 月
关于推广成都市清理村（社区）证明经验做法的通知	四川	2017 年 6 月
关于做好 2018 年市民社区医疗互助帮困计划有关事项的通知	上海	2017 年 11 月
关于进一步加强社区党建和社区建设的意见	湖南	2017 年 11 月

资料来源：根据各省级政府网站"政策法规"栏目相关内容整理。

（三）健康、绿色、可持续理念进一步落实，网络化技术工具不断创新

1. 居家和社区养老成为城市基层治理的重要议题

随着社会老龄化发展，居家和社区养老成为城市基层治理的重要议题，得到了从中央到地方的广泛重视。2017年，中央财政支持居家和社区养老服务改革试点工作快速落实，核心目标在于推动形成以社会力量为主体的居家和社区养老服务多元供给格局和探索建立居家和社区基本养老服务清单制度，[①]并要求从组织实施、资金安排、工作成效等方面进行绩效考核。[②]在中央引领下，地方政府积极响应并加以落实。横向来看，问题表现较突出、整体发展水平较高、资金支持更充分的大城市对于养老问题表现出更高的关注度。如广州市发布《广州市促进健康及养老产业发展行动计划（2017—2020年）》，明确培育居家和社区养老服务主体、打造"互联网+居家养老"新模式、促进医养融合发展等重点任务；上海市在已有的《关于加强本市大型居住社区市政公建配套设施接管和运营管理若干意见》《上海市市民社区医疗互助帮困计划实施细则》基础上，进一步发布《上海市长期护理保险社区居家和养老机构护理服务规程（试行）》《上海市大型居住社区外围配套建设"十三五"规划》《关于做好2018年市民社区医疗互助帮困计划有关事项的通知》等一系列政策性文件，初步形成政策规范与扶持体系。

2. 绿色发展理念得到更深入落实

绿色建筑得到进一步推广。2013年国家发展改革委、住建部发布《绿色建筑行动方案》，明确"绿色建筑"概念并从新建建筑和既有建筑节能改造两个角度提出发展目标。2016年国务院办公厅发布《关于大力发展装配式建筑的指导意见》，三大城市群成为重点推进地区。2017年绿色建筑进入全面建设期。4月1日，中共中央国务院印发通知决定设立雄安新区，在建设"绿色智慧新城"的目标指引下，以蓝绿为底色、全面推广装配式建筑的雄安新区将建设成为绿色发展理念范本。[③]

海绵城市建设加速推进。2015年，国务院办公厅发布《关于推进海绵城市建设的指导意见》。2017年海绵城市建设快速推进，地方政府纷纷结合自身情况制定本地具体行动方案，如湖北省提出推进海绵型小区建设等举措，并从加强组织领导、加大投入支持、创新投资建设运营机制、加强项目管理和绩效考核四个角度进行

---

① 关于做好第一批中央财政支持开展居家和社区养老服务改革试点工作的通知[EB/OL]. (2017-03-28). http://www.mca.gov.cn/article/gk/wj/201704/20170415004219.shtml.

② 中央财政支持开展居家和社区养老服务改革试点工作绩效考核办法[EB/OL]. (2017-03-28). http://www.mca.gov.cn/article/gk/wj/201704/20170415004222.shtml.

③ 雄安新区立起绿色建筑(绿色家园) [N]. 人民日报，2018-07-14(10).

保障[1]。

生活垃圾分类得到重视。随着经济社会发展和物质消费水平大幅提高，我国生活垃圾产生量迅速增长，环境隐患日益突出，已经成为新型城镇化发展的制约因素。2017 年国家发展改革委、住建部出台《生活垃圾分类制度实施方案》，决定在部分范围内先行实施生活垃圾强制分类，鼓励地方选择不同类型的社区开展居民生活垃圾强制分类示范试点。

3. 治理技术现代化水平明显提高

立足当前发展背景，地方政府高度重视现代技术诸如"互联网+"技术、电子政务、民主协商技术等现代技术在公共服务、社会治理和民主参与等方面的应用方式、流程标准及实践经验，依托现代技术提高治理效率已经成为提高城市基层治理水平和建设智慧城市的必然要求。

2016 年，国务院办公厅发布《关于加快推进"互联网+政务服务"工作的指导意见》和《"互联网+政务服务"技术体系建设指南》，提出"2017 年底前，各省（区、市）人民政府、国务院有关部门建成一体化网上政务服务平台，全面公开政务服务事项，政务服务标准化、网络化水平显著提升"的目标。各地方对中央号召积极响应，纷纷出台具体实施意见和工作方案，如：黑龙江省提出 2017 年底前建成省、市、县三级一体化网上政务服务平台[2]，具体包括政府云平台、互联网政务服务门户、政府服务管理平台、业务办理系统、政务服务数据共享平台、手机等移动端服务平台以及支付平台、物流平台等[3]；湖南省提出"动员准备→分步实施→全面推广→总结评估"的分阶段推进计划，主要措施包括制定"一张网"建设的总体架构、建设"双随机-公开"监管平台、推广应用中介服务管理平台、推动政务服务平台互联互通等[4]。

（四）区域协同与互动更加深入，人民享受公共服务便利性提高

随着城市化水平的提高，我国城市形态经历了从简单城镇化到大都市区化再到城市群的发展过程，城市间互动愈加频繁、广泛而深入，地区间的界线逐渐被打破。城市基层治理因此不再孤立局限于一城一地内部，而在相当程度上体现为区域之间的协同与互动。

---

① 关于推进海绵城市建设的实施意见[EB/OL].（2017-05-05）. http://www.hubei.gov.cn/govfile/ezbf/201705/t20170519_1034297.shtml.

② 黑龙江省加快推进"互联网+政务服务"工作方案[EB/OL].（2017-05-13）. http://www.hlj.gov.cn/szf/.

③ 黑龙江省人民政府关于"互联网+政务服务"技术体系建设的实施意见[EB/OL].（2017-05-31）. http://www.hlj.gov.cn/szf/.

④ 湖北省推进"互联网+放管服"改革实施方案[EB/OL].（2017-05-18）. http://www.hubei.gov.cn/govfile/ezbf/201707/t20170706_1034301.shtml

1. 城市间合作供给公共服务机制更完善，实践更普遍

2017 年，以三大城市群为龙头，各地政府对城市间合作供给公共服务机制展开新一轮的探索与实践，政策支持体系日渐丰富，建设简况见表 4。

表 4　2017 年城市间基本公共服务一体化发展机制建设简况

领域	内容	代表性政策文件
推进社会保障一体化	联建和跨市共建养老服务设施、推广省际医疗保险合作、城市群内养老保险关系转移接续	人力资源和社会保障部《关于城镇企业职工基本养老保险关系转移接续若干问题的通知》
提高教育发展质量和共享水平	推进多种教育合作、加强人才联合培养统一培训、加快基本公共教育均衡发展	《长三角教育联动发展协调领导小组办公室关于做好 2017 年长三角中小学名校长联合培训工作的通知》
推进医疗合作机制建设	加强区域医疗卫生人才联合培养，发展医联体和跨区办医、扩大远程医疗合作平台连接服务的城市和医疗机构范围、建立应急物资跨省调配机制和重大灾害事件紧急医疗救援联动机制	国务院办公厅《关于推进医疗联合体建设和发展的指导意见》
构建现代公共文化服务体系	加强多层次文化供给，加强历史文化名城和历史文化街区保护，联合建设非物质文化遗产保护体系	《通武廊三地文化领域协同发展战略框架协议》
加强劳动保障监察合作机制	完善劳动者工资支付异地救济制度、同一单位异地用工情况通报制度、跨地区劳动派遣用工协查和信息通报制度	《京津冀跨地区劳动保障监察案件协查办法》

资料来源：根据各地方政府网站整理。

2. 异地享受公共服务的便利性、均等性提高

随着人口流动和异地就业、安家的情况愈加普遍，异地享受公共服务已经成为城市基层治理中不可忽视的重要话题，其中就医问题尤其得到了政府和公众的集中关注。在全国范围内推进基本医保跨省异地就医住院费用直接结算，是 2017 年《政府工作报告》明确的重点任务和民生承诺。截至 2017 年底，全国所有省份和统筹地区已全部接入国家异地就医结算系统并联网运行，覆盖全部参加基本医保和新农合的人员；[①]全国跨省定点医疗机构共有 8499 家，90%以上的三级定点医疗机构已连

---

① 关于规范跨省异地就医住院费用直接结算有关事项的通知[EB/OL]. (2017-12-29). http://www.mohrss.gov.cn/gkml/zcfg/gfxwj/201801/t20180108_286172.html.

接入网，超过 80% 的区县至少有一家定点医疗机构可以提供跨省异地就医住院医疗费用直接结算服务。①另外，在 2017 年，人社部还开通了网上公共服务查询系统以方便参保人实时查询跨省异地就医直接结算相关信息。②

二、2017 年城市基层治理研究综述

21 世纪初开始，基层治理相关内容就已经得到研究者的广泛关注；2013 年底，十八届三中全会《关于全面深化改革若干重大问题的决定》首次提出国家治理的思想，同时指出："建立健全居民、村民监督机制，促进群众在城乡社区治理、基层公共事务和公益事业中依法自我管理、自我服务、自我教育、自我监督。"由此，基层治理的相关研究得以井喷式增长，并一直呈蓬勃发展的态势。

以 CNKI 数据库收集的文献为例，以"基层治理"为主题的论文由 2013 年的 300 余篇升至 2014 年的 800 余篇，2015、2016 两年均为 1500 余篇，而 2017 年论文数量突破 2000 篇；以其为篇名的论文由 2014 年的 500 余篇发展到 2015 年的 1000 余篇，并持续稳步发展。

以社区治理为核心，城市基层治理相关研究主要集中于基层治理多元主体互动机制，党、居民、社会组织等各个主体的研究，以及基层治理中的公共服务问题；随着理论研究和实践的深入，关于基层治理困境的思考，以及如何针对新时期社会发展进行治理创新等研究将逐步提上日程。

（一）城市基层治理的多元主体互动机制研究

社区由居民、社区自治组织、社区内外的非政府组织、政府组织、市场组织、辖区单位等多个主体构成，不同主体间通过权力分配、制度设计以及相关的沟通和协商完成基层治理的良性运转。对于多元治理主体的研究一直是基层治理的重要议题：陈伟东、李雪萍将基层治理主体分为基层管理工作人员、社区居民和社会组织三大类，社区利益的空间范围、具体制度、技术条件和公共意识都直接影响着社区治理中主体的数量和行为。③兰亚春在针对城市社区的基层治理的研究中，将社区组织结构分为纵向组织和横向组织：纵向组织是指承载政府职能的组织，包括社区党组织、居委会及政府下派的各种专职机构；横向组织是指社区居民自主成立或自愿参加的、介于社区纵向组织和居民个人之间的组织。④

① 基本医疗保险跨省异地就医住院医疗费用直接结算公共服务信息发布（第八期）[EB/OL].（2018-01-05）. http://www.mohrss.gov.cn/SYrlzyhshbzb/dongtaixinwen/buneiyaowen/201801/t20180105_286095.html.

② 人社部开通跨省异地就医网上公共服务查询系统 [EB/OL].（2017-06-05）. http://www.mohrss.gov.cn/SYrlzyhshbzb/dongtaixinwen/buneiyaowen/201706/t20170605_271984.html.

③ 陈伟东，李雪萍. 社区治理主体：利益相关者 [J]. 当代世界与社会主义，2004（02）：71-73.

④ 兰亚春. 居民关系网络脱域对城市社区结构的制约 [J]. 吉林大学社会科学学报，2013（04）：122-128.

在各主体间的互动和博弈方面，齐卫平等阐述了多元民主协商的必要性，它为城市基层治理提供了有效的利益整合体系，公共参与的协商、沟通机制，促进了政府与公民之间的良性互动，进而实现善治。①杨稣、贾明德根据社区管理中政府与市场的不同角色，将基层治理模式分为：政府导向型、市场导向型、社会导向型三种类型。政府导向型管理模式主要依靠基层政府的职能，以街道办事处为管理主体，在居委会等各种社区主体的共同参与、配合下进行管理；市场导向型的典型是物业公司管理；社会导向型以社区居民为核心，联合社区内各种主体组织、机构，共同参与社区事务的管理。②

2017年，城市基层治理的研究在以往多主体互动分析的基础上，更加注重具体的互动机制分析和整体协作框架：陈伟东、许宝君在过去对于基层治理主体分化的基础上，提供了社区治理的社会化分析框架，包括社会工作者、社会需求、社会组织等六大要素，其中政府贯穿整个过程。③袁方成、汪婷婷从空间正义视角出发，通过政府平衡各方利益、社会组织创造机会、居民积极参与监督，三者协同合作，达到"善治"的目的。④韩瑞波从元治理理论出发，梳理了政府主导、多方参与的社区治理协调、责任、监督机制，为基层治理提供了路线指引。⑤文军、吴晓凯通过上海市普陀区的具体案例研究，以"动态化"的视角对多元主体进行分析，理顺社区协商治理的结构逻辑和软、硬件准备，并指出当前我国多元协商面临的诸项问题所在。⑥林雪霏通过对温岭民主恳谈制度的分析，认为当前我国政策环境中的基层治理逻辑与协商民主理念诉求不同，需要通过整个体制的配合、各主体间的活力调动，来寻求渐进式发展。⑦韩冬雪、李浩以哈尔滨市社区治理与服务创新为例，主张"政社合作"的机制，通过政府提供各项支持，其他组织参与协商决策，解决基层治理参与度低、沟通不畅等问题，形成多元参与、协商共治的格局。⑧陈荣卓、李梦兰对此进行延伸，在政社合作的视角下，通过"社区治理十大创新成果"及提

① 齐卫平，陈朋. 协商民主：城市基层治理的有效模式——基于上海H社区的个案分析[J]. 理论与改革，2008(05)：9-13.

② 杨稣，贾明德. 试析新型城市社区管理模式[J]. 山西师大学报(社会科学版)，2005(03)：49-53.

③ 陈伟东，许宝君. 社区治理社会化：一个分析框架[J]. 华中师范大学学报(人文社会科学版)，2017(03)：21-29.

④ 袁方成，汪婷婷. 空间正义视角下的社区治理[J]. 探索，2017(01)：134-139.

⑤ 韩瑞波. 城市社区治理运作机制探析——基于元治理理论的考察[J]. 武汉理工大学学报(社会科学版)，2017(01)：101-108.

⑥ 文军，吴晓凯. 社区协商议事的本土实践及其反思——以上海市普陀区"同心家园"建设为例[J]. 人口与社会，2017(01)：13-23.

⑦ 林雪霏. 当地方治理体制遇到协商民主——基于温岭"民主恳谈"制度的长时段演化研究[J]. 公共管理学报，2017(01)：14-26，154-155.

⑧ 韩冬雪，李浩. "政社合作"推动现代社区建设——以哈尔滨市社区治理与服务创新为例[J]. 行政论坛，2017(02)：69-73，2.

名成果的多案例比较研究，构建了党领群治联动型协商、政社协同共建型协商、政群平等对话型协商、社群精准议事型协商四种多元协商实践的经典模式①。

（二）关于城市基层治理各个主体的针对性研究

1. 党在城市基层治理中的地位与作用

关于城市基层治理中党组织的地位作用一直是有关学者的研究重点之一。陈伟东认为，社区党组织是社区组织的领导核心，在基层治理过程中具有引领和带头作用。②陈小京通过对百步亭社区管理体制改革案例研究，分析了党在基层治理过程中的核心作用，并为党如何在城市社区进行执政提供了一条新途径。③

2017 年，党组织在城市基层治理中的分析较为丰富，并且更加注重新时期背景下党组织的职能转变研究：马妮、张荣华强调党组织的服务职能，并确立纪律严明、制度完善、阵地广阔的党组织服务理念。④刘朋从治理现代化的角度出发，注重党组织在治理现代化中的作用，强调用党建创新带动治理创新⑤。黄意武、李露则注重基层党建和治理现代化的双向互动关系，认为党建引领治理现代化的同时，基层治理创新也对城市基层党建提出新的要求。⑥卢爱国、陈洪江则提出了"复合式党建"的目标，为新时期基层党组织建设提供了方法指导。⑦张振洋、王哲主张通过党建工作整合社会资源，提高公共服务供给水平。⑧

2. 居民参与与基层自治

居民不仅是城市基层治理的对象，更是参与基层治理的重要主体之一。居民参与基层治理，是表达自身诉求的重要途径，更是完善基层治理体制必不可少的一环；而基层自治更是居民自我管理、自我调控，体现居民价值的关键环节，也是基层治理的未来发展方向之一。

在居民参与的研究中，夏晓丽认为居民参与是现代民主在社区这一微观层面的具体体现。⑨付诚、王一分析了当前公民参与社区治理的缺陷，认为必须通过完善

---

① 陈荣卓，李梦兰. 政社互动视角下城市社区协商实践创新的差异性和趋势性研究——基于 2013—2015 年度"中国社区治理十大创新成果"的案例分析[J]. 中共中央党校学报，2017(03)：54-64.

② 陈伟东. 社区自治：自组织网络与制度设置[M]. 北京：中国社会科学出版社，2004.

③ 陈小京. 城市社区管理体制改革模式的新探索——浅析武汉市百步亭社区推进社区管理体制改革的实践[J]. 湖北社会科学，2007(12)：76-77.

④ 马妮，张荣华. 加强基层服务型党组织建设的对策研究[J]. 湖南大学学报(社会科学版)，2017(01)：130-134.

⑤ 刘朋. 基层党建创新与基层治理现代化[J]. 中国井冈山干部学院学报，2017(02)：102-107.

⑥ 黄意武，李露. 城市基层党建与社会治理创新的互动关系研究[J]. 中州学刊，2017(10)：68-73.

⑦ 卢爱国，陈洪江. "复合式党建"：城市基层党建区域化体制构建的目标选择[J]. 探索，2017(06)：85-92.

⑧ 张振洋，王哲. 行政化与社会化之间：城市基层公共服务供给的新尝试——以上海市 C 街道区域化大党建工作为例[J]. 华中科技大学学报(社会科学版)，2017(01)：130-137.

⑨ 夏晓丽. 公民参与、城市社区治理与民主价值[J]. 重庆社会科学，2014(02)：38-45.

的政策体系来维护公众参与机制的运行。①2017 年对居民参与的研究更加精细化，注重具体问题的分析：陈伟东、陈艾强调居民主体性的培育，从而重构多元主体间关系，激发自治活力。②夏晓丽、蔡伟红对公民参与基层治理的能力进行考察，认为应加强公民能力建设，加强公民参与实践。③王德福、张雪霖对精英替代问题进行辨析，主张居民与基层组织的直接互动。④唐有财和王天夫通过案例分析提供了可操作性的公民参与框架，包括社区认同、骨干动员和组织赋权三个环节。⑤

关于基层自治的研究中，刘晔模拟了社区自治的过程，主张通过协商推动居民自治。⑥郑建君主张在多元治理的同时推进基层自治机制，保障基层自治的法治化、制度性与稳定性。⑦2017 年对基层自治的研究更加深入：周庆智明确了法律保障、多元治理、社会重构这三大自治权力体系构建要素。⑧戴祥玉主张通过完善自治制度、转换治理结构、重视民主协调完成基层治理创新。⑨王德福指出社区行政化和自治困境的非相关性，主张在有限自治的基础上提高治理能力，从而促进社区自治的有效性。⑩许宝君、陈伟东从内卷化的角度分析居民主体性缺失，主张通过赋权居民解决这一困境。⑪

居委会作为基层群众性自治组织，是党和政府联系人民群众的桥梁和纽带之一。林尚立认为，社区居民委员会拥有国家赋权，是社区治理的关键力量，其他组织皆为非权威的边缘组织⑫。近年来，关于居委会的研究较前几年下降，但也具有一定的比例。陈伟东、马涛通过分析社区治理结构的三种模式，倡导居委会发挥政府与居民之间的"中介"作用，促进二者的良性互动。⑬

---

① 付诚，王一. 公民参与社区治理的现实困境及对策[J]. 社会科学战线，2014(11)：207-214.

② 陈伟东，陈艾. 居民主体性的培育：社区治理的方向与路径[J]. 社会主义研究，2017(04)：88-95.

③ 夏晓丽，蔡伟红. 城市社区治理中公民参与能力建设的调查与思考——基于 L 市社区的问卷调查[J]. 中南大学学报(社会科学版)，2017(01)：124-129.

④ 王德福，张雪霖. 社区动员中的精英替代及其弊端分析[J]. 城市问题，2017(01)：76-84.

⑤ 唐有财，王天夫. 社区认同、骨干动员和组织赋权：社区参与式治理的实现路径[J]. 中国行政管理，2017(02)：73-78.

⑥ 刘晔. 公共参与、社区自治与协商民主——对一个城市社区公共交往行为的分析[J]. 复旦学报(社会科学版)，2003(05)：39-48.

⑦ 郑建君. 公共参与：社区治理与社会自治的制度化——基于深圳市南山区"一核多元"社区治理实践的分析[J]. 学习与探索，2015(03)：69-73.

⑧ 周庆智. 论基层社会自治[J]. 华中师范大学学报(人文社会科学版)，2017(01)：1-11.

⑨ 戴祥玉. 地方政府自我推进型治理创新：转型期城市社区自治的发展路径——基于 4 类社区治理创新典型案例的研究[J]. 北京理工大学学报(社会科学版)，2017(03)：75-82.

⑩ 王德福. "社区自治"辨析与反思[J]. 云南行政学院学报，2017(02)：13-20.

⑪ 许宝君，陈伟东. 居民自治内卷化的根源[J]. 城市问题，2017(06)：83-89.

⑫ 林尚立. 社区民主与治理：案例研究[J]. 社科文献出版社，2003.

⑬ 陈伟东，马涛. 居委会角色与功能再造：社区治理能力的生成路径与价值取向研究[J]. 吉首大学学报(社会科学版)，2017(03)：78-84.

3. 社会组织在城市基层治理转型过程中的作用

随着基层治理不断加强现代化、科学化、社会化，社会组织在基层治理和公共服务提供上的作用愈加凸显，关于社会组织的研究也于近年来提上了日程：何欣峰对社会组织参与基层治理的途径进行分析，倡导在提高组织独立性的基础上，与其他各个主体进行良性互动，从而整合社会资源、凸显居民价值。[1]卢炜、汪文革通过案例研究论述了非营利组织可以为社区提供高效的服务。[2]

2017 年，有关社会组织在基层治理方面的研究主要集中于基层治理创新与转型过程中社会组织的作用和机制。黄晓春认为社会组织蕴藏在基层治理转型的总体架构中，因此必须为社会组织的运作提供行政机制保障。[3]黄晓春、周黎安进而从政府机构的纵向互动角度分析社会组织在灵活政策安排、规避政策风险上的作用。[4]陈思、凌新从基层治理精细化的角度出发，为如何提升社会组织参与社会治理的水平和能力，进而促进社会组织提高精细化社会治理提供对策建议。[5]苏曦凌、黄婷针对社区的冲突治理，指出社会组织在基层治理中的指引和沟通作用。[6]马立、曹锦清主张通过社会组织解决社区自治的困境，通过"嵌入引导"的方式提高社会组织的参与度，并且减少社会组织对政府的依赖，加强双方的协商合作。[7]

4. 街道办事处的存废

与社区不同，街道属于行政区划的一种，其管理机构为街道办事处。史云贵认为，城市社区治理在街道办事处的管理、人才结构、多元治理主体的协调、社会团体和中介组织的作用发挥等方面存在问题。[8]近年来，关于撤销街道办事处的呼声渐高。李靖、李春生对撤销街道办改革进行案例分析，认为街道办可对社区自治的发挥产生影响，主张以"区直管社区"推进基层治理。[9]

（三）新时代背景下城市基层治理的创新机制

改革开放以来，随着单位制瓦解、基层政府职能强化，以及进入 21 世纪以来涌

---

[1] 何欣峰. 社区社会组织有效参与基层社会治理的途径分析[J]. 中国行政管理，2014(12)：68-70.

[2] 卢炜，汪文革. 试论非盈利组织在社区服务中的作用[J]. 理论月刊，2002(10)：52-53.

[3] 黄晓春. 中国社会组织成长条件的再思考——一个总体性理论视角[J]. 社会学研究，2017(01)：101-124，244.

[4] 黄晓春，周黎安. 政府治理机制转型与社会组织发展[J]. 中国社会科学，2017(11)：118-138，206-207.

[5] 陈思，凌新. 社会治理精细化背景下社会组织效能提升研究[J]. 理论月刊，2017(01)：147-150.

[6] 苏曦凌，黄婷. 城市社区冲突治理中的社区社会组织构建——以社会资本理论为视角[J]. 广东行政学院学报，2017(02)：41-46

[7] 马立，曹锦清. 社会组织参与社会治理：自治困境与优化路径——来自上海的城市社区治理经验[J]. 哈尔滨工业大学学报（社会科学版），2017(02)：1-7.

[8] 史云贵. 当前我国城市社区治理的现状、问题与若干思考[J]. 上海行政学院学报，2013(02)：88-97.

[9] 李靖，李春生. 强社区抑或弱社区：对中国城市基层治理结构的反思——以 A 省多地撤销街道办改革为例[J]. 学习论坛，2017(11)：48-53.

现出更多的矛盾和问题，城市基层治理也进行了系列的创新，包括治理体制机制的创新、具体的政策安排，以及新的技术手段的应用等。

1. "三社联动"模式

作为2010年后基层治理上的典型模式创新，社区、社会组织与社会工作的"三社联动"模式成了2017年基层治理创新的研究热点。石兵营等对"三社联动"的概念和类型进行辨析，并对"三社"及其相关的主体进行明确，为进一步的研究提供了方向指引。①曹海军从基层治理结构的角度出发，对"三社联动"进行具体的方法论指导，强调街道和社区的合作机制可推动治理和服务水平的提升。②肖唐镖、谢菁分析了"三社联动"的理论基础和实践路径，主张通过政府放权、居民参与进行治理创新③。谭琪等通过对美地社区实践进行案例分析，研究了"三社联动"购买服务的可行性及实现逻辑④。徐选国通过对上海梅村的案例分析，梳理了"三社联动"的分析框架，强调地方与基层的纵向合作互赢⑤。韩冬雪、李浩针对"三社联动"的实践困境，创新性地提出了"联合党建"与"三社联动"的复合结构⑥。

2. 网格化管理体制的创新

作为治理创新中的重要举措之一，网格化管理一直以来就受到研究者和基层治理实践者的重视。盛铎、王芳通过郑州等城市的社区网络化管理，分析了网格化管理的内在逻辑。⑦2017年对于网格化管理的研究进一步延伸，从"管理"上升到"治理"的探讨：秦上人、郁建兴认为应通过管理和服务功能的保留和一元到多元的结构升级，将网络化管理拓展到网络化治理的多元互动范畴。⑧刘中起、郑晓茹等人从社区治理精细化的角度，对网络化的协同治理机制进行探讨，构建了理念共生、信息共享和多元共治的三重维度。⑨陈友华、柳建坤、曾伟梳理了网格化管理与社区自治的逻辑关系，强调行政权力与多元利益的差异性诉求，主张通过制度和权责

①　石兵营，谭琪. "三社联动"主体及角色再定位[J]. 社会工作，2017(01)：89-98，111-112.

②　曹海军. "三社联动"的社区治理与服务创新——基于治理结构与运行机制的探索[J]. 行政论坛，2017(02)：74-79.

③　肖唐镖，谢菁. "三社联动"机制：理论基础与实践绩效——对于我国城市社区建设一项经验的分析[J]. 地方治理研究，2017(01)：40-51.

④　谭琪，石兵营. 基层政府协同"三社联动"的城市社区治理创新模式研究——以美地社区实践为例[J]. 重庆工商大学学报(社会科学版)，2017(02)：61-68.

⑤　徐选国. 社会理性与城市基层治理社会化的视角转换——基于上海梅村的"三社联动"实践[J]. 社会建设，2017(06)：5-15.

⑥　韩冬雪，李浩. 复合制结构："联合党建"与"三社联动"科学对接[J]. 理论探索，2017(05)：35-41.

⑦　盛铎，王芳. 条块融合的城市管理创新：郑州市网格化社会管理案例分析[J]. 电子政务，2013(06)：52-59.

⑧　秦上人，郁建兴. 从网格化管理到网络化治理——走向基层社会治理的新形态[J]. 南京社会科学，2017(01)：87-93.

⑨　刘中起，郑晓茹，郑兴有，等. 网格化协同治理：新常态下社会治理精细化的上海实践[J]. 上海行政学院学报，2017(02)：60-68.

的明晰构建更加完善的协同治理格局。①袁方成、王泽针对网格化管理行政化的弊病，设计了政社合作的"大网格"体系，实现多元共治。

3. 信息技术在基层治理中的运用

此外，互联网、大数据等技术手段也不断影响着基层治理。王芳、赖茂生认为网络和信息技术不仅提高了政府行政效率与服务水平，也会对解决政府治理结构的扁平化问题有所助益。②2017 年关于信息技术在基层治理中的应用研究主要集中在"互联网+"概念和智慧社区领域：欧伟强通过上海市的实践，探索了通过互联网打造智能管理、智慧服务等平台，实施互联网+社区治理创新的方法路径。③操世元、周万军通过杭州市社区服务信息化建设的案例分析，为社区服务信息化提供了具体的改革路径。④姜晓萍、张璇对智慧社区的技术、内容、机制架构进行梳理，提出构建精细服务、信息互动、职能服务、网络写作的智慧社区平台。⑤

4. 其他基层治理创新相关研究

除此之外，研究者还针对实践过程中的具体问题进行具体分析，提供了多元化的基层治理创新机制：杨君从基层治理社会化的角度，对政府吸纳社会进行了理论剖析，提出了公平的价值目标、参与式行动治理模式和基层治理的理论创新。⑥钱志远等从社区停车位的案例入手，阐述了动态平衡的互构型社区治理模式。⑦彭勃、付建军介绍了清单制在基层治理中的应用。⑧李迎生等对北京市 "单位-街居制"城市老旧社区的"1+1+N"创新治理模式进行分析，为类似社区的创新治理和服务共享带来借鉴。⑨顾光海、冯婷玉对新疆的"访惠聚"进行案例分析，提出了进一步优化新疆基层治理体系、提升新疆社会治理能力的具体路径。⑩

---

① 陈友华，柳建坤，曾伟. 从网格化管理到社区治理——宜昌市社会管理的实践与启示[J]. 新疆师范大学学报（哲学社会科学版），2017(03)：89-97.

② 王芳，赖茂生. 我国电子政务发展现状与对策研究[J]. 电子政务，2009(08)：51-57.

③ 欧伟强. "互联网+"背景下上海推进社区治理创新的探索——以普陀区平江社区"自治家园"为例[J]. 中国管理信息化，2017(05)：140-142.

④ 操世元，周万军. "互联网+"环境下社区服务信息化的理念与困境——以杭州市为例[J]. 行政科学论坛，2017(01)：32-38.

⑤ 姜晓萍，张璇. 智慧社区的关键问题：内涵、维度与质量标准[J]. 上海行政学院学报，2017(06)：4-13.

⑥ 杨君. 政府吸纳社会：城市基层治理社会化的新视角[J]. 城市发展研究，2017(05)：118-124.

⑦ 钱志远，孙其昂，李向健. "互构型"社区治理——以一个城市社区的停车位事件为例[J]. 城市发展研究，2017(05)：91-97.

⑧ 彭勃，付建军. 城市基层治理中的清单制：创新逻辑与制度类型学[J]. 行政论坛，2017(04)：38-45.

⑨ 李迎生，杨静，徐向文. 城市老旧社区创新社区治理的探索——以北京市 P 街道为例[J]. 中国人民大学学报，2017(01)：101-109.

⑩ 顾光海，冯婷玉. 论"访惠聚"对新疆社会治理体系与治理能力现代化的影响[J]. 新疆大学学报（哲学·人文社会科学版），2017(01)：38-44.

（四）当前我国城市基层治理的困境及实践路径

在城市基层治理的实践过程当中，存在着很多矛盾冲突，从而产生了治理困境。指出治理困境的矛盾根源所在，并思考如何解决这些矛盾，也是研究者思考的重要内容。刘爽指出了社会转型期不确定因素导致的基层治理碎片化、分散化、矛盾化弊病。[①]孙涛、刘凤指出当前基层治理的逆行政化趋势，认为应在城市发展转型过程中，对政府角色和治理思路等进行适应性调整。[②]李建玲对社会工作参与社区治理中的困境进行探讨，强调提高社会工作能力的同时，应明确权责关系，促进政府职能的转变。[③]刘成良对城市社区物业管理与基层治理间的冲突进行了探讨。[④]程同顺、魏莉主张通过"微治理"的途径实现自治与共治相结合，解决他治与自治双重向度的治理困境。[⑤]

（五）其他相关问题研究

除此之外，2017年有关基层治理的研究还包括以下内容：杨君、纪晓岚对基层治理的历史发展轨迹进行梳理，理清了基层治理中各主体关系及作用机制。[⑥]梁平、冯兆蕙对基层治理中的法治秩序进行研究，主张形成契约化的基层法治秩序。[⑦]程秀英、孙柏瑛从多个方面探讨了基层治理中制度设计的重要性，主张通过社会资本的激活推动基层治理的进步。[⑧]陈淑云、唐将伟主张社区治理中政府、市场、社会三方力量互动，实现互利共赢的新局面。[⑨]李岩、范永忠对现存的大院社区进行探讨，从纵向角度阐释了大院社区演变，并通过类型学分析和案例研究得出大院社区基层治理的相关建议。[⑩]

综上所述，2017年的文献反映出以下特点：研究热度不断上升，文献数量持续攀升；在原有研究基础上进行延伸，更加注重治理主体间的互动机制探讨；基层治理创新的研究成为新的研究热点，包括发展机制创新、政策手段创新、硬件技术创新等；更加注重实践过程中的问题研究，并由此提出进一步的理论分析和模式梳理，

---

① 刘爽. 基层社会治理面临哪些突出难题[J]. 人民论坛, 2017(02)：70-71.

② 刘凤, 孙涛. 现代城市基层治理中的逆行政化问题研究[J]. 天津社会科学, 2017(01)：75-80.

③ 李建玲. 社会工作参与社区治理的困境与对策[J]. 天中学刊, 2017(01)：62-65.

④ 刘成良. 城市社区物业管理类型与基层治理困境——基于社区类型分化的视角[J]. 云南行政学院学报, 2017(02)：29-36.

⑤ 程同顺, 魏莉. 微治理：城市社区双维治理困境的回应路径[J]. 江海学刊, 2017(06)：123-131, 239.

⑥ 杨君, 纪晓岚. 当代中国基层治理的变迁历史与理论建构——基于城市基层治理的实践与反思[J]. 毛泽东邓小平理论研究, 2017(02)：41-46, 108.

⑦ 梁平, 冯兆蕙. 基层治理的法治秩序与生成路径[J]. 河北法学, 2017(06)：123-131.

⑧ 程秀英, 孙柏瑛. 社会资本视角下社区治理中的制度设计再思考[J]. 中国行政管理, 2017(04)：53-58.

⑨ 陈淑云, 唐将伟. "三方联动"视阈下城市社区治理再思考——基于武汉创新社区治理样本的分析[J]. 城市发展研究, 2017(05)：98-104.

⑩ 李岩, 范永忠. 大院社区治理：社区演变模式与治理类型学——基于北京市三类大院社区的比较案例研究[J]. 北京行政学院学报, 2017(03)：108-115.

不仅仅局限于简单的经验总结。

三、城市基层治理发展展望

（一）城市基层治理发展中的问题

1. 组织体系还存在相当的不适应性

随着城市管理重心的下沉，街道组织承担了大量政府转移职能，但与此同时却并未被赋予相应的权力、资源和财力，一方面诱发了街道组织机构膨胀、管理低效率等问题，另一方面也导致基层治理过程中"缺位""错位""越位"现象频发。城市基层治理组织体系的另外一大问题在于社区组织和基层自治组织的发展。目前居委会的行政化倾向严重，承担政府下沉的大量行政工作导致其自治功能被弱化，面对这一问题，有部分城市开始尝试"居站分离"，但却又导致居委会被边缘化。同时对于社会组织的登记、准入、引导、规范、退出等机制也还不够完善，社区社会组织发育还不充分和不够持续。另外，规章制度之间的衔接和互通问题也导致治理主体定位不够明确，多元主体互动效果受限制，如2007年制定的《中华人民共和国物权法》将业委会、业主大会规定为业主的自治组织并拥有法定权利，但当前城市基层民主自治的基本法律依据仍然是1990年制定的《中华人民共和国城市居民委员会组织法》，这导致业主自治组织在基层民主治理结构中的法律定位很不明晰，其与居委会的关系还未被厘清。

2. 社区公共性不足制约城市基层治理有效性

社区公共性体现为社区居民应有的社区认同感，以及为维护社区共同利益而自觉自愿参与各种公共活动的公共精神。[①]就目前建设情况来看，虽然社区作为国家治理单元得到了稳定发展，但其作为地域社会共同体的建设却面临居民认同缺乏和参与严重不足的双重困境。[②]一方面，以商品房为主的门禁社区的快速发展和普及化使经济收入成为迁居门槛，加上社会流动频繁和快节奏、非群体化生活等因素影响，社区居民交往的短暂化、表面化和偶发性特征愈加明显，现代社会邻里关系愈加淡化，居民社区认同与归属感缺乏导致其主动参与意愿不高、自愿合作不足；另一方面，历史上"差序格局"的社会结构和行政化社区治理体制下形成的政府依赖惯性导致社区中公共精神的缺失，造成居民参与积极性低之外还导致社会组织发展缓慢、多元治理主体间关系难以平等化。[③]在两方面因素影响下，多元合作治理结

---

① 高红. 城市基层合作治理视角下的社区公共性重构[J]. 南京社会科学，2014(06)：88-95.

② 郑杭生，黄家亮. 论我国社区治理的双重困境与创新之维——基于北京市社区管理体制改革实践的分析[J]. 东岳论丛，2012(01)：23-29.

③ 焦亦民. 当前中国城市基层治理问题及对策研究[J]. 中国行政管理，2013(03)：58-61.

构难免流于形式，自上而下的行政动员依然居于主导地位，

3. 城市发展的差异性和不平衡性使城市基层治理异常复杂

城市本身的多样性决定了城市基层治理并不存在统一模式和路径，城市之间发展的差异性与不平衡性进一步加剧了城市基层治理的复杂性。一方面，城市基层治理必须立足于各具体城市的历史文化特征和经济社会环境条件，即便是试点或先进发展经验，也需要结合自身情况进行针对性改造与设计；另一方面，区域之间在发展条件上存在明显差异，当前发展水平较滞后、正处于双重转型期的中西部地区城市基层治理面临着更加严峻的挑战和压力。另外，少数民族聚居区在城市基层治理活动中除了应对现代化与市场化的冲击之外，还需要警惕激化少数民族传统文化与现代文化的冲突。

（二）城市基层治理发展展望

1. 以社区为基本单元，实现城市功能从生产向生活和生态的深刻转变

以社区为载体构筑城市社会生活共同体。一方面，是强化社区服务功能，在区街与社区之间构建社会管理和公共服务的联动机制，使社区成为社区居民表达和实现利益诉求的必要载体；另一方面，是将社区塑造为精神共同体，发挥基层党组织和党员的作用整合社区陌生人，推行社区文化建设，为居民沟通和交流搭建多样的活动平台，挖掘城市文化和社区特色，增强居民认同感和归属感。

改善社区人居环境，提高居民获取公共服务的便利性和均等性。改造现有社区，完善社区及周边公共服务设施，加快城镇棚户区、城中村和危房改造，加快老旧社区改造和适老化建设力度；以高标准和新理念打造新建社区，协调与平衡建成区和新建区之间的发展，逐渐消除社区边界，以社区为开端增进城市内不同地区之间和城市之间的互动交往。在人员流动愈加频繁的背景下，进一步探索城市之间合作供给公共服务和异地享受均等公共服务的可行方案。

深入贯彻落实绿色发展理念，强调城市生活可持续性。包括以重点地区为开端广泛施行生活垃圾分类制度，对现有建筑进行节能改造的同时加快装配式建筑的推广与普及，完善城市绿地系统规划，严格控制污染气体和污水排放，并加大对城市水体和大气的治理力度，增强城市生态空间的可亲近感，等等。

2. 健全组织体系和运行机制，强化制度保障

改革街道行政体制。清理街道层面的条块职责，将街道没有执法权和本应由政府职能部门承担的专业管理工作归还给相应部门承担，探索街道层面的机构扁平化改造措施，并通过行政服务流程再造提高街道的服务效能。

加强社区组织建设。强化社区党组织的核心领导作用，增强其在整合与统筹资源以及服务居民群众两方面的能力建设。加强社区成员代表大会和社区议事协商会议组织建设，推进社区代议民主和协商民主发展。推进社区减负增效，推动居委会

向群众性自治组织的回归并避免其被"边缘化"，要求依据社区工作事项清单建立社区工作事项准入制度，应当由基层政府履行的法定职责，不得要求基层群众自治组织承担，依法需要基层群众自治组织协助的工作事项，应当为其提供经费和必要工作条件。①

改进社区物业服务管理，建立健全社区党组织、社区居民委员会、业主委员会和物业服务企业议事协调机制。探索在社区居民委员会下设环境和物业管理委员会，督促业主委员会和物业服务企业履行职责。探索完善业主委员会的职能，依法保护业主的合法权益。

3. 增进城市基层治理在区域层面上的协同与互动

推进政策、法规协同。建立和完善区域协作与联动机制，形成有效衔接、运行顺畅、简便高效的管理制度体系，在区域的层面上推动医疗卫生、教育、环境保护等领域的政策改革与创新，建立覆盖全区域的管理制度和联合机构，组织制定相关的区域规划编制，关注公共服务资源在区域内的流动趋势，实现城市间的协调与互补发展。

实现统一标准和绩效协同评估。在城市基层治理各个领域和方面设立区域统一的标准体系和分阶段提高标准的目标与任务，对区域内治理条件和各项公共服务发展目标进行系统评估，对区域开发与提高项目的绩效进行整体性价值判断。

强调整体性和一体化治理。通过构建项目领导小组和市场联席会议等形式，对区域一体化规划与治理形成制度化规范，统筹应急性偶发危机与常态化日常管理，短期项目与长期规划相结合地推动城市基层治理在区域层面的有序发展，将区域作为一个整体推进生态空间管控和生产生活空间的优化，引导和实现准入、管控的一体化建设。

4. 推动治理工具创新，提高治理能力，加快智慧城市建设步伐

完善基础设施，引导纵横联动。统筹建设标准统一、资源集约、利用高效、安全可控的民政统一信息基础设施，制定政务信息系统整合共享清单，全面建设民政"互联网+"信息惠民服务网，鼓励地方民政部门运用政府购买服务和财政补贴方式，加强各业务领域民政服务机构信息化能力建设，并与民政信息化工程充分衔接，通过数据实时汇集，提高管理能力和服务水平。推进民政业务应用和民政政务服务的全国一体化以及民政信息化标准规范的统一，形成民政信息化"集约整合、纵横互联、信息共享、业务协同"的发展格局。②

优化信息化发展环境，培育民生民政数据治理新能力。加强信息化建设统一领

① 关于加强和完善城乡社区治理的意见[EB/OL].（2017-06-12）. http: //www.gov.cn/xinwen/2017-06/12/content_5201910.html.

② 民政部关于统筹推进民政信息化建设的指导意见[EB/OL].（2017-10-17）. http: //www.mca.gov.cn/article/gk/tjtb/201710/20171015006264.shtml.

导，明确民政部党组的领导职能以及各级民政部门尤其是信息化单位和业务单位之间的分工合作，加强人才队伍和智库建设，完善重大政策、重大项目专家咨询制度，拓宽民政信息化建设资金渠道，加强资金保障和政策支持，加强信息化建设绩效评估。实现互联网与政务服务深度融合，建成覆盖全国的整体联动、部门协同、省级统筹、一网办理的"互联网+政务服务"体系。①

四、报告要点

2017 年是城市基层治理发展创新的关键之年。本报告对 2017 年城市基层治理的情况进行总结，包括城市基层治理城市基层治理的发展情况、当前研究进展、发展中存在的问题及解决途径等内容。本报告总结为：

1. 城市基层治理的发展情况。2017 年中国城市治理发展基本情况具体包括以下几个方面：社会力量迅速发展，多元主体互动走向常态化；以社区为治理单元，城市基层治理相关政策、法规不断完善；健康、绿色、可持续理念进一步落实，居家和社区养老问题成为基层治理重要议题，治理技术现代化水平明显提高；区域协同与互动更加深入，人民享受公共服务便利性提高，具体体现在合作供给更加完善、异地服务更加便捷等等。

2. 城市基层治理研究综述。2017 年城市基层治理研究在过去发展基础上更进一步，研究成果持续增长，其内容主要体现在以下几个方面：第一，城市基层治理的多元主体互动机制研究，包括不同主体间的协商博弈；第二，对党组织、居民团体、社会组织等治理主体的针对性研究；第三，新时代背景下城市基层治理的创新机制，包括发展机制创新、政策手段创新、硬件技术创新等；第四，针对城市基层治理困境及其发展出路的研究；另外，还有基层治理发展轨迹、制度设计、法治建设等方面的研究和探讨。

3. 城市基层治理发展过程中的问题与发展展望。当前城市基层治理主要存在组织体系不适应、社区公共性欠缺、地区间发展差异不平衡等问题，需要通过城市功能的转变，组织体系、运行机制、制度保障的完善，在基层治理区域协同以及治理工具创新等方面进行解决与完善。

作者单位：南开大学周恩来政府管理学院

---

① 关于加快推进"互联网+政务服务"工作的指导意见[EB/OL]. (2016-09-29). http://www.gov.cn/xinwen/2016-09-29/content_5113465.htm.

政府与社会资本合作（PPP）发展研究报告

郭道久

2017 年是政府与社会资本合作（PPP）的规范年。在前三年的政策准备和大力推介基础上，PPP 有了非常显著的发展，各地推出的项目和落地的项目都达到相当规模；但在发展的过程中，与 PPP 相关的一些问题也开始凸显，地方政府借 PPP 变相举债等受到中央的高度关注，随之而来的就是一系列的整顿和规范。这将使 PPP 更加规范，在纠偏纠错中体现自身价值。

一、2017 年政府与社会资本合作（PPP）发展情况

2017 年 PPP 仍然呈快速发展态势，但比较前两年，新推出项目数量和规模有所减缓，更强调项目的落地，清除各种假 PPP 项目；在规范 PPP 发展中，中央和地方政府出台了一系列相关的法规、政策；强调 PPP 要为"一带一路"倡议等国家政策服务。

（一）存量 PPP 项目加快落地并不断推出新项目

1. 前期推出的 PPP 项目加速落地

截至 2017 年 12 月底，财政部于 2014 年推出的 30 个 PPP 示范项目，落地 22 个，另 8 个被调出；2015 年推出的 206 个 PPP 示范项目中，落地的 162，调出 44 个；2016 年推出的 516 个 PPP 示范项目中，落地 413 个，调出 3 个。第一、二批示范项目能够落地的已经落地；第三批示范项目尚有 100 个没有落地（见表 1）。国家发展改革委第一批 PPP 推介项目 1043 个，总投资 1.97 万亿元，退库（因多种因素变化而不再采用 PPP 模式）254 个；第二批 PPP 推介项目 1488 个，总投资 2.26

万亿元，退库 518 个；第三批 PPP 推介项目 1233 个，总投资 2.14 万亿。[①]

表 1　财政部前三批 PPP 示范项目执行情况表

年度	申报数	入选数	调出数	实际数	投资额（亿元）	落地数	落地率（%）
2014	279	30	8	22	714	22	100
2015	792	206	44	162	4861	162	100
2016	1174	516	3	513	11933	413	80.5
合计	2245	752	55	697	17508	597	85.7

资料来源：《在规范中引领 PPP 稳步发展——财政部公布第四批 PPP 示范项目》，见财政部网站，2018-02-07。

2. 2017 年推出 PPP 示范项目和推介项目

2017 年 7 月，财政部会同其他行业部委开展第四批 PPP 示范项目申报工作；11 月，评选工作开始。2018 年 2 月，第四批 PPP 示范项目公布，在 1226 个申报项目中，396 个项目入选，总投资额约 7588 亿元（参见表 2）。第四批示范项目是在 PPP 经历清理整顿和发展低潮后重新崛起的。前三期的示范项目中，每一期在数量和投资规模上都较前一期有较显著增长；第四期相比较于第三期，数量和投资规模分别下降了 23.3% 和 35.2%，反映出 PPP 在挤水分，去伪存真。同时，入选项目的成熟度提高，396 个入选项目中已落地项目 247 个，投资额 4761 亿元，占比均超 60%。从分布领域看，农业、旅游、教育、文化、体育、养老等基本公共服务领域项目共 91 个，占比为 23%，而市政、交通、环保、城镇综合开发等领域的项目数下降。从地域分布看，东、中、西部地区项目数分别为 96 个、142 个和 158 个；山东、云南、湖北项目数排名前三，分别为 38 个、36 个和 32 个；浙江、云南、四川投资额排名前三，分别约为 808 亿元、746 亿元和 629 亿元。[②]

表 2　财政部公布的第四批 PPP 示范项目简况表

地区	项目数	领域	总投资（万元）
北京	6	交通、科技、生态、市政	1737553.45
上海	1	文化	17951
河北	19	交通、市政、教育、体育、生态、农业、城镇综合开发	2773040
山西	7	市政、旅游、养老	296071
内蒙古	17	交通、市政、养老、旅游、教育、生态、体育、科技	1481801

[①] 郭鹏. 发改委第三批 PPP 项目额达 2.14 万亿 落地有望加速[EB/OL]. (2016-09-22). http://www.h2o-china.com/news/246616.html.

[②] 在规范中引领 PPP 稳步发展——财政部公布第四批 PPP 示范项目[EB/OL]. (2018-02-07). http://www.cpppc.org/zh/pppyw/6436.jhtml.

续表

地区	项目数	领域	总投资（万元）
辽宁	2	市政、养老	106994
吉林	11	市政、水利、体育、农业、养老、安居工程	1625476
黑龙江	2	市政、文化	134621
江苏	4	交通、旅游、体育	1567375
浙江	11	交通、水利、市政、文化、城镇综合开发	8075060
安徽	17	市政、教育、生态、农业、安居工程、城镇综合开发	1470565
福建	22	交通、林业、市政、生态、能源、水利	5043839.78
江西	7	市政、旅游、安居工程	470104
山东	36	交通、能源、市政、体育、教育、旅游、农业、生态等	3559268
河南	27	交通、市政、文化、旅游、教育、农业、能源、生态等	4603282
湖北	32	市政、生态、教育、文化、水利、林业、农业、旅游等	6135807
湖南	19	交通、市政、水利、农业、文化、旅游、科技	1976937
广东	10	交通、市政	1637403
广西	10	市政、生态、城镇综合开发	1351912
海南	1	教育	9953
重庆	1	交通	242100
四川	25	交通、市政、教育、体育、养老、旅游、生态	6290420
贵州	19	交通、市政、旅游、生态、教育	4792520
云南	36	交通、教育、旅游、市政、水利、生态、体育、农业等	7463589
西藏	1	科技	331300
陕西	17	交通、市政、养老、教育、旅游、文化、水利	5894165
甘肃	8	交通、市政、养老	1331513
青海	2	市政	16318
宁夏	4	市政、交通、水利	583701
新疆	16	交通、市政、文化、科技、基础设施	4610133
兵团	3	市政、其他	161219
青岛	2	交通、市政	35953
厦门	1	市政	56500
合计	396		75884394.2

资料来源：《财政部关于公布第四批政府和社会资本合作示范项目名单的通知》，见财政部网站，2018-02-06。

　　国家发展改革委和财政部还以典型案例、项目库、案例集萃等形式，集中向社会展示典型 PPP 项目的实施情况。2017 年 5 月，国家发展改革委选定了宁夏回族自治区中宁县能源互联网项目等 43 个项目作为第二批 PPP 项目典型案例；[①]同年 7 月，国家发展改革委公布了重大市政工程领域重点 PPP 项目名单，北京市通州中心城区停车场项目等 44 个项目入选。[②]财政部政府与社会资本合作中心在 2016 年展示了 39 个示范项目情况的基础上，2017 年选了 10 个项目做成《PPP 示范项目案例选编（第一辑）》（见表 3）。

表 3　2017 年财政部发布的 PPP 示范项目案例简况表

项目名称	地区	签约时间	运作方式
安徽池州市主城区污水处理及市政排水设施 PPP 项目	安徽	2014	TOT+BOT
江苏南京市城东污水处理厂和仙林污水处理厂 PPP 项目	江苏	2015	TOT
湖南永州市中心城区生活垃圾焚烧发电 PPP 项目	湖南	2015	BOT
云南大理市洱海环湖截污工程 PPP 项目	云南	2015	BOT+DBFO
浙江丽水市丽阳溪水系综合整治工程 PPP 项目	浙江	2015	BOT
湖南长沙市地下综合管廊 PPP 项目	湖南	2016	TOT+BOT
贵州六盘水市地下综合管廊 PPP 项目	贵州	2015	BOT
安徽安庆市外环路工程 PPP 项目	安徽	2015	DBFOT
河南洛阳市市政道桥 PPP 项目	河南	2015	BOT
河北唐山市滦县赤曹线滦州至青坨营段工程 PPP 项目	河北	2016	BOT

资料来源：根据财政部政府与社会资本合作中心网站"PPP 项目案例集萃"相关内容整理。

　　2016 年，财政部启动全国 PPP 综合信息平台项目库，收集和发布全国 PPP 项目信息。截至 2017 年 12 月末，全国 PPP 综合信息平台项目库共收录 PPP 项目 14424 个，总投资额 18.2 万亿元；其中，处于准备、采购、执行和移交阶段项目共 7137 个，投资额 10.8 万亿元，覆盖 31 个省（自治区、直辖市）及新疆兵团和 19 个行业领域。[③]

　　3. 地方政府不断推介 PPP 项目

　　地方政府是 PPP 项目的实际操作者，他们除了向中央政府上报项目争取进入示范项目、获得资金支持外，也在不断推出较大量的 PPP 项目，扩大 PPP 的实践规模。2017 年 1 月，浙江省温州市发改委公布第四批 PPP 推介项目，包括市政、

　　① 国家发展改革委确定第二批 PPP 项目典型案例名单[EB/OL]. (2017-05-24). http://tzs.ndrc.gov.cn/zttp/PPPxmk/gzdt/201705/t20170524_848426.html.

　　② 国家发展改革委办公厅关于印发重大市政工程领域重点 PPP 项目名单的通知[EB/OL]. (2017-07-26). http://tzs.ndrc.gov.cn/zttp/PPPxmk/gzdt/201707/t20170726_855539.html.

　　③ 中国第四批 PPP 示范项目出炉记：396 个示范项目，投资总额 7588.44 亿元[EB/OL]. (2018-02-06). http://www.ceweekly.cn/2018/0206/218720.shtml.

能源、公共服务等三大领域九个专项共 23 个项目，总投资达 286 亿元（见表 4）。2017 年 5 月，内蒙古自治区财政厅 283 个上报项目确定呼和浩特市哈拉更干沟综合治理一期工程及二期工程一标段 PPP 项目等 81 个项目纳入自治区 PPP 推介第四批（第一部分）项目库，并向社会公开推介。[1]2017 年 5 月，河北省在上海举行 PPP 项目推介会，推出运作规范、进展较快、有融资需求的 43 个项目，总投资 636 亿元。[2]

表 4　2017 年 1 月温州市第四批 PPP 推介项目简况表

行业领域	项目名称
市政工程	温州市鹿城区城市生活垃圾转运作业市场化项目
	瓯海区污水处理厂运营项目
	乐清市污水处理厂一级 A 提标改造工程
	瑞安市江北污水处理厂一级 A 提标改造工程
	瑞安市江南污水处理厂一级 A 提标改造工程
	瑞安市生活垃圾焚烧发电厂改扩建工程
	永嘉县瓯北阳光大道东向延伸二期及防洪堤建设工程
	瓯海区会昌滨水主题公园
	永嘉县瓯北双塔公园
	雁荡山东方文化博览园停车场建设工程
	瑞安市东新产城项目
	温州市人民广场综合改造一期项目
	龙湾二期 3＃围区片区开发建设项目
能源	乐清市充电基础设施项目
公共服务	龙湾潭国家森林公园
	瓯海区仙湖平原水库及旅游度假区（核心区）
	瓯海区泽雅湖旅游 PPP 项目
	平阳县南雁景区项目
	楠溪江生态绿道
	瑞安市东新产城高级中学 PPP 项目
	永嘉县职业教育中心一期工程
	浙南产业集聚区乐育小镇学校 PPP 项目
	永嘉县人民医院迁建工程

资料来源：《浙江温州市第四批 PPP 推介本发布》，见中国水网，2017-01-19。

（二）促进和规范 PPP 发展的政策法规不断完善

2017 年，国务院办公厅、财政部、国家发展改革委等部门为促进和规范 PPP

---

① 内蒙古推介第四批(第一部分)PPP 项目[EB/OL]．(2017-11-07)．http://huanbao. bjx.com.cn/news/20171107/859830.shtml.

② 河北省财政厅推介有融资需求 PPP 项目 43 个、投资额 636 亿元[EB/OL]．(2017-05-12)．http://www.cpppc.org/zh/ppptjh/5067. jhtml.

发展，出台了一系列政策、法规和文件（见表 5）。2017 年 3 月的《政府工作报告》连续第三年提到 PPP，强调"深化政府和社会资本合作，完善相关价格、税费等优惠政策，政府要带头讲诚信，决不能随意改变约定，决不能'新官不理旧账'"。此前，2017 年 2 月，国务院办公厅在《关于印发国务院 2017 年立法工作计划的通知》中明确 2017 年立法工作计划包括基础设施和公共服务项目引入社会资本条例；7 月，《基础设施和公共服务项目引入社会资本条例（征求意见稿）》出台，意味着我国首部 PPP 法将出台。

表 5　2016 年中央政府发布的有关 PPP 的法规和政策文件简况表

名　称	发布部门	时间
关于创新农村基础设施投融资体制机制的指导意见	国务院办公厅	2017 年 2 月
关于进一步激发社会领域投资活力的意见	国务院办公厅	2017 年 3 月
关于加快推进畜禽养殖废弃物资源化利用的意见	国务院办公厅	2017 年 5 月
关于进一步激发民间有效投资活力促进经济持续健康发展的指导意见	国务院办公厅	2017 年 9 月
政府和社会资本合作（PPP）综合信息平台信息公开管理暂行办法	财政部	2017 年 1 月
关于进一步做好重大市政工程领域政府和社会资本合作（PPP）创新工作的通知	国家发展改革委、住建部	2017 年 2 月
政府和社会资本合作（PPP）咨询机构库管理暂行办法	财政部	2017 年 3 月
关于进一步规范地方政府举债融资行为的通知	财政部等	2017 年 4 月
政府和社会资本合作（PPP）项目专项债券发行指引	国家发展改革委	2017 年 4 月
关于银行业风险防控工作的指导意见	银监会	2017 年 4 月
关于坚决制止地方以政府购买服务名义违法违规融资的通知	财政部	2017 年 5 月
关于深入推进农业领域政府和社会资本合作的实施意见	财政部、农业部	2017 年 5 月
关于保险资金投资政府和社会资本合作项目有关事项的通知	保监会	2017 年 5 月
关于规范开展政府和社会资本合作项目资产证券化有关事宜的通知	财政部等	2017 年 6 月
地方政府收费公路专项债券管理办法（试行）	财政部等	2017 年 6 月
关于政府参与的污水、垃圾处理项目全面实施 PPP 模式的通知	财政部等	2017 年 7 月
关于加快运用 PPP 模式盘活基础设施存量资产有关工作的通知	国家发展改革委	2017 年 7 月
关于运用政府和社会资本合作模式支持养老服务业发展的实施意见	财政部等	2017 年 8 月
关于加快东北粮食主产区现代畜牧业发展的指导意见	农业部	2017 年 8 月
关于促进储能技术与产业发展的指导意见	国家发展改革委	2017 年 9 月
关于发挥民间投资作用　推进实施制造强国战略的指导意见	工信部等	2017 年 10 月
关于规范政府和社会资本合作（PPP）综合信息平台项目库管理的通知	财政部	2017 年 11 月

名　　称	发布部门	时间
关于鼓励民间资本参与政府和社会资本合作（PPP）项目的指导意见	国家发展改革委	2017 年 11 月
关于加强中央企业 PPP 业务风险管控的通知	国资委	2017 年 11 月
收费公路政府和社会资本合作操作指南	交通运输部	2017 年 11 月
国家发展改革委关于鼓励民间资本参与政府和社会资本合作（PPP）项目的指导意见	国家发展改革委	2017 年 12 月

资料来源：根据财政部政府与社会资本合作中心网站"政策法规"栏目和发改委网站"PPP 专栏""政策法规"栏目相关内容整理。

此外，越来越多的政府部门的工作计划和安排中出现有关 PPP 的内容。地方政府为配合推进和规范 PPP，也出台了一系列相关的政策和文件（见表 6）。

表 6　2016 年地方政府发布的部分有关 PPP 的法规和政策文件

名　　称	地区	时间
关于政府采购评审专家劳务报酬支付标准的通知	湖北	2017 年 3 月
关于进一步推进政府和社会资本合作模式（PPP）的实施意见	宁夏	2017 年 5 月
四川省政府与社会资本合作项目库管理办法	四川	2017 年 6 月
北京市政府和社会资本合作（PPP）项目库管理办法	北京	2017 年 8 月
关于在公共服务领域深入推进政府和社会资本合作工作的通知	云南	2017 年 8 月
醴陵市人民政府和社会资本合作（PPP）项目操作办法（试行）	湖南	2017 年 8 月
四川省政府与社会资本合作（PPP）项目财政承受能力论证办法	四川	2017 年 11 月
关于加强政府和社会资本合作（PPP）咨询机构管理工作的通知	福建	2017 年 11 月
关于进一步鼓励、支持民营资本参与政府和社会资本合作（PPP）项目的实施意见	江苏	2017 年 11 月
江苏省 PPP 融资支持基金实施办法	江苏	2017 年 12 月

资料来源：根据财政部政府与社会资本合作中心网站"政策法规"栏目相关内容整理。

（三）PPP 发展的各种支持措施更加丰富

PPP 基金推动项目发展。成立于 2016 年 3 月的中国政府和社会资本合作融资支持基金（中国 PPP 基金），是政府支持 PPP 项目融资的重要举措。PPP 基金通过市场化、专业化运作，充分发挥"引导、规范、增信"作用，引导和规范 PPP 项目合作，培育高效、规范、透明、统一的 PPP 市场。截至 2018 年 4 月 30 日，中国 PPP 基金在全国的已决策项目 102 个，涉及总投资额超过 8000 亿元；已拨款项目 37 个，涉及总投资额超过 2700 亿元。①

广泛开展 PPP 国际合作。2016 年 12 月，全球基础设施中心项目库正式在线启动，将帮助各国政府部门开发和推进基础设施项目，促进项目融资，支持政府和社会资本合作。中国和澳大利亚、韩国等国为项目库提供并发布了首批项目。2017 年 9 月 4 日，金砖国家领导人在厦门举行第九次会晤，金砖国家财政部长和央行行长会议通过了《金砖国家政府和社会资本合作良好实践》，就 PPP 合作达成两项共识：分享 PPP 经验，开展金砖国家 PPP 框架良好实践；金砖国家成立临时工作组，就通过多种途径开展 PPP 合作进行技术性讨论，包括如何根据各国经验利用多边开发银行现有资源、探讨成立一个新的 PPP 项目准备基金的可能性等。

PPP 培训工作持续开展。2017 年 12 月 7 日至 8 日，国家发展改革委投资司在北京举办了全国发展改革系统规范有序推广 PPP 模式业务培训班，参加人数约 100 人。中国财政学会公私合作研究专业委员会主办"中国公私合作（PPP）产业大讲堂"，2017 年共举办 27 期 PPP 培训公开课，另外还举办 12 期专题课、内训课。财政部所属的北京国家会计学院 2017 年举办了 14 期"政府和社会资本合作（PPP）模式实战操作高级研修班"，重点解决 PPP 实战操作的规范问题。地方政府和高校都在积极开展 PPP 培训，如 2017 年 6 月 7 日至 9 日，湖南省发改委举办了"全省政府和社会资本合作（PPP）业务培训班"，参加人数超 400 人；2017 年浙江大学也举办了"政府与社会资本合作（PPP）模式高级研修班""宁波城建投资集团 PPP 运营模式及项目管理专题培训班"等。

（四）PPP 模式助力"一带一路"倡议加速实现

"一带一路"倡议自 2013 年提出以来，进展迅速；在中国政府的大力推进下，沿线国家基础设施等领域的建设发展较快，需求旺盛。PPP 模式则是基础设施建设的新型融资模式，为民间和私营资本提供了参与基础设施建设的机会。正是在这种背景下，"一带一路"倡议与 PPP 模式实现了结合。

2017 年 1 月，国家发展改革委等 13 个部门和单位共建"一带一路"PPP 工作机制，与沿线国家在基础设施等领域加强合作，积极推广 PPP 模式。②2017 年 5 月在中国举行的"一带一路"国际合作高峰论坛开幕式上，习近平主席提出"要推广 PPP"；随后，国家发展改革委与联合国欧洲经济委员会就"一带一路"PPP 合作签署《谅解备忘录》，就帮助"一带一路"沿线的联合国欧洲经济委员会成员国建立健全 PPP 法律制度和框架体系、筛选 PPP 项目典型案例、建立"一带一路"PPP

---

① 中国 PPP 基金网"投资管理"栏目 http://www.cpppf.org/investment/index.html.
② 国家发展改革委同 13 个部门和单位建立"一带一路"PPP 工作机制[EB/OL].（2017-01-06）. http://tzs.ndrc.gov.cn/zttp/PPPxmk/gzdt/201701/t20170106_834560.html.

国际专家库和对话机制等方面做了具体约定。2017 年 10 月 27 日，对外经济贸易大学"一带一路"PPP 发展研究中心成立，这是对外经济贸易大学、财政部政府和社会资本合作中心、商务部国际贸易经济合作研究院、国家开发银行、中国进出口银行合作平台的专业研究机构，将依托合作单位在 PPP、国际贸易、投融资和法律等领域的优势，发展成为"一带一路"PPP 高端智库，助力中国企业运用 PPP 模式积极参与"一带一路"国家的基础设施和公共服务项目。

（五）PPP 的整顿和规范发展

PPP 在快速发展的过程中，也不可避免地出现了一些问题，其中以 PPP 名义举借地方债务最为突出。虽然中国政府在推动 PPP 模式时就强调它是公共服务领域的一项供给侧改革，但实践中它更多地被作为一种新的融资手段，这就导致 PPP 与地方政府债务之间存在割不开的关联。由于在基础设施和公共服务领域中，一些领域和项目是没有经营性收入的，社会资本自然也不会青睐这些项目，于是，不少地方政府向社会资本方承诺本金回购、给予最低收益等，即明股实债，最终仍由财政兜底风险。这显然是与地方债"规范化"管理、控制隐性债务等政策目标不一致的。2016 年 10 月，财政部就印发了《政府和社会资本合作项目财政管理暂行办法》，明确要严禁以 PPP 项目名义举借政府债务。2017 年 4 月，财政部发布《关于进一步规范地方政府举债融资行为的通知》，严禁借 PPP 变相举债融资行为；11 月，财政部发布《关于规范政府和社会资本合作（PPP）综合信息平台项目库管理的通知》，明确 3 种情况下项目不能入库，5 种情形下已入库项目要退库，给地方政府借 PPP 模式变相融资划了整改红线；随后，国资委印发《关于加强中央企业 PPP 业务风险管控的通知》，从强化集团管控、严格准入条件、严格规模控制、优化合作安排、规范会计核算、严肃责任追究 6 个方面来防范央企参与 PPP 的经营风险。这些整改和规范措施的效果在 2018 年将会有明显体现。

二、2017 年政府与社会资本合作（PPP）研究综述

2017 年，有关政府与社会资本合作（PPP）的研究增长仍然很显著。2015 年，CNKI 数据库收集的以"政府与社会资本合作"或"PPP"为篇名的论文为 1200 多篇，以其为主题的则为 1800 多篇；2016 年，这两项分别为 2200 多篇和 3200 多篇；2017 年则分别达到 5199 篇和 7382 篇。从学科上看，相关研究分布于经济（金融、财政）、法学、政治、公共管理、管理工程、系统工程、环境工程等多个学科。综合来看，这些研究主要集中在 PPP 的资产证券化、新的应用领域、风险及监管、财政税收和定价问题、经验借鉴、各相关因素及其关系等方面。

（一）PPP 项目资产证券化

2017 年是中国 PPP 项目资产证券化的破冰之年。虽然真正实现 PPP 资产证券化的产品并不多，但对这一优势和困难并存的新生事物，相关研究也已经展开。徐苏云等在论证"PPP+资产证券化"融资模式可行性的基础上，探讨了交易模式、交易结构设计、适用范围和操作要点，并针对当前 PPP 项目中采用资产证券化融资存在的问题提出相关建议。[①]侯丽等介绍了资产支持计划、资产支持票据、资产支持专项计划三种 PPP 项目资产证券化模式，并通过案例解析了 PPP 项目资产证券化的操作实务。[②]郭宁等基于资产证券化理论和资产证券化的定价原理，分析了我国 PPP 模式进行资产证券化的可行性，对比资产证券化定价的三种方法，认为期权调整利差法更适合 PPP 模式资产证券化定价。[③]星炎认为 PPP 项目周期与现有资产支持证券（ABS）产品设计不匹配、基础资产标准化难度大、多数 PPP 项目的信息不透明是阻碍 PPP 项目资产证券化的三大问题，同时存在部分社会资本借机"甩包袱"、收费权抵质押与证券化之间存在法律风险、破产隔离效果有限阻碍市场交易等风险，并在借鉴英国经验的基础上就有序开展 PPP 项目资产证券化给出相关的政策建议。[④]刘成云总结了不同类型城市综合开发 PPP 项目资产证券化的实施路径。[⑤]

（二）PPP 模式的应用领域

PPP 模式的应用领域在 2017 年的学术研究中仍然受到重视，传统的公用事业、水利水务、环境保护，以及新型城镇化、医疗健康、土地开发等新领域如何更好发挥 PPP 模式的优势，是 2017 年学术探讨的关注点。谢海林等根据我国基础设施建设中 PPP 模式的应用状况和发展进程，提出"互联网+PPP"运作模式，并论证了需要完善的相关配套政策支持。[⑥]李金龙等以安徽 C 市为例，探讨了将 PPP 应用于城市污水处理的项目特点、实践价值和存在的问题、改进措施等。[⑦]陈然然等将物有所值方法应用到 PPP 模式的评估中，分析了物有所值定性和定量评价方法，为污水处理 PPP 模式的推广提供了科学依据。[⑧]常亮等认为 PPP 模式有助于流域管理的市

① 徐苏云，徐婷.PPP 项目引进资产证券化投融资模式探讨[J]. 建筑经济，2017(12)：96-99.

② 侯丽，宋金波，张超.PPP 项目资产证券化实务解析[J]. 建筑经济，2017(7)：14-17.

③ 郭宁，安起光.PPP 模式资产证券化定价研究——基于期权调整利差模型的分析[J]. 山东财经大学学报，2017(1)：11-18，27.

④ 星炎. 我国 PPP 项目资产证券化中的问题与对策[J]. 证券市场导报，2017(5)：40-44，52.

⑤ 刘成云. 城市综合开发领域 PPP 项目资产证券化的应用探索[J]. 建筑经济，2017(7)：73-77.

⑥ 谢海林，王国华，杨腾飞. 我国基础设施建设的互联网+PPP 模式及其政策支持研究[J]. 中国行政管理，2017(4)：88-92.

⑦ 李金龙，丁欣. 供给侧结构性改革中 PPP 应用于城市污水处理的实证研究——以 C 市为例[J]. 云南社会科学，2017(3)：135-142.

⑧ 陈然然，丰景春，薛松. 基于 VFM 的污水处理项目 PPP 模式适用性研究[J]. 中国农村水利水电，2017(1)：49-53，57.

场化，并基于契约理论和委托代理理论构建了流域管理 PPP 模式项目契约多任务委托代理（Holmstrom-Milgrom）模型。[1]张书源等分析了辽河流域污染防治投融资现状，认为 PPP 模式能够拓宽资金来源、拓展市场主体参与，是解决辽河流域污染防治投融资问题的重要发展途径。[2]庞洪涛等剖析了 2 个流域水环境综合治理 PPP 项目的运营特点，总结了其成功经验，为 PPP 模式在水环境综合治理领域的应用提供指导。[3]郭伟分析了 PPP 模式应用于国土绿化建设项目的意义，提出了 PPP 模式应用于国土绿化建设项目的相关建议和意见。[4]刘亦晴等分析了废弃矿山环境治理 PPP 模式的实用性、PPP 项目具体的设计方法、如何吸引社会投资等问题。[5]郝涛等探讨了如何通过 PPP 模式来实现养老服务的有效供给。[6]史煜娟分析了公共图书馆服务体系推行 PPP 模式的必要性和可行性，以及当前面临的障碍和未来的挑战。[7]欧纯智等认为 PPP 模式是解决当前公立医院财政投入不足、不良产能过剩、难以有效满足患者多元医疗健康诉求等问题的有力工具，并提出构建医疗健康公益服务供给 PPP 模式的具体思路。[8]封欣蔚等探讨了将 PPP 模式引入医疗领域的背景和现实障碍，并从法律法规、监管机制、风险分担和防范国有资产流失等方面提出对策建议。[9]陈梦龙等归纳出精准扶贫中可以采用 PPP 模式的十大具体项目，并分析了可能的 PPP 模式捆绑开发机制。[10]郑生钦等探讨了棚户区改造项目应用 PPP 模式的可行性，并就 PPP 结构、运作流程等关键问题作出设计。[11]姚伟坤在比较不同的科技园区开发模式后，认为 PPP 模式具有比较优势，并设计了具体的回报机制、政府补贴方式和运作方式等。[12]赵超越等对 PPP 模式在铁路土地综合开发中的应用进行了全面的分析，总结了其中存在的几个关键问题，并提出相应

① 常亮，刘凤朝，杨春薇. 基于市场机制的流域管理 PPP 模式项目契约研究[J]. 管理评论，2017(3)：197-206.

② 张书源，程全国，孙树林. 辽河流域污染防治 PPP 模式的适用性研究[J]. 环境工程，2017(1)：73-77.

③ 庞洪涛，薛晓飞，翟丹丹，等. 流域水环境综合治理 PPP 模式探究[J]. 环境与可持续发展，2017(1)：77-80.

④ 郭伟. 政府与社会资本合作模式(PPP) 在国土绿化建设项目中的应用[J]. 林业经济，2017(2)：71-74，96.

⑤ 刘亦晴，许春冬. 废弃矿山环境治理 PPP 模式——背景、问题及应用[J]. 科技管理研究，2017(12)：240-246.

⑥ 郝涛，徐宏，等. PPP 模式下养老服务有效供给与实现路径研究[J]. 经济与管理评论，2017(1)：119-125.

⑦ 史煜娟. PPP 模式在公共图书馆服务体系建设中的应用研究[J]. 图书与情报，2017(3)：78-83.

⑧ 欧纯智，贾康. 医疗健康服务供给的 PPP 模式探讨[J]. 求是学刊，2017(2)：49-56.

⑨ 封欣蔚，杨小丽，杨咪，等. PPP 模式在我国医疗领域的应用现状[J]. 卫生经济研究，2017(2)：14-18.

⑩ 陈梦龙，尹贻林. PPP 模式在精准扶贫工程中的应用研究——基于捆绑式开发的视角[J]. 建筑经济，2017(7)：78-82.

⑪ 郑生钦，马光德，司红运. 棚户区改造项目 PPP 模式应用研究[J]. 建筑经济，2017(3)：47-49.

⑫ 姚伟坤. 科技型产业园区 PPP 开发模式研究——以滁州高教城科创产业园开发为例[J]. 科技进步与对策，2017(9)：20-23.

发展建议。①王骅从科学规划、通过竞争选择合适的合作主体、规范管理等方面详细分析了 PPP 模式在上海土地二次开发中的应用。②谷晓明等总结了蒲江县沼肥转运领域利用 PPP 模式的试点经验，探讨 PPP 项目的可行性和环境效益，并提出改进建议，为农村畜禽养殖粪污综合治理提供了新的思路。③

（三）PPP 的风险及监管

风险是 PPP 项目建设不容回避的焦点之一。2017 年的研究成果中，对风险类型和分担比例等问题的探讨，相比前两年有所减少，但仍然受到部分学者的关注；特别是风险如何在私人部门内不同参与主体间合理分担，引起较多学者的注意。陈斌等基于文献研究构建了 PPP 项目风险评价指标体系，运用层次分析法-熵值法评价模型对 PPP 项目各风险指标进行权重计算，得出各风险评价指标的综合权重，确定各项风险对 PPP 项目的影响程度。④尹海滨研究认为 PPP 项目风险受政策风险、市场风险、运营风险、财务风险、开发风险的直接影响，影响程度由大到小依次为：市场风险＞开发风险＞财务风险＞运营风险＞政策风险。⑤张曾莲等通过梳理国内文献归纳 PPP 模式中主要涉及的 46 种风险，并对风险归属进行打分，得到普遍接受的风险分担比例，进而深入分析为 PPP 项目风险分担方法提供指导和建议。⑥张瑞等构建了政府部门、项目公司中专业公司和纯投资者三方相互威慑讨价还价模型，并得出相对应的子博弈纳什均衡，使项目风险在"政府"和"私人部门"之间合理分担的同时也可以在"私人部门"内部得到合理分配。⑦王蕾等首先运用合作博弈理论构建公共部门和私营部门的风险分担模型，并以某污水处理厂 PPP 项目为例对模型进行应用，求得最优风险分担比例。⑧陆雨认为 PPP 项目推进中地方政府面临地方财政风险和金融风险、政府信用风险、俘获风险、不完全契约风险，因而，地方政府应增强风险意识、提高风险认识水平，通过健全法律体系、强化制度建设、加强机构保障、重视能力培养等多方面来控制风险。⑨

①　赵超越，杜静，孟尚臻. 铁路土地综合开发中 PPP 模式的应用问题研究[J]. 铁道科学与工程学报，2017(1)：190-196.

②　王骅. 利用 PPP 模式推进上海土地二次开发研究[J]. 科学发展，2017(12)：53-62.

③　谷晓明，邢可霞，易礼军，等. 农村养殖户畜禽粪污综合利用的公共私营合作制(PPP) 模式分析[J]. 生态与农村环境学报，2017(1)：62-69.

④　陈斌，王蕾，刘群英. 基于 AHP——熵值法的 PPP 项目风险评价模型研究[J]. 工程管理学报，2017(2)：126-130.

⑤　尹海滨. 基于 SEM 的施工企业 PPP 项目风险因素及控制研究[J]. 青岛理工大学学报，2017(6)：122-128，134.

⑥　张曾莲，郝佳赫. PPP 项目风险分担方法研究[J]. 价格理论与实践，2017(1)：137-140.

⑦　张瑞，张义祝. 基于三方相互威慑讨价还价模型的 PPP 项目风险分担[J]. 武汉理工大学学报，2017(1)：558-563.

⑧　王蕾，赵敏，彭润中. 基于 ANP-Shapley 值的 PPP 模式风险分担策略研究[J]. 财政研究，2017(6)：40-50.

⑨　陆雨. PPP 推进中地方政府风险因素分析及对策研究[J]. 财政科学，2017(3)：76-81，109.

　　更多关于风险问题的研究集中在某个领域或某种类型更具实用性的 PPP 项目研究上。高武等运用非线性回归计量方法研究了大型 PPP 项目风险受宏观环境、微观环境、主体能力及合作关系等多种因素影响而平稳演化的规律，认为在无突变因素影响情况下，项目风险与影响变量之间存在稳定均衡的非线性关系。①陈恺文等从 PPP 项目残值风险的知识管理的角度出发，构建残值风险的本体知识库并结合具体案例进行应用分析。②吴淑莲从减少 PPP 项目再谈判的角度识别了再谈判的关键风险因素，并设计了 PPP 项目再谈判的操作规程。③陈龙等从文献中归纳出 18 个 PPP 医疗项目的风险因素，再通过调查问卷得到专家对风险分担的定性判断结果，最后得出 PPP 医疗项目的风险分担方案。④闫继文等总结出城市轨道交通 PPP 项目关键风险因素集，即 7 个一级风险因素和 21 个二级风险因素，并根据风险因素评估结果提出风险应对措施。⑤危恒昌等应用基于风险偏好的讨价还价博弈模型，确定了城市基础设施 PPP 项目风险在政府部门和社会资本方之间的分担比例，以及社会资本方初步承担的风险中社会资本投资方、总承建方及运营方最后各自承担的比例。⑥宋博等提出基于有序加权平均（OWA）与灰色聚类的城市轨道交通 PPP 融资风险评价方法，并应用构建的模型对郑州地铁 1 号线一期工程 PPP 融资风险进行评价。⑦刘红勇等针对 PPP 模式下建筑垃圾资源化处理项目风险，运用熵权法和模糊综合评价法构建项目风险分担模型，并采用专家打分法，将模型运用到实践中，得到有效合理的风险分担方案。⑧

　　从保证项目建设和运营、实现利益共享和风险分担等角度出发，PPP 项目的监管也受到了研究者的关注。王俊豪等在分析城市公用事业 PPP 现行监管制度不足的基础上，提出应建立监管法规政策完善、监管机构执行有力、监管绩效评价科学的现代监管体系。⑨肖北庚等认为当前 PPP 项目推进中行政监管权呈双重监管的态势，不利于法律统一，应该使 PPP 模式行政监管权制度设计符合其生成逻辑。⑩向鹏程等

　　① 高武，洪开荣，潘彬. 大型 PPP 项目平稳演化风险非线性回归测度模型及实证分析[J]. 科技管理研究，2017 (8)：216-222.

　　② 陈恺文，徐鑫，袁竞峰，等. PPP 项目残值风险本体知识库的构建与应用[J]. 科技管理研究，2017(2)：201-206.

　　③ 吴淑. PPP 项目再谈判关键风险因素识别与操作规程设计[J]. 工程管理学报，2017(3)：70-74.

　　④ 陈龙，冯蕾. PPP 医疗项目风险分担定性分析[J]. 中国卫生政策研究，2017(3)：7-11.

　　⑤ 闫继文，王海平. 城市轨道交通 PPP 项目风险评估研究[J]. 价值工程，2017(2)：1-6.

　　⑥ 危恒昌，王军武，程康，等. 城市基础设施 PPP 项目风险分担博弈模型研究[J]. 建筑经济，2017(4)：71-75.

　　⑦ 宋博，武瑞娟，牛发阳. 基于 OWA 与灰色聚类的城市轨道交通 PPP 融资风险评价方法研究[J]. 隧道建设，2017(4)：435-441.

　　⑧ 刘红勇，袁梦婷，吴之路，等. PPP 模式下建筑垃圾资源化处理项目风险分担模型研究[J]. 科技进步与对策，2017(9)：92-96.

　　⑨ 王俊豪，徐慧，冉洁. 城市公用事业 PPP 监管体系研究[J]. 城市发展研究，2017(4)：92-99.

　　⑩ 肖北庚，周斌. PPP 模式行政监管权之生成逻辑及配置[J]. 财政理论与实践，2017(1)：139-144.

提出了可测量 PPP 项目监管绩效的 7 个指标因素和影响 PPP 项目监管的 6 大因素及其 26 个可测量的子因素，从而构建 PPP 项目监管绩效影响因素的结构方程模型。[①] 邹东升等从避免公共利益受损出发，从效率与公平、合理、均衡的角度，构建了城市水务 PPP 项目政府规制绩效指标体系。[②]

（四）PPP 的财政税收及价格问题

财政投资和税收政策对 PPP 模式的发展影响重大，财政支持力度、税收优惠幅度是吸引民间资本参与 PPP 项目的重要措施。2017 年，学者们继续对该领域予以关注。杜杨等在考虑政府和社会投资方风险偏好差异的基础上，为 PPP 项目设计了一种基于政府部分承担建设投资的混合补偿契约改进前补贴模式，并进一步研究了补偿契约的影响因素和适用范围。[③]辛连珠针对 PPP 项目常见的使用者付费、政府付费和可行性缺口补助三种付费方式，认为不能因为项目付费方式不同，项目公司获得项目运行补偿的税收政策就不同。[④]孙梦迪等认为现行 PPP 项目存在重复征税、财政补贴的所得税免税、对政府出让的股息红利征税等问题与争议，提出免除因 PPP 项目而产生的额外税收负担、区分 PPP 项目获得的政府补助类别适用不同税收政策等具体建议。[⑤]

定价问题是 PPP 项目利益分配的核心，采用何种定价机制对 PPP 项目往往具有决定性的影响。郭斌等构建了基于完全信息状态下的博弈定价模型，并通过具体案例验证其可行性，以为政企各部门提供参考。[⑥]杜亚灵等通过文献分析得到 PPP 项目超额利润分享中的固定式和阶梯式两种常用方式，并具体分析了不同方式下的实施办法。[⑦]

（五）PPP 项目中各主体及其关系

PPP 项目包含契约双方，除政府外，社会资本还涉及多种主体，因而 PPP 模式是一种复杂的关系模式。如何理顺参与各方间的关系，是学者们关注的重点。马恩涛等运用社会网络分析方法对 PPP 项目所涉及的众多参与方及其之间的复杂网络关

① 向鹏程，黄四宝，蒋秋燕. 基于 SEM 的 PPP 项目监管绩效影响因素分析[J]. 建筑经济，2017(4)：56-62.

② 邹东升，包倩宇. 城市水务 PPP 的政府规制绩效指标构建——基于公共责任的视角[J]. 中国行政管理，2017(7)：98-104.

③ 杜杨，丰景春. 基于公私不同风险偏好的 PPP 项目政府补偿机制研究[J]. 运筹与管理，2017(11)：190-199.

④ 辛连珠. PPP 项目付费机制税收问题研究[J]. 税务与经济，2017(2)：85-88.

⑤ 孙梦迪，邢丽. PPP 项目税收政策与管理[J]. 财政科学，2017(2)：55-63.

⑥ 郭斌，张晶. PPP 模式下准经营性项目产品定价问题研究：模型建构与案例验证[J]. 现代财经，2017(5)：26-35.

⑦ 杜亚灵，柯丹，丁鹏杰. PPP 项目超额利润分享问题研究[J]. 工程管理学报，2017(1)：107-112.

系进行分析，建立起基础设施 PPP 项目各参与方契约关系的普适性框架。[①]任志涛等在分析多元主体异质性基础上，引入行动者网络理论，界定了人类行动者和非人类行动者在环保 PPP 项目中的角色与地位。[②]杜亚灵等的研究表明，PPP 项目的核心参与方中，公共代理机构对私人部门实施适当控制是项目成功的关键因素之一；[③]并采用结构方程模型对 89 个有效样本进行统计分析，开发了一套 PPP 项目中私人部门公平感知测量量表。[④]叶晓甦等运用结构方程建模的方法对我国城市基础设施 PPP 项目伙伴主体、公众参与、合作环境以及公共产品供给的相互关系进行实证研究，并就提升 PPP 伙伴主体间合作关系的质量提出建议。[⑤]谷民崇通过案例分析了 PPP 模式下政府、企业以及资本方在合作过程中的主体行为选择，剖析主体行为变异带来的合作困境导致项目破产，并提出推动 PPP 模式发展的政策性建议。[⑥]另有一些研究将问题集中于政府和社会资本双方。王守清等探讨了 PPP 项目控制权在政企间分配上存在的问题，并结合相关理论和国际经验提出对策建议。[⑦]陈慧等研究了土地整治 PPP 项目中地方政府和社会投资者的演化博弈，并就提高社会投资者的参与积极性提出具体措施。[⑧]民营企业如何参与 PPP 项目则是 2017 年相关研究中的新问题。宋健民等针对 PPP 项目中民营企业参与率低的现象，构建了民营企业参与 PPP 项目的制约因素指标体系，并找出其主要因素为政府、外部环境和 PPP 模式。[⑨]王俊豪等认为民营企业参与 PPP 存在着观念偏见和歧视、国有企业的挤占效应、政府承诺不确定等非正式制度壁垒。[⑩]

（六）PPP 的经验借鉴

中国的 PPP 模式还处于起步阶段，需要不断探索和完善，因此学习借鉴国外成熟的经验是必要的。2017 年有关 PPP 的研究中，借鉴国外经验仍然受到重视。裴俊

① 马恩涛，李鑫. PPP 模式下项目参与方合作关系研究——基于社会网络理论的分析框架[J]. 财贸经济，2017(7)：49-63，77.

② 任志涛，李海平，张赛，等. 环保 PPP 项目异质行动者网络构建研究[J]. 科技进步与对策，2017(9)：38-42.

③ 杜亚灵，赵欣，马辉，等. PPP 项目中公共代理机构对私人部门控制的构念与结构维度——基于扎根理论的探索性研究[J]. 软科学，2017(1)：130-135.

④ 杜亚灵，孙娜，柯丹. PPP 项目中私人部门公平感知量表的开发与验证[J]. 重庆大学学报，2017(3)：52-62.

⑤ 叶晓甦，石世英，刘李红. PPP 项目伙伴主体、合作环境与公共产品供给的关系研究——基于结构方程模型的分析[J]. 北京交通大学学报，2017(1)：45-54.

⑥ 谷民崇. "PPP 项目"主体合作与破裂的行为研究[J]. 科技管理研究，2017(2)：186-190.

⑦ 王守清，伍迪，彭为，等. PPP 模式下城镇建设项目政企控制权配置[J]. 清华大学学报，2017(4)：369-375.

⑧ 陈慧，安春晓，付光辉，等. 土地整治 PPP 模式中政府与社会投资者演化博弈研究[J]. 中国农业大学学报，2017(7)：163-172.

⑨ 宋健民，陶涛. 民营企业参与 PPP 项目的制约因素及措施研究[J]. 建筑经济，2017(7)：94-99.

⑩ 王俊豪，朱晓玲，陈海彬. 民营企业参与 PPP 的非正式制度壁垒分析——基于新制度经济学的视角[J]. 财经论丛，2017(6)：107-113.

巍等通过梳理英国 PPP 中心的历史沿革和制度设计，总结其演变规律与发展逻辑，认为我国应该借鉴其经验实行 PPP 管理模式创新，健全监管机制，并促进多元主体参与。[①]王健等运用关键绩效指标法对英俄两国 PPP 的具体情况进行比较，分析了中国推进 PPP 的宏观经济环境，指出当前 PPP 发展中存在的主要问题以及可能遇到的障碍，并提出对策建议。[②]高雨萌等从建造风险、运营风险、收益风险，以及政府和社会资本的合作关系四个方面分析了印度德里机场快线 PPP 项目失败的原因，并为我国轨道交通 PPP 项目提出良好的政府和社会资本的合作关系、合理的风险分担和严格的三方监管等建议。[③]张群等总结了美国和德国以特殊目的载体为主的 PPP 模式在推动"制造业+互联网"技术创新方面的成熟经验，建议我国要强化关键要素支持、完善法律制度与规则保障、合理制定特殊目的公司建设与运营机制等。[④]叶爱华等总结了海外 PPP 项目的成功经验，并为我国 PPP 项目提出确定项目标准、规范政府行为、强调契约关系、拓宽项目收益来源和优化项目成本结构等建议。[⑤]裴俊巍等将国外 PPP 监管体系概括为地方自主、中央主导和平行混合三种模式，在总结他国经验的基础上提出我国可以借鉴的监管措施。[⑥]马恩涛等总结了国外 PPP 政府债务风险管理的经验，提出我国应从 PPP 政府债务风险治理和制度框架设计、监督和评估、预算与会计管理以及信息披露和公开等方面，对 PPP 可能引发的政府债务风险进行预防和管理。[⑦]

（七）其他相关问题研究

2017 年有关 PPP 的研究还涉及存在的主要问题与反思、不成功的案例、项目治理、纠纷解决等。邢栋等认为政府公司具有灵活的机制、科学的授权、公平的分配、适度的监管等特征，可以成为我国 PPP 项目建设的理想模式。[⑧]顾永超分析了当前 PPP 模式的发展历程、推广现状和推广过程中遇到的障碍，从加快法制建设、成立专门监管机构、提供政策保障等方面提出政策建议。[⑨]裴俊巍等认为 PPP 并非"灵丹妙药"，需要以正确的态度和谨慎的方法看待，也需要通过开展网络治理建立新

① 裴俊巍，张克. 英国 PPP 中心的演变及经验借鉴[J]. 国家行政学院学报，2017(3)：124-127.

② 王健，汪伟勃. 英俄两国 PPP 模式的比较及对中国的启示——基于 KPI 方法的研究[J]. 复旦学报，2017(4)：125-133.

③ 高雨萌，王守清，冯珂. 印度德里机场快线 PPP 项目的失败原因与启示[J]. 建筑经济，2017(6)：27-31.

④ 张群，杨帅. 利用 PPP 模式推进"制造业+互联网"：国际经验与中国对策[J]. 税务与经济，2017(4)：21-27.

⑤ 叶爱华，陈银娥. 海外 PPP 项目的模式分析及完善我国 PPP 管理机制的启示[J]. 求是学刊，2017(2)：57-63.

⑥ 裴俊巍，曾志敏. 地方自主与中央主导：国外 PPP 监管模式研究[J]. 中国行政管理，2017(3)：151-156.

⑦ 马恩涛，李鑫. PPP 政府债务风险管理：国际经验与启示[J]. 当代财经，2017(7)：24-34.

⑧ 邢栋，郭晓珍. 政府公司——我国 PPP 项目理想模式之证成[J]. 税务与经济，2017(3)：18-23.

⑨ 顾永超. 供给侧改革背景下 PPP 模式热潮的冷思考[J]. 价值工程，2017(4)：229-233.

的合作流程，尤其需要提高保障公私合作可持续性的政府治理能力。[1]陈晓从国内案例出发，总结了 PPP 项目不成功的原因，提出完善政府和企业的定位，以及政府与企业间的关系等措施。[2]王琨也在案例分析的基础上总结了导致县域城镇化进程中 PPP 项目失败的 12 项客观因素以及项目参与主体的主观因素。[3]欧纯智从内部合法和外部有效的角度，构建了 PPP 走向善治的路径。[4]徐玖玖从经济法的角度探讨了解决 PPP 落地难的办法。[5]邢鸿飞等认为"行政+民事"的纠纷解决机制更有利于水利 PPP 项目的顺利实施及纠纷解决。[6]

　　总体上，文献反映出以下特点：其一，PPP 研究热度持续上升。2015 年、2016年、2017 年的文献连续 3 年都呈快速增长态势。其二，核心研究内容相对稳定，但研究不断深入。有关 PPP 的应用领域、风险和监管、税收和定价、主体及相互关系、经验借鉴等持续受到关注。其三，新的研究点出现。2017 年，有关 PPP 资产证券化、不成功案例等问题开始受到关注。

三、政府与社会资本合作（PPP）发展展望

（一）政府与社会资本合作（PPP）发展中的问题

1. PPP 发展不平衡

从地域上看，中西部地区 PPP 发展迅速，东部地区相对有所减缓。财政部发布的第三、四批 PPP 示范项目中，云南分别有 40 项和 36 项，投资额为 1702 亿元和746 亿元，而上海第三、四批示范项目数分别为 0 和 1 项。根据财政部 PPP 综合信息平台项目库信息，截至 2018 年 5 月，贵州省入库项目 520 项，而上海入库项目为2 项；截至 2017 年 6 月末，东部、中部、西部、东北入库项目数占比分别为 24.0%、17.5%、53.6%、4.9%。[7]从行业分布看，截至 2018 年 5 月，财政部 PPP 综合信息平台项目库中处于准备、采购、执行和移交阶段的 7268 个入库项目中，市政工程类2754 个，交通运输类 1085 个，二者合计占比 53%。

---

　　① 裴俊巍，曾志敏. 经济效率与政治价值：对公私伙伴关系（PPP）的反思[J]. 河北经贸大学学报，2017（5）：16-21.

　　② 陈晓. 基于案例分析的 PPP 不成功项目失败历程及启示[J]. 建筑经济，2017（5）：29-33.

　　③ 王琨. 基于典型案例的县域城镇化进程中 PPP 项目失败因素分析及启示[J]. 工程管理学报，2017（3）：64-69.

　　④ 欧纯智，政府与社会资本合作的善治之路——构建 PPP 的有效性与合法性[J]. 中国行政管理，2017（1）：57-62.

　　⑤ 徐玖玖. 走出公司合作制的落地难困境——外部性视野下 PPP 制度供给的经济法回应[J]. 江西财经大学学报，2017（3）：106-118.

　　⑥ 邢鸿飞，陆雨. 论我国水利 PPP 项目的纠纷及其解决[J]. 水利经济，2017（1）：9-12.

　　⑦ 财政部政府与社会资本合作中心网站"项目管理库" http://www.cpppc.org：8086/pppcentral/map/toPPPMap. do.

2. 民间资本参与率偏低

PPP 的初衷是吸引社会资本参与基础设施和公共服务建设，但在实践中，参与 PPP 的社会资本中国有企业占有相当比重，真正的民间资本参与并不是很高。截至 2017 年 6 月底，落地的 PPP 示范项目中国有独资企业占比超 30%，民营企业占比降至 37.1%。民间资本参与的行业数虽然有所增加，但落地规模、项目数占比分别减少至 48.16%、25.19%；从付费方式看，政府付费和可行性缺口补助分别占入库项目总数的 34.4%和 29.2%，落地项目中二者占比分别是 42.9%和 34.4%。[①] 这意味着财政资金在 PPP 中的参与度高，支付责任大多落在政府身上而不是使用者身上。

3. PPP 项目操作不规范，存在较大风险

PPP 模式从长远讲是在政府和社会资本之间形成伙伴关系，这是以长期的互惠合作为前提的。但在实际操作中，政府和投资方往往偏离这一初衷。从投资者看，当前最活跃的参与者是施工企业和财务投资人。施工企业参与的目的是避免招标而获得施工任务，从而获得高额的施工利润和投资回报，但他们不会关注项目运营和长期发展。各种 PPP 基金、信托基金等财务投资人为地方政府提供了短期融资，但他们追求的是短期投资回报率，而不会将资金长期投入某个项目来缓慢取得回报，因而必然要建立各种退出机制，确定政府回购期限和最低收益保证。这意味着政府表面上能够在投入较少资金甚至几乎没有资金投入的情况下上马一些项目，但却潜藏着巨大的债务风险。一旦项目利润低于最低收益保证或者到了回购期限，政府都需要以财政资金支付，这实际上是以隐蔽的方式显著增加了政府未来的负债压力。这些债务压力却是留给继任者的，而不是本届政府。这就使得 PPP 从理论上的"去杠杆"变成了实际上的"加杠杆"，也促成了 2017 年下半年的整顿和规范。

4. PPP 法律法规建设和规范管理方面仍存在不足

针对 PPP 实践中出现的问题，中央政府在不断出台政策进行查缺堵漏、引导规范，但政策代替不了法律，也很难解决 PPP 发展中面临的问题。如大多数的政策文件并没有就社会资本的风险分担和权益保护做出明确规定，而只是宽泛地指出做好政府与社会资本的风险分担；在地方政府信用体系不健全的情况下，民间资本对地方政府违约的担心会减弱投资意愿，同时，地方政府较高的负债也增加了民间资本对政府违约的担心。税收问题上，在法律法规没有出台的情况下，PPP 项目的增值税、企业所得税、契税等都没有明确的说法。在土地管理上，尚未有法律明确规定 PPP 项目用地管理的情况，项目公司如何获得土地使用权、土地增值税如何征收等，都面临不确定性。在 PPP 的管理机构上，目前，财政部与国家发展改革委仍然是双头管理，从而导致从 PPP 的基本含义、社会资本方的界定到融资方式等产生了一系

---

① 当前中国 PPP 的发展现状以及存在的问题[EB/OL]. (2017-09-22). http://www.sohu.com/a/193837604_263888.

列的差异，甚至一些矛盾和冲突。

5. PPP 专业人才和中介机构不足

PPP 热潮的兴起也催生了一批从业人员和机构，但是，PPP 涵盖领域广，实施起来较复杂，要求从业人员具备金融、财会、法律、工程等多方面的专业知识，这也导致不管是政府还是企业和第三方机构，都面临专业人才缺乏的难题，从业者往往是一知半解者。PPP 的快速生长也催生了大批相关咨询服务机构。特别是 2016 年 4 月财政部发布紧急通知，要求各地对纳入全国 PPP 综合信息平台项目库已进入准备、采购、执行等阶段的项目补充第三方中介机构信息，更是导致 PPP 中介机构业务疯涨，很多之前没有从事过 PPP 咨询，或者没有 PPP 运作经验的机构都加入其中。专业能力参差不齐、鱼龙混杂的 PPP 中介服务市场亟须规范。

（二）政府与社会资本合作（PPP）发展展望

1. PPP 在不断规范中发展。2017 年是 PPP 的规范年。随着被称为最严 PPP 政策的《关于规范政府和社会资本合作（PPP）综合信息平台项目库管理的通知》出台，中央政府着力推行以清理明股实债等增加地方政府债务负担为中心的各项措施，各地 PPP 项目的规范程度肯定会大大提升。虽然在自主上报的过程中，可能会出现一些地方政府对以前项目中的最低收益承诺和回购不主动上报的情形，但借 PPP 隐性举债等现象将会得到有效遏制，PPP 也会回到公私伙伴关系的正轨。实际上，2018 年上半年各地已经清退了一批不规范的 PPP 项目。

2. 吸引民间资本参与 PPP 项目将是下一步的工作重点。由于许多 PPP 项目的投资回报率预期低、资金投入量大、地方政府信用水平不高等，PPP 项目中民间资本总体参与度偏低。这种状况将随着各地清理、整顿 PPP 项目、相关法律规范出台、地方政府放弃通过 PPP 隐性举债等而逐步好转。当然，投资回报率仍然是核心因素。地方政府需要放弃通过 PPP 形式包装那些低收益甚至无收益的公共项目的做法，明确是通过使用者付费，还是政府付费和可行性缺口补助来保证投资者的收益。同时，在前期的快速扩张中，参与 PPP 的国有企业已经拿到足够的订单，执行落地成为其重点，引过度竞争导致的行业低回报率也将有所缓解，且政府对国有企业的进入也加以限制，这也会给民间资本更多的参与机会。

3. PPP 相关法律、法规更加健全，监管更加严密。首部 PPP 领域的法律《基础设施和公共服务项目引入社会资本条例》在完成征求意见和修改后将正式出台，这将在很大程度上解决 PPP 领域有政策、无法律的现象，统一规范诸多争议问题，使 PPP 形成系统、规范的制度模式。在 PPP 立法过程中，基本导向是管住政府、规范项目、吸引社会资本，对 PPP 领域存在的政府不恰当行使行政权力行为予以限制，解决政出多门、协调困难的问题。国资委发布的《关于加强中央企业 PPP 业务风险管控的通知》也强调从项目准入、规模实施、会计核算等方面加强央企开展 PPP 业务风险管控，明确 PPP 业务重大决策终身责任追究制度。由此，各种监管措施的加强会促进 PPP 的规范发展。

4. PPP 国际合作加强。PPP 将会成为"一带一路"沿线国家基础设施和公共服务主流国际合作的供给方式。践行"一带一路"倡议，沿线各国基础设施的互联互通是第一步，而多数国家都存在基础设施建设供给不足的问题。这对中国的投资者来说是一个很好的投资机会。通过 PPP 模式既能解决沿线国家基础设施供给不足问题，又能创造新的产业链和增长点。可以预见，随着"一带一路"倡议的不断深入推进，PPP 国际合作将不断加强，中国更多的社会资本将通过 PPP 模式实现"走出去"的战略。

四、报告要点

2017 年是 PPP 的规范年。本报告对 2017 年政府与社会资本合作的基本情况进行总结，主要涉及 PPP 相关政策和措施、进展情况、学界的研究状况、发展中存在的问题及展望等内容。本报告要点总结为：

1. PPP 的实践进展情况。2017 年，中国 PPP 的发展主要体现在五个方面：一是存量 PPP 项目落地并推出新项目。财政部推出的第一二三批 PPP 示范项目多数已落地，并推出了第四批 396 个示范项目；全国 PPP 综合信息平台项目库共收录 PPP 项目 14424 个，总投资额 18.2 万亿元；各地方政府也不断推出新项目。二是出台了一系列有关 PPP 的政策法规和政府文件。其中，2017 年下半年财政部、国资委等出台一系列整顿和规范 PPP 的政策法规。三是 PPP 的各类支持措施不断完善。包括 PPP 基金、国际合作、各种培训工作等。四是 PPP 模式助力"一带一路"倡议加速实现。五是 PPP 的清理整顿与规范发展。

2. PPP 研究综述。2017 年，有关 PPP 的研究成果增长迅速，在 6 个方面有新的进展：一是 PPP 项目资产证券化作为一个新问题得到关注；二是 PPP 模式的应用领域继续得到关注；三是 PPP 的风险及监管方面，更注重风险分担，特别是在私人部门间的分担；四是 PPP 的财政税收及价格问题，特别是 PPP 项目的所得税问题；五是 PPP 的各因素及其关系，主要讨论政府、社会资本方、第三方独立机构等主体的角色、功能及互动；六是 PPP 的经验借鉴。积极借鉴英美德以及俄罗斯、印度等国家的经验。另外，有关 PPP 的研究还涉及存在的主要问题与反思、不成功的案例、项目治理、纠纷解决等。

3. PPP 模式存在的问题与发展展望。当前 PPP 发展中存在的主要问题包括：地区和领域间不平衡、民间资本参与率偏低、操作不规范导致政府隐性债务、法律法规不完善、专业人才和机构缺失等。展望 PPP 的发展：清理、整顿将使 PPP 发展更加规范，民间资本将因其规范发展和回报率回升而积极参与，PPP 相关法律法规更加健全，PPP 国际合作因"一带一路"倡议加速实现不断加强。

作者单位：南开大学周恩来政府管理学院

智慧政府建设研究报告

鲁 敏

智慧政府是指充分运用新一代信息技术和人工智能技术，促进管理资源的线上线下融合，实现智能办公、智能监管、智能服务和智能决策，形成高效率、低成本、可持续、易监控的新型政府形态。当前，信息技术和人工智能不断升级，智慧政府在不断生长和持续发展。

一、2017 年智慧政府建设现状综述

（一）2017 年智慧政府相关报告、建设标准和行动方案等

2017 年 2 月下旬，安徽省发改委编制印发《安徽省"十三五"电子政务发展规划》（以下简称《规划》）。《规划》以切实促进政府服务的集成化、高效化、精准化，提升政务服务水平和群众满意度为中心，以深化"放管服"改革和实现"互联网+政务服务"新要求为重点，提出"十三五"时期安徽省政府系统电子政务的发展目标和重点任务。《规划》提出到 2020 年，全面建成统一规范的全省电子政务网络体系，网络信息全保障能力显著增强，信息共享、业务协同和数据开放水平大幅提升，服务政府决策和管理的信息化能力明显提高，"互联网+政务服务"体系全面建立，电子政务协调发展环境更加优化，电子政务总体发展水平跻身全国先进行列。[①]

2017 年 5 月 1 日，《浙江省公共数据和电子政务管理办法》（以下简称《办法》）正式实施。《办法》是全国范围内首个专门规范公共数据和电子政务的政府规章。

---

① 郑莉. "十三五"电子政务发展规划出台[N]. 安徽日报，2017-02-27(002).

《办法》做出系列制度性安排，如规定各级行政机关除法律、法规明确规定外，都应当接受服务对象以电子形式提出的申请，接受电子申请的，不得再要求服务对象提供纸质材料；规定符合条件的电子证照与纸质证照具有同等法律效力；针对在不同办事窗口重复要求服务对象提供如身份证复印件等问题，《办法》还明确，可以通过公共数据平台提取的证明材料，不再要求服务对象现场提供，减少群众办事成本。[①]

2017 年 8 月下旬，宁波市经信委发布《宁波创建新型智慧城市三年行动计划（2017—2019）》（以下简称《计划》），力争通过三年时间努力将宁波打造成国家新型智慧城市标杆城市。按照《计划》，宁波市将建设集约统筹的网络基础支撑体系，加强通信基站建设，力争到 2019 年，增建通信基站 1500 个，持续提高移动基站共享率，实现移动宽带信号全域覆盖。同时，大力推进 5G 网络试点，力争到 2018 年开展 5G 试点应用，到 2019 年在国内率先实现 5G 网络试商用。除了建设集约统筹的网络基础支撑体系，宁波市还将形成共享开放的信息资源支撑体系，打造跨部门、跨层级的综合应用智慧体系，发展融合创新的智能经济，通过政务云一体化工程、宁波城市大脑、宁波城市服务统一 App、百度云智·宁波大数据产业基地等 20 个项目，保障重点任务的落地。[②]

2017 年 9 月 22 日，《中国城市治理智慧化水平评估报告》在沈阳第四届中国智慧城市国际创新大会上发布。该报告对全国 293 个副省级城市和地级市（不包括港澳台地区）的城市治理智慧化水平进行评估，评估主要依据国家新型城镇化发展规划相关政策文件，从城市治理角度对城市智慧化发展做出数据分析与研究。从评估结果看，我国城市整体处于治理智慧化体系的构建阶段，且各城市治理智慧化水平参差不齐，各城市得分基本呈正态分布，排行前十的城市为：青岛、杭州、厦门、广州、深圳、珠海、宁波、佛山、成都、无锡。[③]

2017 年 10 月 14 日，国标委发布四项智慧城市标准，四项标准由全国信息技术标准化技术委员会（SAC／TC 28）提出并归口，由中国电子技术标准化研究院主导制定。这是继 GB/T33356-2016《新型智慧城市评价指标》之后发布的第二批智慧城市国家标准，标准让智慧城市有章可循。四项标准分别为：GB／T 34678-2017《智慧城市技术参考模型》、GB／T 34680.1-2017《智慧城市评价模型及基础评价指标体系第 1 部分：总体框架及分项评价指标制定的要求》、GB／T 34680.3-2017《智慧城市评价模型及基础评价指标体系第 3 部分：信息资源》、GB/T 34679-2017《智

① 浙江省公共数据和电子政务管理办法[N]. 浙江日报，2017-04-24（009）.

② 宁波市发布新型智慧城市创建三年行动计划[EB/OL]. （2017-08-27）. http：//www.zj.xinhuanet.com/2017-08/27/c_1121550149.htm.

③ 广深珠佛城市治理智慧化水平入全国前十[EB/OL]. （2017-09-23）. http：//m.xinhuanet.com/gd/2017-09/23/c_1121710889.htm.

慧矿山信息系统通用技术规范》。①

2017 年 12 月 20 日，由新型智慧城市建设部际协调工作组组织编著的《新型智慧城市发展报告 2017》（以下简称《报告》）在北京发布。《报告》以首次全国新型智慧城市评价工作为特色，系统展示了评价工作过程和评价数据分析结果，全面梳理了近一年来我国新型智慧城市建设的总体进展。《报告》由综述篇、成就篇、交流合作篇、专题研究篇、试点篇和案例篇等六部分构成。本次评价工作在 2016 年年底启动，2017 年 7 月完成指标填报、第三方评测、数据分析等各阶段既定任务，成为全球首创评价指标体系最全、评价覆盖范围最广、网络平台使用和第三方市民体验调查规模最大的智慧城市评估。在新型智慧城市建设进一步深化部门、跨层级协同工作机制的同时，也为后续工作提供了重要基础和参考依据。②

2017 年 12 月 25 日，国际标准化组织（ISO）智慧城市国际标准（中国区）首批试点工作会在成都召开，四川省成都市、广东省佛山市南海区入选为智慧城市国际标准（中国区）的首批试点城市。参与 ISO 智慧城市国际标准试点工作，对提升两市智慧化水平、完善本地标准化建设、参与全球智慧城市竞争具有重要意义。③

（二）2017 年智慧政府建设中的政企合作

2017 年 3 月上旬，阿里巴巴集团、蚂蚁金服集团分别与川渝两省市签下战略合作协议，推进新型智慧城市建设。地方政府携手互联网巨头进行战略合作，推进新型智慧城市建设，正在成为一种趋势。④

2017 年 5 月 3 日，天津市政府与中国联通签署战略合作协议。双方将在积极提升基础设施建设、加快发展创新信息技术、共同推进"互联网+"创新应用等领域深入合作，共同推动"智慧城市"建设，打造城市升级版。在提升基础设施建设方面，"十三五"期间联通计划在津投入约 200 亿元，加快构建新一代通信基础设施，为"智慧城市"建设提供优质网络保障。到 2020 年，天津 4G 信号覆盖优良率将提升至 99%，同时推动 5G 技术成熟时在天津率先试用，实现用户接入能力由 100M 向 1000M 演进，光纤接入覆盖能力达到 720 万户，省级出口带宽将达 7.5T，具备全国通信枢纽能力。⑤

2017 年 8 月 27 日，甘肃省政府与中兴通讯股份有限公司在兰州签署战略合作协议。根据此次签署的协议，今后双方将围绕深入实施"一带一路""中国制造 2025"等，推进"互联网+"行动，充分发挥甘肃作为新丝绸之路连接中亚、西亚的区位

---

① 国标委发布了四项智慧城市标准[EB/OL].（2017-10-15）.http://www.sohu.com/a/198211003_654493.
② 新型智慧城市发展报告 2017[EB/OL].（2017-12-21）.http://www.xinhuanet.com/info/2017/12/21/c_136842532.htm.
③ 敬松.ISO 授牌成都按国际标准建智慧城市[N].四川日报，2017-12-26.
④ 付克友."阿里式"政企合作降低社会运行成本[N].经济参考报，2017-03-03(011).
⑤ 刘雅坤，魏彧.三大合作推动"智慧城市"建设 [N].天津日报，2017-05-04(001).

优势和得天独厚的环境优势，以及中兴通讯在通信领域的专业技术优势，在云计算、大数据、智慧城市、无线专网等领域展开广泛合作，重点在"政务云"及无线政务网络建设、"互联网+政务"建设、"智慧甘肃"建设、城市基础设施信息化建设、培育信息技术人才、加强产业合作等六个方面展开合作，实现优势互补，共同发展。①

2017 年 9 月 18 日，广州市政府与腾讯公司（以下简称"腾讯"）签订战略合作协议，同时与腾讯签订战略合作协议的还有广汽集团、广州市交委、广州市人社局，广州市将在医疗创新、交通出行、民生服务等领域展开智慧化"互联网+"创新。根据协议，腾讯将与广州市政府在业务本地化、产业创新、政务服务、民生应用和创新创业等方面开展深入合作，助力广州"IAB"行动计划（"IAB"指新一代信息技术、人工智能、生物医药），推动广州新型智慧城市建设，打造信息化示范区。②

2017 年 9 月 29 日，青岛市政府与中兴通讯股份有限公司在威斯汀酒店签署战略合作备忘录，双方将依托青岛市良好的产业基础和资源优势，发挥中兴通讯在智慧城市、交通运输、产业创新等领域的丰富运营建设经验，协同本地相关企业，推动青岛市"互联网+"、大数据、云计算、物联网及智慧城市建设。未来，中兴通讯将全面支持青岛市大数据、电子信息、通讯、互联网等领域的发展，推动多模块数据共享、互联互通的综合性智慧城市建设；优化交通运输基础设施信息化建设，提升青岛市大交通综合管理能力，提升市民出行满意度；加快建设中兴（青岛）软件基地、中兴（青岛）培训基地、中兴（青岛）"互联网+医疗"基地及中兴青岛科技产业园，联合入驻优势企业，协同推进相关信息产业发展。③

2017 年 11 月 8 日，阿里巴巴集团（以下简称"阿里"）、蚂蚁金服集团与雄安新区管委会签署了战略合作协议。根据协议，双方将在云计算、物联网、人工智能、智慧物流、移动办公、信用、金融科技等领域推进全面合作。阿里承诺将投入最顶尖技术和创新资源，助推雄安新区建设。阿里将与雄安新区展开矩阵式的全面合作，包括城市基础设施、环境、产业层面，还包括城市运营、管理、甚至在创新活力的塑造上都将开展密切合作。双方将依托物联网、移动支付、生物识别等技术，为雄安新区提供差异化的政务服务、公共服务及民生服务。④

（三）2017 年电子政务云建设

2017 年 3 月 30 日，工信部印发《云计算发展三年行动计划（2017—2019 年）》

---

① 范海瑞, 曹立萍. 省政府与中兴通讯签署战略合作协议[N]. 甘肃日报, 2017-08-28(002).
② 昌道励, 余秋亮. 腾讯携手广州市政府共建"互联网+智慧城市"[N]. 南方日报, 2017-09-19(AA1).
③ 孙欣. 青岛与中兴达成战略合作[N]. 青岛日报, 2017-09-30(005).
④ 刘武. 雄安牵手阿里 全面合作构建新型智慧城市[N]. 上海证券报, 2017-11-09(007).

（以下简称《计划》），提出了未来三年我国云计算发展的指导思想、基本原则、发展目标、重点任务和保障措施。《计划》提出了五项重点行动：一是技术增强行动，重点是建立云计算领域制造业创新中心，完善云计算标准体系，开展云服务能力测评，加强知识产权保护，夯实技术支撑能力。二是产业发展行动，重点是建立云计算公共服务平台，支持软件企业向云计算加速转型，加大力度培育云计算骨干企业，建立产业生态体系。三是应用促进行动，积极发展工业云服务，协同推进政务云应用，积极推进安全可靠云计算解决方案。支持基于云计算的创新创业，促进中小企业发展。四是安全保障行动，重点是完善云计算网络安全保障制度，推动云计算网络安全技术发展，积极培育云安全服务产业，增强安全保障能力。五是环境优化行动，重点推进网络基础设施升级，完善云计算市场监管措施，落实数据中心布局指导意见。[①]

2017 年 5 月 3 日，国务院办公厅印发《政务信息系统整合共享实施方案》（以下简称《实施方案》）。围绕政府治理和公共服务的紧迫需要，以最大程度利企便民，让企业和群众少跑腿、好办事、不添堵为目标，提出了加快推进政务信息系统整合共享、促进国务院部门和地方政府信息系统互联互通的重点任务和实施路径。《实施方案》指出，要坚持统一工程规划、统一标准规范、统一备案管理、统一审计监督、统一评价体系的"五个统一"总体原则，有序组织推进政务信息系统整合，切实避免各自为政、条块分割、重复投资、重复建设。《实施方案》要求，按照"内外联动、点面结合、上下协同"的工作思路，一方面应着眼长远，做好顶层设计；另一方面要立足当前，聚焦现实问题，重点突破，尽快见效[②]。

2017 年 6 月 9 日，湖北省武汉市新洲区政府、中国电信湖北公司、华为技术公司联合举行武汉新洲区政务云上线发布会。由中国电信承建全国首个区县体量最大的政务云——武汉新洲"问津云"成功上线。"问津云"利用大数据、"互联网+"等技术，统一了信息收集、管理、利用方式；拓展了智慧政府、智慧企业、智慧医疗、智慧教育、智慧金融等智慧城市建设渠道；推动了社会经济和生产方式的变革；加快了供给侧结构性改革，惠及了民生；走出了一条适合城市转型发展的信息化成功之路。"问津云"不仅是武汉市首个上线的政务云，而且在云架构设计、建设与运营模式、能效管理与服务空间拓展、服务政府与服务社会、经济、民生等方式上均可谓湖北、武汉的政务示范云。"问津云"开启了湖北、武汉政务云计算、大数据应用的新时代。[③]

---

① 布轩. 工信部印发云计算发展三年行动计划[N]. 人民邮电，2017-04-11(001).

② 国务院办公厅关于印发政务信息系统整合共享实施方案的通知[EB/OL]. (2017-05-19). http://www.cac.gov.cn/2017-05/19/c_1120997116.htm.

③ 谢乐军. 武汉新洲区政务云上线[N]. 人民邮电，2017-06-19(002).

2017 年 8 月 31 日，以"云汇数据·智慧晋中"为主题的晋中市政务云计算中心启动仪式在晋中联通公司举行。该中心的启动，将有利于政务信息资源集中管理，有利于多部门之间协同服务，标志着晋中市电子政务建设迈上了全新台阶。经调研考察、技术论证、总体规划，确定了"政府主导、企业建设、购买服务"的发展思路和"上云为常态、不上云为例外"的基本原则，推动政务云在晋中的落地实施。浪潮公司还牵手晋中联通，建设了 550 平方米可弹性拓展的电信级政务云计算中心。①

2017 年 12 月 15 日，国内第一个跨区域、跨省市的政务云项目——长江中游城市群四省会城市工商政务云平台（简称"四城工商政务云平台"）在武汉上线，标志着长沙、合肥、南昌和武汉等四个省会城市的区域市场监管一体化向前跨出一大步。"四城工商政务云平台"主要有业务协同、信息共享、数据分析、工作交流等功能，是四个城市的工商（市场监管）部门通力合作的结果，旨在构建四个省会城市工商（市场监管）部门的跨市域监管资源互通共享、监管执法联动等。据悉，该平台在 2017 年 11 月试运行期间，四个省会城市的工商（市场监管）部门共提交了 21 条 12315 协作信息，均在 1—2 天内处理完毕，极大地提高了市民"异地维权"的效率。②

2017 年 12 月 25 日，国家信息中心、贵州省大数据局、贵州省信息中心、贵安新区管理委员会、中国电信贵州分公司、云上贵州公司在京共同签署《国家电子政务云数据中心南方节点战略合作协议》，并举行授牌仪式。南方节点正式落户贵州，成为第一个签约建设的国家电子政务云国家级骨干节点。南方节点的建成，将会大幅提升贵州省政务外网网间流量疏通和网络安全性能、政务外网的通信质量乃至我国南方地区电子政务服务能力。"云上贵州"平台作为国家电子政务云数据中心体系南方节点的重要组成部分，将会促进贵州省政务数据资源整合共享应用、优化大数据产业布局、推动产业转型升级和区域协调发展，为贵州省利用大数据战略实现加快发展、加速转型、推动跨越、后发赶超铸造关键一环。③

（四）2017 年智慧政府在具体领域的拓展

1. 智慧旅游

2017 年 5 月上旬，河北省旅游委发布《2017 年全省旅游基础设施与公共服务提升年工作推进方案》指出，河北将重点建设"智慧智能"旅游互联网。根据方案，5 月底将建成"河北旅游大数据中心"和"全省旅游产业运行监测与应急指挥平台"，年底初步建成全省智慧旅游管理和服务平台；推进旅游与公安、交通、商务、环保、

① 雷昊. 晋中市政务云计算中心启动[N]. 晋中日报，2017-09-05(001).

② 长江中游城市群四省会城市工商政务云平台上线[EB/OL]. (2017-12-18). http://www.hb.xinhuanet.com/2017-12/18/c_1122130212.htm.

③ 国家电子政务云数据中心南方节点落户贵州[EB/OL]. (2017-12-26). http://www.gz.xinhuanet.com/2017-12/26/c_1122166236.htm.

气象等部门数据共享，推进省、市、重点旅游县旅游数据共享，力争年内实现省市县三级旅游数据互联互通；加快京津冀（承德）旅游大数据示范区建设，打造京津冀旅游大数据产业中心和综合应用示范区，推进京津冀旅游数据资源共享。①

2017 年 7 月 14 日，由太极计算机股份有限公司指导，太极智旅信息技术有限公司主办的"预见·遇见——全域旅游应用程序编程接口经济产业创新峰会"在中国电科太极信息产业园举办。此次峰会邀请各省市旅游业主管领导、专家学者、实践者及技术大咖总结现阶段全域旅游实践探索过程中的经验，共同探讨全域旅游创新与发展、融合对"智慧旅游"及"互联网+"旅游产业的前瞻性理解等问题，意在积极助力国内智慧旅游产业发展。大会现场，太极计算机股份有限公司与贵州旅游投资控股（集团）有限责任公司进行了战略合作签约仪式，太极智旅信息技术有限公司与睿智盟建设有限公司进行了战略合作签约仪式，强强联手，进一步壮大了为中国旅游投智的平台。②

2017 年 11 月 30 日，中国联通在河北雄安新区主办"中国旅游大数据应用与产业监测高峰论坛"。本次论坛以"智汇生态 创见未来"为主题，旨在发挥中国联通网络和技术优势，推动大数据在旅游产业的应用，助力国家旅游产业监测和应急指挥工作部署，推动旅游信息化发展进程。同时，中国联通、国家旅游局 12301 智慧旅游公共服务平台、视觉中国集团在本次论坛上签署了战略合作协议，三方将在旅游大数据、智慧旅游、基础通信等领域展开广泛合作，共同整合旅游信息化产品、技术、资源及营销能力，共同开拓智慧旅游市场。③

2. 智慧交通

2017 年 1 月 19 日，深圳市交通运输委员会（以下简称"深圳市交委"）、深圳巴士集团与滴滴出行签署战略合作协议。深圳市交委将和滴滴通过数据打通资源，搭建开放性的全市综合交通大数据平台，该平台将为市民提供一站式出行解决方案。巴士集团将与滴滴合资建立优点网络科技（深圳）有限公司（以下简称"优点网络"），为市民提供智慧公交出行服务。根据战略合作协议，深圳市交委与滴滴出行将共同推动建设开放性的全市综合交通大数据平台，共享数据资源，服务政府行业管理和深圳百姓出行。依托该大数据平台，在深圳市交委的指导下，滴滴出行利用其大数据算法，基于大数据的智能调度、路径规划、交易引擎等人工智能技术，最终为深圳市民搭建起"一站式出行平台"，提供了一站式出行解决方案。④

2017 年 1 月 22 日，交通运输部办公厅印发了《推进智慧交通发展行动计划

① 郭丽华. 河北将重点建设"智慧智能"旅游互联网[N]. 中国旅游报，2017-05-11(002).
② 王成玉. "全域旅游+API 经济"产业创新峰会在京举办[N]. 中国旅游报，2017-07-18(A01).
③ 连欣. 中国联通在雄安新区主办旅游大数据论坛[N]. 人民邮电，2017-12-01(001).
④ 肖晗. 搭建国内首个"一站式出行平台"[N]. 深圳商报，2017-01-20(A05).

（2017—2020 年）》，明确了近期我国智慧交通发展的工作思路、主要目标和重点任务。行动计划指出，交通部将多渠道筹集资金支持开展智慧交通示范试点，同时，鼓励支持各地交通运输主管部门结合自身实际，组织推进试点示范工作，引导鼓励社会资本积极参与智慧交通新业态发展，构建政府、市场、社会共同参与的智慧交通发展格局。①

2017 年 7 月 26 日，在北京举办的主题为"智交通·大出行·新生态"的"互联网+城市交通管理创新"论坛上，高德地图宣布已经与国内超过 100 个城市达成战略合作，携手建设智慧交通。并且，高德地图交通大数据平台已经能够支持全国362 个城市的交通研判和分析，赋能城市交管部门，帮助各个城市实现智能化交通管理，进而提升政府职能部门的管理水平和社会服务能力。②

2017 年 7 月 31 日，贵州省交通运输厅与华为技术有限公司签署战略合作协议，双方将在贵州省智慧交通建设方面深入合作，利用信息化的先进手段共创贵州"综合交通、绿色交通、平安交通"。省交通运输厅与华为技术有限公司将聚集优势资源，共同推进贵州省"智慧交通"建设，双方在基础网络、网络安全的建设规划和顶层设计、数据中心的规划和建设、大数据相关领域行业标准的制定、物联网等领域开展深入合作。③

2017 年 9 月 14 日，交通运输部办公厅印发《智慧交通让出行更便捷行动方案（2017—2020 年）》（以下简称《方案》）。《方案》提出，要提升城际交通出行智能化水平，拓展铁路客运信息市场化应用，加快推进 ETC 拓展应用，开展道路客运联网售票系统建设，创新道路客运信息服务模式，推动水上客运信息服务发展，实施民航互联网+行动计划，推动开展智慧机场建设，推进旅客联运信息服务建设，提升邮轮信息化智能化水平，推进国际道路客运信息化建设等。《方案》要求，加快城市交通出行智能化发展，建设完善城市公交智能化应用系统。到 2020 年，我国公交都市创建城市将全面建成城市公共交通智能系统，推动城市公交与移动互联网融合发展，鼓励规范互联网租赁自行车发展，鼓励规范城市停车新模式发展。④

2017 年 10 月中旬，重庆移动大数据公共服务平台面向交通运管行业推出一款标准化数据产品——"大数据智慧交通平台"App Beta0.1 版本。"大数据智慧交通平台"是一款面向交通运管行业的标准化数据产品，其目的是加速转化相关科研项目成果、延续和深化与相关部门的战略合作关系，实现用数据分析、用数据管理、

① 交通运输部办公厅关于印发推进智慧交通发展行动计划(2017—2020 年)的通知[EB/OL]. (2017-02-17). http://www.sohu.com/a/126543623_468661.

② 曹开放. 高德地图宣布智慧交通合作已超百城 成为城市"治堵"标配[N]. 民营经济报, 2017-07-28(002).

③ 刘小明. 省交通厅与华为签署战略合作协议[N]. 贵州日报, 2017-08-02(004).

④ 交通部印发智慧交通让出行更便捷行动方案[EB/OL]. (2017-09-27). http://money. 163.com/17/0927/09/CVB40FOE002580S6.html.

用数据决策和用数据创新支持交通运管智慧化建设。[①]

2017 年 11 月 14 日，"西安交警陕西电信 114 智慧出行"《合作备忘录》签署仪式在西安市举行。即日起，西安市民可通过拨打 114 获得移车、限行查询、路线规划等交通出行服务。市民出行经常会碰到停车位少，车辆被堵，而对方车主没有留电话的情况；通过拨打 114 即可接到"114 移车"人工专席，由专席人员作为中间人联系移车，整个移车过程仅需 1 至 2 分钟。西安市交警队有关负责人表示，在整个操作过程中，车主信息始终处于保密状态，既便捷又安全。[②]

3. 智慧医疗

2017 年 5 月上旬，第七届移动医疗产业大会暨中国医疗健康大数据技术峰会在京召开。会议以"智慧互联大健康、融合创新见未来"为主题，从智慧医疗、移动医疗、医疗健康大数据、互联网医疗、分级诊疗等方面，全面解析了信息技术在未来医疗健康领域的融合与发展趋势，体现了大会搭建"产学研用"交流平台作用，以及持续推进云计算、大数据、物联网、移动互联网、人工智能等相关应用、技术与医疗健康产业融合创新发展的宗旨。[③]

2017 年 6 月下旬，咸阳市建设起的全市统一的预约挂号平台，在全市 6 家三级医院预约挂号平台上线运行。这是咸阳市解决群众"看病难、看病贵"的重大举措，也是咸阳推进智慧医疗具有里程碑意义的信息化诊疗革新。[④]

2017 年 7 月 28 日，北京市通信管理局与北京市卫生和计划生育委员会（以下简称"北京市卫计委"）联合印发了《关于在深化医改中推进北京地区医疗机构公用移动宽带网络基础设施建设的通知》（以下简称《通知》），推动"互联网+医疗"的深入发展，助力百姓享受更加公平、高效、优质、便捷的医疗服务。《通知》提出，北京市通信管理局与北京市卫计委共同牵头，双方合作，统一筹划、统一组织、统一实施，全面推进北京地区医疗机构公用移动宽带网络建设工作。《通知》确立了工作目标：用两年左右的时间完成北京地区医疗机构的公用移动宽带网络的深度覆盖工作，2017 年年底完成北京地区 89 家三级医院（部队、武警医院除外）的网络建设，2018 年年底完成北京地区 130 余家二级医院的建设，根据业务和实际需要适时推进一级医院和社区卫生服务中心（站）的建设。[⑤]

2017 年 8 月 17 日，阿里健康宣布与常州市合作建设"医联体+区块链"试点项目，这是中国第一个基于医疗场景实施的区块链应用项目，将最前沿的区块链科技，

---

① 李媛婧. 重庆移动"大数据智慧交通平台"Beta0. 1 版上线[N]. 人民邮电，2017-10-17(003).

② 西安交警携手陕西电信 114 "互联网+交通"助力智慧出行[EB/OL]. (2017-11-14). http://www.sn.xinhua net.com/2017-11/14/c_1121953747.htm.

③ 陈曲. 智慧互联大健康 融合创新见未来[N]. 中国信息化周报，2017-05-08(012).

④ 吴萍. 我市积极推进"智慧医疗"建设[N]. 咸阳日报，2017-06-20(B01).

⑤ 吴冰洁. 北京通信管理局和市卫计委共推智慧医疗发展[N]. 人民邮电，2017-08-08(001).

应用于常州市医联体底层技术架构体系中，并已实现当地部分医疗机构之间安全、可控的数据互联互通，用低成本、高安全的方式，有望解决长期困扰医疗机构的"信息孤岛"和数据安全问题。[①]

2017 年 12 月 4 日，中国银行青海省分行携手青海大学附属医院共同打造的该省首个全流程智慧医疗暨"互联网+医院"服务项目正式上线，患者可用手机 App、微信公众号、自助服务设备享受智慧医疗服务。该项目的上线，将从线下自助就医、线上移动医疗两个方面，充分解决就医过程中一系列因程序繁杂、耗时长而产生的实际问题。线下自助就医医疗"一卡通"的实现，避免了在挂号、付费结算窗口长时间排队等候，线上医疗主要通过手机 App、微信以及自助服务设备等全新就医渠道，实现患者在医院就诊、住院的全流程就医需求。患者可借助手机、电脑、自助设备等诸多渠道，完成分诊、挂号、预约、分时诊疗、查询检验报告单、在线咨询、科室位置导航、收费、结算等全部就医场景的"一站式"服务，实现"互联网+医疗"科技与医疗服务的深度融合，优化就医流程，提升医疗服务效率和患者就医体验。[②]

2017 年 12 月 20 日，浙江省杭州市卫生计生委员会发布，杭州 13 家市直管医疗机构全部升级支持电子社保卡和基于"智慧医疗"诊间结算的医疗移动支付。开通"智慧医疗"功能后，杭州市级医保参保市民，通过支付宝或市民卡 App 绑定电子社保卡和"智慧医疗"账户，即可实现无卡、无现金看病。这是杭州对"智慧医疗"系统的再次升级。[③]

2017 年 12 月下旬，海南省出台《海南省全民健康信息化互联互通建设实施方案》，加快推进全民健康信息化建设，实现全省医疗卫生信息系统互联互通，医疗服务数据交互共享，提高群众就医服务体验的获得感。[④]

（五）2017 年政务 App 的发展情况

2017 年 1 月中旬，"北京通"App 上线试运行。今后市民只需一个 App，就能畅享所有公共服务。市民手机通过实名认证，拿到一个唯一属于自己的 12 位编号，登录"北京通"App 后就可以畅享政府部门相互连通的就医、公积金、社保等公共服务，隐私泄露的风险也随之大幅度降低。对百姓而言，"北京通"App 将让多卡并存所带来的诸多不便和一人多卡可能造成的隐私泄露问题迎刃而解。[⑤]

---

① 刘博. 医联体拥抱大数据 智慧医疗让就诊更简单[N]. 中国医药报，2017-08-29(006).

② 邢曼玉. 我省首个全流程智慧医疗服务项目上线[N]. 青海日报，2017-12-06(002).

③ 刷二维码就能支付医保费用 杭州"智慧医疗"再迈大步[EB/OL]. (2017-12-22). http://www.zj.xinhuanet.com/2017-12/22/c_1122154600.htm.

④ 海南智慧医疗减轻就诊"难"和"烦"[EB/OL]. (2017-12-28). http://www.hq.xinhuanet.com/news/2017-12/28/c_1122177966.htm.

⑤ 潘福达，赵鹏. 一站式政务 App"北京通"上线试运行[N]. 北京日报，2017-01-15(006).

2017 年 7 月上旬，浙江政务服务网 App4.0 版全新上线，相比以往版本，浙江政务服务网 App4.0 版功能更为强大。在原有的公积金社保、教育考试和诊疗挂号、纳税缴费等 100 余项网上便民应用的基础上，新增了网上办事、平安随手拍、AI 客服、出入境预约、交通违法处理等全新功能。无须登录各个政府部门网站，也无须重复注册个人账号，只要安装了浙江政务服务网 App4.0 版本，就能随时随地使用这个"政务淘宝"。基于政务云大数据资源，App4.0 版本还突破性地实现了向用户提供更智能化、个性化的定制服务。为给用户提供更贴心的专属服务，App4.0 版本重点打造了主动性消息推送，及时通知用户办理相关服务事项，努力做每一位用户的贴心助手。①

2017 年 8 月 24 日，三峡市"互联网+住房保障政务服务"系统手机 App 正式上线，这意味着，该市住房保障"线上"申请变为现实，市民只需"动动手"，不必"再跑腿"。"互联网+住房保障政务服务"系统依托宜昌智慧政务云平台建设，分为电脑 PC 版与手机 App 版。此系统运行后，住房保障申请采取"一证一诺"的办法，即申请人只需扫描身份证，并在手机上对户籍人口、婚姻、收入、财产等相关信息做出承诺即可，取消了包括住房证明、社会保险缴费证明、住房公积金缴纳证明、低保证明等在内的 10 多种纸质证明，极大地方便了市民②。

2017 年 10 月 20 日，福建省上线统一政务服务 App"闽政通"，以互联网政务创新着力减少群众"办事难"，让群众"少跑腿"，让信息"多共享"。依托当前网络通信和大数据新技术，福建省经济信息中心着力研发建设的"闽政通"App 实现了福建全省政务资源整合，为公众和企业提供一体化办事服务、信息服务和互动服务。据统计，目前"闽政通"App 已接入福建省省、市各部门行政审批、公共服务事项超过 11 万项，其中"一趟不用跑"事项超过 1.6 万项，超过 5 万项事项"最多跑一趟"。同时，该平台整合了政府和第三方便民服务资源近 300 项，涵盖环境信息、社会保险、医疗卫生、出境入境、司法公证和纳税缴费等 21 类服务，并为公众提供了专门的提问咨询、意见反馈渠道。③

二、2017 年智慧政府研究现状综述

2017 年，有关智慧政府的研究主要以期刊论文为主（见表 1）。综合来看，这些研究集中在以下五个方面，即智慧政府的治理理念、决策、组织结构和权力关系、

① 缪子柠，金春华. 浙江政务服务网 App 4.0 版全新上线[N]. 浙江日报，2017-07-04(002).
② 陈璐，黄伶俐. "互联网+住房保障政务服务"手机 APP 上线[N]. 三峡日报，2017-08-25(002).
③ 闽政通 APP 上线试运行 超 11 万项网上办事服务有了统一入口[EB/OL].（2017-10-20）. http://m.xinhuanet.com/fj/2017-10/20/c_1121833151.htm.

实现路径、具体领域应用。

表 1　智慧政府研究文献检索统计表

数据库名称	收录时间	覆盖期刊	检索词	检索方式（篇数）				
				篇名	主题	全文	摘要	关键词
中国知网	2017 年 1 月至2017 年 12 月	期刊、学位论文	智慧政府	24	51	197	49	27

（一）智慧政府的治理理念

大数据将改变治理体系中不同主体之间的关系，重塑治理理念。胡税根认为，基于大数据的智慧政府治理为推动政府治理模式转型和政府治理能力现代化提供了新途径。我国已开始通过推进智慧政府治理创新工作来实现科学化的政策制定、全程化的权力监督、网络化的协同治理、预防性的危机管理、精准化的公共服务。但智慧政府治理依然面临制度建设不够完善、动态网络协同治理体系还未有效建构、政府数据开放与共享步伐迟滞、相关要素支撑不足以及平台建设远未跟上时代步伐等问题与挑战。为此，智慧政府治理创新发展必须重视智慧政府治理的顶层设计、创新动态网络协同治理方式、推进政府数据开放共享、探索智慧公共决策的路径、加强智慧政府治理技术的研发与应用以及完善治理网络基础设施建设。①

耿亚东认为，大数据时代打破了我国传统政府治理模式中存在的信息孤岛现象，促进了公众参与社会网络结构的生成，使政府走向科学决策；与此同时，大数据也对政府的公信力与回应性、数据安全管理等方面提出了挑战。用大数据政策助推我国建立开放政府、智慧政府、责任政府，进而实现向服务型政府转型是社会发展的必然趋势。②

张丙宣认为，在大数据治理中，政府必须同时扮演"工程师"和"园丁"的角色。作为"工程师"的政府要求从社会整体利益和目标出发，加强大数据治理的顶层设计，提高政府监管能力，以实现社会整体目标的最大化。作为"园丁"的政府，要求在坚持创新发展、共享发展和包容发展原则的基础上，推动大数据的开放、共治、共享，给市场主体、社会组织留足发展的空间。③

彭知辉认为，在大数据发展中，政府在自身大数据建设及公共领域应积极作为，但在社会数据汇集整合、大数据产业等领域应以市场为主导；同时，政府在大数据发展中应扮演好如下角色：大数据发展的规划者、大数据规则的制定者、大数据应用的示范者、大数据市场化的推动者、大数据资源的提供者及大数据环

---

① 胡税根，王汇宇，莫锦江. 基于大数据的智慧政府治理创新研究[J]. 探索，2017(01)：72-78，2.
② 耿亚东. 以大数据助推我国政府治理模式转型[J]. 新疆社会科学，2017(03)：1-6，154.
③ 张丙宣. "工程师"与"园丁"：大数据治理中的政府角色[N]. 学习时报，2017-04-10(006).

境的营造者。[①]

（二）大数据时代的政府决策

梁志锋等认为，大数据理念和技术将对政府决策产生六个方面的主要影响，即决策依据、决策时效、决策方法、决策透明性、决策参与度和决策链长短等。中国政府传统决策机制建立在"科层组织（Bureaucratic organization）架构+民主集中制（Democratic centralism）内核"的基础上，决策系统是金字塔式、上下层单链联通的结构，这种决策机制存在内外部信息不对称导致的决策失效问题。大数据将推动传统决策机制向一种基于首席数据官（CDO）决策支持系统的网络状新型政府决策模式过渡。大数据时代将从四个方面推进政府决策效能提升：一是将形成非线性的、面向不确定性的、自下而上的政府决策理念；二是政府各部门间、政府与公众间的边界模糊，行政层级被压缩，形成横向更为紧密的扁平型决策组织架构；三是形成以首席数据官（CDO）制度为核心的决策支持系统；四是大数据将扩大参与范围，重新界定决策边界，提升决策效率，实现决策程序化和科学化，增强决策灵活性，形成民主集中制与首席数据官（CDO）制度相结合的新型决策机制（见图1）。[②]

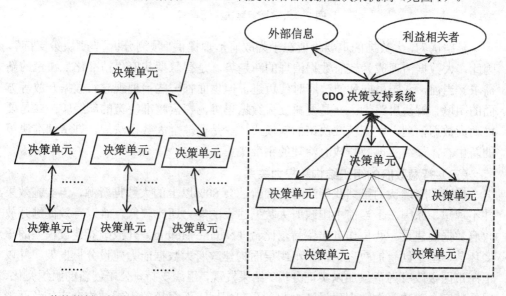

传统体制下的政府决策模式　　　　　大数据下的新型政府决策模式

图1　大数据推动政府决策模式转变

张勇进、鲍静认为，通过解决双方信息不对称，实现政府智慧决策，是大数据

---

① 彭知辉. 论政府在大数据发展中的作用：以大数据政策为视角[J]. 广州行政学院学报，2017(01)：12-20.

② 梁志锋，左宏，彭鹏程. 基于大数据的政府决策机制变革：国家治理科学化的一个路径选择[J]. 湖南社会科学，2017(03)：118-125.

决策新模式的基本思路。新模式的核心就是大数据分析技术和业务研判应对能力的完美结合。通过大数据归集、分析和应用，可协助政府部门掌握网民公共需求与态度偏好，理解网民行为特征缘由，发现最新动向趋势，判断前期施政决策的实际效果，调整和优化公共政策，再造管理服务流程，提高政府的觉察、回应、治理能力（见图2）。①

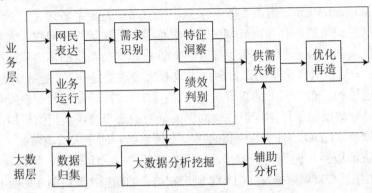

图2　大数据智慧决策新模式

　　吴韬认为，大数据的重要价值在于为政府治理提供"预测分析"与"决策支持"。因此，大数据治理成为政府数据治理的新趋势，是智慧型政府"精准化"决策的新需求。当前，我国虽向智慧政府时代迈进，但也面临一些治理观念、数据开放等方面的困境。解决思路为：一是要树立大数据思维，探索精准决策的新经验；二是要推动大数据治理，发掘精准决策的新模式；三是要健全大数据法规，打造精准决策的新生态，最终实现智慧政府治理的精准决策。②

（三）智慧政府的组织结构和权力关系

　　樊博和陈璐认为虽然我国政府掌握着社会80%以上的大数据资源，但实施效果并不理想，原因在于当前中国政府大数据建设的能力还比较低，难以有效促进开放政府数据的建设。两位作者借鉴赫尔比希（Natalie Helbig）开放政府建设模型的重要环节，基于创新扩散理论，从组织层面构建政府大数据能力建设分析框架，并以上海市区级政府为背景加以实证分析。结果发现，组织支持、公平创新的组织文化、组织兼容会对政府大数据建设能力起到正向作用，而集权的组织结构会产生负面影响。权力距离在集权的组织结构与政府大数据能力的关系中起反向调节作用，信息架构成熟度在组织支持与政府大数据能力的关系中起正向调节作用。因此，地方政府应从部门自身的角度主动分析组织现状，以及权力、信息架构与之的交互影响，

　　① 张勇进，鲍静. 基于大数据分析的政府智慧决策新模式[J]. 南京师大学报，2017(02)：53-59.
　　② 吴韬. 大数据治理视域下智慧政府"精准"决策研究[J]. 云南行政学院学报，2017(06)：110-115.

从而加强部门的相关建设，提高政府的大数据能力（见图3）①。

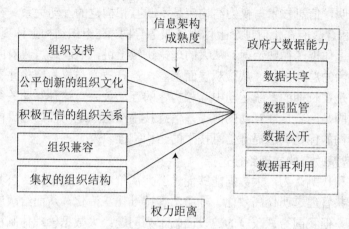

图3　组织视角下的政府大数据能力模型

黄其松认为，大数据倒逼政府治理体系转型，而政府治理体系转型的关键在于重塑组织结构，以此实现政府部门间协作机制常态化、治理结构开放化以及官僚科层制结构扁平化。政府各部门将经历三个阶段的演化，将从各自为政到协同合作。同时需再造政府治理流程，在运行机制上从各自为政转变为协同合作、决策机制上从精英决策转变为公众参与决策，以此改变传统政府治理的不足，重塑政府治理体系（见图4）。②

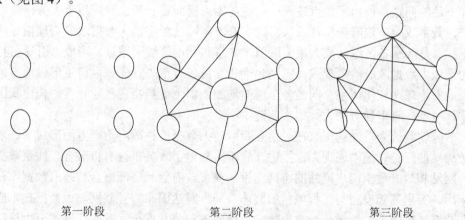

第一阶段　　　　　　　　第二阶段　　　　　　　　第三阶段

图4　数据治理行政部门连接形态演化图

---

① 樊博，陈璐. 政府部门的大数据能力研究 基于组织层面的视角[J]. 公共行政评论，2017(01)：91-114，207-208.

② 黄其松. 结构重塑与流程再造：大数据时代政府治理体系转型[J]. 贵州社会科学，2018(01)：32-37.

周盛通过浙江省"四张清单一张网"改革将简政放权与政务服务网建设深度融合的案例证明，信息技术与权力结构应是不断互相构建的互动关系。在浙江省的改革实践中，智慧政府在价值理念上体现了服务导向，在组织结构上体现了协同网络，在行为模式上体现了循数治理。从大的理论逻辑上讲，浙江智慧政府的改革实践体现了走向善治的总体进程。从微观层面上看，信息技术与权力结构并不是简单的线性关系，而是在长期的系统运动中互相构建的互动关系。这种互动关系体现为：价值层面的趋同是两者良性互动的前提，信息技术在组织适用性的边界内形塑权力结构，权力结构的优化调适提升信息技术的结构刚性。①

（四）智慧政府的实现路径选择

唐晓阳和代凯认为，大数据能够促进公共决策科学化民主化、公共服务精细化人性化、公共管理透明化高效化、社会治理精准化法治化，从而给政府治理能力提升带来机遇。但我国智慧政府的建设面临下列问题：大数据管理体制机制不健全、网络基础设施薄弱、开放共享程度较低、法治建设相对滞后、管理技术人才匮乏。大数据时代提升政府治理能力的对策为：一是加强网络基础设施建设；二是促进数据信息开放共享；三是健全网络数据管理法治；四是加大数据人才培养力度；五是提升政府治理能力。②

一些研究者认为我国应立足基本国情与现实，学习借鉴发达国家智慧政府实践路径的先进实践经验。邓子云等认为，发达国家运用大数据政府治理形成了"引导+自主"模式、项目投放模式、优势产业模式。为解决我国大数据政府治理顶层设计不足的问题，提出了四点建议：一是在国家层面进一步出台应用于大数据政府治理、数字政府、政府数据开放共享的实施方案和区域省市大数据政府治理指导性意见；二是鼓励各区域结成大数据联盟，共享和利用区域大数据，形成"引导+自主"的区域大数据政府治理模式；三是允许和支持各省市先行先试，自主形成地方大数据政府治理现代化体系；四是各个层面均加入本土优势特色产业元素，构建我国国家、区域、省市独有的大数据产业链。③

陈朝兵认为，发达国家在应用互联网与大数据推进政府治理方面形成了许多比较成熟的经验，集中表现为：推进互联网络与电子政务平台有机融合，注重政务服务网站和政府数据门户网站的协同建设，重视政府信息资源整合与政府数据库开发应用，突出基础设施与工程项目的整体布局。发达国家将互联网与大数据技术应用在政府治理的三大领域：行政审批、公民服务与公共安全。同时，通过五大机制实

---

① 周盛. 走向智慧政府：信息技术与权力结构的互动机制研究[J]. 浙江社会科学，2017(03)：37-43，156.

② 唐晓阳，代凯. 大数据时代提升政府治理能力研究[J]. 中共天津市委党校学报，2017(06)：74-83.

③ 邓子云，陈磊，何庭钦，等. 发达国家用大数据实施政府治理现代化的模式与借鉴[J]. 经济体制改革，2017(05)：168-174.

现应用互联网与大数据在政府治理中的应用：领导协调与行政推进机制，标准化与数据共享机制，网络监管与安全保障机制，项目试点与推广参与机制，资金保障与人才培养机制。发达国家还通过下列制度保障互联网与大数据在政府治理中的应用：一是出台整体推进政务互联网与大数据发展的战略规划；二是构建电子政务、数据开放、网络安全等方面的法律法规体系；三是制定促进政府数据开放与大数据应用的政策规范。对我国而言，一是加快"互联网+大数据+政务"技术平台建设；二是瞄准互联网与大数据在政府治理中应用的重点领域；三是构建一系列多维度、多层次和协同性的实现机制；四是建立健全互联网与大数据推进政府治理的制度保障体系。[①]

（五）智慧政府在具体领域的应用

在政府环境决策方面：邬晓燕认为，大数据成为全球环境治理的战略资源和政府环境治理能力提升的新途径。当前，我国环境决策面临着生态环境数据缺失、造假、"部门私有化"、开发乏力、监管主体单一等多重管理问题。应积极运用大数据战略，具体为：一是建立健全各类生态环境信息数据库，提高政府环境决策的科学性和准确性；二是加强生态数据大数据监测和管理，提升政府环境决策的高效性和前瞻性；三是大力推进生态环境大数据应用创新，实现政府环境及政府服务多样化、人性化发展；四是加快生态环境大数据相关立法，为政府决策环境提供强有力保障；五是贯穿大数据思维，推动政府环境决策结构民主化、合理化。[②]

曾宇航认为将大数据应用于应急管理，有利于解决应急管理协同中历来存在的信息共享、资源配置、决策优化等难题。建立基于大数据的应急管理协同机制：一是构建由应急信息协同机制、应急资源协同机制和应急组织协同机制的应急管理协同机制；二是应用大数据提供的技术条件和运行环境，保障应急管理协同机制运行；三是打破数据烟囱和信息孤岛，推动政府数据开放共享。[③]

刘明辉、江允英提出将大数据运用在公共服务一体化方面。他们认为，当前我国政府公共服务存在"各自为政、分而治之、条块分割、供需不匹配"等问题，直接影响了政府公共服务的效率和人民群众的满意度。创新政府公共服务，需要融入互联网思维和大数据思维，大数据具有精确分析、统筹集成等鲜明特点。通过应用大数据技术，对现有公共服务组织进行重构与整合，对外实现一个号码、一个平台、一个中心，即可提供服务，提升公共服务的效率；对内实现多部门协作、无障碍沟通、高效配合解决矛盾，确保信息采集、事件处理、监督考评三个系统有效运行，优化公共服务的质量，最终形成线上线下强强联动的一体化公共服务

① 陈朝兵. 发达国家应用互联网与大数据推进政府治理的主要做法与借鉴[J]. 中国特色社会主义研究，2017 (06)：56-64.

② 邬晓燕. 基于大数据的政府环境决策能力建设[J]. 行政管理改革，2017(09)：33-37.

③ 曾宇航. 大数据背景下的政府应急管理协同机制构建[J]. 中国行政管理，2017(10)：155-157.

系统（见图5）。①

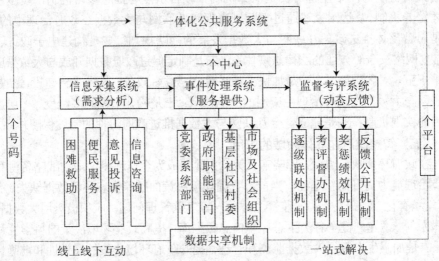

图5　大数据基础上的公共服务一体化系统

三、展望与分析

在大量理论研读中，笔者发现理论界在如何建设智慧政府的问题缺乏系统的思路和充分的论证，而实践界对此有较为强烈的呼声。目前，理论界在智慧政府时代的治理理念、政府决策、组织变迁和权力结构调整等问题上的探讨较为集中，但对于智慧政府的建设过程、基本标准、融资模式、责任主体、体制机制等缺乏较为清晰的勾勒。理论上的迟滞带来实践上的犹豫，尽管各级政府对建设智慧政府的调子很高，但缺乏建设智慧政府的行动指南，这应该是下一步智慧政府探讨的重点。为此，需要重点考虑如下几个方面的问题。

一是智慧政府发展的整体构想和基本阶段问题。智慧政府将是未来相当长一段时间内需要高度关注的问题，智慧政府的建设也应该是一个长期的、具有明显阶段性特征的历史过程。智慧政府的建设应该分阶段，这种阶段必须与信息网络技术的发展阶段、智慧政府思维理念的成熟过程、后工业人类社会的治理变迁等结合起来思考。只有在总体上明确智慧政府的基本阶段，现阶段的智慧政府建设过程才拥有明确的方向、目标和标准。

二是智慧政府建设的责任主体问题。智慧政府的建设是一个高度系统和组织化

① 刘明辉，江允英. 大数据背景下政府公共服务一体化研究[J]. 福建行政学院学报，2017(06)：21-28.

的过程，必须通过明确建设责任主体，赋予管理协调权限，确立体制机制，才能实现这个过程的科学化、规范化、标准化和快速化。大量的走访显示，现阶段地方政府一般都是通过建立领导小组的方式来统筹推进智慧政府建设，而且这个领导小组的规格较高，组长一般是由地方政府的行政负责人（市长、县长等）担任，领导小组的办公室一般设在各级政府的办公厅（室）。高规格地设立智慧政府建设领导小组固然有利于统筹资源，强力推进智慧政府建设，但同时也存在一些问题。各级政府的主要领导人全面总管，需要面对各种重大问题，虽然担任了领导小组组长，但难以真正将主要精力投入其中；而且，智慧政府建设是一个长期的过程，非一朝一夕之功，需要专业化操作的能力和水平，地方政府以"毕其功于一役"的心态建设智慧政府，不容易取得较好的效果。智慧政府的建设是一个专业化、专注性和长期性投入的大工程，如何明确智慧政府的建设责任主体，建立专门有效的管理团队，需要从理论上进行深刻探讨。

三是智慧政府建设中的政企关系问题。可以预见，未来智慧政府的建设将是一个天量投入，单靠财政资金必然难以满足需要。实践中，大多数地方采取与大型互联网企业合作的方式，让渡一部分数据管辖权或者地方政府管理的其他资源，由互联网企业帮助建设智慧政府。这样做能够充分利用市场主体的资金和技术优势，发挥市场力量的积极性，用更少的财政资金"撬动"市场资金，推进智慧政府建设。但在更具信息和知识优势的大型互联网企业面前，地方政府存在丢失数据管辖权、廉价转让公共资源、危及公共信息安全的可能性，甚至可能出现少数大型企业通过掌控政府核心数据资源，进而深度介入公共管理事务，绑架政府决策的风险。这种做法不利于政企关系的长远发展，有损公众利益。如何在智慧政府建设中明确政府与企业双方各自的权利责任关系，重建更富积极意义的政企关系，是需要关注的重要问题。

四、报告要点

本报告对 2017 年以来智慧政府建设发展的最新情况和理论研究成果进行了初步的归纳和总结，对智慧政府的下一步研究和建设的方向提出了看法。本报告要点总结如下。

1. 2017 年智慧政府在实践方面成果丰硕，表现为：第一，中央部委和一些地方政府发布了智慧政府建设的相关报告、建设标准和行动方案等；二是各地方政府加大了与互联网企业的合作，充分利用双方优势，实现互利共赢；三是中央部委和地方政府不断推进电子政务云建设，搭建智慧政府的云平台；四是智慧政府在具体领域不断拓展，不断深入推进智慧旅游、智慧交通、智慧医疗等；五是地方政府的政务 App 不断发展和完善，极大地方便了地方民众。

2. 2017 年理论界对智慧政府的研究主要集中在这样几个方面：一是在智慧政府的治理理念方面，研究者普遍认为智慧政府将助推政府实现科学化的政策制定、全程化的权力监督、网络化的协同治理、预防性的危机管理、精准化的公共服务；在大数据对现代政府的治理上，研究者认为，大数据时代打破了我国传统治理模式中的信息孤岛现象，促进了公众参与，同时，大数据也对政府的公信力与回应性、数据安全管理等方面提出了挑战。二是在智慧政府的决策上，研究者认为智慧政府时代决策依据、决策时效、决策方法、决策透明性、决策参与度和决策链长短等将被改变，智慧政府将向一种基于首席数据官（CDO）决策支持系统的网络状新型政府决策模式过渡；大数据能为政府治理提供"预测分析"与"决策支持"。三是在智慧政府的组织结构和权力关系上，研究者认为大数据倒逼政府治理体系转型，而政府治理体系转型的关键在于重塑组织结构，以此促进政府部门间协作机制常态化、治理结构开放化以及官僚科层制结构扁平化；也有研究者对地方政府改革的实践进行归纳认为，信息技术与权力结构并不是简单的线性关系，而是在长期的系统运动中形成的互相构建的互动关系。这种互动关系体现为：价值层面的趋同是两者良性互动的前提，信息技术在组织适用性的边界内形塑权力结构，权力结构的优化调适提升信息技术的结构刚性。四是在智慧政府的实现路径选择上，一些研究者在借鉴发达国家智慧政府实践路径和先进经验的基础上，为我国智慧政府建设提供了思路。五是一些研究者将智慧政府的理念运用到应急管理、环境治理和公共服务一体化等方面，提出了解决现实问题的对策建议。

3. 理论界将更多的注意力集中在对智慧政府时代的治理理念、政府决策、组织变迁和权力结构调整等问题上，但对于智慧政府建设中的发展阶段、责任主体和政企关系等缺乏深入研究，这是下一步应该关注的重点。一是智慧政府发展的整体构想和基本阶段。智慧政府的建设应该分阶段，这种阶段必须与信息网络技术的发展阶段、智慧政府思维理念的成熟过程、后工业人类社会的治理变迁等结合起来思考。只有在总体上明确智慧政府的基本阶段，现阶段的智慧政府建设过程才会拥有明确的方向、目标和标准。二是智慧政府建设的责任主体问题。智慧政府的建设是一个需要专业化、专注性和长期性投入的大工程，如何明确智慧政府的建设责任主体，建立专门有效的管理团队，需要在理论上进行深刻探讨。三是智慧政府建设中的政企关系问题。现阶段，大多数地方采取与大型互联网企业合作的方式，让渡一部分数据管辖权或者地方政府管理的其他资源，由互联网企业帮助建设智慧政府。这种做法不利于政企关系的长远发展，有损公众利益。如何在智慧政府建设中明确政府企业的相关权力责任，重建更富积极意义的政企关系，是需要关注的重要问题。

作者单位：华北理工大学管理学院

城市食品安全监管政策执行研究报告

张　翔

近年来，食品安全问题的突出，引起了社会舆论的重视，更引起了中央的高度关注。尤其是 2015 年《中华人民共和国食品安全法》（以下简称《食品安全法》）重新修订，被称为"史上最严食品安全监管法"，这意味着食品安全监管在中国进入了新的阶段。2015 年 5 月 29 日，习近平总书记在中共中央政治局第二十三次集体学习时发表了重要讲话，提出了食品安全监管"四个最严"的要求，"要切实加强食品药品安全监管，用最严谨的标准、最严格的监管、最严厉的处罚、最严肃的问责"[①]。可以说，在当前的历史阶段下，食品安全监管已经成为核心的公共服务内容之一。在这种背景下，作为供给公共服务的核心单位，城市也加大了食品安全监管的力度。但是，城市政府在执行中央的食品安全监管政策时却面临着大量的问题值得重视。

一、城市食品安全监管政策执行现状综述

目前的城市的食品安全监管体系主要由"市局-区局-基层所"三级食品安全监管部门构成。2015 年以来，随着来自中央的食品安全监管的政策压力日益强化，城市政府在政策执行上表现出一系列新特点需要关注。

（一）中央层面的政策力度不断加大

2015 年以来，国家食品药品监督管理总局关于食品安全监管的政策力度不断加

---

① 习近平："4 个最严"监管食品药品安全，把好每道防线[EB/OL].（2015-05-31）. http://www.xinhuanet.com/finance/2015-05/31/c_127860707.htm.

大。从国家食品药品监督管理总局的网站中，可以发现，在"工作文件""法律法规"等栏目中，2016 年与 2017 年这两方面的材料占了主流（如表 1）。频繁的法规与文件的出台意味着中央的政策力度正在不断加大。这些政策力度规定了城市政府执行食品安全监管的基本内容。

表 1　2016—2017 年国家食品药品监督管理总局关于食品安全的政策汇总表

	2016 年	2017 年
工作文件	总局关于印发食品生产经营日常监督检查有关表格的通知	总局关于印发 2017 年食品安全抽检计划及要求的通知
	总局办公厅关于开展保健食品等三类食品非法添加非法声称问题专项治理工作的通知	总局关于印发食品检验工作规范的通知
	食品药品监管总局关于食用农产品市场销售质量安全监督管理有关问题的通知	总局办公厅关于做好食品安全标准工作的通知
	食品药品监管总局关于印发食用农产品批发市场落实《食用农产品市场销售质量安全监督管理办法》推进方案的通知	国务院食品安全办 农业部 食品药品监管总局关于筹备 2017 年全国"双安双创"成果展的通知
	总局关于加强有毒野生蘑菇食物中毒防控宣传工作的通知	总局办公厅关于近期农村集体聚餐中毒死亡事件有关情况的通报
	国务院食品安全办等 6 部门关于进一步加强学校校园及周边食品安全工作的意见	总局办公厅关于执行《食品检验工作规范》有关事项的通知
	总局关于实施《保健食品注册与备案管理办法》有关事项的通知	总局办公厅关于公开遴选特殊医学用途配方食品注册审评专家的通知
	总局办公厅关于加强食品销售者现场制售食品监管工作的通知	总局办公厅关于印发国家食品安全监督抽检实施细则（2017 年版）的通知
	国务院食品安全办等五部门关于印发《畜禽水产品抗生素、禁用化合物及兽药残留超标专项整治行动方案》的通知	总局办公厅关于印发食品快速检测方法评价技术规范的通知
	总局关于印发食品生产许可审查通则的通知	总局关于进一步加强茶叶质量安全监管工作的通知
	食品药品监管总局 国家认监委关于印发食品检验机构资质认定条件的通知	总局办公厅关于落实婴幼儿辅助食品生产许可审查细则严格生产许可工作的通知
	总局办公厅关于严厉打击经营含"瘦肉精"牛羊肉违法行为的通知	总局办公厅关于开展婴幼儿配方乳粉生产企业清洁消毒情况检查的通知
	总局办公厅关于印发国家食品药品监督管理总局特殊医学用途配方食品注册审评专家库管理办法（试行）的通知	国务院办公厅关于印发 2017 年食品安全重点工作安排的通知

续表

	2016 年	2017 年
工作文件	总局关于印发食品安全信用信息管理办法的通知	国务院办公厅关于加快发展冷链物流保障食品安全促进消费升级的意见
	总局关于餐饮服务场所的公共场所卫生许可证和食品经营许可证整合后调整食品经营许可条件有关事项的通知	国务院办公厅关于进一步加强"地沟油"治理工作的意见
	国务院办公厅关于印发食品安全工作评议考核办法的通知	总局关于印发《保健食品备案产品可用辅料及其使用规定（试行）》《保健食品备案产品主要生产工艺（试行）》的通知
	总局关于印发食品生产经营风险分级管理办法（试行）的通知	总局关于印发保健食品备案工作指南（试行）的通知
	总局关于严厉查处餐饮服务环节违法添加罂粟壳等非食用物质的通知	总局关于进一步加强监督抽检不合格食品风险防控和核查处置工作的通知
	总局办公厅关于公开征集食品相关检验方法的通知	国务院食品安全办关于印发《关于开展创建"放心肉菜示范超市"活动的工作方案》和《放心肉菜示范超市创建标准》的通知
	食品药品监管总局办公厅 国家卫生计生委办公厅关于开展四类场所许可整合和食品经营许可合规性执行情况专项检查的通知	总局关于规范食品快速检测方法使用管理的意见
	总局关于加强县级食品药品监督管理部门及其派出机构食品安全执法规范化的指导意见	总局关于贯彻实施《食品生产许可管理办法》有关问题的通知
	总局关于印发保健食品注册审评审批工作细则的通知	国务院食品安全办关于命名第一批国家食品安全示范城市的通知
	总局办公厅关于 2016 年中秋节后月饼生产经营企业飞行检查情况的通报	总局办公厅关于进一步加强餐饮服务单位食用油食品安全监督管理的通知
	总局关于开展经营环节重点水产品专项检查的通知	国务院食品安全委员会关于开展食品安全督查工作的通知
	国务院食品安全办关于开展农村食品安全治理专项督查工作的通知	总局关于开展学校食品安全风险隐患排查整治的通知
	总局办公厅关于食品安全行政处罚法律适用有关事项的通知	国务院食品安全办等14部门关于提升餐饮业质量安全水平的意见

	2016 年	2017 年
工作文件	食品药品监管总局 中国铁路总公司关于印发铁路运营食品安全管理办法的通知	总局关于贯彻落实《国务院办公厅关于进一步加强农药兽药管理保障食品安全的通知》的通知
	总局办公厅关于复原乳标签标识监督检查工作情况的通报	总局办公厅关于印发食品、保健食品欺诈和虚假宣传整治工作实施方案的通知
	总局关于进一步监督大型食品生产企业落实食品安全主体责任的指导意见	总局办公厅关于表扬婴幼儿配方乳粉生产企业体系检查表现突出的单位和个人的通报
	国务院食品安全办等 6 部门关于开展学校校园及周边食品安全联合督查工作的通知	国务院食品安全办关于印发国家食品安全示范城市标准（修订版）的通知
	总局办公厅关于开展婴幼儿配方乳粉标签标识规范和监督检查工作的通知	总局关于加强餐饮服务环境卫生监督管理的通知
	食品药品监管总局 教育部关于进一步加强中小学校和幼儿园食品安全监督管理工作的通知	—
	总局关于印发保健食品生产许可审查细则的通知	—
	总局办公厅关于成立食品生产许可专业技术委员会的通知	—
	总局办公厅关于印发食品补充检验方法工作规定的通知	—
法律法规	食用农产品市场销售质量安全监督管理办法	网络餐饮服务食品安全监督管理办法
	国家食品药品监督管理总局关于公布食品生产许可分类目录的公告	食品生产许可管理办法
	保健食品注册与备案管理办法	食品经营许可管理办法
	食品生产经营日常监督检查管理办法	—
	特殊医学用途配方食品注册管理办法	—
	婴幼儿配方乳粉产品配方注册管理办法	—
	网络食品安全违法行为查处办法	—

资料来源：国家食品药品监督管理总局网站，http://samr.cfda.gov.cn。

　　为了与不断加大的政策力度相适应，国家食品药品监督管理总局加大了食品安全抽查力度。2016—2017 年间，国家食品药品监督管理总局组织的食品安全抽检次数相较于 2015 年逐年增加（见表 2）。以 2015 年的抽检次数量为基准，2016 年增长率 26.09%，2017 年增长率 36.21%。在这一背景下，各省（自治区、直辖市）食品安全抽检次数在 2016—2017 年间也大幅增加，总量超过 2000 次。

表 2　国家食品药品监督管理总局抽检情况表

抽检情况	2015 年	2016 年	2017 年
抽检次数	46	58	79
增长率	基准	26.09%	36.21%

资料来源：国家食品药品监督管理总局网站，http://samr.cfda.gov.cn。

由此可见，来自中央层面的食品安全监管的政策力度在2016—2017年之间明显加大，从而使省（直辖市、自治区）的政策压力不断增强。这种趋势对城市食品安全监管的政策执行产生了深刻的影响。

（二）城市政府政策执行的"组织化偏离"开始呈现

虽然，来自中央与省级食品安全监管部门的政策力度在增强，但并不意味着，食品安全监管的具体落实能够与政策力度完全一致。从公共政策过程的角度分析，中央与省级食品安全监管部门的抽查实质上就是对城市政府在食品安全监管方面的政策执行效果进行监督。

在"职责同构"的背景下，从中央到基层各层级食品安全监管部门之间并没有明确的职责分工。中央食品安全监管部门的政策、决策多数是以行政任务的方式逐级下达到基层所。但是，这些行政任务缺乏标准化、规范化，大量行政任务替代职责定位成为各级食品安全监管部门的工作重心。因此，在食品安全监管的政策执行过程中，"市—区"两级食品安全监管部门相较于"中央—省"两级食品安全监管部门而言是政策的执行方，但是，相较于负责具体执行的基层所而言，又成为监督方。

相较于农村政府而言，城市政府具有更强的聚合性。按照组织理论的推理，城市政府公共政策执行的监督成本更低，变通空间应更小。但是，近年来，随着中央食品安全监督的政策压力日益增强，城市政府内公共政策执行的偏离情况依然十分明显。甚至还出现了压力越强、偏离越强的情况。

2015 年以来，与食品安全监管相关的临时专项任务的数量明显增加。尤其在基层编制未明显增加的情况下，临时专项任务的增量已经超出基层监管的实际能力，大量专项任务成为"不可能完成的任务"。其中一部分行政任务严重脱离基层实际，成为无法完成的任务。食品安全监管领域要求"全覆盖"监管与"双随机"检查相结合。这两个任务本身就是相互冲突的，而对于基层而言，现有的编制员额无法实现"全覆盖"监管，造在"全覆盖"监管重量不重质，走过场的形式主义在基层十分普遍，这些问题都暴露出市场监管领域中行政任务与监管实际之间的矛盾。

在这种背景下，基层所不仅是简单地的"偏离"，还进一步争取上级政府，即市局与区局的理解与支持，使"偏离"策略在城市政府组织内部获得合法性。基层所在面临难以执行的任务时，都会与"市—区"局进行"商议"。这种商议不是基于不同利益基础的博弈，也不是基于共同利益的共谋，而是执行任务过程中正式的组织反应。商议的方式包括正式的行文报告、会议汇报，以及非正式的私下沟通等方式。在商议过程中，基层所也不是依靠自己的资源筹码进行谈判，而是在争取上级部门理解"偏离"原因的基础上，旨在讨论如何解决资源与任务不匹配的政策执行难点。

而由于逐级考核的监督方式长期存在，在城市内部，上级部门不仅是下级部门的监督执行方，也是下级部门执行结果的负责方。因此，当下级部门难以有效地完成政策执行时，上级部门也面临着问责压力。因此，基层食品安全监管部门的政策执行结果直接决定了"市—区"两级政府部门的绩效结果。因此，"市—区"两级食品安全监管部门必须在一定程度上尊重与支持城市基层所的意见。这就为城市政府在公共政策执行过程的"偏离"形成共识奠定了基础。

由此可见，城市在食品安全监管的过程中已经不是某一单一级别的政府或行政机构对上级政策压力的抵制，也不是下级政府为了自身利益由非正式关系而形成的"共谋"，而是城市政府内各级食品安全监管机构有组织的集体行动。这种政策执行的"偏离"已经开始具有"组织化"的特征。

城市政府在公共政策执行过程中出现的"组织化偏离"产生了两个方面的效应。一方面，组织化偏离弱化的中央政策在基层的执行情况，这也是一个超大国家的中央政府在政策执行过程中难以避免的问题；另一方面，组织化偏离又在中央到基层之间构筑了一个缓冲带，使基层不会在不断增强的上级压力而陷入运转困境。

（三）上下级之间的"权责倒置"的矛盾进一步加深

组织化偏离是城市政府公共政策执行过程中日益显现的一种基本现象。要充分理解这个基本现象，需要关注组织化偏离面临的组织情境。"权责倒置"的矛盾进一步加深是组织化偏离最为主要的组织情境。

一方面，行政任务的分解是逐级递增的。如果中国的政府结构是典型的科层结构，那么各级政府（政府部门）的职责配置是由相应制度规范予以保障的，但是，中国的政府结构中，政府（政府部门）的职责会通过"条块系统"，以行政任务的方式逐级下达。在这个过程中，为了保障行政任务的有效完成，就出现了"层层加压、层层加码"的现象。在食品安全监管领域中，这种现象也不例外。来自中央的食品安全监管政策在"加压"与"加码"后，主要由基层食品安全监管部门承担。

另一方面，行政资源的分配却是逐级递减的。当前，在中国的各级政府机构体系中，机构与编制是最为主要的行政资源。这两种资源都呈现出逐级递减的特征。

第一，从机构设置来看，在城市内部的纵向各级政府之间的机构设置就是遵循"逐级递减"的原则展开的，即"由上而下，机构的数目、规模逐级层次递减"[①]。在食品安全监管的组织体系中，各级食品安全监管部门的内设机构是逐级递减的，作为执行主体的基层所要应对上级几十个内设机构；第二，从编制分配来看，各级食品安全监管部门的编制是按行政级别进行分配，也呈现出逐级递减的特征。更为重要的是编制的控制权也是逐级递减的，作为执行主体的基层所在不断增加的行政任务面前，还要面对人员借调、无法满编等编制困境。

由此可见，基层都不得不面对行政任务逐级递增与行政资源逐级递减的矛盾。在这种矛盾中，基层没有能力独立承担行政任务，需要依整于城市内的各级政府（政府部门）的资源整合才能完成行政任务。

作为一个超大国家，从中央到基层的食品安全监管部门有着"国家总局-省局-市局-区局-基层所"的五级超长行政链条。行政链条过长的事实使基层所在食品安全监管的政策执行上的"偏离"很难从根本上得以解决。但是，近年来，在城市政府中，行政任务与行政资源不相适应的"权责倒置"矛盾日益强化，已经使城市政府的政策执行"偏离"由某一级政府的个体性行为推向城市政府内若干级政府（行政机构）的组织化行为。

"权责倒置"的矛盾强化之所以会导致组织化偏离还有一个重要的原因在于，"晋升"模式在城市基层的失效。长期以来，政策压力的有效性主要依赖于上级对下级"晋升"的调控，但这种"晋升"资源，也就是通常所说干部职数与行政资源一样是逐级减少的。因此，大量的基层干部存在明显的"晋升天花板"。这就造成一个重要的结果，基层干部对上级政策压力的感知也明显降低，从而组织化偏离成为一种现实的需要。

（四）"编责冲突"的矛盾持续性加剧

由上述分析可见，城市政府在政策的组织化偏离来自各级政府（行政机构）难以有效完成行政任务的难点，而这个难点的核心在于第二个组织情境——"编责冲突"的矛盾持续性的加剧。对于城市的基层食品安全监管部门而言，编制不仅是最主要的行政资源，也是保障政策执行的主要力量。近年来，基层所在政策执行中的难点也主要由编制资源不足以完成行政任务造成的。在市场经济持续发展的背景下，城市政府的职责必然出现一个急速扩大期，从而使各级政府（行政机构）对编制的实际需要急速增加，这就造成了现有编制与职责之间的矛盾。但是，现有的财政能力又难以支撑编制的继续扩大。目前，我国行政编制和事业编制总量较大，财政负担沉重。特别是在我国经济发展进入新常态的情况下，经济面临下行压力，财政收

---

① 朱光磊. 当代中国政府过程(第三版)[M]. 天津：天津人民出版社，2008.

入增速下滑。在这一背景下，许多地方政府甚至面临着较大规模的负债。根据财政部发布的数据，截至 2017 年 11 月末，全国地方政府债务余额 165944 亿元[①]。由此可见，现有的财政力量已经难以支撑编制的进一步扩大。因此，李克强总理在十二届全国人大一次会议期间会见中外记者时，提出了本届政府"财政供养人员只减不增"[②]的改革方向。至今，这个改革方向已经成为各级政府编制管理的刚性纪律。在这个刚性纪律下，基层食品安全监管部门的编制在短时间不可能得到根本解决，这就使基层所不断寻求"市—区"两级食品监督管理机构对"偏离"理解的重要原因。

二、城市食品安全监管政策执行的研究综述

当前，关注食品安全的研究论文可谓是汗牛充栋。根据中国知网的数据，以"食品安全"为篇名的全部论文仅 2016 年就多达 2032 篇，2017 年多达 1781 篇；但是，这些研究良莠不齐，高质量的论文数量明显减少。以"食品安全"为篇名的 CSSCI来源期刊论文 2016 年仅 124 篇，2017 年仅 111 篇（如图 3）。

（篇）

图 3　食品安全监管文献发表情况示意图（2016—2017 年）

以下仅以 CSSCI 来源期刊的论文为主要对象，分析 2016—2017 年国内食品安全研究的主要论域结构。总体而言，当前研究主要集中在四个论域。

第一，国外食品安全监管的评介。国外食品安全监管的经验一直是国内学界关注的焦点之一。从现有文献来看，有的学者从基本面上总结与梳理国外食品安全监

---

① 2017 年末地方政府债务余额逾 16 万亿元[EB/OL]. (2018-01-18). http://www.gov.cn/xinwen/2018-01/18/content_5257739.htm.

② 李克强. 本届政府内财政供养的人员只减不增[EB/OL]. (2013-07-25). http://www.scopsr.gov.cn/rdzt/gzczgy/tpxw/201307/t20130725_232299.html.

管的先进经验①，关注的主要领域包括：相关法规、制度、流程、社会共治等方面；另外一部分学者根据不同国家与地区进行有针对性的研究，研究对象主要集中在美国、欧盟、日本、新加坡等发达国家与地区②。通过对国外案例的研究，在比较中外食品安全监管差异的同时，也在探索国外先进经验对于中国食品安全监管的技术性借鉴。相较于 2016 年以前以面上研究为主的研究格局，2016—2017 年的理论成果不仅深入到机制层面进行探讨，而且研究的国家与地区也日益丰富。

第二，食品安全监管的法学探讨。大量法学学者围绕 2015 年《食品安全法》的修订，对食品安全监管所涉及的法学问题进行研究，力图解开食品安全监管过程中的法律困惑。在 2016—2017 年的文献中，有学者从刑事政策的角度对食品安全犯罪的基本逻辑与发展方向进行具体的探讨③；有学者从立法的角度针对《食品安全法》修订中删除食品安全"交流"内容，分析了我国食品安全风险交流制度的完善方式④；有学者直接以《食品安全法》的修订为研究对象，分析我国食品安全监管的发展趋势⑤；也有个别学者从地方立法的角度来研究食品安全问题⑥。

第三，食品安全监管的模式探究。对于食品安全模式的研究是食品安全监管研究的主流。有大量学者从社会共治角度对食品安全监管模式的改革方向进行了研究，认为通过各种方式扩大社会公众的知情权与参与监管，实现"政府-社会"的共治是

---

① 宋哲，赵旭，李晓明. 国外食品安全监管的经验做法及启示[J]. 对外经济实务，2017(05)：37-40.；陈璐玭. 国外食品安全社会共治体系的比较与借鉴[J]. 世界农业，2017(09)：176-181.

② 王向阳. 美国食品安全规制研究[J]. 世界农业，2017(03)：91-96.；李静. 食品安全的网络化治理：美国经验与中国路径[J]. 江西社会科学，2016，36(04)：191-196.；周凌. 美国食品安全的刑法保护机制及启示[J]. 国外社会科学，2018(01)：91-102. 李静. 食品安全的协同治理：欧盟经验与中国路径[J]. 求索，2016(11)：104-108.；孙楚绿，慕静. 发达国家食品安全科学监管及对我国的启示——以欧盟监管谷物真菌霉素为例[J]. 科技管理研究，2016(11)：226-229. 王玉辉，肖冰. 21 世纪日本食品安全监管体制的新发展及启示[J]. 河北法学，2016(06)：136-147.；徐飞. 日本食品安全规制治理评析——基于多中心治理理论[J]. 现代日本经济，2016(03)：26-36.；张文胜，等. 日本"食品交流工程"的系统结构及运行机制研究——基于对我国食品安全社会共治的思考[J]. 农业经济问题，2017(01)：100-108，112. 陶林. 新加坡食品安全治理模式及对中国的启示[J]. 理论月刊，2017(09)：172-176.

③ 舒洪水. 食品安全犯罪刑事政策：梳理、反思与重构[J]. 法学评论，2017(01)：72-82.；张弛. 论生产、销售伪劣产品罪与〈食品安全法〉之衔接——福喜事件若干问题钩沉[J]. 中国刑事法杂志，2017(03)：51-65.；赵秉志，张伟珂. 食品安全犯罪司法认定问题研究——以法释[2013]12 号司法解释为视角[J]. 中南民族大学学报，2017(02)：114-123.

④ 宋世勇. 论我国食品安全风险交流制度的立法完善[J]. 法学杂志，2017(03)：90-98.

⑤ 郭永清，冯诗景. 对我国食品安全管制制度设计的思考——兼评新〈食品安全法〉[J]. 科学与社会，2016(04)：86-99.；张志业，聂艳萍，刘权乐，等. 全方位食品安全诚信体系构建研究——以〈食品安全法〉的修订为视角[J]. 广西社会科学，2016(12)：120-123.

⑥ 荣振华. 食品安全监管地方立法新理念：回应性监管理论[J]. 中国科技论坛，2017(09)：169-177.

改革的主要方向①。也有学者着重于讨论具体监管方式的改革，如第三方监管②、食品安全相关指数③、风险防控机制④等。总体而言，食品安全监管模式的研究开始触及机制层面，而且在方法论上有了切实的深化。

第四，食品安全监管中的新问题。随着技术的进步，食品安全监管也面临着一些新问题。如何对这些新问题进行有效的回应也引起了学界广泛的兴趣。从现有文献分析，这些新问题主要集中在两个方面。一方面，如何对转基因食品进行有效的监管，有学者从法律角度分析了对转基因食品监管的立法与司法方面的问题⑤，有学者从经济角度分析了转基因食品安全监管的成本与收益问题⑥，也有学者讨论了转基因食品安全监管的制度完善问题⑦；另一方面，如何应对网络时代食品安全监管的新困难。尤其是网络订餐平台的出现对食品安全监管构成新的挑战，需要食品安全监管做出一定的调整⑧。与此同时，网络时代下，食品安全监管带来的网络舆情问题也是食品安全监管中面临的新问题，也有许多学者对食品安全问题所带来的网络舆情的规律性特征进行了研究⑨。

从现有文献来看，理论界对于食品安全监管的研究已经逐步深入，但依然有两个方面的理论生长点值得重视。第一，现有研究主要还是将其作为一种政府行为进

---

① 张明华，温晋峰，刘增金. 行业自律、社会监管与纵向协作——基于社会共治视角的食品安全行为研究[J]. 产业经济研究，2017（01）：89-99. 牛亮云，吴林海. 食品安全监管的公众参与与社会共治[J]. 甘肃社会科学，2017（06）：232-237. ；吴林海，吕煜昕，李清光，等，食品安全风险社会共治作用的研究进展[J]. 自然辩证法通讯，2017（04）：142-152. ；杨晓培. 从身份到契约：食品安全共治主体协同之进阶[J]. 江西社会科学，2017（07）：228-236. ；邓达奇，戴航宁. 公众参与食品安全监管制度论[J]. 重庆社会科学，2017（08）：81-87. ；马力路遥. 基于"信息"的食品安全治理进路之反思——以公众监督为主要研究对象[J]. 理论与改革，2017（02）：145-151. 谢康，刘意，赵信，等. 媒体参与食品安全社会共治的条件与策略[J]. 管理评论，2017（05）：192-204. ；戴勇. 食品安全社会共治模式研究：供应链可持续治理的视角[J]. 社会科学，2017（06）：47-58.

② 周伟，吴秀敏. 双重失灵下的食品安全第三方治理有效性研究[J]. 农村经济，2017（12）：82-86. ；李子，戴秀强. 论食品安全第三平台监管[J]. 西南民族大学学报，2017（09）：113-116.

③ 李太平. 我国食品安全指数的编制理论与应用研究——以国家食品抽检数据为例[J]. 农业经济问题，2017（07）：80-87，111-112. ；王冀宁，王磊，童毛弟，等. 基于网络分析方法的我国食品安全监管信息透明度指数模型构建[J]. 科学管理研究，2017（07）：191-198.

④ 伍劲松，黄冠华. 中国食品安全风险防控机制研究——以广东省X市为例[J]. 华南师范大学学报，2015（03）：109-117，191.

⑤ 徐明. 论我国新时期转基因食品安全的法律规制[J]. 江汉论坛，2017（05）：121-124. ；李莎莎. 转基因食品安全刑法规制论纲[J]. 河南社会科学，2016（10）：34-39.

⑥ 刘鹏. 中国转基因食品安全监管——基于监管成本-收益视角的分析[J]. 华中师范大学学报，2017（02）：1-7.

⑦ 胡旭，刘晓莉. 我国转基因食品安全监管的制度完善[J]. 理论与改革，2017（03）：162-170.

⑧ 费威，翟越，时亚星. 网络订餐平台规模与其食品安全监管努力关系分析[J]. 商业研究，2017（08）：150-157. ；吕挺，易中懿，应瑞瑶. 新媒体环境下的信息供给与食品安全风险治理[J]. 江海学刊，2017（03）：82-87.

⑨ 王虎，洪威. 食品安全网络谣言应对研究——以"塑料紫菜"事件为例[J]. 电子政务，2017（12）：22-30. ；刘波维，曾润喜. 我国食品安全网络舆情研究现状分析[J]. 情报杂志，2017（06）：118-123，166.

行分析，没有将食品安全监管理解为一种公共政策，也就忽视了政策执行中的问题。更为准确地说，忽视了纵向政府间关系在落实食品安全监管中的影响。第二，现有研究脱离了食品安全监管最为主要的环境要素——城市。城市政府作为公共服务主要核心主体，其内部的府际关系对于食品安全监管的影响也为现有研究所忽视。基于此，城市政府如何有效实现食品安全监管依然是一个值得研究的重要课题。

三、展望与分析

由上述分析可见，行政任务与行政资源不匹配是城市政府在食品安全监管方面出现政策执行"组织化偏离"的关键原因。因此，虽然近年来各级政府通过监督、考核、检查等手段，上级对于下级在政策执行上的压力不断强化，但其结果不仅收效甚微，还将"偏离"由个体化转向组织化。因此，从展望的角度分析，解决"偏离"问题既不能单方面依赖加大上级压力这种粗放式的管理手段，也不能任由"偏离"行为的放纵，而需要在城市政府内的府际关系上下功夫，优化编制结构，从而改善城市政府公共政策执行的组织情境，提高内部管理的技术水平。

（一）以统筹为中心突破编制困局将是工作重心

编制不仅是党和政府重要的执政资源，也是城市政府食品安全监管赖以生存的基础性资源。因此，在现有的财政局限与编制纪律下，如何高效地解决编制问题，将是提高城市政府食品安全监管的工作重心。

1. 城市政府编制管理问题的主要矛盾

从城市政府公共政策执行的实践情况来看，编制管理的主要矛盾正在发生变化，在思路上厘清这个主要矛盾是提高城市政府编制管理水平的观念基础。党的十八大以前，编制管理的主要矛盾表现在编制总量过大与深化政府职责转变之间的矛盾。因此，党的十八大报告进一步强调，"严格控制机构编制，减少领导职数，降低行政成本"，坚持了长期以来以"精简"为主要原则的改革思路。党的十八大以来，随着"简政放权、放管结合、优化服务"的深入，编制结构不合理的问题逐渐显性化，编制管理的主要矛盾也逐渐表现为编制结构不合理与深化政府职责转变之间的矛盾。在这种背景下，党的十九大报告抓住编制管理的主要矛盾，提出了"统筹使用各类编制资源，形成科学合理的管理体制，完善国家机构组织法"。从"严控"到"统筹"的转变意味着，党和政府在编制管理改革上的重心逐渐由"控量"向"提质"转变，这也是党和政府以编制管理推动政府职责转变的新思路。

以"统筹"为中心就要处理好"严控"与"统筹"之间的关系，一方面，"统筹"必须以"严控"为基础。当前，编制总量过大与深化政府职责转变之间的矛盾依然存在，财政负担沉重、行政成本偏高、机构臃肿、人浮于事等编制总量过大造成的问题较为突出。只有在这些问题得到较好解决的基础上，"统筹"才能收到实效。因此，以"统筹"为中心绝不是否定"严控"，而是要进一步深化"严控"，强化编制总量的刚性约束。在此基础上，进一步提高编制管理的科学化、规范化与精细化。另一方面，从"严控"到"统筹"是改革重心的转移。以"统筹"为中心不是否定"严控"，但也明确了改革的重心将从"控制总量"向"调整结构"转变。

2. 协调好"编制过剩"与"编制不足"的关系

在实践上协调好"编制过剩"与"编制不足"的关系是落实"统筹"思路的关键。中国编制总量过大是编制管理的基本背景。但是，在这个基本背景下，却依然存在"编制过剩"与"编制不足"的基本矛盾，这是编制结构不合理的直接表现。这个基本矛盾可以从三个角度解析。第一，城市内综合管理干部多与基层执行干部少的现象并存。在"职责同构"的背景下，行政任务层层下压、层层加码，但编制分配却是层层递减，加之基层工作任务重、压力大，干部流失问题突出。因此，作为承担具体执行工作的基层食品安全监管部门面临着"任务重，编制少"的困境。而相较于具体执行而言，从事综合管理的干部则相对偏多，从而被基层干部称为"一个人在干，三个人在管怎么干"。第二，"人多事少"与"人少事多"的并存。各级机构普遍存在"忙闲不均"的问题，有些职责部门任务轻，而编制相对多，而有的机构，例如食品安全监管部门任务重，而编制数量却难以应付。受限于编制管理的刚性特征，有的机构需要人却没有人，有的部门不需要人却调不走。因此，城市的食品安全监管部门不得不通大量增加编外人员的方式缓解编制压力，但是，如果不能解决编制的结构性矛盾，编外人员的增加依然会给财政造成负担，还会延伸出"同工不同酬"等后续问题，从而也会对食品安全监管的政策执行构成负面影响。第三，食品安全监管部门内部也普遍存在"忙闲不均"现象。在"严控"编制总量的背景下，一些干部由于晋升空间受限，出现了懒政、怠政思想，对待工作"人浮于事"，甚至将一些重要工作随意交由编外人员完成。这种现象在45周岁以上的大龄干部中表现特别突出，从而在编制结构中形成了特殊的"冗员群体"，即在一些机构的机关单位中出现了年轻干部与编外人员忙，而大龄干部闲的"忙闲不均"现象。

由此可见，城市政府执行食品安全监管政策的过程中，编制紧缺不完全是编制总量不足造成的，而更多的是编制结构性不合理造成的。解决结构性问题就需要以"统筹"作为破解编制困局的核心概念。

（二）城市政府内的府际关系调整是食品安全监管有效执行的基础

要确保编制资源的"统筹"，必须对城市政府内部的纵向政府间关系进行调整。从宏观的角度来看，央地关系是影响地方政府公共政策执行的关键。长期以来，纵向政府间关系的研究也主要集中于央地关系，即"中央—省"关系，但是，央地关系的调整是一个政治性较强的问题，不宜简单地从管理技术角度考虑。事实上，随着市场化与城市化的发展，城市政府内部的"市政府—区政府—街道办事处—社区组织"四级政府（行政机构）之间关系对于公共政策执行效果的影响已经日益突出。而且，随着民间社会的发展，城市政府内部之间的分化也逐渐显性化，调整纵向政府间关系的条件也日趋成熟。从发展的角度来看，这种调整主要集中在两个方向。

1. 纵向食品安全监管部门之间的事权分工

当前，城市食品安全监管的职责通过行政任务的方式压至基层，导致基层所不堪重负，限制了食品安全监管的政策执行效果。因此，市级食品安全监管部门应该在省级政府及职能部门的指导下，制订"市局—区局—基层所"三级食品安全监管部门之间的事权分配方案。这个方案应该以现有各级食品安全监管部门制订的权力清单与职责清单为基础，针对不同级别的食品安全监管部门的特点制订科学的事权分工，避免事权的任意下放。当前，一些地方在"区局—基层所"这个层面做过一定的探索，也形成了相关制度，但总体而言，这些探索相对笼统，涉及行政层级也较低，从而缺乏足够权威性与规范性。

2. 纵向食品安全监管部门之间应在分工基础上实现"编责统一"

"统筹"编制资源要求精细地对编制进行管理。但是，一直以来，城市政府的编制管理部门对编制资源只是笼统地控制总量，这种管理方式相对宏观，适用于中央与省级编制管理部门。在城市政府内部，不仅需要对编制进行量化管理，还需要对编制对应的职责与任务进行评估，做到"编责统一"，从而实现精细化管理，以达成"统筹"的目标。对此，两个工作是需要考虑的。

一是探索定编依据。当前，编制的分配主要是城市政府内各部门之间的一个博弈过程。但是，在发达国家的城市治理中，编制的分配是一个科学计算的结果。例如，在日本，编制分配就有一个科学公式——定员公式。运用定员公式可计算不同政府部门需要的编制资源。中国也需要在明确事权分工的基础上，探索适应于中国城市食品安全监管的定编依据，从而突破"机构决定编制"的传统编制管理逻辑，探索"职责决定编制"的体制机制。在此基础上，使城市政府在食品安全监管过程中实现编制与职责、任务能够基本适应，达到"编责统一"的目标。

二是落实"编随事走"。在尚未明确定编依据的情况下，城市政府应对各职责部门进行实地调研，对编制岗位相应的职责与任务工作量进行大体的评估。在评估基础上，城市政府应整体性地把握编制资源向职责与任务工作量较大的岗位流动，做到公共政策执行过程的"编随事走"，从而在"控编"的背景下尽可能保障食品安全监管的基本编制需要。

（三）优化政府流程是城市食品安全监管有效执行的保障

在现有的财政压力下，城市基层食品安全监管部门编制资源不足的问题不能通过量化增加来解决，因此，如何通过政府流程改造，为基层盘活现有的编制存量，是城市食品安全监管有效执行的保障。从发展的角度分析，两个要素值得进一步关注。

1. 调动行业协会承接政府职责

在城市内，由各级食品安全监管部门单兵作战地推进政策执行无疑将给城市政府带来巨大压力。尤其是在转变政府职责的背景下，在快速的职责扩张中不断地添加编制是不现实的。如何解决这个问题将是城市政府食品安全监管的一个难点。

从西方典型国家城市治理经验来看，行业协会承担一定的政府职责在客观上起到了降低编制需要、缓解财政压力的功能。现有研究也提到了社会共治的重要意义。这种治理方式可以为我国城市政府的食品安全监管提供借鉴与参考。但是，当前中国城市中与食品安全监管相关的行业协会尚不发达，在承接政府职责上还面临着相当的困难。这需要城市政府有意识地培养行业协会参与食品安全监管的能力。通过调动行业协会的作用，城市政府可以释放出更大的编制资源存量，为弥合城市基层的"编责冲突"创造条件。

2. 运用大数据技术提高政策执行效率

从 2013 年开始，大数据不再是一个简单的概念，而是成为一个具有显著应用价值的新技术。2014 年，大数据技术开始在中国市场的许多领域中得到较为有效的运用。由此，大数据时代的到来已经成为不可逆转的趋势。2015 年 8 月 31 日，为了回应这一技术发展趋势，国务院出台《促进大数据发展行动纲要》。由此，运用大数据技术进行治理的智慧政府开始在许多城市政府中发展起来。通过智慧治理，城市政府公共政策执行能够更加具有精准性，从而减轻公共政策执行对城市基层构成的压力。例如，在上海，在执行中央食品安全政策的过程中，城市基层市场监督管理部门与网站协作，制定负面关键词检索标准，利用大数据技术对各大网站进行信息排查，提高市场监督管理的精准性。这样的标准化处理使城市基层能够在有限的编制资源条件下，为城市食品安全监管的有效执行创造条件。

四、报告要点

本报告对近年来城市食品安全监管的理论成果与发展现状进行了初步的归纳总结。在此基础上，从以下四个方面对城市政府食品安全监管的政策执行进行了分析与展望。

本报告的要点总结有如下几个方面。

1. 2015 年以来，中央在食品安全监管上的政策压力日渐增大，并加大了监管与抽查力度，但是，城市政府在食品安全监管政策的执行过程中依然存在明显的"偏离"现象。不仅如此，这种"偏离"还出现了逐渐由某一级政府或行政机构的个体行为演变为多个层级政府或行政机构的集体行动，即在公共政策执行的过程中，城市政府在食品安全监管的过程中出现"组织化偏离"的新现象。不同于以利益为本位的"共谋"，"组织化偏离"是城市政府内上下级食品安全监管部门形成的就如何执行公共政策形成共识的过程。其弱化中央政策在基层执行力的同时，也使基层不会因不断增强的上级压力而陷入运转困境。造成"组织化偏离"的原因主要是城市内的"市局-区局-基层所"三级食品安全监管部门内嵌于"权责倒置"与"编责冲突"两个组织情境中，从而使城市基层食品安全监管部门面临着行政资源与行政任务不相适应的尴尬，因此，基层所难以单独执行公共政策，而需要整个城市政府的共同合作，这构成了"组织化偏离"的基础性原因。对于城市政府而言，最为核心的行政资源是编制资源。由此，如何优化编制资源的配置就成为城市政府在食品安全监管过程中提高公共政策执行有效性的重要问题。

2. 现有关于食品安全的研究论文虽然数量较多，但是在质量提升上却存在较大的空间。从研究现状上看，现有研究主要集中在国外食品安全监管的评价、食品安全监管的法学问题探讨、监管模式探究与新问题的分析等四个方面。现有研究主要存在两个方面的问题值得进一步探讨，一是没有从公共政策执行的角度理解食品安全监管，从而忽视了基层食品安全监管的实效；二是缺乏对"城市"的足够认识，只是将"城市"作为一个环境，而没有将之视为一个独立变量，从而对"城市"的特征对食品安全监管造成的影响认识不足。

3. 随着政府改革深化，编制管理的主要矛盾已经由"编制总量过大与深化政府职责转变之间的矛盾"转化为"编制结构不合理与深化政府职责转变之间的矛盾"。基于此，编制管理的基本原则也从"严控"转向"统筹"。这就需要城市政府进一步协调好"编制过剩"与"编制不足"的关系，即城市政府要着力通过解决编制结构不合理的问题为公共政策的有效执行创造条件。

4. 从发展的角度分析，两个方面的工作需要加以重视。一方面，城市政府内的纵向政府间关系调整。这种调整主要体现在城市内各级食品安全监管部门之间的事权分工与"编责统一"。另一方面，优化政府流程。这需要关注两个方面的新元素：行业协会在政策执行中的作用与大数据运用提升政策执行效率的可能性。

作者单位：福建师范大学公共管理学院

第六部分

地方政府发展能力
指数研究报告

中国地方政府发展能力指数报告

南开大学课题组[①]

2018 年是课题组连续开展中国地方政府发展能力指数研究工作的第四年，本年度的数据收集工作重点关注了直辖市、副省级市，并且在原有问卷调查的基础上增加了访谈方法，获得了大量一手资料。通过连续调查，课题组收集了大量数据并构建了数据库，为后期开展连续时间序列分析奠定了基础。

一、相关领域政府评价报告的比较研究

本次选取的研究报告虽然研究目的和评价内容不同，但其共同之处在于都是从第三方的角度对地方政府进行的评价。与政府内部展开的各种评价相比，第三方评价更注重指标体系设计的科学性与体系的完备性，同时，独立第三方的主体地位也保障了评价结果的客观性和公正性。

（一）比较对象选取及分析

从可比性的角度出发，课题组选取以定量评价方法且由第三方学术研究机构完成的几部公开发表的研究报告《中国城市政府公共服务能力评估报告》《中国地方政府绩效评估报告》《中国地方政府效率研究报告》《中国民生发展报告》《政府电子服务能力指数报告》开展比较研究（见表1），对其共性与差异进行分析，通过比较与借鉴，进一步突出本报告的特色，完善本报告的研究思路与方法。

[①] 课题组顾问：朱光磊；课题组组长：翟磊、李晨光；主要成员：赵岩、于思航、张梦时。其中，"年度热点：不同行政级别城市政府发展能力指数的特征分析"由张梦时独立完成。

表 1　本研究选取的相关地方政府研究报告

报告名称	起始年份	累计出版	研究依托单位	评价对象	选取版次
《中国城市政府公共服务能力评估报告》	2013年	2 部	中山大学政治与公共事务管理学院	19 个主要城市政府	2016版
《中国地方政府绩效评估报告》	2017年	1 部	中国社会科学院政治学研究所、中国社会科学院"政府绩效评估"创新工程项目组、中国社会科学院公共管理模拟实验室	4 个直辖市政府、15 个副省级市政府、317 个地市级政府	2017版
《中国地方政府效率研究报告》	2011年	7 部	北京师范大学政府管理研究院、江西师范大学管理决策评价研究中心	31 个省级政府、292 个地级市政府、709 个县级政府	2017版
《中国民生发展报告》	2011年	7 部	北京师范大学政府管理学院、北京师范大学政府管理研究院	36 个省会城市和计划单列市、260 个地级市政府	2017版
《政府电子服务能力指数报告》	2016年	1 部	南京大学政务数据资源研究所	31 个省（自治区、直辖市）政府、334 个地级市政府、64 个部委	2016版

虽然上述报告由于评价目的、理论基础不同，必然带来指标体系结构和内容的差异，但在指标类型选择、权重设置方法等方面仍具有较强的可比性，其比较结果如表 2 所示。

表 2　相关地方政府研究报告比较表

报告名称	指标类型			权重设置	数据获取		数据处理
	主观与客观	显绩与潜绩	绝对量与相对量		客观数据	主观数据	
《中国城市政府公共服务能力评估报告》	主客观相结合	显绩+潜绩	绝对量+相对量	一级指标专家评价、二级指标等权重、三级指标德尔菲法	统计年鉴等公开数据	问卷+神秘顾客调查	折算法[1]
《中国政府绩效评估报告》	客观	显绩为主	绝对量+相对量	排序赋值+德尔菲法	统计年鉴等公开数据	—	标准差法[2]

续表

报告名称	指标类型			权重设置	数据获取		数据处理
	主观 与客观	显绩 与潜绩	绝对量 与相对量		客观数据	主观数据	
《中国地方政府效率研究报告》	主客观相结合	显绩+潜绩	绝对量+相对量	专家直接赋值法	统计公报、预算报告、政府工作报告等公开信息	专家判断	标准差法
《中国民生发展报告》	客观	显绩为主	绝对量+相对量	均等权重法	统计年鉴等公开数据	—	阈值法[3]
《政府电子服务能力指数报告》	主客观相结合	显绩+潜绩	绝对量	德尔菲法	统计年鉴等公开数据	测评员打分	折算法

注：1. 公式为：分值=（某城市得分－最低分）×100÷（最大得分－最小得分）。

2. 利用平均值和标准差建立简约参照系，划分为四等绩效：一等绩效代表得分高于平均值基础上增加一个标准差的区域，绩效表现为优异；二等绩效代表得分高于平均值但低于平均值基础上增加一个标准差的区域，绩效表现为中上或次优；三等绩效代表得分低于平均值但高于平均值基础上减少一个标准差的区域，绩效表现为中下；四等绩效代表得分低于平均值基础上减少一个标准差的区域，绩效表现为偏差。

3. 阈值法的计算公式为：$X_i = \dfrac{(x_i - x_{min})}{(x_{max} - x_{min})}$ 。

（二）本报告的突出特色

与本次选取的几份研究报告相比，本报告在某些部分具有显著的创新性，这些创新也是本报告结果科学性的保障和主要特色的体现。

1. 指标体系特色突出

在分析和提出政府发展能力评价指标体系的过程中，课题组基于政府职能理论、组织能力理论和政府发展理论，分析得出以下判断：第一，政府发展能力既包括促进地区全面发展的能力，也包括政府自身发展的能力；第二，政府促进地区发展的能力指的是政府适应环境的挑战、满足公共需要的能力；第三，政府自身的发展能力是指政府能力的增长和能力结构的变动。在综合考虑既有研究成果和指标选取原则的前提下，政府发展能力的内涵可界定为：地方政府动员、协调市场与社会力量，以较低成本、恰当方式设定和履行自身职责，实现地区全面发展和自身发展的能力。

基于本研究对地方政府发展能力的定义，在将地方政府的发展能力分解为若干核心发展能力时同样采用综合说，即从地区发展和地方政府自身发展两个层次分析和讨论地方政府的核心发展能力的构成。

在地区发展方面，主要依据政府职能分解得出核心发展能力。党的十六大对政府职能作了概括，包括经济调节、市场监管、公共服务、社会管理四大职能，这四项职能的描述主要针对的是中央政府。对于地方政府而言，其所从事的实际上是经济发展（微观经济调节和市场监管）、社会发展、公共服务三项基本的职能，因此，可以将地区发展能力概括为三项核心发展能力，即经济发展能力、社会发展能力和服务提供能力。

政府自身发展能力的分解综合采用了组织能力理论和政府发展理论进行分析，将其概括为三个方面的核心发展能力，即资源利用能力、科学履职能力和学习创新能力，如图 1 所示。

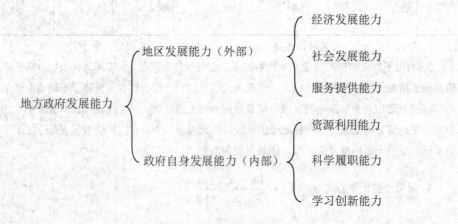

图 1　地方政府核心发展能力的构成

2. 多方法综合设置权重

在指标权重设定方面，课题组做了多轮调整与改进，形成了综合的权重设置方法。在 2015 年首次开展评价时，采用了层次分析法设置各级指标的权重，选择了 24 位专家，通过构建判断矩阵，对三个层级指标的重要程度进行打分，从而获得权重[1]。

2016 年，在收集了大量调查问卷的情况下，分别采用了三种方法来试算权重：其一为自上而下的、以主观评价为依据的回归系数法；其二是自下而上的、以客观

---

[1] 朱光磊. 中国政府发展研究报告（2015）［M］. 北京：中国人民大学出版社，2015.

数据为依据的因子分析权数法；其三为回归系数与因子分析综合法。通过比对上述三种不同的方法得到的权重结果发现：第一种方法不能有效地反应三级指标所包含的客观信息，将主观层面的评价误差不断积累扩大；第二种方法则将三级指标数量在二级指标中分布的不均匀反映在了权重上，导致一级指标和二级指标的权重不均衡；第三种方法则有效地回避了上述两种方法的缺点，整合了其优点，将主观评价和客观评价相结合，同时平衡了自上而下的指标体系和自下而上的数据架构。故此，本课题最终采用了第三种方法①。

2017 年，课题组对权重设置方法做了进一步改进，采用了主客观相结合的综合赋权法。一方面，通过问卷调查，获取了调查对象对 6 项一级指标的相对重要性排序，根据排序结果，分别赋予 5—0 分的分值，经过归一化处理，得到基于主观赋权法的 6 项一级指标的权重；另一方面，将 62 个样本城市的三级指标数据进行标准化，利用差异系数法，求得每一项三级指标的权重，通过求和可得各项二级指标权重，继而得到基于客观赋权法的 6 项一级指标权重。最后，将两种方法得到的一级指标权重进行均值处理，确定最终的一级指标权重，而后利用回归系数法，求出二级指标和三级指标权重②。

2018 年度研究在权重设置上，仍然采用了主客观相结合的综合赋权法，革新之处在于针对网络问卷调查数据的可靠性难于控制的缺陷，采用了网络问卷和由调研员一对一进行问卷调查与半结构式访谈相结合的模式。本年度重点关注 14 个副省级以上城市，每个城市安排调研员，采用分层抽样的方法，分别针对从事不同职业的人群开展问卷调查和访谈，结合网络问卷的数据。在有效地提高了数据可靠性和有效性的基础上，通过综合赋权法，获得了各级指标的权重。

3. 大规模连续调查

本研究从 2015 年起，已连续开展 4 次大规模问卷调查。2015 年首次收集的数据覆盖全国 23 个城市，有效问卷数量为 574 份；2016 年收集的数据覆盖全国 119 个城市，有效问卷数量达到 11756 份；2017 年在对问卷收集方式进行调整后，收集数据覆盖城市数量为 62 个，有效问卷的数量为 3903 份；2018 年在重点关注副省级以上城市的基础上，提高了案例城市的选取标准，改进了数据的获取方式，最终涵盖了 32 个城市，共计 2525 份有效问卷。通过连续调查，课题组收集了大量数据并构建了数据库，为后期开展连续时间序列分析奠定了基础。

本研究也存在一些突出的不足之处。第一，样本城市数量不稳定，受调查问卷收集范围和数量的影响，四次问卷调查覆盖的城市数量存在较大差异，很多样本城市无法获得连续性的数据，对未来开展时间序列分析带来了一定障碍；第二，样本

① 朱光磊. 中国政府发展研究报告 2016[M]. 北京：中国人民大学出版社，2017.
② 朱光磊. 中国政府发展研究报告 2017[M]. 天津：南开大学出版社，2018.

城市问卷发放的抽样方法有较大提升改进空间，由于研究人员与经费限制，本课题调查采用了以分层抽样为主的方法，但每个城市收集的问卷数量具有较大的差异性，东部和中部较大城市的问卷数量多、覆盖范围广，而西部或较小城市问卷数量则十分有限；第三，部分数据难以获得影响了评价工作的开展，例如，均等化区域公共服务的能力是地方政府发展能力的重要组成，但相关的客观指标从公开数据中难以获取，最终只能通过问卷调查所获得的主观数据开展评价工作。

通过对不同研究报告的比较分析可以得出以下基本结论：第一，从不同角度进行评价有助于加深对政府工作运行的认识和提升政府工作水平。由于不同类型报告的着眼点、侧重点和评价目的不同，其分析结果有助于从更多角度加深对政府工作的认识，分析和找出当前存在的不足并加以改进。第二，当前的研究工作中暴露出一些共性问题，包括指标的方向判断、数据的可获得性、数据的一致性以及抽样方法的科学性等，需要进一步通过研究和实践领域的共同努力，不断提升评价结果的科学性。第三，由于中央与地方的统计指标、统计口径的差异性，导致了客观统计数据在横向和纵向上的不可比问题，该问题对于以客观数据为主的评价影响更为突出。统计数据是评价结果科学性的前提，我国应在不同层级政府建立统一的统计指标体系和统计方法体系，统一统计口径，避免因数据失真或统计口径不一对评价结果造成影响，使各类评价在支撑政府决策、提升政府能力方面发挥更大的作用。

二、城市地方政府发展能力指数分析

基于地方政府发展能力的延续性和动态性，本课题组采用了纵贯研究（Longitudinal Study）的策略，经过 2015 年、2016 年和 2017 年三个年度的持续研究，已经从宏观上对我国地方政府的发展能力做了总体分析。但是，在研究中也发现存在以下三个局限性。

1. 网络问卷调查的局限性：尽管本课题是通过调研员按照样本框选取和控制调查对象，进行网络问卷的发放与回收，但是就结果而言，确实存在数据的可靠性难以控制和有效问卷数量的稳定性差等问题（见表3）。

表3　2015—2018 年度有效问卷数量与研究样本数量

年度	有效问卷数量	研究样本数量	研究样本平均有效问卷数量
2015	574	23	25
2016	11756	119	99
2017	3903	62	63
2018	2525	32	89

2. 样本城市选取的局限性：在过去三个年度的研究中，样本城市的选取主要以回收的有效问卷能否达到 30 份以上，同时满足政府和事业单位工作人员有效问卷 8 份以上这一标准来确定。这种方法尽管可操作性强，但是也导致每年样本城市变化较大，缺乏稳定性。

3. 定量分析方法的局限性：由于本课题构建在地方政府发展能力指数研究的基础上，因此，以定量研究为主。但在数据分析过程中，面对数据所揭示出来的问题，往往缺乏定性材料的支撑，知其然而不知其所以然，导致研究的深度不足。

（一）研究方法的改进

针对现存的问题，2018 年度的研究从方法层面进行了改进，采用了网络问卷调查与调研员面对面访谈与问卷相结合，定量分析与定性研究相结合的方法。

网络问卷部分，是基于国内最大的网络调研平台问卷星（www.sojump.com）发布，由经过培训的南开大学、天津商业大学和天津师范大学的相关专业学生出任调研员，通过电子邮件、微信、微博等 SNS 媒介方式推送问卷，并利用寒假返回原籍开展针对性问卷调查，要求调查对象必须涵盖政府和事业单位工作人员、国有及私营企业工作人员、社会组织从业人员和自由职业者等，以确保调查对象的多样性。

调查员访谈+问卷调查部分，则是课题组新的采样方法。在平衡各方面成本的基础上，课题组设计了核心样本城市与扩展样本城市相结合的方法，将核心样本城市分为三组：副省级以上城市（19 座）、地级省会城市（18 座）、典型地级市（选取 20 座），每一年度设定不同类别的核心样本城市，通过调研员进行半结构性访谈+问卷的方式做深入研究，以三年为一个周期，最终建立稳定的样本城市数据库。基于这样的研究方案，本年度共选取了 14 座副省级以上城市，以每座城市 2 位调研员的标准，经过选拔面试后，共招募了 28 位调研员，通过专业培训后，利用寒假进行调研，每座城市完成 30 份以上的半结构性访谈和问卷，由课题组统一核查录入数据库。整个调研过程在征得调研对象同意后进行了录音，便于后期的归档和查验。

（二）数据收集的总体情况

1. 问卷调查数据的基本信息

通过问卷采集，共获得来自全国所有省份主要城市的 2851 份问卷。根据问卷回收与城市分布情况，原则上按照该城市的问卷数大于 30 份，公务员与事业单位公职人员的问卷数大于 8 份的标准筛选有效城市，最终得到 32 座城市 2525 份有效问卷，其中政府及事业单位公职人员问卷 1022 份，占全部有效问卷的 40.48%。有效问卷的城市分布情况如表 4 所示：

表4　地方政府发展能力指数问卷回收数量表

城市	问卷数	城市	问卷数
安阳市	32	盘锦市	43
北京市	98	青岛市	36
成都市	107	厦门市	42
大连市	91	上海市	35
广州市	57	深圳市	102
哈尔滨市	47	沈阳市	104
杭州市	50	苏州市	32
衡水市	60	天津市	354
金昌市	42	天水市	33
晋城市	126	潍坊市	73
兰州市	141	武汉市	171
聊城市	69	西安市	56
泸州市	51	扬州市	68
南京市	110	岳阳市	34
宁波市	73	长春市	72
珠海市	56	重庆市	60

本研究采用统计学方法——克朗巴赫系数(α)，来检测问卷内容的可靠性。问卷调查结果可以划分为三个维度，即对一级指标的综合评价、对二级指标的综合评价以及对三级指标的实际表现评价。本研究对此三个维度进行可靠性分析，使用SPSS软件来进行测算，结果如表5所示：

表5　调查问卷的内部一致性分析结果

维　度		克朗巴赫系数	项数
对一级指标的综合评价		0.971	6
对二级指标的综合评价		0.983	14
对三级指标的实际表现评价	公务员	0.971	35
	非公务员	0.987	34

通常可以接受的克朗巴赫系数值是大于等于0.8，本研究所使用的问卷各个维度的值均大于0.97，结果表明本调查问卷的内容可靠性和内部的一致性达到了很高水准。

2. 统计数据收集情况

课题组首先对统计数据进行整理与统计，由于统计数据的计量单位差异较大，无法直接进行横向对比分析，因此，课题组将统计数据特征分析的重点放在数据的离散性上。在计算统计数据标准差的基础上，分别对不同指标的变异系数（变异系数＝标准差／均值）进行计算，以此克服由于数据计量单位差异而带来的标准差差异。统计数据的离散性如表 6 所示：

表 6　统计数据的离散性分析

统计类别	均值	标准差	变异系数
地区生产总值（亿元）	9323.26	8284.36	0.89
地区生产总值增长率（%）	7.04	1.68	0.24
城镇居民人均可支配收入增长率（%）	8.40	1.51	0.18
居民消费价格指数	101.79	0.62	0.01
社会消费品零售总额（亿元）	3843.70	3209.27	0.83
第三产业比重（%）	52.86	10.54	0.20
预期寿命（岁）	79.15	2.50	0.03
城镇登记失业率（%）	2.84	0.71	0.25
城乡居民可支配收入比（%）	2.31	0.44	0.19
千人口卫生技术人员数（人）	7.06	2.95	0.42
千人口医疗床位数（张）	5.87	1.52	0.26
政府在教育方面的财政支出占比（%）	13.83	4.96	0.36
城市建成区绿地率（%）	39.40	6.33	0.16
城市空气质量达二级以上的天数（天）	264.80	57.49	0.22
城市污水处理率（%）	92.35	4.50	0.05
税收收入增长率（%）	10.01	9.17	0.92
一般性公共服务支出占财政支出的比重（%）	12.50	10.49	0.84
财政收入增长率（%）	10.64	9.99	0.94
财政支出占 GDP 比重（%）	17.20	7.83	0.46
环境支持度指数	5.29	1.05	0.20
公务员年度参加培训次数（次）	5.33	3.67	0.69
公务员每年学习培训的天数（天）	15.24	4.64	0.30

从各三级指标的变异系数来看，财政收入增长率（0.94）与税收收入增长率（0.92）两项指标的变异系数最大，地区生产总值（0.89）、一般性公共服务支出占财政支出的比重（0.84）、社会消费品零售总额（0.83）这几项指标的变异系数存在较大差异。这说明我国城市的经济基础与财政基础的差异较大，这种差异将对基础设施建设水平及公共服务均等化等造成影响。如何通过转移支付等各种方式平衡政府发展能力的财政基础，是中国城市地方政府与中央政府应当共同面对的问题。

城市污水处理率（0.05）、预期寿命（0.03）、居民消费价格指数（0.01）这几项指标的变异系数差别很小。主要是因为我国的城市污水处理率基本上都超过90%，预期寿命主要受国家总体发展情况的影响，而居民消费价格指数也与国家整体的货币发行与经济发展状况密切相关，所以城市间的差别不大。

综上所述，通过统计数据分析，城市地方政府应当加强公共卫生服务的均等化，同时积极提升自身的发展基础，促进我国城市的多中心发展，缓和当前大城市的体量过大等问题。

（三）样本城市评价结果的统计分析

本部分将对 32 个样本城市的发展能力总体特征进行分析，具体从两个部分展开：一是对问卷调查所涉及的地方政府发展能力总体评价和对一、二级指标的重要性—绩效评价分析；二是综合使用主客观数据，对城市地方政府的发展能力开展聚类分析。

1. 样本城市地方政府发展能力的总体分析

基于地方政府发展能力指标体系和收集数据的方法，最终获得的数据包括：受访者对样本城市地方政府发展能力的总体评价和总体满意度，6 项一级指标的重要性评价和样本城市的绩效评价，14 项二级指标的重要性评价和样本城市的绩效评价，以及样本城市地方政府发展能力指数与总体排名。因此，本节就从以上四个层级对数据进行总体分析。

（1）地方政府发展能力总体评价和总体满意度

通过问卷调查获取数据时，问题的设定和表述方式可能会影响获取的结果。本研究以获取调研对象对当地地方政府发展能力的评价为目标，在调查问卷中，分别采用了总体评价和总体满意度两种方式请答卷人就居住地的地方政府发展能力做主观评价。32 个样本城市的统计结果如表 7 所示：

表 7　样本城市地方政府发展能力总体评价和总体满意度的基本情况

调查项目	极小值	极大值	均值	标准差
对当地政府发展能力的总体评价	2.48	3.88	3.3846	0.3692
对当地政府发展能力的总体满意度	2.61	4.02	3.4759	0.3745

通过配对样本 T 检验，比较两种提问方式的均值，可以发现，如表 8 所示，总体评价与总体满意度的相关系数达到 0.922，在统计意义上显著相关，而且并不存在显著不同（p=0.001），因此，可以得出结论，即从统计学上来看，"对当地政府发展能力的总体评价"和"对当地政府发展能力的总体满意度"这两种提问方式，并不会对最终的结果产生显著影响。

表8 两种提问方式的均指比较配对样本 T 检验

成对样本相关系数				
变量		N	相关系数	Sig.
对 1	总体评价&总体满意度	32	0.922	0.000
a. 除非另行注明，bootstrap 结果将基于 1000 bootstrap samples。				

成对样本检验								
变量		成对差分					t	df	Sig.
		均值	标准差	均值的标准误差	差分95%置信区间				
					下限	上限			
对 1	总体评价&总体满意度	-0.091	0.146	0.025	-0.144	-0.038	-3.53	31	0.001

（2）一级指标重要性–绩效分析

问卷调查获取了调查人对一级指标的重要性评价，结果如表9所示。调查对象对六个指标的重要性排序依次为：社会发展能力、经济发展能力、学习创新能力、服务提供能力、科学履职能力、资源利用能力。由此可见，调查对象首先关注城市社会发展情况与经济发展，其次是公共服务，最后是政府的实际运行情况。其原因在于指标与调查对象之间关系的密切程度不同。调查对象自身体会越强、关联越大的指标越会被排在相对重要的位置，而调查对象自身体会越弱、关联越小的指标则会被排在不重要的位置。在 32 个样本城市中，对科学履职能力的重要性排序差异性最大，标准差达到了 0.34，而对资源利用能力的重要性排序差异性最小，这也说明不同城市的居民对地方政府核心发展能力的重要性评价表现出了明显的不同，受到了调查对象所处环境的影响。

表9 样本城市一级指标重要性–绩效评估结果

一级指标	评价	最大值	最小值	均值	标准差
经济发展能力	绩效	4.27	2.58	3.35	0.39
	重要性	4.55	3.30	3.85	0.31
社会发展能力	绩效	3.83	2.45	3.39	0.36
	重要性	4.50	3.24	3.87	0.32
服务提供能力	绩效	3.97	2.53	3.38	0.36
	重要性	4.50	3.24	3.83	0.32
资源利用能力	绩效	4.06	2.34	3.36	0.41
	重要性	4.48	3.21	3.78	0.30
科学履职能力	绩效	3.94	2.53	3.34	0.35
	重要性	4.54	3.09	3.81	0.34
学习创新能力	绩效	4.23	2.50	3.34	0.37
	重要性	4.52	3.15	3.84	0.33

　　问卷调查也获取了被调查人对一级指标的实际绩效评价，六个指标在不同城市中的最大值与最小值较为接近，且数据离散程度也较为接近。从具体的指标评价来看，社会发展能力在所有一级指标评价中的均值最高，达到3.39，这说明调查对象对城市地方政府的社会发展能力相对最为满意。科学履职能力和学习创新能力的均值最低，为3.34，这说明调查对象认为城市地方政府的科学履职能力和学习创新能力尚有较大提升空间。

　　从标准差来看，资源利用能力的标准差最高，达到0.41，这说明不同城市间的调查对象对政府的资源利用能力评价的差异性较大，其可能的原因是由于我国经济发展地区间的不平衡，导致对人才的吸引和科技能力的创新存在较大的地域差异，造成调查对象对城市地方政府的资源利用能力的认知具有较大差异性。科学履职能力的标准差最低，为0.35，说明调查对象对政府科学履职能力的评价差异性较小。对于政府社会发展能力与提供服务能力这两项指标，调查对象的评估结果差异也相对较小。因此，未来城市地方政府在注重自身经济发展的同时应建立资源利用与公共服务、环境整治三位一体的规划体系，推广先进技术并鼓励创新，打造环境与经济一体化发展的健康、可持续、服务型城市。

　　（3）二级指标重要性-绩效分析

　　问卷调查获取了调查对象对居住城市地方政府发展能力二级指标的实际绩效评价和重要性评价，均采用了五级李克特量表，结果如表10所示。具体来看，二级指标中的维护秩序能力（3.61）的均值最高，说明样本城市的调查对象对城市地方政府在维护社会秩序与公平方面工作较为满意，而城市地方政府的推动转型能力（3.35）和均等化区域公共服务能力（3.35）均值最低，说明调查对象高度重视公共服务的空间公平性问题，并对当前区域间公共服务差异较大存在不满，对城市地方政府公共服务均等化的举措有更多要求。而推动转型能力则直接影响城市发展的未来潜力，因此，城市地方政府在做好公共服务均等化的基础上，还要积极推动自身转型能力，加强区域合作与协同发展，为城市未来发展奠定基础。

　　从标准差方面来看，推动转型能力的离散程度最高，标准差达到0.44，其原因主要是32座样本城市的经济发展类型差异较大，结合其自身经济发展特点和地理优势所确定的转型方向有所区别，因此评价分数可能会由此而分散。不同城市的调查对象对促进消费能力（0.34）、保证生产能力（0.34）、保障基本公共服务的能力（0.36）、政策制定能力（0.37）的评价相对较为集中，这说明城市地方政府在主抓经济建设与政府运行等方面建设能力的公众感知差异较小，也就是说城市地方政府在这些二级指标方面所采取的措施可能具有较高的同质性。

表 10　样本城市二级指标重要性-绩效评估结果

一级指标	二级指标		最大值	最小值	均值	标准差
经济发展能力	保证生产能力	绩效	3.96	2.64	3.50	0.34
		重要性	4.29	3.03	3.71	0.31
	促进消费能力	绩效	4.13	2.79	3.52	0.34
		重要性	4.18	2.94	3.66	0.29
	推动转型能力	绩效	4.09	2.33	3.35	0.44
		重要性	4.45	3.06	3.76	0.33
社会发展能力	推动发展能力	绩效	4.13	2.48	3.47	0.41
		重要性	4.41	2.94	3.76	0.34
	秩序维护能力	绩效	4.18	2.59	3.61	0.38
		重要性	4.46	3.06	3.82	0.32
服务提供能力	保障基本公共服务的能力	绩效	4.10	2.63	3.50	0.36
		重要性	4.46	3.06	3.82	0.32
	均等化区域公共服务能力	绩效	4.03	2.48	3.35	0.38
		重要性	4.30	3.15	3.73	0.28
	环境保护能力	绩效	4.16	2.25	3.41	0.42
		重要性	4.50	3.24	3.85	0.32
资源利用能力	资源获取能力	绩效	4.12	2.56	3.42	0.40
		重要性	4.29	3.06	3.73	0.30
	资源整合能力	绩效	4.26	2.33	3.37	0.44
		重要性	4.34	3.12	3.75	0.32
科学履职能力	政策制定能力	绩效	4.09	2.55	3.44	0.37
		重要性	4.29	3.09	3.78	0.31
	政策执行能力	绩效	4.20	2.48	3.45	0.39
		重要性	4.46	3.09	3.82	0.33
学习创新能力	主动学习能力	绩效	4.26	2.25	3.37	0.40
		重要性	4.46	3.09	3.78	0.32
	管理和服务的创新能力	绩效	4.17	2.44	3.38	0.39
		重要性	4.39	3.00	3.79	0.32

从表上的数据可以看出调查对象对二级指标的重要性排序依次为：环境保护能力、秩序维护能力、政策执行能力、保障基本公共服务的能力、管理和服务的创新能力、政策制定能力、主动学习能力、推动发展能力、推动转型能力、资源整合能力、资源获取能力、均等化区域公共服务的能力、保证生产能力、促进消费能力，这与各指标所属的一级指标的排序略有不同，调查对象认为环境保护指标和维护秩

序与公平指标的重要性较为突出，而保证生产能力和促进消费能力的重要性相对较低，说明调查对象在现阶段更注重政府在环境治理领域发挥的作用。从表 10 可以看出调查对象除了重视政府的经济发展能力以外，如何得到更好的环境与公共服务也是市民考察城市地方政府的重要标准，城市地方政府应当在环境保护与公共服务方面给予足够的重视。

（4）样本城市地方政府发展能力指数与总体排名

基于 32 个样本城市的数据，通过主客观综合赋权法，得到各级指标的权重，结果如表 11 所示。

表 11　地方政府发展能力各级指标权重

一级指标	权重	二级指标	权重	三级指标	权重
经济发展能力	0.205	保证生产能力	0.098	地区生产总值	0.02507
				地区生产总值增长率	0.00966
				有效引导地方经济健康运行的能力	0.03159
				有效改善当地基础设施建设的能力	0.03174
		促进消费能力	0.042	城镇居民人均可支配收入增长率	0.00601
				居民消费价格指数	0.00247
				社会消费品零售总额	0.00542
				稳定当地物价水平的能力	0.00975
				有效搭建消费平台的能力	0.00927
				提高家庭消费水平的能力	0.00934
		推动转型能力	0.065	第三产业比重	0.01016
				促进产业升级的能力	0.01831
				促进民营企业发展的能力	0.01782
				促进科技创新的能力	0.01839
社会发展能力	0.129	推动发展能力	0.102	预期寿命	0.01210
				当地生活的幸福感	0.02988
				参与公共事务的渠道	0.02991
				当地社会组织在公共事务中发挥的作用	0.03015
		秩序维护能力	0.027	城镇登记失业率	0.00492
				城乡居民可支配收入比	0.00465
				对社会治安状况的评价	0.00549
				调节社会矛盾能力	0.00578
				对个人发展机会公平的评价	0.00612

一级指标	权重	二级指标	权重	三级指标	权重
服务提供能力	0.176	保障基本公共服务的能力	0.114	千人口卫生技术人员数	0.02340
				千人口医疗床位数	0.01913
				政府在教育方面的财政支出占比	0.00287
				就业、养老等公共保障制度建设	0.02333
				公共服务设施建设	0.02276
				教育、卫生等社会事业的发展	0.02249
		均等化区域公共服务的能力	0.035	公共服务设施均等化程度	0.01176
				医疗服务均等化程度	0.01186
				教育资源均等化程度	0.01172
		环境保护能力	0.027	城市建成区绿地率	0.00207
				城市空气质量达二级以上的天数	0.00064
				城市污水处理率	0.00784
				环境质量	0.00775
				环境治理能力	0.00839
资源利用能力	0.221	资源获取能力	0.139	税收收入增长率	0.04114
				一般性公共服务支出占财政支出的比重	0.01130
				财政收入增长率	0.03855
				吸引外来人才的能力	0.02556
				有效引进项目的能力	0.02284
		资源整合能力	0.082	财政支出占 GDP 比重	0.00801
				与智库展开有效合作的能力	0.02443
				与媒体构建良好关系的能力	0.02451
				与企业实施有效协作的能力	0.02466
科学履职能力	0.137	政策制定能力	0.095	全年发布政策文件数量	0.02463
				决策的科学性	0.03519
				政策制定过程中公众参与的有效性	0.03476
		政策执行能力	0.042	环境支持度指数	0.00799
				机构设置合理性	0.01141
				各部门的工作效率	0.01151
				工作人员服务态度	0.01151
学习创新能力	0.133	主动学习能力	0.082	公务员年度参加培训次数	0.02230
				公务员每年用于学习提升的时间	0.02388
				激励公务员学习措施	0.01753
				组织内部信息共享机	0.01791
		管理和服务的创新能力	0.051	政府对创新的重视程度	0.02343
				政府的创新意识	0.02796

将样本城市的主客观数据（三级指标）标准化，再加权求和，可以得到分解发展能力（二级指标）、核心发展能力（一级指标）和地方政府发展能力指数。为了便于直观比较，本研究按照功效系数法将样本城市的标准化数值转换成得分值为5-95 的数据列，转换公式如下所示：

$$Z_i = \frac{(X_i - X_{min})}{(X_{max} - X_{min})} * 90 + 5 \qquad 公式\ 2\text{-}1$$

Z_i：第 i 项三级指标的转化得分；

X_i：第 i 项三级指标的标准化得分；

X_{min}：样本城市中该三级指标的最低标准化得分；

X_{max}：样本城市中该三级指标的最高标准化得分；

最终，计算可得 32 座样本城市的政府发展能力指数，如表 12 所示：

表 12　样本城市地方政府发展能力指数及排名

排名	地方政府所在地名称	地方政府发展能力指数	排名	地方政府所在地名称	地方政府发展能力指数
1	上海市	95.00	17	西安市	59.65
2	杭州市	89.84	18	重庆市	56.15
3	苏州市	80.04	19	天津市	50.63
4	金昌市	79.66	20	沈阳市	49.01
5	深圳市	74.17	21	扬州市	48.22
6	北京市	74.10	22	长春市	47.06
7	青岛市	73.05	23	泸州市	43.05
8	盘锦市	72.92	24	大连市	40.33
9	南京市	71.87	25	兰州市	39.35
10	潍坊市	71.57	26	衡水市	39.23
11	厦门市	69.43	27	晋城市	38.37
12	宁波市	68.44	28	哈尔滨市	38.12
13	广州市	66.20	29	岳阳市	35.17
14	珠海市	64.84	30	聊城市	22.71
15	成都市	63.17	31	天水市	9.81
16	武汉市	61.61	32	安阳市	5.00

2. 样本城市地方政府发展能力的聚类分析

（1）聚类分析的方法与结果

课题组采取客观的系统聚类结果和主观判断相结合的方法来确定最终的聚类数量，并采用 K 均值聚类方式确定聚类成员。首先利用 SPSS 软件对样本城市的六个一级指标进行系统聚类，结果如图 2 所示。

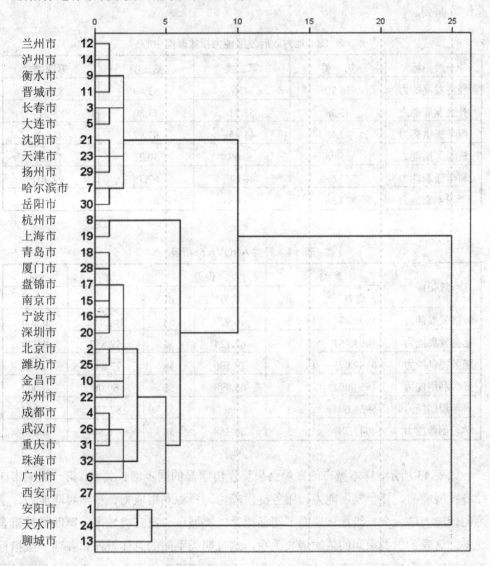

图 2 采用系统聚类法对样本城市聚类的结果

首先，根据系统聚类的结果，样本城市可以分为 2 类、3 类、4 类、6 类、12 类；其次，根据各种分类的城市名单，综合 2015 年、2016 年和 2017 年城市的聚类名单，确定最终的聚类数为 4 类；最后，采用 K 均值聚类方法对样本城市进行聚类，各类的聚类中心如表 13 所示，ANOVA 分析如表 14 所示。需要说明的是，为了便于直观比较，本研究按照功效系数法将各项指标标准化数值转换成得分为 5-95 的标准化数据列。

表 13　地方政府发展能力指数聚类中心

一级指标	第一类	第二类	第三类	第四类
经济发展能力	16.70	34.46	53.49	81.48
社会发展能力	33.38	55.21	73.80	83.21
服务提供能力	22.69	45.45	67.97	91.59
资源利用能力	15.48	30.69	50.21	77.58
科学履职能力	23.68	46.01	67.78	92.30
学习创新能力	23.36	44.08	64.05	85.02

表 14　聚类 ANOVA 分析表

一级指标	聚类		误差		F	Sig.
	均方	df	均方	df		
经济发展能力	4802.474	3	46.999	58	102.182	0.000
社会发展能力	4094.457	3	82.124	58	49.857	0.000
服务提供能力	6189.073	3	79.506	58	77.844	0.000
资源利用能力	4557.802	3	65.998	58	69.06	0.000
科学履职能力	5964.094	3	68	58	87.707	0.000
学习创新能力	4947.787	3	64.358	58	76.88	0.000

如表 13 所示，样本城市的聚类结果呈现出明显的同步增长关系，第一类城市在经济发展能力、社会发展能力、服务提供能力、资源利用能力、科学履职能力、学习创新能力这六个一级指标层面都明显比第二类城市、第三类城市、第四类城市表现差，这表示出类别间的依次增长关系，这说明类别间的总体差异和各项一级指标差异都较为明显，这一点在 ANOVA 分析表中也可以看出，六个一级指标都通过显著性为 0.05 的 F 检验，说明组间差异明显，聚类效果较好。

　　第一类城市包括安阳市、聊城市、天水市等 3 个城市，这些城市在经济发展、社会发展、服务提供、科学履职、学习创新等六个一级指标上表现欠佳，说明地方政府能力相对较弱，这可能与其所处内陆、资源禀赋、发展基础等密切相关。

　　第二类城市包括长春市、大连市、哈尔滨市、兰州市、沈阳市、天津市、扬州市等 11 个城市，这些城市包含一些中东部的省会城市和计划单列市，也包括衡水、泸州等城市，这些城市中大部分发展速度较快，已经具备了一定的基础，甚至有些城市在经济发展方面表现异常突出，但其他指标的能力表现欠佳。

　　第三类城市包括以北京市、成都市、广州市、南京市、宁波市、青岛市、深圳市等为代表的 14 个城市，这类城市在经济发展、社会管理等方面都具有较好的表现。

　　第四类城市包括杭州市、上海市、苏州市等 4 个城市，从数据方面来看，这些城市在主观数据层面和客观数据层面都有较为突出的表现。

　　（2）四种类型城市政府发展能力一级指标比较分析

　　通过对各一级指标的得分进行分析可以发现，四类城市六个一级指标，即不同的能力维度的表现具有显著的差异性，如图 3 所示。

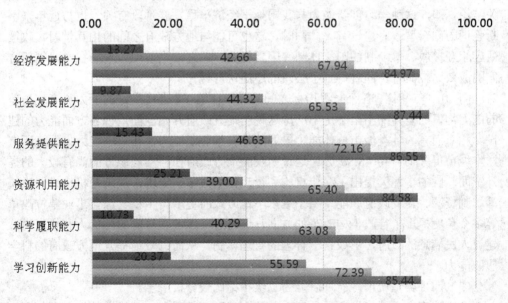

图 3　四类城市一级指标得分比较

从图 3 可以看出四类城市之间差异性最大的指标是社会发展能力，该项能力在第一类与第四类城市之间的分差为 77.57。社会发展能力的具体指标包括当地生活的幸福感、参与公共事务的渠道、当地社会组织在公共事务中发挥的作用、化解社会矛盾能力、对个人发展机会公平的评价等。二级指标得分的差异性说明各个地方政府处于不同的发展阶段，一些地方政府已经进入了主动的社会治理、管理创新阶段，而一些地方政府尚处于较为被动的社会管理和提供服务阶段。

四类城市之间差异性最小的指标则是资源利用能力，该能力在第一类与第四类城市之间的分差仅为 59.37。随着近年来人才竞争的加剧、招商引资难度增大，各个地方政府普遍开始重视资源利用能力的建设。2017 年开始的以人才引进为主要特征的新一轮城市营销大战就可以看出各个地方政府开始普遍重视资源整合和资源利用能力建设。而随着国家治理体系现代化的逐步推进，政府与智库、媒体、企业正逐步构建一种稳定的和谐的治理格局。这一背景下，各个地方政府普遍加强与其他治理主体的合作关系建设。相应地，资源利用能力差距最小。

总体来看，各类城市的学习创新能力最强，在该项能力方面，四类城市得分的均值达到 58.45 分，并且在第三类和第四类城市中，该项指标的得分均为该类城市能力得分的最高分。这与 2017 年的数据特征基本一致，进一步验证了 2017 年的相关结论。即，这种学习创新能力与我国处于经济平稳发展阶段有关，也与近年来不断强调的创新型政府建设有关。同时，这也可能与地方政府之间的相互学习、政策效应相互扩散、单一制的国家体制等因素相关。总之，当前地方政府在学习创新方面的成效比较显著，同时得到了公众的广泛认可。

同 2017 年相比，各个一级指标之间的差异在缩小，表现最好的能力和表现最差的能力均值的差异缩小至不足 10 分，这说明地方政府开始全面重视各方面能力的建设。相对而言，各类城市总体能力最弱的是科学履职能力，在该项能力方面，所有样本城市得分均值为 48.88 分。这说明我国地方政府在科学履职方面尚有较大的提升空间。党的十九大提出了深化机构和行政体制改革的要求，从统筹机构设置、统筹编制资源、转变政府职能、赋予省以下地方政府更多自主权、深化事业单位改革等多个角度提出了行政机构改革的方向，这将进一步增强政府的公信力和执行力，建设人民满意的政府，形成科学合理的管理体制，从而有效地提升地方政府的科学履职能力。

（3）四种类型城市政府发展能力二级指标比较分析

四类政府在一级指标所反映的六种能力方面的表现存在不均衡的特点，如图 4 所示。

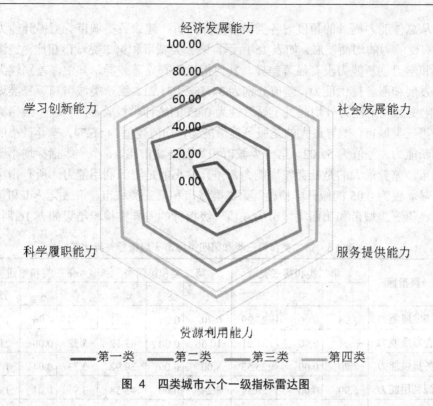

图 4　四类城市六个一级指标雷达图

　　第一类城市的资源利用和学习创新能力相对较强，第二类和第三类城市中服务提供和学习创新能力较强，第四类城市社会发展能力和服务提供能力突出。在评价地方政府发展能力时，各项一级指标均包含了主观与客观两类指标，因此，四种类型政府在不同能力上存在差异的原因可以归纳为两个方面：其一是不同能力方面的客观表现存在差异；其二是民众对该项能力的满意程度存在差异。本研究采用独立样本 T 检验方式来检验类型间一级指标差异的显著性，详见表 15 和表 16。

表 15　第一类城市和其他类型城市的一级指标比较

一级指标	第一类和第二类			第一类和第三类			第一类和第四类		
	t	Sig	均差	t	Sig	均差	t	Sig	均差
经济发展能力	-4.99	0.02	-29.39	-9.27	0.00	-54.67	-8.92	0.00	-71.70
社会发展能力	-9.02	0.00	-34.45	-14.90	0.00	-55.66	-18.22	0.00	-77.57
服务提供能力	-5.63	0.00	-31.21	-5.73	0.02	-56.74	-6.65	0.01	-71.12
资源利用能力	-1.12	0.36	-13.79	-3.34	0.07	-40.19	-4.76	0.03	-59.37
科学履职能力	-7.48	0.01	-29.56	-11.93	0.00	-52.35	-11.34	0.00	-70.68
学习创新能力	-3.45	0.06	-35.22	-5.06	0.02	-52.02	-6.11	0.01	-65.08

　　从总体能力提升的角度对各类城市进行分析，建议各类城市着力提升能力的短板，实现能力的均衡发展。如表 15 所示，第一类城市和第二类城市相比，资源利用能力和学习创新能力没有显著差异，其他指标均有显著差异，其中，差别较大的是社会发展和服务提供能力，差值分别为 34.45 和 31.21。第一类城市和第三类城市相比，除资源利用能力外均通过了显著性为 0.05 的统计学检验，在 6 项一级指标上均小于第三类城市，差异最大的是服务提供能力，均值差值为 56.74，差异最小的是学习创新能力，差值为 52.02。第一类城市和第四类城市比，6 个一级指标均小于第四类城市，差异最大的是社会发展能力，差异最小的是资源利用能力，所有指标均通过了显著性为 0.05 的统计学检验。第二类城市和第三类城市、第二类城市和第四类城市、第三类城市和第四类城市的 6 项一级指标的差异性检验结果如表 16 所示。

表 16　第二类、第三类和第四类城市一级指标差异比较

一级指标	第二类和第三类			第二类和第四类			第三类和第四类		
	t	Sig	均差	t	Sig	均差	t	Sig	均差
经济发展能力	-7.98	0.00	-25.29	-6.70	0.00	-42.31	-2.70	0.06	-17.03
社会发展能力	-6.08	0.00	-21.21	-10.66	0.00	-43.12	-5.52	0.00	-21.91
服务提供能力	-8.70	0.00	-25.53	-8.00	0.00	-39.92	-2.73	0.04	-14.39
资源利用能力	-5.99	0.00	-26.39	-8.24	0.00	-45.58	-3.96	0.01	-19.18
科学履职能力	-7.32	0.00	-22.79	-7.60	0.00	-41.12	-3.20	0.03	-18.33
学习创新能力	-3.85	0.00	-16.81	-5.79	0.00	-29.86	-2.47	0.04	-13.05

　　如表 16 所示，第二类城市和第三类城市在 6 项一级指标间存在明显的差异，其中，差异最大的是资源利用能力，差异最小的是学习创新能力；第二类与第四类城市在 6 项一级指标也都存在明显的差异，差异最大的是资源利用能力，差异最小的是学习创新能力，并且都通过了显著性是 0.05 的统计学检验；而第三类城市和第四类城市中，除经济发展能力外，其他五项一级指标体现出明显的差异，差异最大的是社会发展能力，差异最小的是学习创新能力。综上，四类城市之间呈现出较为明显的递增规律，即第四类城市在 6 项指标上高于第三类城市，第三类城市高于第二类城市，第二类城市高于第一类城市，这说明本研究的聚类结果较为理想，各类城市间存在着较为明显的差异。

　　通过对不同类型城市间的二级指标进行比较分析，可以找出对聚类分析结果影响较大的二级指标，即差异性较大的二级指标，如表 17 所示。

表 17 四类城市间差异较大的三个二级指标

城市类别	第二类	第三类	第四类
第一类	推动发展能力 环境保护能力 政策执行能力	推动发展能力 推动转型能力 保障基本公共服务能力	推动发展能力 推动转型能力 政策执行能力
第二类	—	保障基本公共服务能力 推动转型能力 管理和服务的创新能力	推动转型能力 推动发展能力 均等化公共服务能力
第三类	—	—	均等化公共服务能力 推动发展能力 推动转型能力

三、年度聚焦：不同行政级别地方政府发展能力的特征分析

在中国，相比于其他因素，行政级别拥有更多的政治和经济意义。在同一政府层级中，地方政府之间的差异相对较小，相似度较高，而不同的行政级别的地方政府之间的差异较为明显。因此，研究行政区划尤其是行政级别对地方政府发展能力的影响，对于分析整个国家的政府管理体制有着重要的借鉴意义。

（一）类型划分：不同行政级别的划分标准

本章着重分析的是不同行政级别地方政府发展能力的特征，而辨明基本概念则是概括总结特征的第一步。选择将"行政级别"作为分析切入点，主要是因为行政级别对于地方政府发展能力具有重要意义。

1. 行政级别

行政级别是基于行政隶属关系而形成的，体现了行政单元在行政体制中占有的地位。同时，行政体制内的政府、部门、职位和行政人员也都有着自己的行政级别，行政级别的出现表明了其在整个国家行政体系中的重要地位，行政人员承担了行政单位中的主要职位。目前中国对于行政级别的划定参考了古代的职官品级，主要采用五级划分方式将行政人员的行政级别划分为：国家级、省部级、司厅局级、县处级和乡镇科级等五个级别，各级又分为正副职。

城市的行政级别往往与城市政府主要官员的行政级别具有对应关系。因此，依据行政级别的划分，目前中国的城市类型主要有[①]：省级城市、副省级城市和地级

---

① 刘君德，范今朝. 中国市制的历史演变与当代改革[M]. 南京：东南大学出版社，2015.

市三类。具体而言：省级城市，也即中央直辖市，直属中央政府管理，与省、自治区和特别行政区一同列为国家最高一级行政单位。目前中国的直辖市包括北京、天津、上海和重庆等四个城市；副省级城市，是中央和省（自治区）共同管辖的城市，其主要领导的任免需由省委报中央审批，但其在行政区划上，依旧属于省辖市。目前，中国副省级城市主要包括哈尔滨、长春、沈阳、大连、济南、青岛、南京、杭州、宁波、厦门、广州、深圳、武汉、成都、西安等 15 个城市。其中，大连、青岛、宁波、厦门和深圳等 5 个城市也同时属于计划单列市，其收支与中央直接挂钩，具有省一级的经济权限，也是副省级城市的前身。其余的 10 个城市均属于省会城市，是所在省份的行政中心；地级市，即地级行政区，大多是由省（自治区）管辖的城市。地级市大致可细分为三类：一类是设区的市（由过去的地区行署转变而来），同时也管理下辖的县（自治县）、旗（自治旗）或代管县级市，此类型占地级市的大多数。所谓县级市，其主要领导是地（厅）级的配置，但其行政地位相当于县[①]，仍属于县的序列，如湖北省的潜江市、天门市和仙桃市等。另一类是仅设区但不管辖县（自治县）、旗（自治旗），也不代管县级市，如海口市、三亚市和克拉玛依市等。还有一类是不设区也不管辖县（自治县）、旗（自治旗），但直接管辖乡级行政区的地级市，如甘肃省的嘉峪关市，海南省的三沙市和广东省的东莞市、中山市等。另外，没有列入副省级城市的省会城市也属于地级市这一级别划分。需要说明的是，目前副省级城市在民政部的行政区划统计中依旧属于地级市的范畴，但其主要领导的行政级别均为省部级，享有省级的经济管理职权。同样，部分地级市的主要领导也长期由省委常委兼任，实际上也在一定程度上享受着副省级城市的待遇，如苏州市、齐齐哈尔市、吉林市、延边市、烟台市、珠海市、包头市和大同市等等。

　　总体看来，行政级别主要是基于工作报告关系划定的，与城市所具有的建制类型并非完全一一对应。在现实运作过程中，划定行政级别在一定程度上便于行政工作的展开，这主要是因为：第一，通过行政级别的划定可以明确各行政单位之间的隶属关系，从而便于安排地方行政单位的具体管理权限；第二，可以满足一些特殊的政治与军事上的需要，方便各项工作的顺利开展。

　　2. 将行政级别作为分析视角的原因

　　选择将"行政级别"作为分析地方政府发展能力的切入点，主要是因为中国的行政级别对于政府发展能力的影响较为显著。

---

① 谢庆奎. 当代中国政府[M]. 沈阳：辽宁人民出版社，1991.

（1）行政级别对于城市政府发展的重要性

研究城市政府的发展能力主要是因为城市政府自身在国家政府管理体制中的特殊地位。在政府管理体制中，政府管理体系的总体结构主要包括两部分：一是由管理幅度构成的组织体系中的横向结构，一是由管理层级构成的组织体系中的纵向结构。[①]在中国的纵向结构方面，省（自治区）是最高一级的地方政府，在省与县之间，存在着诸多中间层级的政府，这里的中间层级主要指的就是市一级的政府。因此，如何充分发挥城市政府的发展能力，扮演好承上启下的中间角色，是推动区域发展乃至全国发展的重要环节，这便是城市政府区别于中央政府和基层县、乡（镇）政府的特殊性所在。

（2）行政级别对于地方政府发展能力影响显著

对地方行政单位进行级别划分并依此进行分析是研究地方政府管理的基础，也是研究地方政府发展能力的环节之一。根据数据显示，从政府发展能力的角度来看，不同行政级别城市之间的发展差异相对较大，而相同的行政级别城市之间的差异相对较小。主要原因便是中国的行政级别往往具有丰富的政治和经济含义，影响到所在地方政府的管理权限及所拥有的资源，主要体现在立法、行政和财政等多个不同的角度。例如，行政级别不同，其拥有的立法权限也不同。根据《中华人民共和国地方各级人民代表大会和地方各级人民政府组织法》第四章第六十条规定，"省、自治区、直辖市的人民政府可以根据法律、行政法规和本省、自治区、直辖市的地方性法规，制定规章，报国务院和本级人民代表大会常务委员会备案"。而在具体的行政法规制定过程中，行政级别较高的地方政府往往拥有更高的自主权，可依据管辖范围内的具体情况，因地制宜地制定地方性法规。而对于行政级别较低的城市而言，其自主性受到更多的刚性约束，拥有的管理权限也相对较为基础。以经济发展为分析维度来看，相比地级市，行政级别较高的直辖市和副省级城市拥有省一级经济权限，也就意味着其拥有更为灵活的自主管理经济发展的能力。以计划单列市为例，当时设立大连、青岛、宁波、厦门和深圳等五个计划单列市的条件有以下几点：历史上长期形成的中心城市地位；具有雄厚的工商业基础和科学技术力量；拥有100万以上的市区人口；150亿左右的社会总产值；具有"对外开放，对内搞活"的重要战略地位；在全国经济发展中具有某种特别作用的特大城市。[②]此外，计划单列市的行政经费除了来源于本市的收入外，各项补助经费都无须经过省政府，直

---

① 中国行政管理学会. 政府层级管理[M]. 北京：人民出版社，2009.

② 田保奋，孙学光. 社会转型期的计划单列市：功能、困境与出路[J]. 社会主义研究，1992(4)：47-51.

接来源于中央国务院所属的各个部门。因此，这五个综合实力较强的城市被计划单列后，其财政收支无须上缴省级财政，直接与中央挂钩，并享受着省级的经济权限。而计划单列市与地级市相比拥有更为丰富的财政来源以及更为灵活的经济活动空间。

（二）评估结果：不同行政级别地方政府发展能力的特征分析

本研究主要聚焦于不同行政级别城市政府发展能力的特征，即城市政府的行政级别是否对于政府的经济发展能力、社会发展能力、服务提供能力、资源利用能力、科学履职能力、学习创新能力存在影响？为了达到研究目的，本研究进行了较为充分的样本选取，并对地方政府发展能力指数的一级指标和二级指标分别进行了分析与比较。

1. 样本选取：三个行政级别的城市政府

这里将城市政府的行政级别划分为直辖市、副省级城市和地级市三个层级。本研究对 32 个城市做进一步的数据统计与分析，这其中包括：直辖市 4 个，副省级城市 14 个，地级市 14 个。

表18　三个行政级别样本城市分布情况

层级	样本城市
直辖市	北京市、上海市、天津市、重庆市
副省级城市	成都市、大连市、广州市、哈尔滨市、杭州市、南京市、宁波市、青岛市、厦门市、深圳市、沈阳市、武汉市、西安市、长春市等 14 个城市
地级市	安阳市、衡水市、金昌市、晋城市、兰州市、聊城市、泸州市、盘锦市、苏州市、天水市、潍坊市、扬州市、岳阳市、珠海市等 14 个城市

2. 现状分析：三个行政级别政府发展能力的特征分析

本研究采取的是针对不同行政级别的地方政府各项指标求其平均值的方法来进行比较与分析。此方法可以有效地将复杂问题转化为较为简明清晰的问题，同时，可以在一定程度上避免地区因素的干扰。

（1）三个行政级别城市政府发展能力总体评价

通过比较三个行政级别案例城市政府发展能力的均值，可以发现随着城市行政级别的提升，其政府的发展能力也有了相应的提升，如图5所示。从2018年所收集的数据可以看出，行政级别最高的直辖市政府发展能力指数均值达到68.97，而副省级城市政府的发展能力指数均值为62.28,行政级别最低的地级市政府的发展能力指数均值则为46.42。

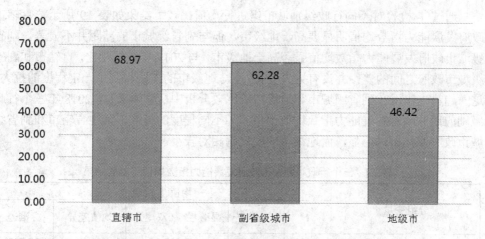

图5　三个行政级别样本城市政府发展能力均值

通过与前两年所收集到的数据进行比较可以发现，行政级别与城市政府发展能力之间具有显著的正相关关系，如图6所示。行政级别最高的直辖市政府经历了较为曲折的发展过程，其发展能力均值指数从2016年的67.22跌至2017年的58.18，而在2018年又重新升至68.97。拥有相似发展轨迹的还有副省级城市政府，从60.32降到53.55，随后又得到了较大提升至62.28。虽然三年来两个行政级别的城市政府的发展轨迹均较为曲折，但是两者之间的差距并没有太大变化，直辖市政府的发展指数均高于副省级城市政府。而行政级别低于这两级政府的地级市政府却拥有较为不同的发展轨迹，其发展能力均值指数在这三年间得到了缓慢而稳定的提升，但均低于行政级别较高的两级政府。

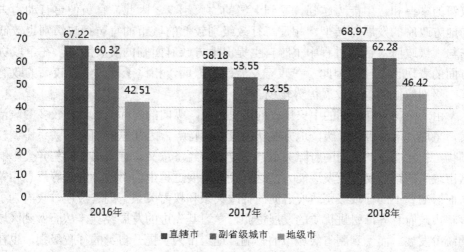

图6　三年不同行政级别城市政府发展能力均值比较

通过 T 检验对不同行政级别城市组进行均值比较，结果如表 19 所示，直辖市政府发展能力指数均值明显要高于地级市，但与副省级城市的差距并不显著。副省级城市政府发展能力指数均值显著高于地级市。与 2017 年数据相比，直辖市和副省级城市政府之间的差距并没有太大变化，但与地级市的差距得到了一定程度的拉大。这一趋势也出现在副省级城市和地级市的比较分析中。总体来看，2018 年三个行政级别的地方政府发展能力指数均值都得到了不同程度的提高，其中直辖市和副省级城市政府变化相对明显，而地级市的变化则相对较小。

表 19　三个行政级别城市政府发展能力指数均值 T 检验结果

分组变量		均值 T 检验				
		t	df	显著性　（双尾）	均值差异	标准差
直辖市	副省级城市	0.623	3.931	0.568	6.688	10.732
	地级市	1.883	5.876	0.011	22.546	11.976
副省级城市	地级市	2.085	20.996	0.049	15.858	7.606

数据统计分析显示，直辖市政府和副省级城市城府的发展能力水平整体较高。这与较高的行政级别可以带来的更为优质的资源有着密切的关系。行政级别较高的地方政府的主要官员也具有较高的级别，这便使得其在与上级、同级或下级政府对话的过程中拥有更多的话语权，从而最大限度地为本地区发展争取更为优质的发展条件。而资源越多便意味着城市发展的基础设施越完善，地方政府更有余力去发展其他社会职能，努力向服务型和学习型政府转型。同时，较高的行政级别也可以激发当地官员提升政府发展能力的主观能动性，行政级别越高，官员对政策的掌握和运用能力越强，受到上级的约束越少，因此，官员便更有动力去带动地方政府的发展与转型。相反，行政级别较低的城市的官员行政级别也较低，在与上级政府对话的过程中很难自主提出地方政府面临的发展困境，在争取资源方面的表现也不佳。因此，在政府发展能力方面，相比于行政级别较高的政府，行政级别较低的政府发展优势较少。

由于中国具有长期的中央集权的历史传统，纵向的府际关系具有较多的政治意义，呈现"下级服从上级，地方服从中央"的特点，因此纵向的府际关系协调较为顺畅。相比而言，横向的府际关系具有更多的经济意义。行政级别的差异会影响到城市政府的话语权以及发展能力，这直接与发展过程中的财政、资源等息息相关，从而影响到不同行政级别政府之间的行政关系和权力关系。副省级地方政府为了向直辖市政府看齐，引进优质的发展资源，学习其先进的发展经验，从而做到区域内的统筹发展。而受到副省级城市的影响，地级市为了提升自身的行政级别，也在积极提升自身的发展能力。

通过对三年的数据趋势进行比较发现，相比于直辖市和副省级城市政府的"V字型"发展，地级市政府的发展较为稳定，这是一个值得研究的现象。这主要是因为，行政级别较低的政府对于自身利益会进行更为稳妥的衡量与评估，从而选择在不同层次与周边的同级或不同级别政府产生联系，这在一定程度上有助于打破城市间经济发展的行政区壁垒，提升该地方政府的综合发展能力。

（2）三个行政级别城市政府发展能力一级指标比较分析

各行政级别地方政府发展能力六项一级指标均值如图 7 所示。

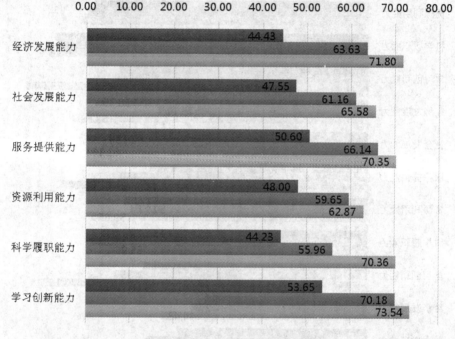

图 7　三个行政级别城市政府发展能力一级指标均值

从图 7 可以看到，按照行政级别的划分，三级地方政府的发展能力呈现出明显的分化态势，直辖市和副省级城市政府的六项能力得分远高于地级市。同时，直辖市的六项能力得分均高于副省级城市，其中直辖市在经济发展能力、服务提供能力、科学履职能力和学习创新能力方面得分均值超过 70 分，而副省级城市政府仅在学习创新能力上得分超过 70 分。副省级城市在资源利用能力和学习创新能力方面与直辖市指数相对接近，但在科学履职方面则存在较大的差距。地级市的六项一级指标数值均低于行政级别较高的两类城市，但六项一级指标间的差距不大，这在一定程度上可以看出地级市的政府发展能力建设相对均衡。

2016—2018 年不同行政级别城市政府发展能力一级指标均值见图 8。

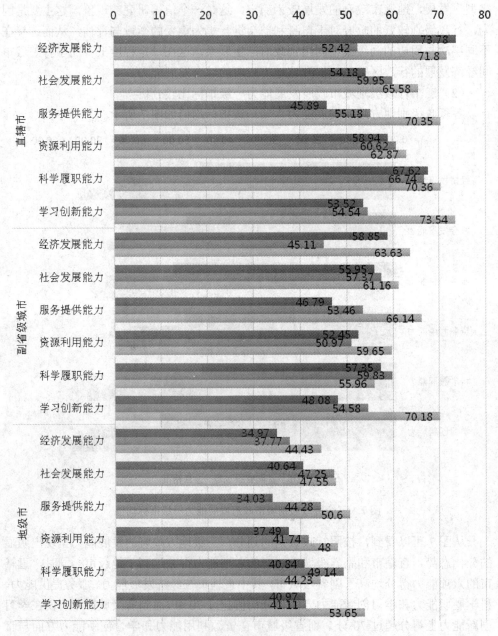

图 8　三年不同行政级别城市政府发展能力一级指标均值

如图 8 所示，通过与前两年所收集到的数据进行比较可以发现，对于直辖市政府而言，在六项一级指标中，社会发展能力、服务提供能力、资源利用能力和学习创新能力一直保持上升态势，且学习创新能力在 2018 年得到了较大幅度的提升。而经济发展能力和科学履职能力在 2017 年市都较为低迷，且 2018 年经济发展能力仍低于 2016 年的水平。对于副省级城市政府而言，仅有三项一级指标逐年提升，分别是社会发展能力、服务提供能力和学习创新能力。其科学履职能力相较于 2017 年发生回落，而经济发展能力与资源利用能力均呈现"V 字型"发展趋势，且 2018 年得分均高于 2016 年。以发展趋势作为分析维度，可以发现地级市政府的态势最为乐观，六项一级指标中有五项均实现逐年增长，仅有科学履职能力较 2017 年的数据低。地级市政府目前的发展空间动力较为充足，虽然各项能力得分的绝对值与较高行政级别政府差距较大，但其发展前景是十分乐观的，具体如图 8 所示。

为了避免抽样误差带来的影响，需要进一步对三个行政级别政府的六个一级指标得分进行差异性检验。在本研究中，由于三个行政级别的地方政府的政府发展能力可以看作是三个总体，且其各自的得分情况近似地接近于正态分布，同时，样本数据的获取是独立抽样的。因此，在此可以运用两两独立样本 T 检验的方法对其进行分析，如表 20 所示。

表 20　三个行政级别城市地方政府发展能力一级指标均值比较 T 检验结果

分组	变量	直辖市		副省级城市
		副省级市	地级市	地级市
经济发展能力	t	0.797	2.418	2.577
	sig.	0.468	0.052	0.017
社会发展能力	t	0.459	1.618	1.648
	sig.	0.667	0.146	0.111
服务提供能力	t	0.403	1.655	1.941
	sig.	0.707	0.145	0.066
资源利用能力	t	0.257	1.15	1.478
	sig.	0.809	0.304	0.152
科学履职能力	t	1.341	2.175	1.575
	sig.	0.254	0.074	0.131
学习创新能力	t	0.407	2.004	2.246
	sig.	0.703	0.08	0.033

根据 T 检验结果可以看出，政府发展能力的六项一级指标中直辖市和副省级城市之间的差距并不显著，这与往年的数据分析结果大体相似。直辖市与地级市的指数差别均不显著，而副省级城市也仅有经济发展和学习创新能力与地级市发展水平差距较大，但与前两年相比，直辖市和副省级城市与地级市的差距得到缩小。通过对两两进行统计分析，可以发现三个行政级别城市政府的发展能力呈现分化的状态，

直辖市和副省级城市的政府发展能力均要高于地级市，这直接验证了前一部分内容中根据均值比较所做出的推测，即行政级别较高的城市的政府发展能力总体上高于行政级别较低的城市。

（3）三个行政级别城市政府发展能力二级指标比较分析

为了进一步展现不同行政级别城市政府发展能力的具体状况，现对14项二级指标的均值情况进行梳理，如图9所示。

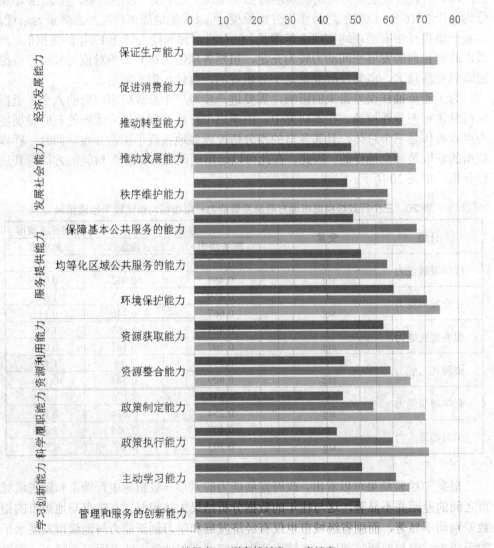

图9　三个行政级别城市政府发展能力二级指标均值

　　从图9可以看到,直辖市在除社会发展能力中的秩序维护能力之外的13项指标中均居于首位,副省级城市紧随其后。副省级城市政府的秩序维护能力略强于直辖市政府,在资源获取能力、管理和服务的创新能力方面与直辖市政府基本持平。直辖市政府能力表现突出体现在经济发展能力中的保证生产能力和促进消费能力以及服务提供能力中的环境保护能力三个方面,这与高行政级别所带来的资源优势是分不开的。地级市的14项二级指标分布情况较为平均,内部没有出现差距较大的情况,但相比而言服务提供能力中的环境保护能力和资源利用能力中的资源获取能力表现较为突出,这便说明地级市政府较好地转变了传统的发展模式,运用可持续发展战略规划城市的整体发展。

　　从T检验的总体结果来看,在保证生产能力、推动转型能力、保障基本公共服务能力、资源整合能力、政策执行能力、管理和服务创新能力等六个方面,不同行政级别的城市政府之间差异较显著,如表21所示。与去年指标相比,不同行政级别政府在这六项二级指标上的差异情况基本相同,但是在均等化区域公共服务能力方面的差距相对缩小。同时,从表21中可以看出,直辖市和副省级城市在二级指标上的差距依旧不显著,但是与地级市政府在保证生产能力和政策执行能力方面差异较为突出。副省级城市与地级市在保证生产能力、推动转型能力、保障基本公共服务能力、资源整合能力、政策执行能力、管理和服务创新能力这六项二级指标上的差距较为显著。

表21　三个行政级别城市政府发展能力部分二级指标均值比较 T 检验结果

分组	变量	直辖市		副省级城市
		副省级市	地级市	地级市
保证生产能力	t	1.031	2.809	2.783
	sig.	0.356	0.032	0.011
促进消费能力	t	0.927	2.262	2.088
	sig.	0.404	0.059	0.049
推动转型能力	t	0.387	1.860	2.377
	sig.	0.718	0.116	0.026
推动发展能力	t	0.540	1.630	1.634
	sig.	0.616	0.146	0.114
秩序维护能力	t	−0.047	1.285	1.590
	sig.	0.964	0.232	0.124
保障基本公共服务能力	t	0.250	1.776	2.442
	sig.	0.815	0.128	0.022

分组	变量	直辖市		副省级城市
		副省级市	地级市	地级市
均等化区域公共服务的能力	t	0.672	1.227	0.935
	sig.	0.537	0.263	0.360
环境保护能力	t	0.488	1.422	1.348
	sig.	0.649	0.191	0.193
资源获取能力	t	0.014	0.632	0.838
	sig.	0.989	0.551	0.410
资源整合能力	t	0.536	1.624	1.988
	sig.	0.623	0.164	0.060
政策制定能力	t	1.395	1.982	1.213
	sig.	0.240	0.100	0.239
政策执行能力	t	1.087	2.423	2.198
	sig.	0.337	0.050	0.037
主动学习能力	t	0.609	2.070	1.494
	sig.	0.557	0.063	0.147
管理和服务创新能力	t	0.111	1.756	2.415
	sig.	0.917	0.124	0.025

（三）提升路径

在总体分析与分解分析不同行政级别城市政府发展能力之后，如何打破行政级别对于地方政府发展能力的限制，如何协调不同行政级别地方政府之间的关系，如何破除"行政区经济"现象成为值得思考的问题。在不改变行政区划的基础上，可以从机制和机构两个维度出发，探讨提升地方政府发展能力的路径。

现有研究成果中，部分学者将重塑机制设计作为突破行政级别对于地方政府发展能力限制的关键，并将建立健全协同发展机制看作是改善这一局面的必由之路。随着政府间交流合作的需求增长，越来越多的主体参与到政府治理的过程中来，因此，在多元治理理论兴起的背景下，纳入非政府组织成为突破行政级别限制的新路径。其重点在于跨越行政级别，将非政府组织吸纳进政治过程之中，这也是转变政府职能的重要过程。在实践中，主张吸纳非政府组织参与规划的制定与实施，提供政府与政府之间、政府与非政府机构之间的平等对话平台。随后，区域治理理论又在这一设想的基础上提供了新的机制设计方案，这一研究领域的相关学者认为将非政府组织纳入决策过程不符合中国的实际国情。在条块结构中很难加入非政府机构并赋予其与地方政府的平等地位，同时，行政级别较低的政府也很难做到与行政级别较高政府的平等对话。同时，中国的非政府机构及其工作机制发展情况还不成熟，仍有诸多结构性问题存在。若在中国的转型期间赋予非政府机构与地方政府一样的地位，不仅会影响到地方政府的宏观调控能力，还可能带来秩序的失衡。相比于纳入新的治理主体，建立善政的小政府，并通过政府转包公共服务职能和通过招标将职能过渡给社会组织等途径更易于达到突破行政级别限制的目的。除此之外，建立健全利益补偿机制也是学者们关注的焦点。对于经济结构不均衡、发展较为缓慢的地方政府实行一定的利益补偿，不仅可以弥补城市发展的差距，同时也可以有效减轻在区域发展过程中落后地区"搭便车"的现象，从而调动各个行政级别地方政府的创新和发展积极性。

除机制改革外，部分学者提出调整顶层设计的改革思路，即在一定的区域范围内设置行政地位高于各地方政府的组织机构，通过顶层机构的统一规划来规避行政级别和本位主义带来的发展难题。美国大都市圈的机构改革为我们加强顶层设计提供了思路。美国通过合并市县和建立地方政府联合组织等措施建立大都市圈政府，解决由行政区划带来的壁垒问题。此外，韩国首尔都市圈也对于破除行政级别限制有较强的借鉴意义。首尔都市圈通过设立首都圈整备委员会，从国家层面解决区域协调问题，统一制定了都市圈长期发展的规划，从而在较高的层级上统筹了首都圈的规划发展，有效打破了府际合作的壁垒，促进了都市圈的协同发展。但是，鉴于中国的行政体制有别于韩国和美国等国家，建立一个超行政级别的政府在现实情况中不具备实践的可行性。原因在于中国地方政府长期缺乏自治的基础，建立一个地方政府联合的松散机构，如市长联席会等，有可能会流于形式，缺少权威性，并不能进行有效的统一监督与管理。同时，组建超越区域行政级别的实体政府可能会带来政府机构的冗杂，降低行政效率，并不符合中国的现实国情。相比较而言，设立类似韩国的"都市圈整备委员会"可成为加强顶层设计的现实选择，这将有助于处理行政级别差距较大的地方政府间关系，科学有效地提升不同行政级别地方政府的发展能力。而吸纳非政府组织建立城市群联盟机构，虽然有利于动员社会力量参与解决社会公共服务问题，加强区域内的交流与联系，但目前中国的非政府组织还处在初期发展阶段，若要独立承担社会责任，还需要更加完备的规章制度与人才配套。

（四）结论

通过对三个行政级别城市政府发展能力的分析可以看到，虽然与往年相比，政府发展能力的具体量化指标出现了一定程度的变化，但是行政级别对于政府发展能力的影响整体上较为稳定。

1. 行政级别对政府能力的影响具有稳定性

通过比较三个行政级别城市政府发展能力可以看到，这种持续稳定性首先表现为行政级别较高的地方政府发展能力很强，行政级别与地方政府发展能力呈现出高度的相关性。从 2016 年、2017 年和 2018 年的数据分析中均可看出，直辖市和副省级城市的政府发展能力均稳定地高于地级市，其中，行政级别最高的直辖市也与副省级城市保持着较为稳定的差距。将具体指标分解来看，行政级别较高的直辖市无论在一级指标还是二级指标中除了一项二级指标，即秩序维护能力外，其他指标得分均值均高于副省级城市，同时，副省级城市在所有一级和二级指标的得分均值均高于地级市。地方政府发展能力表现出来的这种稳定性主要是因为，行政级别往往决定着城市所能享有的政治职权和经济权限等资源的多少，且具有较高的稳定性，一般情况下不会被轻易改变。

2. 能力表现的绝对值波动较大

通过对比三年地方政府发展能力可以发现，行政级别较高的直辖市和副省级城市虽然绝对发展水平较高，但其能力得分的绝对值波动幅度也较大，尤其是在 2017 年，六项一级指标均发生不同程度的下滑。反观地级市政府的发展能力，在这三年中始终保持平稳上升的发展态势。这表明，虽然行政级别的影响具有稳定性，但是在具体变量中，还是具有一定的波动性，层级较低的地方政府拥有较大的动力和空间去提升政府发展能力。根据 2018 年收集到的数据显示，地级市服务提供能力中的环境保护能力和资源利用能力中的资源获取能力均处于较高的水平，可见在可持续发展方面地级市保持着较为强劲的发展势头。同时，也说明公众对于地级市在 2017 年采取的一系列环境保护措施的满意度较高。

综上所述，较低行政层级城市政府在能力提升方面尚有较大空间，可在充分借鉴高行政层级城市政府发展能力建设经验的基础上，结合自身特点和比较优势，选择适合的能力提升之路，从而为区域发展提供更为有力的支持，为群众提供更为满意的服务。

2018 年度《中国地方政府发展能力报告》作为《中国政府发展研究报告》的分报告，将继续公开出版，主要内容包括中国城市政府核心发展能力（一级指标）总体分析，城市政府发展能力指数的聚类分析，不同地区城市政府发展能力的特征分析，主要城市群城市政府发展能力的特征分析，不同行政级别城市政府发展能力指数的特征分析，不同人口规模城市政府发展能力的特征分析，直辖市城市政府发展能力研究，副省级省会城市政府发展能力研究，计划单列市城市政府发展能力研究，计划单列市、副省级省会城市和直辖市政府发展能力的综合比较分析，地方政府社会治理能力研究，地方政府服务提供能力研究等，相关分析内容将在该报告中完整呈现。

附　录

附录1　2017年中国政府发展基础数据

一、政府规模

表 1　中国同经济合作与发展组织（OECD）国家成员国中央政府核心机构（内阁）部门设置情况比较

国家	机构数	国家	机构数	国家	机构数	国家	机构数
澳大利亚	18	法国	20	韩国	15	斯洛文尼亚	14
奥地利	15	德国	14	卢森堡	18	西班牙	12
比利时	13	希腊	20	墨西哥	16	瑞典	11
加拿大	36[①]	匈牙利	12	荷兰	11	瑞士	7
智利	40	冰岛	10	新西兰	20	土耳其	24
捷克	14	爱尔兰	17	挪威	17	英国	24
丹麦	17	以色列	25	波兰	19	美国	15
爱沙尼亚	14	意大利	16	葡萄牙	11	中国	25
芬兰	17	日本	16	斯洛伐克	13		

注：数据截至 2018 年 1 月。

资料来源：各国政府官方网站；中华人民共和国外交部网站（http://www.fmprc.gov.cn/web）；中国机构编制网（http://www.scopsr.gov.cn/zlzx/jggk/gwyjg/index.html）。

---

① 注：此处数据 36 为加拿大中央部门数，若加上直属于中央的执行机构，总数为 200。

表 2　中国与 OECD 国家财政供养人员数量占人口比例比较

国家	2002 年	2003 年	2004 年	2005 年	2006 年	2007 年	2008 年	平均
中国	3.38%	3.42%	3.45%	3.48%	3.52%	3.77%	3.80%	3.49%
澳大利亚	4.63%	4.77%	5.00%	5.26%	5.41%	5.54%	5.53%	5.13%
奥地利	3.39%	3.49%	2.98%	3.48%	3.38%	3.45%	3.38%	3.41%
比利时	4.36%	4.38%	4.54%	4.64%	4.62%	4.69%	4.54%	4.52%
加拿大	4.38%	4.41%	4.59%	4.60%	4.71%	4.66%	4.79%	4.58%
智利	1.84%	—	—	—	—	—	—	1.84%
捷克	2.98%	2.80%	2.86%	2.87%	3.10%	3.18%	3.20%	2.97%
丹麦	3.59%	3.85%	3.62%	3.64%	3.84%	3.93%	3.07%	3.63%
爱沙尼亚	5.12%	5.16%	5.46%	5.71%	6.18%	6.19%	5.93%	5.56%
芬兰	3.85%	4.11%	4.40%	4.52%	4.56%	4.71%	4.76%	4.25%
法国	—	3.24%	3.29%	3.33%	3.34%	3.47%	3.54%	3.37%
德国	2.98%	2.92%	2.95%	3.03%	3.10%	3.23%	3.37%	2.96%
希腊	3.86%	3.60%	4.09%	4.06%	4.12%	4.18%	4.28%	3.94%
匈牙利	2.58%	2.68%	2.89%	3.05%	2.93%	2.82%	2.90%	2.78%
冰岛	4.41%	3.67%	4.06%	4.09%	4.70%	5.37%	5.39%	4.40%
爱尔兰	7.76%	7.59%	7.94%	7.33%	7.03%	7.15%	7.33%	7.49%
以色列	2.79%	2.72%	2.45%	2.37%	2.55%	2.80%	2.96%	2.69%
意大利	1.26%	1.30%	3.50%	3.42%	3.35%	3.24%	3.20%	2.41%
日本	—	—	—	—	—	—	—	—
韩国	1.20%	1.25%	1.20%	1.19%	1.18%	1.15%	1.12%	1.15%
卢森堡	—	—	—	—	—	—	—	—
墨西哥	0.83%	0.77%	0.79%	0.88%	0.86%	0.86%	0.81%	0.84%
荷兰	6.20%	6.22%	5.16%	4.81%	5.18%	5.37%	5.40%	5.67%
新西兰	6.09%	6.02%	5.96%	6.16%	6.45%	6.70%	7.01%	6.30%
挪威	3.83%	3.72%	3.55%	3.27%	3.13%	2.99%	3.15%	3.48%
波兰	2.09%	2.15%	2.24%	2.26%	2.43%	2.54%	2.61%	2.32%
葡萄牙	3.63%	4.10%	4.37%	4.44%	3.75%	3.25%	3.03%	3.70%
斯洛伐克	1.99%	2.36%	2.56%	2.57%	2.44%	2.38%	2.48%	2.38%
斯洛文尼亚	2.96%	2.71%	2.90%	3.30%	3.04%	2.89%	3.23%	3.06%
西班牙	3.02%	3.05%	3.11%	3.03%	3.26%	3.37%	3.42%	3.15%
瑞典	2.27%	2.33%	2.48%	2.26%	2.42%	2.58%	2.55%	2.36%
瑞士	3.31%	3.39%	3.37%	3.33%	3.43%	3.50%	3.66%	3.36%
土耳其	2.66%	2.76%	2.74%	3.15%	2.92%	2.61%	2.62%	2.77%
英国	6.63%	6.83%	6.91%	7.06%	7.25%	7.25%	7.53%	6.98%
美国	—	6.87%	6.91%	6.92%	7.11%	7.16%	7.25%	7.04%

　　资料来源：根据 OECD 统计数据（OECD Factbook 2011：Economic，Environmental and Social Statistics - ISBN 978-92-64-11150-9 - © OECD 2011）、中华人民共和国国家统计局网站（http://www.stats.gov.cn/index）、中华人民共和国财政部网站（http://www.mof.gov.cn/2014zyjs）数据整理计算。

二、预算主要指标

表3 2018年中央一般公共预算收入预算表

项 目	2017年 执行数（亿元）	2018年 预算数（亿元）	预算数为上年 执行数的%
一、税收收入	75694.60	80205	106
国内增值税	28165.97	29570	105
国内消费税	10225.09	10570	103.40
进口货物增值税、消费税	15968.56	17060	106.80
出口货物退增值税、消费税	-13870.37	-14770	106.50
企业所得税	20422.62	21900	107.20
个人所得税	7180.71	7750	107.90
资源税	42.78	46	107.50
城市维护建设税	158.03	166	105
印花税	1068.50	1140	106.70
其中：证券交易印花税	1068.50	1140	106.70
船舶吨税	50.37	53	105.20
车辆购置税	3280.66	3580	109.10
关税	2997.69	3140	104.70
其他税收收入	3.99	—	—
二、非税收入	5467.11	5152	94.20
专项收入	513.32	495	96.40
行政事业性收费收入	448.50	425	94.80
罚没收入	234.02	70	29.90
国有资本经营收入（部分金融机构和中央企业上缴利润）	3625.14	3500	96.50
国有资源（资产）有偿使用收入	542.15	560	103.30
其他收入	103.98	102	98.10
中央一般公共预算收入	81161.71	85357	105.20
中央财政调入资金	1690.97	2453	145.10
从中央预算稳定调节基金调入	1350	2130	157.80
从政府性基金预算调入	30.49	1.46	4.80
从国有资本经营预算调入	310.48	321.54	103.60
支出大于收入的差额	15500	15500	100

注：1. 中央一般公共预算支出大于收入的差额＝支出总量（中央一般公共预算支出＋补充中央预算稳定调节基金）－收入总量（中央一般公共预算收入＋中央财政调入资金）

2. 为便于比较，根据新疆生产建设兵团财政管理体制改革方案，对本表中"中央一般公共预算收入"及"中央财政调入资金"2017年执行数进行了同口径调整。

资料来源：中华人民共和国财政部网站，http://yss.mof.gov.cn/2018zyys/201804/t20180404_2861996.html。

表 4 2018 年中央一般公共预算支出预算表

项　目	2017 年执行 （亿元）	2018 年预算 （亿元）	预算数为上年执行 数的百分比（%）
一、中央本级支出	30037.69	32466	108.10
一般公共服务支出	1302.39	1453.88	111.60
外交支出	519.67	600.70	115.60
国防支出	10236.50	11069.51	108.10
公共安全支出	1886.75	1991.10	105.50
教育支出	1606.21	1711.22	106.50
科学技术支出	2829.61	3114.84	110.10
文化体育与传媒支出	276.96	280.60	101.30
社会保障和就业支出	1087.64	1180.16	108.50
医疗卫生与计划生育支出	134.47	209.05	155.50
节能环保支出	354.04	376.44	106.30
城乡社区支出	77.82	78.62	101
农林水支出	527.06	587.26	111.40
交通运输支出	1159.65	1240.48	107
资源勘探信息等支出	379.97	291.88	76.80
商业服务业等支出	55.44	94.65	170.70
金融支出	854.34	831.72	97.40
国土海洋气象等支出	303.84	323.70	106.50
住房保障支出	422.35	444.07	105.10
粮油物资储备支出	1597.52	1371.50	85.90
其他支出	3779.43	4286.52	113.40
债务付息支出	35.44	46.52	131.30
债务发行费用支出	30037.69	32466	108.10
二、中央对地方税收返还和转移支付	65139.60	70344	108
中央对地方转移支付	57054.51	62207	109
一般性转移支付	35167.90	38994.50	110.90
专项转移支付	21886.61	23212.50	106.10
中央对地方税收返还	8085.09	8137	100.60
三、中央预备费	—	500	
中央一般公共预算支出	95177.29	103310	108.50
补充中央预算稳定调节基金	3175.39	—	—

注：1. 为便于比较，根据新疆生产建设兵团财政管理体制改革方案和政府收支分类科目调整情况，对本表中相关科目 2017 年执行数进行了同口径调整。

2. 2018 年中央一般公共预算支出预算数为 103310 亿元，加上使用此前年度结转资金 2274.48 亿元，2018 年中央一般公共预算支出为 105584.48 亿元。具体情况见中央本级支出预算表（http://yss.mof.gov.cn/2018zyys/201804/t20180403_2859400.html）、中央本级支出预算表说明（http://yss.mof.gov.cn/2018zyys/201804/t20180403_2859402.html）、中央对地方税收返还和转移支付预算表（http://yss.mof.gov.cn/2018zyys/201804/t20180403_2859259.html）及中央对地方税收返还和转移支付预算表说明（http://yss.mof.gov.cn/2018zyys/201804/t20180403_2859403.html）。

资料来源：中华人民共和国财政部官网 http://yss.mof.gov.cn/2018zyys/201804/t20180403_2859228.html。

表 5　中国与 OECD 国家一般政府最终消费支出（以 2010 年不变价美元结算）

单位：10 亿美元

国家	2009 年	2010 年	2011 年	2012 年	2013 年	2014 年	2015 年	2016 年
澳大利亚	202.20	205.80	212.70	221.10	222.40	225.50	230.70	239.40
奥地利	79.40	80.30	80.40	80.40	81.00	81.70	82.90	84.70
比利时	112.80	113.90	115.30	116.90	117.3	118.10	118.6	119.30
加拿大	339.70	347.30	351.90	354.30	351.80	353.70	359.30	367.30
智利	25.50	26.50	27.10	28.10	28.90	30.20	31.60	33.20
捷克	43.00	43.20	41.80	41.00	42.10	42.50	43.30	44.20
丹麦	86.70	88.10	87.60	88.20	88.10	89.80	90.80	91.10
爱沙尼亚	3.900	3.900	4.000	4.100	4.200	4.300	4.500	4.50
芬兰	59.30	59.20	59.10	59.40	60.10	59.80	59.90	61.00
法国	622.70	630.70	637.20	647.40	656.90	665.50	673.10	681.50
德国	645.00	653.40	659.80	666.50	675.50	685.90	705.50	731.40
希腊	69.40	66.50	61.80	58.10	54.30	53.60	54.30	53.50
匈牙利	28.30	28.20	28.20	27.80	29.00	30.40	30.80	31.00
冰岛	3.40	3.30	3.30	3.20	3.20	3.30	3.30	3.40
爱尔兰	44.20	41.70	41.00	39.90	39.50	41.10	42.00	44.20
以色列	51.60	53.10	54.20	56.20	58.20	60.30	62.20	64.60
意大利	431.50	433.90	426.10	420.20	418.90	415.90	413.50	415.90
日本	1089.90	1111.00	1132.50	1151.50	1168.80	1175.10	1193.20	1208.90
韩国	152.50	158.40	161.90	167.40	172.80	178.10	183.40	191.30
卢森堡	8.90	9.10	9.100	9.50	9.800	10.00	10.30	10.50
墨西哥	120.50	122.50	125.50	129.90	131.30	134.10	137.20	138.80
荷兰	219.20	221.50	220.90	218.00	217.80	218.40	217.90	220.40
新西兰	28.10	28.70	29.20	29.10	29.70	30.60	31.40	32.20
挪威	89.90	91.90	92.80	94.20	95.10	97.70	100.00	102.10
波兰	88.90	91.60	90.00	89.70	92.00	95.70	98.00	99.70
葡萄牙	50.00	49.40	47.50	45.90	45.00	44.80	45.40	45.70
斯洛伐克	17.20	17.50	17.20	16.90	17.20	18.10	19.10	19.40
斯洛文尼亚	9.80	9.70	9.70	9.40	9.30	9.10	9.40	9.60
西班牙	289.30	293.70	292.80	279.10	273.20	272.30	277.90	280.20
瑞典	121.40	123.00	124.00	125.40	127.00	128.90	132.00	136.00
瑞士	67.00	67.70	68.90	69.90	71.60	73.10	74.00	75.20
土耳其	113.60	115.60	116.80	124.80	134.80	139.00	144.50	158.20
英国	519.00	521.40	522.50	529.40	530.40	543.70	547.10	551.60
美国	2519.30	2522.20	2455.30	2433.70	2376.10	2364.90	2396.40	2419.60
中国	718.50	782.00	876.70	949.10	1017.10	1057.20	1161.00	1270.40

备注：该表中的中国数据不包含港澳台地区数据，仅限大陆地区数据。

数据来源：根据世界银行数据库相关数据摘录并整理完成（https://data.worldbank.org.cn/indicator/NE.CON.GOVT.KD?view=chart）。

附录 2 2017 年中国政府发展政策法规一览

【法律】

1.《中华人民共和国境外非政府组织境内活动管理法》：2016 年 4 月 28 日第十二届全国人民代表大会常务委员会第二十次会议通过，2017 年 1 月 1 日起施行。

2.《中华人民共和国野生动物保护法》：2016 年 7 月 2 日第十二届全国人民代表大会常务委员会第二十一次会议修订通过，2017 年 1 月 1 日起施行。

3.《全国人民代表大会常务委员会关于修改〈中华人民共和国民办教育促进法〉的决定》：2016 年 11 月 7 日第十二届全国人民代表大会常务委员会第二十四次会议通过，2017 年 9 月 1 日起施行。

4.《中华人民共和国网络安全法》：2016 年 11 月 7 日第十二届全国人民代表大会常务委员会第二十四次会议通过，2017 年 6 月 1 日起施行。

5.《中华人民共和国公共文化服务保障法》：2016 年 12 月 25 日第十二届全国人民代表大会常务委员会第二十五次会议通过，2017 年 3 月 1 日起施行。

6.《中华人民共和国民法总则》：2017 年 3 月 15 日第十二届全国人民代表大会第五次会议通过，2017 年 10 月 1 日起施行。

7.《中华人民共和国红十字会法》：2017 年 2 月 24 日第十二届全国人民代表大会常务委员会第二十六次会议修订通过，2017 年 5 月 8 日起施行。

8.《中华人民共和国电影产业促进法》：2016 年 11 月 7 日第十二届全国人民代表大会常务委员会第二十四次会议通过，2017 年 3 月 1 日起施行。

9.《中华人民共和国中医药法》：2016 年 12 月 25 日第十二届全国人民代表大会常务委员会第二十五次会议通过，2017 年 7 月 1 日起施行。

10.《中华人民共和国测绘法》：2017 年 4 月 27 日第十二届全国人民代表大会常务委员会第二十七次会议第二次修订通过，2017 年 7 月 1 日起施行。

11.《中华人民共和国民事诉讼法》：2017 年 6 月 27 日第十二届全国人民代表大会常务委员会第二十八次会议修订通过，2017 年 6 月 27 日起施行。

12.《中华人民共和国行政诉讼法》：2017 年 6 月 27 日第十二届全国人民代表大会常务委员会第二十八次会议修订通过，2017 年 7 月 1 日起施行。

【行政法规】

1.《企业投资项目核准和备案管理条例》：2016 年 10 月 8 日国务院第 149 次常务会议通过，2017 年 2 月 1 日起施行。

2.《残疾人教育条例》：2017 年 1 月 11 日国务院第 161 次常务会议修订通过，2017 年 5 月 1 日起施行。

3.《残疾预防和残疾人康复条例》：2017 年 1 月 11 日国务院第 161 次常务会议通过，2017 年 7 月 1 日起施行。

4.《国务院关于修改和废止部分行政法规的决定》：2017 年 3 月 1 日起施行。

5.《农药管理条例》：2017 年 2 月 8 日国务院第 164 次常务会议修订通过，2017 年 6 月 1 日起施行。

6.《国务院关于修改〈大中型水利水电工程建设征地补偿和移民安置条例〉的决定》：2017 年 6 月 1 日起施行。

7.《国务院关于修改〈医疗器械监督管理条例〉的决定》（国务院令第 680 号）：2017 年 5 月 4 日起施行。

8.《中华人民共和国统计法实施条例》：2017 年 4 月 12 日国务院第 168 次常务会议通过，2017 年 8 月 1 日起施行。

9.《国务院关于修改〈建设项目环境保护管理条例〉的决定》：2017 年 6 月 21 日国务院第 177 次常务会议通过，2017 年 10 月 1 日起施行。

10.《融资担保公司监督管理条例》：2017 年 6 月 21 日国务院第 177 次常务会议通过，2017 年 10 月 1 日起施行。

附录 3 2017 中国政府大事记

1. 2017 年 1 月 1 日，国务院印发《关于鼓励社会力量兴办教育促进民办教育健康发展的若干意见》，对民办教育改革发展做出全面部署。

2. 2017 年 1 月 22 日，国务院印发《关于第三批清理规范国务院部门行政审批中介服务事项的决定》，决定清理规范一批中介服务事项，不再作为国务院部门审批的受理条件。

3. 2017 年 2 月 28 日，全国老龄办、民政部、国家发展改革委、人社部、国家卫计委等五部委发布《"十三五"国家老龄事业发展和养老体系建设规划》。

4. 2017 年 3 月 18 日，国家发展改革委、住房城乡建设部出台《生活垃圾分类制度实施方案》，推动部署生活垃圾分类，完善城市管理和服务。

5. 2017 年 3 月 20 日，国家住建部印发《城市管理执法办法》，规范城市管理执法活动，提高执法和服务水平，保护执法相对人合法权益。

6. 2017 年 3 月 30 日，国务院印发《全面深化中国（上海）自由试验区改革开放方案》。

7. 2017 年 3 月 31 日，国务院新闻办公室举办新闻发布会，正式宣布在辽宁、浙江、河南、湖北、重庆、四川、陕西 7 省设立"自由贸易试验区"，至此"自贸试验区"总数达到 11 个。

8. 2017 年 4 月 1 日，中共中央、国务院印发《中共中央国务院关于设立河北雄安新区的通知》，决定设立河北雄安新区。

9. 2017 年 4 月 12 日，国务院办公厅下发《关于建立省级空间规划试点工作部际联席会议制度的函》，由国家发展改革委牵头。

10. 2017 年 4 月 19 日，中共中央办公厅、国务院办公厅印发《领导干部报告个人有关事项规定》和《领导干部个人有关事项报告查核结果处理办法》。

11. 2017 年 4 月 25 日，国务院办公厅印发《深化医药卫生体制改革 2017 年重点工作任务》，为建立中国特色基本医疗卫生制度奠定坚实基础。

12. 2017 年 4 月 27 日，国务院办公厅转发《国务院国资委以管资本为主推进职能转变方案》，进一步提高国有资本运营和配置效率。

13. 2017 年 5 月 2 日，国家互联网信息办公室发布《互联网新闻信息服务管理规定》，着眼网络自媒体确立崭新的监管思路。

14. 2017 年 5 月 11 日，国务院印发《关于进一步削减工商登记前置审批事项的决定》，进一步降低企业制度性交易成本。

15. 2017 年 5 月 12 日，国务院办公厅印发《关于加快推进"多证合一"改革的指导意见》，进一步优化营商环境。

16. 2017 年 5 月 23 日，国务院办公厅印发《关于支持社会力量提供多层次多样化医疗服务的意见》，满足多样化、差异化和个性化的健康需求。

17. 2017 年 5 月 24 日，国务院办公厅印发《关于县域创新驱动发展的若干意见》，部署推动县域创新驱动发展工作。

18. 2017 年 6 月 16 日，国务院办公厅印发《关于制定和实施老年人照顾服务项目的意见》，提升老年人幸福感和获得感。

19. 2017 年 6 月 17 日，国务院办公厅关于印发《自由贸易试验区外商投资准入特别管理措施（负面清单）的通知》。

20. 2017 年 6 月 19 日，国家卫生计生委发布《突发事件应急预案管理办法》，加强预案信息化建设，鼓励卫生应急指挥系统加入预案模块。

21. 2017 年 6 月 29 日，国务院印发《关于调整工业产品生产许可证管理目录和试行简化审批程序的决定》，简化工业产品生产许可和审批程序。

22. 2017 年 7 月 4 日，国务院办公厅印发《关于加快发展商业养老保险的若干意见》，部署推动商业养老保险发展工作。

23. 2017 年 2 月 22 日，财政部发布《关于做好 2017 年地方政府债券发行工作的通知》，鼓励研究推进地方债银行间市场柜台业务，便利非金融机构和个人投资地方债。

24. 2017 年 7 月 25 日，国务院办公厅印发《关于建立现代医院管理制度的指导意见》，就全面深化公立医院综合改革做出部署。

25. 2017 年 8 月 14 日，国务院办公厅印发《关于统一建立民办教育工作部级联席会议制度的函》，由教育部牵头实施。

26. 2017 年 9 月 24 日，中共中央办公厅、国务院办公厅印发《关于深化教育体制机制改革的意见》。

27. 2017 年 10 月 30 日，国务院常务会议通过《国务院关于废止〈中华人民共和国营业税暂行条例〉和修改〈中华人民共和国增值税暂行条例〉的决定（草案）》，营业税正式废止。

28. 2017 年 12 月 30 日，签署国务院令《中华人民共和国环境保护税法实施条例》，与《中华人民共和国环境保护税法》同步实施。

附录4　2017年中国政府发展研究概览

（一）2017年中国政府发展研究著作选目（按照作者姓氏拼音首字母排列）

1. 白易彬：《京津冀区域政府协作治理模式研究》，北京：中国经济出版社，2017年。

2. 北京师范大学政府管理研究院：《2017中国地方政府效率研究报告》，北京：科学出版社，2017年。

3. 曹丽媛：《寻找公共行政的"点金石"：西方国家中央政府部际协调的实践与启示》，北京：新华出版社，2017年。

4. 曹堂哲：《政府绩效测量与评估方法：系统、过程与工具》，北京：经济科学出版社，2017年。

5. 曾宇航：《大数据与地方政府治理现代化研究》，北京：经济科学出版社，2017年。

6. 常健：《公共冲突管理评论2016》，天津：南开大学出版社，2017年。

7. 常永华：《电子政务与政府管理创新》，西安：陕西师范大学出版社，2017年。

8. 陈潭：《广州公共管理评论（第5辑）》，北京：社会科学文献出版社，2017年。

9. 陈天祥，吴海燕：《中国地方政府大部制改革模式研究——来自珠三角的调查》，北京：社会科学文献出版社，2017年。

10. 陈天祥：《政府职能转变研究：广东经验》，北京：社会科学文献出版社，2017年。

11. 耿骞：《中国政务信息化发展报告：智慧政府、政府数据治理与数据开放》，北京：北京邮电大学出版社，2017年。

12. 郭剑鸣：《2016年度浙江省县（市、区）政府廉洁反腐败的公众感知评估报告》，北京：红旗出版社，2017年。

13. 国务院推进职能转变协调小组办公室：《简政放权　放管结合　优化服务——来自各地区各部门的改革实践》，北京：人民出版社，2017年。

14. 湖南省行政管理学会：《新发展理念下的政府管理创新研究》，北京：中国商业出版社，2017年。

15. 黄汉标，陈春声：《行政改革和社会政策的创新》，广州：中山大学出版社，2017年。

16. 黄其松：《政府治理评论　第2卷》，北京：知识产权出版社，2017年。

17. 黄守宏：《2016中国经济社会发展形势与对策——国务院研究室调研成果

选》，北京：中国言实出版社，2017年。

18. 贾哲敏：《互联网时代的政治传播：政府、公众与行动过程》，北京：人民出版社，2017年。

19. 姜海山，蒋俊杰，于洪生：《中国政府架构与基本公共服务》，北京：人民出版社，2017年。

20. 金江军：《互联网时代的新型政府》，北京：中共党史出版社，2017年。

21. 金世斌：《公共治理与政策创新》，南京：江苏人民出版社，2017年。

22. 康宗基：《中国政府与社会组织关系研究——基于国家与社会关系的视角》，北京：人民出版社，2017年。

23. 李健：《转轨时期中国政府俘获现象透视》，北京：清华大学出版社，2017年。

24. 李军鹏：《中国道路：现代政府建设·政治建设卷》，北京：经济科学出版社，2017年。

25. 李鹏：《电子政府的制度解释与中国模式》，北京：科学出版社，2017年。

26. 李文钊：《中央与地方权力配置的制度分析》，北京：人民日报出版社，2017年。

27. 李征坤：《互联网+政务服务：开启智慧型政府新时代》，北京：中国铁道出版社，2017年。

28. 刘炯，王芳：《转移支付对地方政府履责的影响》，上海：上海交通大学出版社，2017年。

29. 刘路：《风险社会的政府话语：问题与对策》，北京：中国国际广播出版社，2017年。

30. 刘淑华，敬义嘉：《数据治理与政府能力》，上海：上海人民出版社，2017年。

31. 刘熙瑞，马德普：《中国政府职能论——基于现代化与社会主义国家治理的战略思考》，北京：学习出版社，2017年。

32. 鲁敏：《生态文明建设中地方政府的权责配置研究》，北京：中国社会科学出版社，2017年。

33. 陆道平：《城乡公共服务均等化与基层政府职能建设》，北京：社会科学文献出版社，2017年。

34. 陆小成：《公共治理视域下政策执行力研究 以低碳产业政策为例》，北京：中国经济出版社，2017年。

35. 骆孟炎，周隆基：《行政法治视域下的政府职能转变研究》，北京：知识产权出版社，2017年。

36. 吕纳：《公共服务购买中的政府与社会组织互动关系研究》，上海：上海交通大学出版社，2017年。

37. 吕昕阳：《政府绩效管理创新研究》，北京：经济管理出版社，2017 年。

38. 沈亚平：《服务型政府及其建设路径研究》，天津：天津人民出版社，2017 年。

39. 谭炳才：《新常态下的公共决策服务理论探索——以广州实践为视角》，北京：光明日报出版社，2017 年。

40. 唐斌：《责任政府的逻辑——政府道歉的伦理内涵及其效用保障》，北京：中国社会科学出版社，2017 年。

41. 王菁：《区域政府合作协议研究》，北京：首都经济贸易大学出版社，2017 年。

42. 王清：《户籍改革中的政府行为逻辑——基于地方案例的比较研究》，北京：中央编译出版社，2017 年。

43. 王茹：《互联网经济时代的政府治理创新研究》，北京：人民出版社，2017 年。

44. 魏加宁：《如何实现国家治理现代化——对改革基本问题的思考》，北京：中国发展出版社，2017 年。

45. 魏礼群，汪玉凯：《中国行政体制改革报告（2017 版）》，北京：社会科学文献出版社，2017 年。

46. 吴旭红：《中国地方政府公务员公共服务动机研究》，北京：经济管理出版社，2017 年。

47. 杨登峰：《当代中国的法治政府建设》，北京：法律出版社，2017 年。

48. 杨华锋：《协同治理》，北京：经济科学出版社，2017 年。

49. 杨孟辉：《开放政府数据——概念实践和评价》，北京：清华大学出版社，2017 年。

50. 杨珊：《我国地方政府债务融资的法律规制研究》，北京：中国政法大学出版社，2017 年。

51. 杨书文：《我国地方政府执行力研究》，北京：经济科学出版社，2017 年。

52. 叶岚：《政府结构与组织文化对政府绩效的影响研究》，上海：同济大学出版社，2017 年。

53. 余玉花：《科学防范现代危机的公共政策：理论与实践》，上海：上海社会科学院出版社，2017 年。

54. 岳经纶，邓智平：《社会政策与社会治理》，北京：中央编译出版社，2017 年。

55. 岳经纶：《中国公共政策评论（第 12 卷）》，北京：商务印书馆，2017 年。

56. 翟磊：《服务型地方政府的组织模式与运行机制》，北京：中国社会科学出版社，2017 年。

57. 张红春：《政府绩效信息使用理论与实证》，北京：社会科学文献出版社，2017 年。

58. 赵高辉：《网络与政府公共事务治理》，上海：上海人民出版社，2017 年。

59. 赵小风：《基于服务型政府理念的土地整治政策研究》，南京：南京大学出版社，2017 年。

60. 郑方辉，廖逸儿，费睿：《2016 广东省地方政府整体绩效评价报告》，北京：新华出版社，2017 年。

61. 余兴安：《当代中国的行政改革》，北京：中国社会科学出版社，2017 年。

62. 中国社会科学院国家法治指数研究中心，中国社会科学院法学研究所法治指数创新工程项目组：《政府信息公开工作年度报告发布情况评估报告（2017）》，北京：中国社会科学出版社，2017 年。

63. 中国政法大学法治政府研究院：《中国法治政府发展报告（2016）》，北京：社会科学文献出版社，2017 年。

64. 中国政法大学法治政府研究院：《中国法治政府评估报告（2017）》，北京：社会科学文献出版社，2017 年。

65. 朱光磊，等：《中国政府发展研究报告（2016）》，北京：中国人民大学出版社，2017 年。

66. 朱光磊，等：《构建行政审批局：相对集中行政许可权改革的探索》，北京：中国社会科学出版社，2017 年。

67. 卓越：《人文集美视角下的服务型政府创新平台：厦门市集美区行政服务中心的探索与实践》，北京：中国社会科学出版社，2017 年。

68. 邹治平：《城市政府成本与政府效率问题研究》，北京：经济科学出版社，2017 年。

（二）2017 年国家社科基金重大项目和教育部重大课题攻关选目

1. 2017 年国家社科基金重大项目立项名单

（1）沈逸，复旦大学；熊澄宇，清华大学："总体国家安全观视野下的网络治理体系研究"。

（2）王英津，中国人民大学：" '一国两制' 与香港特别行政区未来发展的若干重大问题研究"。

（3）胡志勇，上海社科院："国家海洋治理体系构建研究"。

（4）贾俊雪，中国人民大学："推动中国经济中高速可持续增长的突破性改革：地方政府治理体系改革"。

（5）朱光磊，南开大学；鲍静，中国行政管理学会："中国政府职责体系建设研究"。

（6）高小平，温州大学；蓝志勇，清华大学："国家治理现代化与行政管理制度体系创新研究"。

2. 2017 年教育部哲学社会科学研究重大课题攻关项目

（1）吴建南，上海交通大学："大气污染政府间协同治理机制研究"。

（三）2017 年政府改革与发展领域重要学术会议综述

1. 中国城市治理创新论坛

2017 年 3 月 18 日，北京大学城市治理研究院成立大会暨"中国城市治理创新论坛"在北京大学举行。与会嘉宾围绕"推进城市治理现代化，实现中国城市善治"这一主题，就"大数据与城市治理""城市的现代化离不开政府治理的现代化""新型城镇化需要新的城市治理模式""空间规划与城市治理""中国城市治理的八大关键问题及对策思考"和"城市治理研究图谱"等议题开展了热烈而深入的研讨，取得了丰富成果。

2. 2017 国际城市管理青岛年会

2017 年 4 月 12 日至 13 日，以"聚全球人才智力，提升城市生长力"为主题的"2017 国际城市管理青岛高峰论坛"在青岛召开。论坛由国际城市管理协会（ICMA）、北京大学、中国政法大学、青岛市人力资源和社会保障局、青岛市市北区人民政府主办。与会嘉宾分别以"顺应世界城市发展趋势，创新青岛国际化城市管理""全球化时代的组织学习与现代城市管理创新""美国地方政府结构与挑战""奥斯汀——美国最适合居住的城市""城市智能交通建设与创新发展"为主题进行了学术演讲。国内外专家还就交通治理、智能城市、国际城市管理三个议题进行了深入研讨。

3. 第十三届公共管理学术研讨会

2017 年 4 月 20 日至 22 日，该会议在上海交通大学举行。会议由上海交通大学国际与公共事务学院和上海交通大学中国城市治理研究院联合承办。本次学术研讨会主题为"公共治理：让城市更美好"。在为期两天的会程中，250 多位专家、学者围绕公共行政理论前沿与发展、公共治理实践与创新、公共参与和城市治理、公共服务过程中的伦理诚信和腐败、城市安全与应急管理、城市形象和品牌管理、城市治理效能与评估、公共政策与社会保障、社区治理与非营利管理、公共部门人力资源管理与领导力开发等议题展开讨论。

4. "变革时代的技术治理"学术研讨会暨第五届公共治理青年论坛

2017 年 5 月 20 日至 21 日，"变革时代的技术治理"学术研讨会暨第五届公共治理青年论坛在广州大学公共管理学院举行。会议由国家社科基金重点项目"国家大数据战略实施的关键路径与行动策略"课题组领衔组织，广州大学、全国信息公开与政务服务研究会主办，广州大学公共管理学院、《中国行政管理》杂志社、《电子政务》杂志社承办，《甘肃行政学院学报》编辑部、《行政论坛》编辑部、中国城市管理研究院协办。会议探讨了变革时代的技术治理实践前沿和理论前沿，总结了新时期技术治理的基本经验,剖析了公共管理技术应用和大数据处理的若干问题,创新了公共治理中大数据应用的科学化、精细化和标准化路径,强调了深化大数据应用管理体制改革,以不断提高大数据治理的能力和水平,促进公共管理技术治理研究的学术创新。

5. 2017 中国国际大数据产业博览会"数据开放共享与政府管理创新"论坛

由国家发展改革委、工信部、中国互联网信息办公室、贵州省政府联合主办的中国国际大数据产业博览会(简称"数博会"),于 2017 年 5 月 26 日上午开幕。由中国行政管理学会信息公开与政务服务研究会和《中国行政管理》杂志社联合承办的数博会核心论坛之一"数据开放共享与政府管理创新论坛"于 5 月 25 日下午召开。本次论坛邀请了政府机关、高等院校、知名互联网企业的大数据领域领导和专家与会,就政府数据开放共享管理体制机制、基层政府数据治理实践、政府数据开放平台的建设与管理、数据开放共享的制度建设、应用大数据创新政府管理、全国统一政务服务平台的建设与管理、数据开放共享中的政府与企业关系建构、部门与地方数据的共融互通等 8 个专题进行研讨、交流,为政学研企交流合作搭建了一个良好的对接平台。与会代表一致认为,要形成政府数据开放共享平台格局,构建全国"互联网+"的政务服务体系,需要从管理体制机制、政府连通、技术管理等多方面协同推进。只有这样,才能切实提高政府数据开放共享的水平,促进政府治理体系和治理能力现代化。

6. "夏书章公共管理优秀博士论文奖"评审启动发布会

2017 年 6 月 18 日,"夏书章公共管理优秀博士论文奖"评审启动发布会在中山大学隆重举行。该奖由夏书章教育发展基金设立,旨在弘扬夏书章先生学术研究精神、促进中国公共管理研究持续繁荣发展、鼓励公共管理学科年轻一代进行高质量的学术探索与学术创新。与会嘉宾围绕"如何更有质量地推动中国公共管理学与政治学学科发展,并促进学科共同体建设"的主题展开讨论。与会嘉宾认为,政治学和公共管理本是一家,很难严格区分,在倡导学科交叉的今天,政治学和公共管理应当携手共进、共同振兴,只有打破两者之间人为的边界,建立学术共同体,才能更好地回应现实问题,体现学科价值。

7. 第六届全国公共领域冲突治理学术研讨会

2017 年 6 月 24 日至 25 日,"第六届全国公共领域冲突治理学术研讨会"在同济大学召开。本次会议由同济大学公共管理系与北京航空航天大学公共冲突解决研究中心联合主办。来自同济大学、北京航空航天大学、北京林业大学、南开大学、复旦大学、上海交通大学、对外经济贸易大学、浙江大学、华南理工大学、中国海洋大学、华东师范大学、大连理工大学等 40 多所大学、科研机构及学术期刊的 70 余名专家、学者参加了会议。本次会议以"公共领域冲突治理"为主题,围绕公共冲突治理的前沿理论，公共冲突治理的制度与机制、方法与技术、实践及案例研究，公共冲突治理的外国经验研究等议题，对互联网经济冲突、环境冲突、社区冲突、医患冲突、政治冲突、劳资冲突、行政管理冲突、应急管理等具体领域的冲突治理开展了广泛交流和深入探讨，提出了许多颇具启发性的对策、建议。

8. 第七届中国社会治理论坛

2017 年 7 月 2 日，第七届中国社会治理创新论坛在北京师范大学举行。本届论坛由北京师范大学中国社会管理研究院联合中共北京市委社会工作委员会、清华-布鲁金斯公共政策研究中心、中国社会工作联合会共同举办。论坛以"社会治理：新思想、新实践、新境界"为主题，集中探讨社会治理的理论和实践问题。

9. 第三届"国家治理现代化及政府治理创新"学术研讨会

第三届"国家治理现代化及政府治理创新"学术研讨会于 2017 年 7 月 8 日至 9 日在东北大学隆重召开，来自全国 60 多所院校的专家学者以及《政治学研究》等学术期刊主编或编辑出席了本次会议。本次会议共设四个分论坛，主题分别为"城乡社区治理与公共服务""政府治理""社会治理与政策""大数据和危机治理"。与会学者围绕"国家治理现代化及政府治理创新"这个主题，从治理主体、治理客体、治理过程、治理路径、治理效果评价、国外治理经验引介等多方面展开了广泛、细致而深入的研讨，尤其聚焦于公共服务供给侧改革、治理工具、社会治理的挑战和危机治理。会议研讨最终形成了"一个面向"和"三个着力"的共识，即面向中国治理语境，着力从中央顶层设计、地方政府实践创新、社会公众公共服务获得感提升三个方面系统推进国家治理现代化进程。

10. "政府数据治理与大数据产业政策"学术研讨会

2017 年 7 月 29 日至 30 日，由中国行政管理杂志社、内蒙古自治区大数据发展管理局与内蒙古大学公共管理学院联合主办的"政府数据治理与大数据产业政策"学术研讨会在内蒙古大学学术会议中心成功举办。会议邀请了全国各地相关专家、学者共 120 余人，就政府数据治理与大数据产业政策相关问题进行研讨、交流，实现了不同学科、不同领域的对话。与会嘉宾分别就"大数据协同治理""数据集成与城市跨部门治理""电子政务与数据治理""数据治理与公共服务供给侧改革""大数据驱动政府治理创新""互联网时代公共管理创新""大数据时代技术改变社会科学研究方法""互联网+大数据——公共管理的机遇与挑战"等问题进行了主旨发言。会议还举行了 6 场平行分论坛和研究生专场。分论坛分别就"政府信息公开与数据共享""政务大数据与政府治理""政府数据治理与公共服务""大数据产业与政策选择""大数据与智慧城市""大数据背景下民族地区政府治理"等 6 个专题展开。与会学者积极参与，充分探讨交流，分享了大数据领域不同学科的最新动态。

11. 第二届智慧城市国际论坛暨首届市长圆桌会议

2017 年 9 月 13 日，"第二届智慧城市国际论坛暨首届市长圆桌会议"在电子科技大学清水河校区隆重举行。本届论坛以"智慧城市建设与可持续发展""中外智慧城市建设：比较与借鉴"为主题，设置主题报告会暨首届市长圆桌会议、专家论坛、西非发展论坛三个专场研讨会。汇聚了来自中国、美国、英国、韩国等国家智慧城市研究领域的著名专家、智慧城市建设领域各有特色的部分城市市长及相关部门领导共 80 余人。

12. 第五届政府绩效管理与绩效领导国际学术会议

2017 年 9 月 13 日至 15 日，由兰州大学管理学院、中国政府绩效管理研究中心、美国波特兰州立大学马克·汉菲尔德政府学院、泰国孔敬大学地方行政学院、日本早稻田大学公共管理研究生院等共同主办的"第五届政府绩效管理与绩效领导国际学术会议"在泰国孔敬大学召开。本次会议的主题是"迈向智慧增长的可持续发展路径"，来自 10 余个国家和地区的 100 余位专家、学者围绕该主题进行了系统的交流和讨论。会议聚焦"迈向智慧增长的可持续发展路径"的主题，既从理论上论述了政府绩效、领导力与可持续性发展、智慧发展的深刻内在关系，又从实际的智慧城市蓝图、地方政府创新、地方公共服务供给等微观层面呈现出了发展与转型的实际案例，并将地方政府治理的困境与未来的可能解决方案进行了深入的分析。本次会议的议题丰富，参会者围绕会议主题进行了深入的讨论和交流，为未来绩效管理与绩效领导、智慧发展与可持续发展提供了更多的可供研究的新问题、新视角。

13. 中国政治学的过去、现在与未来高端学术论坛

2017 年 9 月 18 日，天津师范大学政治与行政学院、政治文化与政治文明建设研究院在学校举行了"中国政治学的过去、现在与未来高端学术论坛"暨徐大同先生九十华诞庆典。本次论坛中，来自国内各地的 200 余名专家、学者围绕"中国政治学的过去、现在与未来"主题，从中国政治学发展的理念更新与趋势、中国特色社会主义政治学学术体系建设等方面发表演说和展开讨论，通过回顾过去，把握现在，展望未来，推动建设具有中国特色、中国风格、中国气派的政治学学科体系，为实现中华民族伟大复兴贡献中国政治学者的力量。

14. 中国行政管理学会第十一届行政哲学研讨会

2017 年 9 月 23 日，中国行政管理学会在西北政法大学政治与公共管理学院召开了第十一届行政哲学研讨会。此次研讨会由中国行政管理学会和西北政法大学政治与公共管理学院主办、中国行政管理杂志社协办。来自全国各地政府部门、高等院校、党校以及行政学院的专家、学者共 80 余人参加了会议。会议设置了两个主题："行政-法哲学与国家治理现代化"和"回归行政学"。学者们围绕行政学研究的基本问题与重要议题、行政学研究的国外借鉴与中国化探索、行政学研究中存在问题

的症结与反思、建设和发展行政学的路径等议题展开研讨。与会学者一致认为，中国行政学研究要回归行政学的学术使命，回归中国本土主题研究，行政学学者应具有学术研究的理性使命感和现实责任感，强化研究方法和研究主题的多元性，以积极的现实主义态度、科学理性的研究推动中国改革开放进程中遇到的难题，主动回应政府行政体制改革的现实问题，促进行政决策的科学化、民主化，用学术的力量推动国家治理体系和治理能力现代化。

15. 中国公共管理学术年会（2017）暨第三届公共管理青年学者论坛

2017 年 10 月 13 日至 14 日，中国公共管理学术年会（2017）暨第三届公共管理青年学者论坛在上海交通大学成功召开。本次会议由中国管理现代化研究会公共管理专业委员会和中国管理现代化研究会青年工作委员会主办，上海交通大学国际与公共事务学院和中国城市治理研究院承办。本次大会的主题是"全面深化改革背景下的公共管理：致力于打造一个更包容的社会"。来自清华大学、北京大学、中国人民大学、南开大学、上海交通大学、浙江大学、复旦大学、中山大学、南京大学、西安交通大学、北京航空航天大学、厦门大学、武汉大学、四川大学以及香港中文大学、美国斯坦福大学等 70 余所高校的 200 余位专家、学者参加会议。大会分10 个平行分论坛：公共财政、干预和预算；治理理论与包容性发展；创新创业与人才政策；城市化、公众参与和城市治理；公共价值与绩效；公共政策与创新；公共部门人力资本与领导力；老龄化与社会保障和慈善、非营利与第三部门管理。与会专家、学者就这些议题展开 20 场分组讨论。

16. 第四届中国地方政府治理与社会治理学术研讨会

2017 年 11 月 11 日至 12 日，由中国社会科学院政治学研究所主办的第四届（2017）中国地方政府治理与社会治理学术研讨会在京召开。来自清华大学、中国人民大学、中国政法大学、中国社会科学院、中共中央党校、南京大学、武汉大学、浙江大学、华东政法大学、广州大学、国务院发展研究中心等高校、科研单位的几十位专家学者及深圳市地方政府的负责同志参加了本次研讨会。与会学者围绕政治发展与社会治理、社会发展与政府治理、社会自治与社会组织发展、国家治理与基层治理、治理理论与实践、政府治理与社会治理转型等议题展开了深入探讨，将对国家治理体系和治理能力现代化目标的实现做出一定的贡献。

17. 2017 公共管理国际会议（第十二届）暨首届西非论坛

2017 年 11 月 14 日至 17 日，第十二届公共管理国际会议暨首届西非论坛在加纳召开。本届国际会议由加纳大学、加纳行政管理学院、加纳海岸角大学、电子科技大学和美国行政管理学会共同主办，电子科技大学区域公共管理信息化研究中心协办，加纳大学人文学院、加纳行政管理学院公共服务与治理学院、加纳海岸角大学国际教育中心、电子科技大学政治与公共管理学院和电子科技大学西非研究中心共同承办，中国行政管理杂志社、加纳华侨华人社团联合总会、电子科技大学西非校友会共同支持。本届公共管理国际会议主题为"公共管理跨界治理与协作创新"。围绕大会主题本届会议设立了"政府跨界协同治理""公私合营（PPP）模式""政务服务创新模式""公共部门跨组织协作模式""大数据与网络治理""社会信任与合作"6个分议题，共举行7场专家论坛、1场加纳行政管理专题研讨会。来自中国、美国、加纳、日本、南非等10多个国家的100余位专家、学者就相关主题进行学术分享与研讨。

18."'放管服'改革进程中的公共治理创新"研讨会

2017年11月18日至19日，由浙江省公共管理学会主办、湖州师范学院社会发展与管理学院承办的浙江省公共管理学会2017年会在浙江湖州举行。会议主题是"'放管服'改革进程中的公共治理创新"。大会安排了政府管理与创新（"最多跑一次"）、地方治理、社会组织与社会治理、公共政策、社会政策、组织管理，以及公共治理前沿进展等七大议题，设置了二十场专题讨论。来自浙江省内外高校科研院所的百余名与会代表报告了论文和参与了学术交流。

19.第十三届全国政务服务工作经验交流会

11月23日，以"加快推进'互联网+政务服务'构建政务服务一体化体系"为主题的第十三届全国政务服务工作经验交流会暨2017年度全国政务服务体系建设研讨会在广西南宁举行。大会就如何做好政务服务工作进行了深入探讨。会议成员分别讨论了"如何打通数据壁垒，实现数据共享""如何进一步加强对地方政务服务体系建设的顶层设计，推动政务服务体系标准化、规范化、扁平化建设""如何推动中央'放管服'改革措施落地生效"三大议题。研讨会就当前大数据背景下，各级各部门信息化建设"各自搭台、分头唱戏"，缺乏统一的数据生产平台，也没有统一的数据开放共享标准；因受限于网络平台、资源整合、人员技术、信息孤岛等制约因素的影响，导致部门之间数据不能共享的现状进行分析。对如何打破数据孤岛，助力各部门之间资源共享，推进"互联网+政务服务"方面进行全方位、深层次探讨和交流。

后 记

  由南开大学中国政府与政策科研团队撰写的《中国政府发展研究报告（2018）》，是我们入选"教育部哲学社会科学系列发展报告"之后推出的第五辑。此前，作为我们研究团队对策研究工作的"自选动作"，也是为了及时呈现团队对政府发展某一主题系统研究的最新成果，团队与中国人民大学出版社合作，于 2008 年、2012 年和 2013 年分别就"公务员规模问题与政府机构改革""服务型政府建设"和"地方政府发展与府际关系"三个专题编辑出版过三辑报告。2014 年，按照教育部对"哲学社会科学系列发展报告"的要求，我们对报告的内容和体例做了重新调整。

  在报告的内容设计上，也从前三辑分别集中关注中国政府发展的某一重要课题，调整为对于当年度政府发展的理论研究成果、实践经验、现实困难与变革趋势等内容，进行系统梳理、重点思考与全面总结，突出年度政府发展的宏观走向，强调阶段性与连续性的统一。但是，以对政府职能转变过程的观察和分析为报告的聚焦点没有变化。基于这一背景，我们写作和编辑团队，一方面，结合团队自身的研究优势和基本特色，形成了"政府职能转变与公共服务体系建设""政府职责体系构建与府际关系"等一些相对稳定的常设栏目，以此保障历年年度报告之间的连续性，确保体现鲜明的"年度报告"的特征；另一方面，我们也结合当年度政府发展热点开辟了或开辟过一些机动栏目，以保障报告内容能够及时反映不断变化着的情况。2018 年是课题组连续开展中国地方政府发展能力指数研究工作的第 4 年，本年度在重点关注副省级以上城市的基础上，提高了案例城市的选取标准，改进了数据的获取方式，最终涵盖了 32 个城市。通过四年的连续调查，课题组收集了大量数据并构建了数据库，为后期开展连续时间序列分析奠定了基础。

  为保证质量，报告在体例上做了统一要求，即每一篇专题报告均要求包括"本年度发展现状的描述性分析""本年度专题研究现状综述""专题展望与分析"和"报告要点"四个部分。所有作者的写作都严格依循所要求的规则和框架。

  本报告是研究团队集体认真工作的结果。研究提纲，包括主要研究内容、研究要求和纲目安排，由主编、副主编提出；各位成员分别负责一定研究、写作或翻译任务；最后，由两位副主编对各自负责的部分分别做两轮统稿，并负责实现编辑的主要修改意见；我最后再做一轮统稿，并对部分重点问题做有针对性的修订。报告的部分内容，是在已经发表的成果或是在所提交的工作报告的基础上修订而成。

　　这是一份对策性的研究报告。但是，课题组成员毕竟多数是学者，对第一手的情况了解有限，如有不妥之处，请批评指正。需要说明的是，本报告提出的观点和建议均为研究团队各位成员的个人见解，并不代表他们各自所在单位或任何与我们具有工作关系的组织、部门、机构的意见。

　　本书所引用的年鉴类资料、报刊及官方网站上所披露的数据，我们尽可能一一注明了出处，并在此表示衷心的感谢！由于篇幅较长，作者较多，倘有遗漏，还望原谅，并请与我联系，以便及时补正。

　　我作为课题组责任人，对所有成员的辛勤工作和协作态度表示感谢！我和我的搭档宋林霖副主编、王雪丽副主编，向为报告的编辑、出版、发行等工作付出了辛勤劳动的南开大学出版社负责同志、编辑同志和各个工作环节的经办同志，特别是向社长兼总编辑刘运峰教授，表示衷心的感谢！

　　向在申报、管理研究项目工作中给予我们以许多指导和帮助的教育部社科司各位同志，向南开大学社会科学管理研究处和周恩来政府管理学院的负责同志和老师们，表示衷心的感谢！

朱光磊
2018 年 10 月 18 日